ZP 4195

4.50

Gwalia ar Garlam

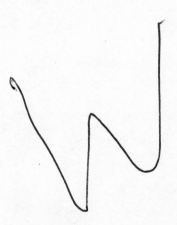

Argraffiad cyntaf: Tachwedd 1991

ⓗ Y Lolfa 1991

Y mae hawlfraint ar gynnwys y llyfr hwn ac y mae'n
anghyfreithlon i atgynhyrchu neu addasu unrhyw ran/
nau ohono trwy unrhyw gyfrwng (ar wahân i bwrpas
adolygu) heb ganiatâd ysgrifenedig y cyhoeddwyr
ymlaen llaw.

Clawr: Ruth Jên
Golygu: Lleucu Roberts

Rhif Llyfr Safonol Rhyngwladol: 0 86243 259 6

Argraffwyd a chyhoeddwyd yng Nghymru
gan Y Lolfa Cyf., Talybont, Ceredigion SY24 5HE;
ffôn (0970 86) 304, ffacs 782.

Gwalia ar Garlam

MARCEL WILLIAMS

y Lolfa

PENNOD 1

GWINGAI enaid Syr Oliver Singleton-Jones (Eton, Rhyd-ychen a'r *Coldstream Guards*), llysgennad cyntaf Lloegr yng Nghymru. Bu'n aros am o leiaf hanner awr—tacteg fwriadol ar ran Prif Weinidog Cymru, tybiai Oliver. Nid oedd y Cymry diawledig yma'n ddigon gwaraidd i gael hunanlywodraeth; doedd ganddyn nhw ddim syniad ynglŷn â hierarchiaeth, dim parch at eu gwell, dim amgyffred o'r rhaniadau cymdeithasol anhepgor hynny a luniwyd gan Ragluniaeth i gadw'r israddol yn eu lle. Mae'n wir ei fod ef ei hun yn Gymro o ran gwaed; dyna'r rheswm pam y cafodd ei hun yn ei swydd bresennol. Ond—diolch i'r un Rhagluniaeth—cefnodd ers tro ar ei wreiddiau a chofleidiodd ddiwylliant llawer mwy gwar-eiddiedig.

Cnoc dawel ar y drws, a dynes ddigon deniadol yn dod i mewn. 'Yn flin i'ch cadw chi, Syr Oliver, ond mae'r Prif Weinidog yn dal yn brysur. Hoffech chi gael disgled o de?'

'Te cryf, os gwelwch yn dda,' meddai Oliver, a'i lais yn awgrymu bod angen diod dipyn mwy nerthol i wrthsefyll treialon bywyd. Ond gwell fyddai peidio â cholli'i dymer; byddai hynny'n fêl ar fysedd y Celtiaid yma.

Symudodd y ddynes yn sionc at gwpwrdd mawr moethus a'i agor i ddatgelu casgliad llachar o lestri te. 'Sut ydych chi'n setlo yn eich swydd, Syr Oliver?' gofyn-nodd a'i chefn tuag ato.

Edrychodd Oliver yn feddylgar ar ei phen-ôl. 'Yn eitha da,' meddai. Roedd hi braidd yn dew—wedi ei llunio ar gyfer hanner awr gynhyrfus ar frig tas wair ym mreichiau

5

gwas fferm. Eto i gyd, fe wnâi'r tro i lysgennad pan na fyddai Saesnes ar gael.

'Ydych chi'n bwriadu dod i barti'r Archdderwydd ym Mhlas Glyndŵr, Syr Oliver?'

Teimlodd Oliver ias o ddiflastod wrth orfod meddwl am yr achlysur blynyddol hwnnw, achlysur na fedrai ei osgoi yn rhinwedd ei swydd. 'Wrth gwrs. Rwy'n edrych ymlaen. Fyddwch *chi* yno?'

'Byddaf.' Daliai i drafod y llestri.

'Wel, cystal i mi gael gwybod eich enw.'

'Megan.' Edrychodd arno dros ei hysgwydd. 'Megan Meredudd. Ysgrifenyddes Bersonol i'r Prif Weinidog.'

'A, felly.'

'Dyma'r te, Syr Oliver. Gobeithio'i fod e at eich dant. Hoffwn i ddim achosi rhwyg diplomyddol rhwng Cymru a Lloegr.'

Gwenodd Oliver yn llugoer. 'Mae'n edrych yn iawn. Wnewch chi ymuno â mi?'

'Dim diolch; gormod o waith gen i. Fe alwa i arnoch chi pan fydd y Prif Weinidog yn barod.'

Ciliodd Megan. Llymeitiodd Oliver ei de gan daenu ei lygaid dros y cylchgronau a orweddai ar y ford goffi. Cyrliodd ei wefusau'n ddirmygus wrth weld *Y Faner*, *Y Cymro*, a *Golwg*: clytiau plwyfol, rhacs diwerth, cynnyrch ysgrifenwyr â'u hymenyddau wedi meddwi ar chwedlau plentynnaidd o Gymru'r Canol Oesoedd. Cydiodd yn *Y Faner* a'i agor.

Roedd y cylchgrawn yn llawn o hanesion am yr Eisteddfod Genedlaethol a gynhaliwyd rhyw dri mis ynghynt. Canmolodd Oliver ei hun am fod ar ei wyliau ar y pryd a llwyddo i osgoi'r ŵyl baganaidd. Syrthiodd ei lygaid ar y tudalennau canol ac ymsythodd yn sydyn. Ar un dudalen roedd llun y ddynes ifanc a enillodd y Fedal Ryddiaith; ar y dudalen arall roedd cartŵn dramatig yn darlunio'r un ddynes yn poeri'n ddeheuig at ddyn mewn lifrai militaraidd. Archwiliodd Oliver y cartŵn yn fanwl.

Nid oedd amheuaeth. Heb os nac onibai, y Field-Marshal Montgomery oedd y dyn yn y llun. Llifai'r poer yn bert ryfeddol, a'i lwybr drwy'r awyr fel bwa llachar, yn cyrraedd ei nod—llygad chwith y milwr enwog—yn ddiffwdan. Melltithiodd Oliver dan ei wynt. Haerllugrwydd y peth! Yna trodd ei olygon at y geiriau islaw llun yr awdures fuddugol:

Yr awdures ifanc a greodd gampwaith o nofel yn disgrifio a dadansoddi cyflwr meddwl penaethiaid milwrol Lloegr, gan ganolbwyntio ar Montgomery. Dyma astudiaeth ddeifiol seicolegol dreiddgar o'r ffyliaid rhwysgfawr yn rhengoedd uchaf byddin ein cymydog.

Temtiwyd Oliver i rwygo'r *Faner* yn rhacs jibidêrs. Pwy ddiawl oedd y groten ifanc yma i feiddio enllibio'r milwr disgleiriaf a droediodd Faes y Gad erioed? Ac awdurdodau'r Eisteddfod yn *anrhydeddu'r* fath ferch! Dyrnai gwaed Oliver drwy ei wythiennau. O, roedd angen gwers ar y Cymry . . . Gresyn nad oedd hi'n bosib iddo arwain bataliwn o'r *Coldstream Guards* dros Glawdd Offa a rheibio'r wlad yr holl ffordd o Gaergybi i Gaerdydd . . .

'Syr Oliver? Mae'r Prif Weinidog yn barod i'ch gweld nawr.' Daliodd Megan y drws iddo a'i arwain ar draws ystafell fechan; cnocio ar ddrws arall wrth ei agor, cyn sefyll o'r neilltu i ganiatáu i'r llysgennad fynd trwodd.

Cafodd Oliver ei hun mewn ystafell fawr foethus. Desg fahogani'n sgleinio'n gynnes, cadeiriau esmwyth lledr yn estyn yn groesawgar, silffoedd llyfrau'n dyheu am ddwylo cyfeillgar a charped dwfn dan draed. Cynigiai'r ffenestr eang olwg ar gyfoeth tawel tirwedd Ceredigion.

Tu ôl i'r ddesg eisteddai'r Prif Weinidog, Catrin Penri. Cododd ryw chwe modfedd yn unig o'i chadair er mwyn ysgwyd llaw Oliver cyn eistedd eto gan gyfeirio at gadair bren ddilewyrch o flaen ei desg. Eisteddodd Oliver, yn benwan wrth gael ei drafod mewn modd mor anystyriol.

'Diolch i chi am ddod, Syr Oliver.'

'Dim o gwbl, Brif Weinidog.' Anodd iawn gan Oliver oedd cael y geiriau "Prif Weinidog" dros ei wefusau. Yno eisteddai Catrin Penri, dynes fain a chanddi lygaid dwfn, tywyll i edrych yn ddiwyro ar y byd. 'Feiddiwn i ddim gwrthod eich gwahoddiad.'

'Nid ar chwarae bach yr anfonais amdanoch, Syr Oliver.'

'Rwy wedi ceisio dyfalu pam—ac wedi methu'n lân.'

'Debyg iawn.' Awgrymai goslef ei llais fod methiant Oliver yn gwbl naturiol, fel petai'r broblem symlaf gyfandiroedd y tu hwnt i'w grebwyll. Crensiodd Oliver ei ddannedd yn dawel.

'Rwy'n cael ar ddeall, Syr Oliver, fod y Cabinet yn Llundain ar fin cael ei ad-drefnu.'

'Mae'n ymddangos felly.' Pa fusnes oedd hynny iddi *hi*?

'Mae'r papurau'n rhagweld newidiadau diddorol dros ben.'

'Dyna sydd i'w ddisgwyl, Brif Weinidog.'

'Ond mae 'na *un* awgrym sy'n achos gofid mawr i mi.'

'O?'

'Gobeithio nad oes sail i'r awgrym.' Agorodd Catrin ddrâr, a thynnu papur newydd dyddiol allan. Taenodd ef dros ei desg. Copi o'r *Guardian*. 'Ond rwy'n ofni 'i fod e'n wir. Mae gohebydd gwleidyddol y papur yma'n weddol sicr o'i bethau. Ydych chi wedi darllen 'i erthygl e heddiw?'

'Wrth gwrs.'

'A dim ynddo yn peri pryder i chi?'

Siglodd Oliver ei ben.

Siglodd Catrin ei phen yn ei thro, a rhoi'r argraff unwaith eto ei bod hi'n delio â thwpsyn anobeithiol. 'Fe ddarllena i'r paragraffau perthnasol, Syr Oliver.

Gwrandewch.

It is widely accepted that the impending government reshuffle has been precipitated by the revelations concerning the bizarre private life of the Foreign Secretary. It was confidently expected that he would be replaced by John Filigree, who, in addition to his long experience within various ministries, has the added advantage of being a little too old and fragile to indulge in sexual athletics. Last night, however, Westminster was buzzing with the rumour that the new Foreign Secretary will be Auberon Quayle, the present Secretary of State for Defence. It would be an interesting appointment. Auberon Qualye has spent the last few years ensuring that the English Armed Forces are the most ferociously effective in Europe. One wonders whether a man of such testy and belligerent personality can possibly acquire the smooth and urbane qualities expected of a Foreign Secretary. Who knows? We may be on the verge of seeing the first leopard in history to change his spots.'

Edrychodd Catrin yn dreiddgar ar Oliver. 'Wel, Syr Oliver?'

'Wel *be?*'

'Dy'ch chi ddim yn gweld y broblem?'

'Pa broblem? Fe wnaiff Auberon Quayle Ysgrifennydd Tramor ardderchog. Rwy'n 'i nabod e'n dda. Roedden ni yn Eton gyda'n gilydd.'

Ni chafodd y datganiad ynghylch cefndir academaidd Auberon Quayle 'mo'r effaith a ddymunai Oliver. I'r gwrthwyneb. Lledodd gwên fach wawdlyd dros wefusau Catrin Penri.

'Eton neu beidio, Syr Oliver, rwy am i chi wneud un peth yn gwbl glir i'ch Prif Weinidog, sef y bydd apwyntio Auberon Quayle yn Ysgrifennydd Tramor yn hollol annerbyniol i Lywodraeth Cymru.'

Bu bron i Oliver neidio allan o'i gadair. Y fenyw ddigywilydd o dwp! Yn ddigon gwirion i gredu fod ganddi lais yn y broses o ddewis Cabinet Lloegr! Catrin

Penri o bawb, pennaeth ar lwyth bach o Geltiaid swnllyd a gwerinol! Prif Weinidog ar genedl a chanddi ond un hawl ar enwogrwydd, sef iddi esgor ar y bardd Dylan Thomas. Ac er i'r meddwyn hwnnw fod yn gwbl lygredig a ffiaidd a diegwyddor, o leiaf roedd ganddo'r synnwyr cyffredin i wawdio ac anwybyddu iaith ei gyndadau.

'Â phob parch, Brif Weinidog,' meddai Oliver, 'dw i ddim yn meddwl 'i fod e'n rheidrwydd ar Brif Weinidog Lloegr i ystyried teimladau'r Cymry yn y mater yma. Un o anfanteision eich hunanlywodraeth oedd i chi golli unrhyw ddylanwad gwerthchweil ar y gweithgareddau yn San Steffan.'

Cododd Catrin ar ei thraed. Trodd ei chefn ar Oliver a chamu at y ffenestr. Ymddangosai braidd yn filitaraidd yn ei gwisg las tywyll a'r *epolettes* ar ei hysgwyddau. Safai'n llonydd, unionsyth, gan edrych allan dros ddyfroedd gleision Bae Ceredigion. Diau ei bod, tybiodd Oliver, yn ceisio dygymod â'r ffaith ei bod wedi croesi cleddyfau â llysgennad nad oedd ganddo ofn datgan ei feddwl . . . Atgoffai ei choesau aristocrataidd ef o Lady Annabel Upton-Cleeves, merch Dug Caergaint, a'r glatshen fwyaf lysti ddaeth allan o Ysgol Rodean. Dyna noswaith fythgofiadwy a gawsant i ddathlu deunawfed penblwydd Annabel! Y gwin yn llifo! Y sêr yn disgleirio! Yr awel mor dyner! A'r ddau ohonynt, Annabel ac yntau, allan ar y lawnt yn cuddio tu ôl i lwyn caredig o fawr, ac yn sisial yn gariadus yng nghlustiau ei gilydd. Nefoedd fawr, roedd genethod o dras uchaf y Saeson mor rymus ac egnïol â'u ceffylau rasio! Yn wir dychmygai Oliver fod Annabel wedi *gweryru* wrth i'r ddau ohonynt gyrraedd uchafbwynt eu hymdrybaeddu gorfoleddus-wyllt y noson honno . . .

'Falle bod gynnon ni fwy o ddylanwad nag y tybiech, Syr Oliver.' Trodd Catrin i'w wynebu. 'Mae'n *rhaid* i chi drosglwyddo'r neges i'ch Prif Weinidog. Dyw Auberon Quayle *ddim* i gael swydd fel Ysgrifennydd Tramor.'

10

'Rwy'n fodlon trosglwyddo'r neges. Ond os yw'r Prif Weinidog wedi gwneud y penderfyniad, dyna ddiwedd ar y mater. Ac os ca i ddweud, fydd e ddim yn hapus iawn ynghylch eich ymyrraeth.'

'Debyg iawn.'

'Ga i ofyn *pam* y'ch chi'n teimlo mor gryf yn erbyn Auberon Quayle?'

'Mae'r rheswm yn syml iawn. Mae e'n ffyrnig o wrth-Gymreig.'

'O, dewch nawr, Brif Weinidog! Mae hynna'n nonsens llwyr! Chlywes i erioed mohono'n dweud gair yn erbyn y Cymry.'

'Digon posib. Ond dy'ch chi ddim yn aelod o'r Cabinet.'

'Beth sydd a wnelo hynny â'r mater?'

'Mewn cyfarfod o'r Cabinet tua blwyddyn yn ôl, fe ddwedodd bethau go fileinig am Gymru a'i diwylliant.' Dychwelodd Catrin at ei desg ac agor ffeil swmpus. 'Roedd rhywun wedi codi mater awyrennau'r *R.A.F.* yn hedfan yn isel dros faes y Brifwyl yn ystod Seremoni'r Cadeirio, a'r storom o brotest a gododd ledled Cymru o'r herwydd. Wel, yn y cyfarfod yma o'r Cabinet yn Stryd Downing, gofynnwyd i Quayle am 'i sylwadau fel Ysgrifennydd Amddiffyn. Fe chwarddodd yn wawdlyd, ac ynganu'r geiriau diplomyddol yma.' Cydiodd Catrin yn un o'r papurau yn y ffeil, a darllen yn uchel:

'My forces have the responsibility of defending these bloody Welshmen, and so we'll fly our planes whenever and wherever we like, even if it means zooming up their arse-holes during one of their pagan ceremonies.

Ei union eiriau, Syr Oliver.'

Rhythodd Oliver arni. Sut yn y byd y gwyddai hi am drafodaethau cyfrinachol y Cabinet yn Llundain? *Ffugio* gwybod oedd hi, siwr o fod; am ryw reswm, roedd Auberon Quayle yn atgas ganddi, a dyma hi felly yn rhoi penrhyddid i'w dychymyg a rhaffu celwyddau am y dyn.

Roedd hi'n gwbl anghyfrifol!

'Dy'ch chi ddim yn fy nghredu, Syr Oliver.'

'I fod yn onest, na'dw.'

'Wel, y cwbl sy raid i chi 'i wneud yw gofyn i'ch Prif Weinidog, neu i Ysgrifennydd y Cabinet, neu'n wir i unrhyw aelod o'r Cabinet oedd yn bresennol yn y cyfarfod yna. Mi fedra i roi dyddiad ac amser y cyfarfod i chi, yn ogystal ag enwau pawb oedd yno. A dweud y gwir, mi allwn i roi rhagor o ddyfyniadau i chi, a rhai lliwgar iawn hefyd, ond dyna ddigon am y tro. A gallwch fod yn sicr o un peth: os bydd eich Prif Weinidog yn mynnu apwyntio Auberon Quayle yn Ysgrifennydd Tramor, mi fydda i'n cyhoeddi adroddiad llawn ar y cyfarfod Cabinet yna, gan gynnwys *popeth* a ddywedwyd. Ac roedd lefel y drafodaeth mor anaeddfed, gallasai'n hawdd fod yn gyfarfod athrawon yn un o'ch ysgolion bonedd enwog.'

Lloriwyd Oliver. Ceisiodd guddio'r bwrlwm yn ei fynwes, ond ni fu'n hynod o lwyddiannus. Chwaraeodd â'i fodiau, croesodd ei goesau ac astudiodd ei esgidiau. Roedd yn ymwybodol o lygaid mawr Catrin Penri yn gorffwys arno, a'r wên dawel, fuddugoliaethus ar ei gwefusau. Sut ddiawl lwyddodd hi i gael gafael ar fanylion y cyfarfod yna? Pwy oedd y bradwr a drosglwyddodd y wybodaeth iddi? Pe cyhoeddid y manylion, a'r rheini, mae'n siwr, lawn mor lliwgar ag a honnai Catrin Penri, byddai'r adwaith yn stormus, a dweud y lleia.

'A derbyn bod y wybodaeth yma sy'n eich meddiant yn gywir,' meddai Oliver, 'does 'na ddim pwrpas i mi ofyn sut y cawsoch afael arno?'

'Dim o gwbl!'

'Bydd fy Mhrif Weinidog yn ddig iawn, yn gandryll o ddig, o glywed fod cofnodion cyfarfod o'r Cabinet wedi eu dwyn.'

'Diar mi!'

'Go brin y gellid disgrifio'r lladrad yn weithred gyfeillgar.'

'Os y'ch chi am i'n dwy wlad *barhau* i fod yn gym-dogion cyfeillgar, mae'n rhaid i chi ddylanwadu ar eich Prif Weinidog yn y mater yma, a'i atal rhag apwyntio Auberon Quayle yn Ysgrifennydd Tramor.'

'Falle,' meddai Oliver yn wawdlyd, 'yr hoffech chi argymell enw ar gyfer y swydd, a chymryd y baich yn llwyr oddi ar ysgwyddau fy Mhrif Weinidog?'

'Dwedwch wrtho 'mod i'n barod bob amser i'w gynghori. Gyda llaw, mae 'na un mater arall rwy am ei godi.'

'O?'

'Ymweliad y Brenin Charles y Trydydd a'r Frenhines Diana â'n Senedd yr wythnos nesa. Mae'r trefniadau yn Llundain yn mynd yn 'u blaenau'n hwylus, gobeithio?'

'Wrth gwrs. A does gen *i* ond gobeithio na fydd unrhyw ddigwyddiadau anffodus yn Aberystwyth.'

'Digwyddiadau anffodus?'

'Mae gennych nifer o weriniaethwyr pybyr yma.'

'Peidiwch â phoeni, Syr Oliver! Ni chodir yr un llaw yn erbyn y brenin. Ers iddo berffeithio'i Gymraeg—ac rwy ar ddeall 'i fod e ar y slei yn frwdfrydig dros yr iaith—mi fydd e'n gwbl ddiogel yma. Ry'n ni oll yn edrych ymlaen at ei anerchiad i'r Senedd. Mi fydda i'n cyflwyno anrheg iddo, wrth gwrs, a'r Archdderwydd yn cyflwyno anrheg i'r Frenhines. Wel, Syr Oliver, mae'n rhaid i chi fy esgusodi; llwyth o waith yn aros amdana i. Diolch i chi am ddod.' Gwasgodd Catrin fotwm ar ei desg. Wrth i Oliver godi ar ei draed, agorwyd y drws, ac ymddangosodd Megan Meredudd, yn barod i hebrwng Oliver allan o'r ystafell.

'Dydd da, Brif Weinidog,' meddai Oliver. Teimlai'r llysgennad fod ei gyfarchiad wedi ei wastraffu oher-wydd roedd pen Catrin Penri eisoes ar goll ynghanol ei phapurau.

* * * * * *

13

Nesaodd Oliver at glwyd y parc moduron. Arwyddodd y plismon ar ddyletswydd wrtho i stopio'r car. Rhegodd Oliver dan ei anadl, a gostwng ffenest y car.

Gwenodd y plismon. 'Fuoch chi ddim yn hir, Syr Oliver!'

'Na.'

'Fe gawsoch ddisgled fach o de gan Megan, mae'n siwr.'

Roedd agosatrwydd y bobol yma'n annioddefol. Yno safai'r plismon, a'i wyneb mawr coch yn serennu yn ei dwptra gwledig. 'Do,' meddai Oliver yn sarrug reit.

'Mae hi'n gwneud disgled ardderchog. Ond 'na fe, mae Megan yn dda ar bopeth y bydd hi'n troi 'i llaw ato. Fe glywoch chi am 'i buddugoliaeth yn yr Eisteddfod Genedlaethol, debyg iawn?'

'Buddugoliaeth?'

'Fe enillodd hi'r Rhuban Glas am adrodd.'

'Peidiwch â dweud,' meddai Oliver yn flinedig.

'Perfformiad grymus. Roedd e ar y teledu wrth gwrs, a'r genedl gyfan yn cael ei gwefreiddio. Weloch chi e?'

'Roeddwn i allan o'r wlad ar y pryd.' Bu bron i Oliver ychwanegu 'Diolch i Dduw.'

'Trueni. Fel llysgennad, fe ddylech chi fynychu'r Brifwyl. Mi fydda i'n siwr o'ch atgoffa chi mewn pryd y flwyddyn nesa.'

Nefoedd Fawr! Roedd haerllugrwydd y Cymry yma'n ddiddiwedd. Amhosib dychmygu'r plismon oedd ar ddyletswydd yn Stryd Downing yn cyfarch llysgennad fel hyn.

'Wel, mae'n rhaid i mi fynd,' meddai Oliver.

'Fe enillais i sawl cystadleuaeth pan 'own i'n ifanc,' aeth y plismon yn ei flaen. 'Mewn eisteddfodau lleol, wrth gwrs. Ffansïo fy hun fel tenor. Roeddwn i'n gallu cyrraedd *top F* yn weddol ddidrafferth, ond yn uwch na hynny ro'wn i mewn peryg dybryd o wneud niwed i fi fy hun. Dy'ch chi ddim yn canu, Syr Oliver?'

'Na,' meddai Oliver yn dawel gynddeiriog.

'Wedi byw yn rhy hir yn Lloegr, wrth gwrs,' meddai'r plismon a'i lais yn llawn cydymdeimlad. 'Gyda llaw, ble mae'ch car swyddogol chi heddi? Ry'ch chi siwr o fod yn teimlo'n noeth lymun heb faner Jac yr Undeb yn chwifio ar y bonet. Anaml y gwelir *honno* yng Nghymru y dydd-iau 'ma. Yr un ola i mi 'i gweld oedd honno gafodd 'i rhwymo am arch Gwladys Phillimore, y soprano. Cofiwch chi, roedd hi *wedi* mynd braidd yn od: fuodd hi byth yr un fath ers iddi ganu *Rule Britannia* yn noson ola'r Proms yn yr Albert Hall. Fe ddirywiodd hi'n gyflym wedyn. Gadawodd orchmynion clir ynglŷn â'i hangladd; a'i gŵr, chwarae teg iddo, yn 'u hufuddhau, er iddo deimlo'n anhapus iawn ynghylch y faner 'na o amgylch yr arch. Ond mi glywais *i* . . .' Pwysodd y plismon yn is eto, a'i lais yn sibrwd yn frwdfrydig. '. . . Mi glywais fod y gŵr wedi ceisio dadwneud effaith Jac yr Undeb drwy rwymo'i wraig yn y Ddraig Goch cyn cau'r arch. Go dda, 'te? A, wel . . . Mae 'na gar arall y tu ôl i chi nawr, Syr Oliver. Gwell i chi fynd. Ond na hidiwch, fe gawn sgwrs fach eto cyn bo hir mae'n siwr. Pob hwyl am y tro!'

Gwasgodd Oliver ei droed dde i lawr yn siarp, a rhuo i ffwrdd gan felltithio'r dydd y cafodd ei anfon i Gymru fel llysgennad. Roedd yn deilwng o bethau uwch: Ffrainc, yr Almaen, yr Unol Daleithiau . . . Dyna'r math o wledydd y medrai arddangos ei dalentau llachar ynddynt—nid y Siberia Celtaidd yma lle y disgwylid iddo gadw'r ddisgyl yn wastad efo'r brodorion. Blydi derwyddon, bob un ohonyn nhw!

Dyheai Oliver yn awr am awelon y môr. Cyrhaeddodd y prom, a theimlo'n edifar ar unwaith wrth weld torf o fyfyrwyr ar bob llaw. Roedd y flwyddyn academaidd newydd ddechrau a'r myfyrwyr yn tyrru yn eu cannoedd i lawr o'u neuaddau preswyl. Cerddent yn gwbl an-ystyriol ar draws y ffordd, a gwneud pethau'n anodd iawn i'r llysgennad. Parciodd Oliver ei gar wrth y pal-mant. Agorodd y ffenest ac eisteddodd yn ôl gan anadlu'n ddwfn.

Dwlai ar yr awelon iachusol a sisial y tonnau. Trueni fod cymaint o fyfyrwyr o gwmpas, a'r rheini mor swnllyd. Duw a ŵyr pa fath o addysg a gaent yn y brifysgol yna. Roedd y sefydliad hwnnw nawr yn gyfan gwbl Gymreig a phopeth yn cael ei ddysgu trwy gyfrwng yr iaith frodorol. Chwarddodd Olicer yn dawel a gwawd-lyd wrth feddwl am athrylith Shakespeare yn cael ei dadansoddi yn iaith gyntefig Bantws y Bryniau . . .

Clywodd ffrrwydrad o chwerthin gerllaw. Sylwodd ei fod wedi parcio'r car y tu ôl i un o'r meinciau haearn a wynebai'r môr, a bod dwy fyfyrwraig yn eistedd arni gyda'u cefnau tuag ato. Clustfeinio oedd un o bleserau Oliver, ac roedd ymgom y ddwy ferch yn felys o glywadwy:

'Fwynheaist ti araith y Prifathro newydd y bore 'ma, Delyth?'

'Roedd e'n ddisglair, Gwen. Disglair iawn! Yn enwedig pan aeth e i'r afael ag un o'i ragflaenyddion . . . Beth oedd enw'r truan hwnnw nawr?'

'Goronwy Rees?'

'Dyna fe! Wyt ti'n cofio disgrifiad ein Prifathro ohono? Fe nodais i'r geiriau. ''Snob Seisnigaidd, yn drewi o Rydychen a Choleg yr Holl Eneidiau, ffrind myn-wesol bradwyr ac ysbïwyr a gwrywgydwyr, enaid yn arogli o bydredd moesol. Gwell fuasai cael Sais o'r iawn ryw yn Brifathro na Chymro mor warthus o ddiffyg-iol.'' . . . 'Na gorwynt o feirniadaeth, Gwen! A ninne mor ffodus i gael Prifathro mor huawdl o ddi-flewyn-ar-dafod.'

'Rwyt ti'n 'i ffansïo, on'd wyt ti, Delyth?'

'Ydw! Dw i ddim yn gwadu! Beth yw 'i oed e, tybed?'

'Tua deugain, ddwedwn i.'

'Rwy'n dwli ar 'i wyneb main, y storom sy'n bygwth weithie yn 'i lais e, y tân yn 'i lygaid e, a'r ffordd mae'i wallt e'n syrthio dros hanner chwith 'i dalcen, a . . .'

'Delyth! Rwyt ti wedi dy goncro'n llwyr!'

'Maen nhw'n dweud 'i fod e'n archeolegydd disglair. Wel, fe gaiff e balu ac ymbalfalu yn fy mhriddoedd *i* pryd y myn e.'

'Rhag dy gywilydd di, Delyth!'

'Trueni 'i fod e'n briod. Sut fenyw yw 'i wraig e, tybed?'

'Fe gawn wybod yng nghyflawnder amser. Nawr beth am dipyn o dawelwch i'r ddwy ohonon ni bwyso'n ôl a chau ein llygaid i fwynhau'r haul. Gad dy feddyliau i grwydro'n anfoesol am y Prifathro, os mai dyna'r unig ffordd y medri di roi taw ar dy dafod.'

Crwydrodd llygaid Oliver dros gefnau'r ddwy ferch. Casglwyd gwallt Delyth i fwcwl ar ei chopa gan adael tresi tenau ohono i bistyllu dros ei hysgwyddau yn genllif euraid. Gallai Oliver weld ei bod yn ferch dal, siapus. Roedd Gwen yn fyrrach, a'i gwallt yn glwstwr trwchus o sinsir cyrliog. Byddai'n ddiddorol gweld wynebau'r ddwy.

Delyth oedd y gyntaf i ailgychwyn y sgwrs. 'Beth yw'r llyfr 'na yn dy gôl di, Gwen?'

'Ro'wn i'n siwr y byddai dy dafod di'n torri'n rhydd o fewn hanner munud ar y mwya. Dy ddychymyg di wedi blino ar y Prifathro?'

'I'r gwrthwyneb. Fe ddychmygais i fy hun yn gafael yn y Prifathro, yn ei hyrddio i'r llawr, ac yn paratoi i'w reibio'n go drwyadl. Roedd fy llaw ar wregys 'i drowsus pan ataliwyd fi gan y wên ddireidus ar 'i wyneb. "Hei, pwylla dipyn bach, 'merch i!'' sibrydodd yn fy nghlust. "Gwell i mi gael gwybod dy enw di'n gynta.'' Ac fe dynnodd fy llaw yn dyner oddi ar 'i wregys . . .'

'Dw i ddim yn gwybod be ddaw ohonot ti, Delyth. Wyt ti'n siarad fel hyn ar yr aelwyd gartre?'

'Diar mi, na! Mae'r lle bob amser yn llawn o grachach yr Eisteddfod. Dyw hi ddim yn jôc bod yn ferch i'r Archdderwydd. Rwy'n gorfod ymddwyn yn sobor o barchus ddydd ar ôl dydd . . . Na, rwy'n dweud celwydd. *Mae*'na ambell ddiwrnod sy'n wahanol. Mi gefais fy hun yng nghwmni bardd cadeiriol un tro, a dim ond ni'n dau yn y tŷ. Dyn ifanc, golygus tu hwnt. Mewn byr amser, mi ddysgais iddo sut i ddianc oddi wrth y Mesurau Caeth! Pan ddaeth yn amser iddo ffarwelio, roedd 'i lygaid e'n serennu a'i goesau'n gwegian, ond dyna fardd wedi'i ryddhau os gwelais i un erioed!'

Chwarddodd y ddwy ferch yn afreolus, a saethodd aeliau Oliver i'r entrychion. Hon oedd merch yr Archdderwydd! Fedrai Oliver ddim hawlio ei fod yn gyfarwydd â'r Archdderwydd, Idris Pumlumon, er iddo gyfarfod â'r dyn unwaith neu ddwy; a dweud y gwir, doedd ganddo ddim awydd cael ei dynnu i mewn i gylch cyntefig, derwyddol, chwerthinllyd, cobanol yr Orsedd. Gwyddai fod Idris Pumlumon yn ddyn bywiog, huawdl ei dafod ac ymfflamychol ei dymer, ac yn uchel iawn ei barch gan yr holl genedl. Fe sefydlodd Barti Blynyddol yr Archdderwydd, achlysur a ddaeth yn binacl gweithgareddau cymdeithasol crachach Cymru: detholedigion y genedl yn blasu bwyd *cordon bleu*, yn cael cyfle i wrando ar areithiau ffraeth ac eitemau cerddorol, a chael crwydro drwy ystafelloedd moethus Plas Glyndŵr a thros y terasau urddasol; sawl dyn yn gwibio'n llechwraidd i ryw gornel tywyll neu'i gilydd gan dynnu gwraig dyn arall gerfydd ei sgert ar ei ôl, a'r ddau'n ymgordeddu'n orfoleddus tra'n bendithio'r Archdderwydd am ei weledigaeth . . . Tybed a fyddai merch yr Archdderwydd yn y parti eleni? Taflodd Oliver olwg dros ei gwallt unwaith yn rhagor a theimlo'n rhwystredig o fethu â gweld ei hwyneb.

Yn sydyn, fel pe bai hi wedi darllen ei feddyliau, edrychodd Delyth dros ei hysgwydd. Cyffrowyd Oliver i'w berfeddion. Yn ddi-os, hon oedd y nofelydd yr oedd ei llun yn addurno tudalennau canol *Y Faner*. Rhythodd Oliver arni, a chofio'n sydyn yr enw eisteddfodol a brintiwyd dan y llun—Delyth y Dialydd. Hoeliwyd sylw Delyth yn awr ar rywbeth tu hwnt i gar Oliver, a'r llysgennad felly'n cael cyfle i werthfawrogi gogoniannau ei hwyneb hirgrwn: talcen uchel, llygaid o las llachar a chroen o berffeithrwydd sidanaidd. Ond y nodwedd amlycaf oedd yr edrychiad ffroenuchel, oeraidd—edrychiad anodd ei gysoni ag anfoesoldeb llawen ei sgwrs funudau ynghynt.

Disgynnodd ei golygon ar Oliver. Ymatebodd yntau'n reddfol i brydferthwch ei hwyneb a rhoi hanner gwên. Parhau i edrych arno a wnâi Delyth ac oerni ei hwyneb yn dwysáu; yna trodd ei chefn arno ac annerch Gwen mewn llais bwriadol o uchel, 'Edrych ar y dyn yna sy'n eistedd yn y car y tu ôl i ni.'

Edrychodd Gwen fel y gorchmynnwyd iddi. 'Dw i ddim yn 'i nabod e. Wyt ti?'

'Ydw, wrth 'i luniau yn y papurau dyddiol. Cofia, pe bai e'n tynnu'i dafod allan arnat ti, mi fyddet ti yn 'i nabod ar unwaith.'

'Beth wyt ti'n 'i feddwl, Delyth?'

'Mi fyddai 'na haen drwchus o gaca ar 'i dafod—tafod Cymro sy wedi treulio'i oes yn llyfu tinau'r Saeson. Fe ydy llysgennad Lloegr yng Nghymru.'

O fewn eiliad, roedd Oliver wedi cychwyn y car. Rhuodd ei ffordd ar hyd y promenâd a thrwy'r strydoedd cefn. Roedd ei wyneb yn biws-goch a'i waed yn rhuthro'n stormus drwy ei wythiennau. Rhyfedd o beth oedd iddo lwyddo i osgoi creu llanast gwaedlyd a gadael pentwr o gyrff Celtaidd ar ei ôl. Penderfynodd mai ei hunanreolaeth ardderchog—ffrwyth ei flynyddoedd yn Eton a Rhydychen—a achubodd ugeiniau o fywydau diwerth.

PENNOD 2

EDRYCHODD Idris Pumlumon o'i amgylch a gwenu'n hapus. Roedd siambr y Senedd yn orlawn: pob aelod yn ei le, yn ogystal â chynrychiolwyr yr Eisteddfod Genedlaethol, y Brifysgol, yr eglwysi a chyrff cyhoeddus eraill. Lluniwyd y Senedd ar ffurf amffitheatr. Eisteddai Idris yn yr arena ganolog, yn wynebu'r terasau o seddau a godai bron i'r nenfwd ym mhen pellaf y siambr. Ar ei law dde eisteddai'r Prif Weinidog, ac ar ei law chwith, Syr Oliver Singleton-Jones. Yn ymyl y Prif Weinidog roedd dwy gadair wag, cadeiriau moethus tu hwnt, yn aros am y penolau brenhinol. Yn y man fe fyddai Charles y Trydydd a Diana yn ymweld am y tro cyntaf â Senedd Cymru.

Teimlai Idris wrth ei fodd yn yr awyrgylch gynnes: cannoedd o leisiau'n murmur yn ddisgwylgar, a goleuadau'r camerâu teledu yn ychwanegu at wres a llewyrch yr olygfa. Yn ogystal, teimlai Idris' y cyffro pleserus arferol a redai drwy ei wythiennau bob tro yr oedd i chwarae rhan bwysig mewn seremoni gyhoeddus. Roedd wrth ei fodd ar lwyfan, gan wybod y byddai'n ateb pob disgwyl ac yn ennyn edmygedd pob cynulleidfa. Er yn fyr o gorffolaeth, llwyddodd i roi naws ac ysblander cwbl newydd ac unigryw i swyddogaeth yr Archdderwydd, naws ac ysblander a ddeilliai o'i gymeriad ei hun, o'r cyfuniad deniadol hwnnw o urddas a direidi, o fawredd a diawlineb. A pha well cyfle i arddangos ei dalentau na'r achlysur hwn?

Taflodd gipolwg bach cyfrwys ar y Prif Weinidog. Trysor o fenyw! A'r profiad o eistedd wrth ei hymyl yn dihuno'r hen reddfau cyntefig yng ngwaelod ei fod . . .

'Mae pethau'n argoeli'n dda, Catrin! Brenin Lloegr yn dod i annerch Senedd Cymru yn yr iaith Gymraeg! Prynhawn hanesyddol!' meddai Idris.

'Eitha gwir. Ac mae'r brenin mewn hwyliau da. Mi ges i air byr ag e y bore 'ma.'

'O? Beth oedd ganddo i'w ddweud?'

'Meindia dy fusnes, Idris bach!'

'Rhywbeth preifat rhyngoch chi'ch dau, felly?'

'Preifat iawn. Mae ganddo sbarc go fywiog yn 'i lygaid! Bron mor fywiog â'r un yn dy lygaid di, Idris. Be sy ar y gweill gen ti, tybed? Nawr cofia gadw rheolaeth arnat ti dy hun y prynhawn 'ma, ac ymddwyn yn weddus wrth gyflwyno'r anrheg i Diana. Roedd hi'n edrych braidd yn nerfus y bore 'ma.'

'Paid â gofidio.'

'Mi fydd enw da'r Orsedd a'r Brifwyl yn dy ddwylo di.'

'Wrth gwrs, Catrin.'

'Gyda llaw,' sibrydodd Catrin, 'sut hwyl sy ar Syr Oliver heddiw?'

'Ddim yn rhy dda, mae arna i ofn. Mae'n dawel iawn.'

'Mae e *wedi* pwdu felly. Dyna oeddwn i'n ei ofni. Roedd e am ddod yma heddi yn lifrai'r *Coldstream Guards*, gan gynnwys 'i gleddyf, a Duw-a-ŵyr beth arall. Mi waharddais i'r fath sioe, a gwneud yn gwbl glir iddo nad oedd unrhyw le mewn senedd waraidd i iwnifform filwrol nac i feddylfryd milwrol.' Pwysodd Catrin dros Idris ac annerch y llysgennad. 'Prynhawn da, Syr Oliver! Diwrnod mawr i chi heddiw. Eich ymweliad cyntaf â'r Senedd yn cyd-ddigwydd ag ymweliad cyntaf y Brenin a'r Frenhines; a'r genedl Brydeinig gyfan yn eich gwylio chi ar y teledu! Awr baradwysaidd i lysgennad uchel-geisiol!'

Gwenodd Oliver yn sur. 'Dw i ddim yma i dynnu sylw

ataf fi fy hun, Brif Weinidog. Mater o ddyletswydd.'

'Wrth gwrs. Gyda llaw, rwy'n hoffi'ch crys chi. Mae stamp teilwriaid da arno... *Turnbull and Asser* yn Jermyn Street, ddwedwn i.'

Synnwyd y llysgennad gan wybodaeth y Prif Weinidog. Nodiodd i gadarnhau ei dyfaliad.

'A, ro'wn i'n reit siwr,' meddai Catrin. 'Rwy'n adnabod toriad arbennig y defnydd... Wedi gweld yr un math o grys gan y *Mandarins* yn y Gwasanaeth Sifil yn Llundain. Pwr dabs! Creaduriaid pathetig, bob un ohonyn nhw. Yr unig bethe nodedig yn 'u cylch nhw oedd 'u hacen aristocrataidd a'u crysau. A, wel...'

Edrychodd Idris ar Oliver. Roedd y llysgennad yn ddarlun perffaith o ddiplomydd o Sais mewn trafferth. Rhythai ei lygaid llwyd ar y gofod o'i flaen; roedd ei wallt byr brown a'i fwstas bychan wedi eu trwsio'n ddisgybledig; llosgai ei fochau, ciliai ei ên, symudai afal Adda ei wddf i fyny ac i lawr yn herciog, gorweddai ei ddwylo'n anesmwyth ar ei arffed, glynai ei benliniau'n dynn wrth ei gilydd, a'i draed yn yr un modd.

'Tybed a fedrech chi fy nghyflwyno i berchnogion y siop 'ma yn Jermyn Street, Syr Oliver?' meddai Idris yn wawdlyd. 'Falle y medra i roi tipyn o fusnes iddyn nhw. Mae angen gwisgoedd newydd ar aelodau'r Orsedd.'

Torrwyd ar y sgwrs gan ffanffer o utgyrn. Agorwyd drws y tu cefn i'r arena. Cerddodd un o swyddogion y senedd i mewn yn ei lifrai, a thu ôl iddo, gorymdeithiai'r Llefarydd, Emyr Cadwgan, dyn tal a chyhyrog, yn amlwg yn meddu ar gryn dipyn o garisma. Yna, ochr yn ochr, cerddai'r Brenin a'r Frenhines. Cododd y gynull-eidfa, a phob siarad yn tewi wrth i Emyr Cadwgan esgyn i Gadair y Llefarydd ac wrth i'r brenin a'i wraig gyrraedd eu seddau. Storm fach o besychu wedyn wrth i bawb arall suddo i'w seddau.

Edrychodd Idris yn fanwl ar Charles y Trydydd. Roedd i'w weld yn iach tu hwnt a'i wyneb pinc a'i lygaid gleision yn pefrio o dan y goleuadau. Gwthiai ei glustiau allan yn ormodol o bobtu i'w ben, wrth gwrs. Roedd ei gorun yn gwbl foel, ond tyfai'r gwallt yn drwchus uwch ei wegil a lledaenai'n fywiog dros y bochau hyd at yr ên. Chwaraeai gwên ddeniadol ar ei wefusau a ffidlai'r bysedd brenhinol ag un o'r modrwyon trwchus a wisgai. Wrth edrych arno, ni chafodd Idris unrhyw achos i newid ei farn amdano; dyma aelod mwyaf gwaraidd a diwylliedig y teulu brenhinol. Gwell gan y mwyafrif ohonynt fodio drwy dail ceffyl na dail llyfr; ond dyma ddyn sensitif a werthfawrogai'r celfyddydau. Ac am ei wraig— wel, llwyddodd o leia i gadw ei chorff yn siapus a'i hwyneb yn ddel. Dewisodd hefyd gadw at ei harfer o edrych ar bobl allan o gornel ei llygaid, un o nodweddion amlycaf ei hieuenctid. A dyna'r modd yr edrychai ar Idris nawr, gan greu awydd cryf yn hwnnw i wincio arni, ond llwyddodd, rywsut neu'i gilydd, i ymatal.

'Gyd Gymry!' atseiniodd llais Llefarydd y Senedd drwy'r ystafell enfawr. 'Ac rwy'n cynnwys y brenin yn y cyfarchiad yna,' aeth Emyr yn ei flaen, 'oherwydd mae ef hefyd o dras Cymraeg, a'i linach yn ymestyn yn ôl at Owain Glyndŵr a Llywelyn ap Gruffudd. Braidd yn denau yw'r berthynas, siwr iawn, ond mae'r berthynas yn bod, a'r brenin yn ddigon gwaraidd i ymffrostio ynddi.'

Gwenodd Charles, a throi at Diana i sibrwd cyfieithiad yn ei chlust. Gwenodd Diana yn ei thro, ac edrych drachefn i gyfeiriad Idris. Penderfynodd hwnnw fod yna rywbeth yn ei bersonoliaeth a oedd yn ddeniadol tu hwnt i freninesau. Unionodd ei goler a'i dei a fflicio smotyn o lwch oddi ar ei siaced.

'Ac er nad yw'r frenhines o waed Cymreig,' meddai'r Llefarydd, 'mae ei datganiadau, ar hyd y blynyddoedd, wedi datgelu parch mawr at ein cenedl. A phwy a ŵyr? Falle, cyn diwedd y prynhawn, y cawn ni frawddeg neu ddwy o Gymraeg ganddi hithau hefyd . . .'

Dilynwyd y geiriau hyn gan gryn dipyn o guro dwylo gan y gynulleidfa. Cyfieithodd Charles unwaith eto, a'r tro yma gwibiodd cwmwl ar draws wyneb y frenhines; yn amlwg, ni ellid disgwyl llawer o Gymraeg i lifo dros ei gwefusau. Croesodd Diana ei choesau a llyfnhau ei sgert. Gostyngodd ei llygaid, a pharhaodd am funud gyfan i gyfeirio ei golygon at y llawr. Roedd ei sgert wedi ei chymhwyso yn y fath fodd fel y gallai Idris yn awr astudio penliniau'r frenhines yn drylwyr, a'u cael mewn cyflwr ardderchog.

'Ond beth bynnag am hynny,' meddai'r Llefarydd, 'mae ein croeso iddi hi yr un mor gynnes â'n croeso i'r brenin. Wel nawr, cyn i ni gychwyn ar brif weithgareddau'r prynhawn, sef anerchiad y brenin a'r cyflwyniadau, fe gawn ni eitem gerddorol. Y prynhawn yma, i'n gwefreiddio, dyma Olwen Owen-Owens, enillydd yr unawd soprano yn y Brifwyl; ac wrth gwrs, cyfeilir iddi gan Organydd y Senedd, Talfryn Teifi.'

Llithrodd Talfryn Teifi i'w sedd wrth yr organ uwchben a thu ôl i'r arena. Ysbaid o dawelwch. Yna, allan o un o ddrysau cefn yr arena, ymddangosodd Olwen, a chofiodd Idris ei pherfformiad yng nghystadleuaeth y Rhuban Glas ar nos Sadwrn y Brifwyl. Ysgytiwyd y beirniaid a'r holl gynulleidfa gan ei llais a'i phersonoliaeth nerthol. Brasgamai Olwen ymlaen yn awr, a sefyll yn gadarn wrth ymyl cadair y brenin. Edrychai Charles y Trydydd fel pa bai'n crebachu yng nghysgod y soprano fynyddig yn ei gwisg o felfed glas a'r pyramid o wallt sinsir. Hoeliodd ei llygaid ar ran benodol o'i chynulleidfa. Tybiai Idris ei bod hi am ganu aria ddramatig o opera Eidalaidd.

Ymosododd Talfryn Teifi yn ffyrnig ar yr organ. Rhuodd y nodau cyntaf drwy'r Senedd-dŷ. Synhwyrodd Idris Syr Oliver Singleton-Jones yn gwingo yn ei ymyl; diau fod enaid y llysgennad yn rhy Seisnigaidd i wrthsefyll y ffrwydrad cerddorol. Ceisiai Idris ddyfalu enw'r darn; ymdebygai'r cordiau agoriadol i gerdd-oriaeth Verdi, ond methai'n lân â'u hadnabod. Rhuthrai bysedd a thraed Talfryn ar hyd yr offeryn gan gynhyrchu tymestl o sŵn. Ond yn sydyn dyma'r storm yn gostegu am ennyd, a'r thema gerddorol yn dod i'r amlwg. Câi Idris hi'n anodd i gredu ei glustiau ei hun . . . Ac wrth i Olwen Owen-Owens hwylio i mewn i'w llinell gyntaf, pwysodd Idris yn ôl yn ei gadair ac ymostwng i'r datganiad mwyaf urddasol a chynhyrfus a glywyd erioed o anthem Parc y Strade:

> Mae bys Meri Ann wedi brifo,
> A Dafydd y gwas ddim yn iach;
> Mae'r baban yn y crud yn crio,
> A'r gath wedi sgrapo Shoni bach.

Fel yr âi'r datganiad yn ei flaen, ychwanegwyd at daran yr organ gan seiniau dau utgorn. Ymddangosodd y ddau offerynnwr wrth ochr yr organydd, a sefyll o bobtu iddo gan wynebu'r gynulleidfa. Pefriai eu hutgyrn yng ngolau'r lampau teledu wrth i'w sain fflachio yma ac acw, i fyny ac i lawr, o amgylch llais Olwen:

> Sosban fach yn berwi ar y tân,
> Sosban fawr yn berwi ar y llawr,
> A'r gath wedi sgrapo Shoni bach.

Yna cyrhaeddwyd yr uchafbwynt, a llais Olwen yn awr yn dreiddgar fyddarol:

> Dai bach y sowldiwr,
> Dai bach y sowldiwr,
> Dai bach y sowldiwr,
> A chwt 'i grys e mâs.

Gwibiai seiniau'r utgyrn fel lluched o amgylch y geiriau. Roedd bysedd Talfryn yn cyflawni gwyrthiau acrobatig a grym yr organ yn ysgwyd seiliau'r siambr.

Ni bu sosbanau erioed mor ferwedig ag y buont y prynhawn hwnnw; ni chafwyd erioed sgrech mor gofiadwy gan fabi; ni chafwyd cath ychwaith a chanddi grafangau mor finiog. Medrai'r Senedd gyfan weld cynffon crys Dai Bach y Sowldiwr yn chwifio yn y dymestl. Ac yna, wrth gyrraedd pinacl y corwynt, dymchwelwyd y pyramid sinsir; syrthiodd gwallt Olwen yn bendramwnwgl o gylch ei phen. Ond dal ei thir a wnaeth Olwen fel duwies anorchfygol, Soprano'r Storm-ydd a'r Tymhestloedd.

Tawodd y taranau, peidiodd y mellt. Distawrwydd dwfn am eiliad. Yna storm arall, storm o gymeradwy-aeth wrth i Olwen ymgrymu i'r gynulleidfa. Trodd i ger-dded ymaith yn araf a buddugoliaethus, ei chefn yn syth a'i phen yn uchel, ei gwallt ar ddisberod, a'i mynwes enfawr yn clirio'r ffordd o'i blaen.

Edrychodd Idris ar Charles. Lledai gwên hyfryd dros wyneb y brenin, gwên a oedd yn gyfuniad o bleser a dryswch. Chwaraeai'r tic nerfus a fu'n nodwedd amlwg o'i wynepryd ers ei ddyddiau cynnar yng nghornel ei geg tra serennai'r llygaid â hapusrwydd enaid diwylliedig yn ymateb i brofiad cerddorol unigryw.

Pwysodd Idris tuag at y llysgennad. 'Perfformiad hanesyddol, Syr Oliver.'

'Ie, debyg.'

'Dy'ch chi ddim yn swnio'n frwdfrydig iawn.'

'Dw i ddim yn greadur cerddorol.'

'A! Canlyniad plentyndod tlawd, siwr o fod, Syr Oliver.'

'Plentyndod tlawd?' Roedd llais y llysgennad fel cyllell.

'Mae 'na lawer math o dlodi. Cyn belled ag y bo diwylliant yn y cwestiwn, mae crachach Lloegr yn perthyn i'r Trydydd Byd,' meddai Idris. Cyn i'r diplomydd gael cyfle i ateb, trodd Idris at Catrin Penri. 'Agoriad rhagorol i'r gweithgareddau, Catrin. Pwy gafodd y syn-iad o wahodd Olwen Owen-Owens?'

'Fi. Fi hefyd awgrymodd *Sosban Fach*, a chael Talfryn i gyfansoddi'r trefniant arbennig 'na. Fe greodd gamp-waith, chwarae teg iddo.'

'Pam *Sosban Fach?*'

'Fe dybiais y byddai'r geiriau dwl yn rhwystro pethe rhag mynd yn rhy ddwys a difrifol.'

'Ffrindiau Annwyl!' cyhoeddodd y Llefarydd. 'Ein diolchiadau cynhesa i Olwen am y datganiad gwefreiddiol yna, ac i Talfryn am y trefniant. Mi ddwedwn i na chafodd y brenin na'r frenhines y fath brofiad cerddorol o'r blaen; ac o ganlyniad i hwnnw'n unig, heb sôn am y gweithgareddau sydd i ddilyn, fe ddychwelant i Lundain yn llawer cyfoethocach nag yr oedden nhw y bore 'ma. Ond yn awr fe ddown at bwrpas swyddogol 'u hymweliad, sef anerchiad cyntaf y brenin i Senedd Cymru. Felly galwaf ar Ei Fawrhydi Charles y Trydydd i draddodi'i araith.'

Cododd y brenin, a symud ymlaen at y lectyrn. Tynnodd ei nodiadau o'i boced, a phesychu; gosododd ei sbectol ar flaen ei drwyn, a phesychu drachefn gan edrych o'i amgylch. 'Mr Llefarydd ac Annwyl Gynulleidfa! Ry'ch chi wedi fy ngosod i mewn tipyn o dwll, a dweud y gwir, oherwydd pa obaith sy gan fy ngeiriau i o hoelio'r fath sylw ac ennill y fath gymeradwyaeth ag y cafodd Miss Owen-Owens a'i llais gogoneddus? Rwy wedi colli'r dydd cyn dechrau!'

Cafodd y geiriau agoriadol dderbyniad gwresog gan y Senedd.

'Ond i fod o ddifri,' aeth y brenin yn ei flaen, 'mi ges i dipyn o flas ar y gân—bron cymaint o flas ag y cefais ar y gân arall yna a glywais, am y tro cyntaf, flynyddoedd maith yn ôl. Roedd llinellau cofiadwy yn y gân honno hefyd, a darluniau yr un mor ddramatig â'r rheini yn *Sosban Fach*. Arhoswch funud nawr, i mi gael cofio'r geiriau . . .' Crafodd y brenin ei ben, a chymryd arno'i fod yn chwilio dyfnderoedd ei ymennydd. Yna gwenodd yn braf, a chodi'i fys. 'A! Maen nhw gen i nawr!

Mae gen i ffrind bach yn byw yn *Buckingham Palace*,
A Carlo Windsor yw ei enw ef;

Tro dwetha yr ês i
I gnocio ar ddrws ei dŷ,
Daeth ei fam i'r drws, a meddai wrtho i:
Carlo, Carlo, Carlo'n chwarae polo heddi,
Carlo, Carlo, Carlo'n chwarae polo gyda dadi.
Ymunwch yn y gân,
Drigolion mawr a mân,
O'r diwedd mae gennon ni Brins yng ngwlad y gân.'

Ysgubodd ton o chwerthin drwy'r Senedd, a'r brenin yn dal i wenu. Tynnodd ei sbectol, a rhythu ar ran o'r gynulleidfa. 'Dyw fy llygaid i ddim yn anffaeledig, ond rwy bron yn siwr fod cyfansoddwr y gân fendigedig yna'n eistedd yn y bumed res. Ydw i'n iawn?' Myrdd o bennau'n nodio, a'r gŵr yn y bumed res yn gwenu a rhedeg ei fysedd drwy ei wallt brith a'i farf drwchus.

'Diolch i chi am ddod, Mr Iwan.'

Ailosododd Charles ei sbectol ar ei drwyn. 'Fe alla inne gydymdeimlo â'ch casineb chi at fonedd Lloegr yn gyffredinol. A dweud y gwir, pan fydda i'n edrych ar rai o'r crachach sy'n ymgasglu yn y Palas o dro i dro, mae fy nhroed dde i yn ysu am estyn cic at ambell ben-ôl! Da o beth yw cael dianc i Gymru.'

Ffrwydrad o guro dwylo a chwerthin. 'Mae'r brenin yma'n dipyn o foi!' meddai Idris wrth y Prif Weinidog.

'Y gore o'i deip. Fe wnaiff hwn lawer mwy dros 'i wlad na'r llo o lysgennad wrth dy ochr di. Edrych ar Singleton-Jones! Mae'r pwr dab wedi drysu'n llwyr. Yn methu dod i delerau â chlywed y brenin yn dilorni cynffonwyr o dras ucha Lloegr! On'd yw e'n gymeriad hoffus?' meddai Catrin gan syllu'n gegagored ar y brenin.

'Paid â dweud dy fod ti'n 'i ffansïo!' meddai Idris. 'Rwy'n dechrau gofidio amdanat ti. Dyw e ddim yn ifanc, cofia.'

'Mae ganddo lais hyfryd hefyd—meddal a thyner. A sylwest ti ar 'i acen e? Mae 'na dinc o acen Sir Feirionnydd i'w chlywed ambell waith. Marciau llawn i'w diwtor Cymraeg diweddara.'

Torrodd llais y brenin ar eu traws. 'Ond os ca i ddifrifoli yn y fan hon,' meddai Charles, 'mae fy nheimladau tuag at y Senedd 'ma tu hwnt i ddadl, ac rwy'n bwriadu 'u datgan nhw'n glir i chi y prynhawn 'ma. Mae gennych sefydliad unigryw yma. Clywsom eisoes yr organ fawreddog sy'n teyrnasu dros eich gweithgareddau. A beth am y cymalau doeth hynny yn eich Cyfansoddiad sy'n neilltuo llefydd arbennig i lenorion, arlunwyr a cherddorion ar eich pwyllgorau ymgynghorol? Heb os nac onibai, dyma'r Senedd fwya gwaraidd yn Ewrob. Ac os ca i ddweud hynny, mae'ch Prif Weinidog yn un o'ch awduron mwya disglair. Rwy newydd ddarllen 'i llyfr ar Edward yr Wythfed, Dug Windsor; cyfrol ddeifiol a thrylwyr; mae hi wedi croeshoelio'r hen foi! Wel, â chymaint o ddawn ac athrylith wedi'u crynhoi yn y lle 'ma, rwy'n ei chyfri hi'n fraint i fod yn eich plith. Diolch o galon i chi am y gwahoddiad. Gobeithio'n fawr y ca i ddod eto.' Tynnodd y brenin ei sbectol a dychwelyd i'w sedd i gymeradwyaeth ddiffuant y dorf.

'Doeddwn i ddim wedi disgwyl iddo dy longyfarch di ar dy lyfr, Catrin,' meddai Idris.

'Pam? Dwyt ti ddim yn ystyried y llyfr yn un da?'

'O ydw! Ond y pethe rwyt ti'n 'u dweud am Ddug Windsor! Haerllugrwydd dy feirniadaeth! Y dadansoddi marwol o finiog! Rwy'n cofio rhai pethe'n glir: "Samson bach simsan ar fynwes Mrs Simpson . . . Swci o ddyn yn mynnu cael Walis i'w wely . . . Carwr a choron ar 'i ben a chewyn am 'i benol . . ." Nefoedd Fawr, Catrin! Mae'n syndod meddwl fod y Brenin Charles wedi darllen y brawddegau 'na ac yna dod i Gymru i ganmol yr awdur yn gyhoeddus.'

'Gyfeillion!' daeth llais y Llefarydd. 'Galwaf yn awr ar ein Prif Weinidog i gyflwyno rhodd fechan i'r brenin.'

'Paid â cholli dy ben, Catrin,' meddai Idris yn dawel.

'Cofia mai dyn priod yw e.'

Cerddodd Catrin ymlaen, a sefyll yn ymyl cadair y brenin, a'i hwyneb tuag at y gynulleidfa. 'Mr Llefarydd, Y Brenin Charles, y Frenhines Diana, Aelodau'r Senedd ac Annwyl Wahoddedigion,' dechreuodd Catrin yn ffurfiol. 'Yn gyntaf oll, rwyf am ddiolch i'r brenin am ei araith, araith heb fymryn o'r undonedd diflas a nodweddai areithiau ei ragflaenyddion. I raddau helaeth, mae e wedi cefnu ar dwptra hanesyddol brenhiniaeth Lloegr. Cofiwch chi . . .' Gwenodd Catrin, '. . . mae e'n dal yn rhy hoff o hela a saethu. Mi ga i air ag e am hynny ar ôl y seremoni yma.' Nodiodd Charles yn serchus. 'Ond gwell pwysleisio ei rinweddau,' aeth Catrin yn ei blaen. 'Yn enwedig ei rinweddau Celtaidd. Mae'n hoff o gerddoriaeth. Mae'n hoff o lenyddiaeth. Ac os edrychwch chi'n fanwl ar 'i wyneb, fe welwch rywbeth sy'n nodweddiadol Gymreig, sef trwyn wedi'i dorri mewn gêm rygbi. O, mae'r brenin yma'n bell o fod yn golledig! Ond ry'n ni'n 'i groesawu heddi fel y brenin cynta erioed i annerch Senedd Cymru annibynnol, ac rwy'n ymhyfrydu yn y ffaith ei fod yn *ffrind* i Gymru. Mae'n meddwl fel ffrind. Mae'n siarad fel ffrind. Wyddoch chi beth oedd 'i eiriau cynta wrth i ni gyfarch ein gilydd yn fy ystafell breifat ryw awr yn ôl? Fe gydiodd yn fy llaw a sibrwd, "Diawl, Miss Penri, mae'n boeth! Ga i dynnu 'nghot?" Ei union eiriau! Mae'r wên ar 'i wyneb yn llawer pwysicach na'r goron sy weithiau ar 'i ben. Dyna pam rwy'n 'i groesawu mor gynnes. Wrth gwrs, mae'n bleser hefyd i gael y frenhines yn ein plith. Ond ar yr Archdderwydd y syrth y fraint o'i chroesawu hi. Fy nyletswydd i yn awr yw cyflwyno rhodd i'r brenin.'

Oedodd y Prif Weinidog. O rywle yn y cefn daeth merch fach yn cario clustog felfed o'i blaen. Ar y glustog gorweddai memrwn wedi ei rwymo mewn rhuban coch. Cymerodd Catrin y memrwn, a darllen yr hyn a ysgrifenwyd arno:

"Cyflwynwyd y memrwn hanesyddol hwn gan Senedd Cymru i Charles y Trydydd, y cyntaf o holl frenhinoedd Lloegr i ddeall a pharchu'r Genedl Gymreig.'''

Trodd Catrin at y brenin. 'Lluniwyd y memrwn o groen dafad Gymreig a lluniwyd y llythrennau cywrain a'r border o symbolau Celtaidd gan Samlet Rhys, Llywydd Academi Arlunio Cymru. Mae calon ein cenedl yn y rhodd yma. Cyflwynaf y memrwn i chi felly, gan obeithio y caiff le amlwg ac anrhydeddus ym Mhalas Buckingham.' Estynnodd Catrin y memrwn i'r brenin. Ysgwydodd yntau law'r Prif Weinidog a suddo'n ôl i'w sedd. I sŵn y dorf yn cymeradwyo, dychwelodd Catrin i'w chadair. 'Dy dro di nesa,' meddai wrth Idris, 'a chofia fihafio.'

'Fe wna i 'ngore,' meddai hwnnw.

'Ac yn awr,' taranodd llais y Llefarydd, 'rwyf am alw ar yr Archdderwydd i gyflawni'i ddyletswyddau.'

Cododd Idris a cherdded yn sionc i sefyll wrth gadair y frenhines. 'Gyd Gymry!' meddai, gan ymhyfrydu yn sŵn ei lais yn gwibio drwy'r meicroffon. O'r mwynhad pur o gael cynulleidfa mor fawr unwaith eto, a hynny mor fuan ar ôl y Brifwyl! Cannoedd o wŷr a gwragedd dethol Cymru yn eistedd o'i flaen, miloedd ar filoedd dros Brydain gyfan yn gwylio ar y teledu, a'r cyfieithiad Saesneg o'i eiriau'n fflachio ar waelod y sgrin ar gyfer y difreintiedig! Dyma gyfle na châi 'mo'i debyg eto! 'O'r foment y codais o'm gwely y bore 'ma, rwy wedi cael rhybudd ar ôl rhybudd i ymddwyn yn weddus. Llefarydd y Senedd oedd wrthi gynta—ar y ffôn. "Sut wyt ti bore 'ma, Idris?" "Ardderchog!" atebais. "Wel Duw â'n helpo ni y prynhawn 'ma felly!" meddai. "Dere nawr!" meddwn inne, "nid dyma'r amser i fod yn wangalon." "Rwy'n dy nabod di'n rhy dda, Idris. Mae'r genedl yn dal i ddod dros Seremoni Gadeirio'r Brifwyl, pan dynnaist ti ganhwyllbren foethus a channwyll allan o ddyfnderoedd dy lifrai archdderwyddol a'u cyflwyno i'r bardd budd-ugol am dy fod yn ei ystyried yn un o'n Beirdd Tywyll. Does dim eisie rhyw driciau fel'na heddi, Idris.'''

Cynhesodd Idris wrth weld y gynulleidfa'n mwynhau. Taflodd gipolwg dros ei ysgwydd ar y Llefarydd, a gweld hwnnw'n gwenu'n iach.

'Y gwir yw,' meddai Idris, 'fod y gannwyll yna wedi siarad dros y genedl. Does 'na ddim esgus dros fardd-oniaeth dywyll. Mae'r iaith Gymraeg yn ddigon ystwyth a sensitif i fynegi pob teimlad a phob syniad; os oes yna unrhyw amheuaeth ynghylch ystyr llinell o farddoniaeth, mae'r bardd hwnnw'n eilradd, a'i afael ar yr iaith Gymraeg yn llac a llipa.'

Derbyniwyd geiriau'r Archdderwydd gan gorws o ''Clywch! Clwych!''

'Ond rwy am sicrhau'r Llefarydd,' meddai Idris, 'nad oes gen i ganhwyllbren yn fy meddiant y prynhawn 'ma. A gair o gysur i'r Prif Weinidog—mi ges i air o rybudd ganddi hithau hefyd i fihafio fy hun—fe ddweda i 'mod i bob amser yn *bwriadu* bihafio.'

Oedodd Idris am ennyd, a synhwyro cymaint yr edrychai'r gynulleidfa ymlaen at yr arwyddion cyntaf ei fod am fynd ar gyfeiliorn!

'Yn ychwanegol at hynny,' meddai Idris, 'mae gen i reswm arall dros droedio'n ofalus y prynhawn 'ma. Yn y man mi fydda i'n cyflwyno anrheg i'r frenhines. Nawr pryd bynnag y bydda i'n clywed am y Frenhines Diana, mi fydda i'n meddwl am y *Dduwies* Diana. Heliwr oedd y dduwies Diana, gwarchodwr y mynyddoedd a'r llyn-noedd, yr afonydd a'r fforestydd, creadures brydferth a heini. Y fforestydd oedd ei thiriogaeth . . . Ond onid y fforestydd oedd tiriogaeth y Derwyddon hefyd? Ac yn yr oesoedd cyn hanesyddol hynny, tybed a fentrodd y dduwies i Brydain erioed, a chrwydro coedwigoedd Cymru? Ac os felly, a ddaeth hi ar draws rhyw Archdder-wydd ar ei ffordd i ddefod baganaidd, ac yntau'n mwmian a llafarganu rhyw siant yn yr hen iaith Geltaidd? A'r dduwies, yng ngafael brwdfrydedd nwyfus y foment, yn anelu un o'i saethau at yr Archdderwydd a lladd y pwr dab yn y fan a'r lle? Ac wrth i mi edrych yn awr ar y Ddiana hon, a gweld yn ei llygaid yr un bywiogrwydd a oleuai lygaid y dduwies—wel, ydych chi'n synnu 'mod inne hefyd yn teimlo fod fy mywyd mewn perygl?'

Oedodd Idris drachefn. Gwyddai fod ei gynulleidfa yng nghledr ei law. Hoeliwyd pob llygad arno. Sibrydai'r brenin yng nghlust y frenhines, a honno'n gwenu a gwrido.

'Mae'n dda gen i weld,' aeth Idris yn ei flaen, 'nad oes gan y frenhines fwa a saethau. Ond eto rwy'n dal yn bryderus. Yn ôl un chwedl, fe ddaeth heliwr o'r enw Acteon o hyd i'r dduwies Diana un tro yn ymdrochi'n noeth mewn llyn yng nghanol y goedwig. Gwylltiwyd y dduwies o gael ei dal yn y fath gyflwr; ac yn ei dicter, fe drawsnewidiodd hi Acteon i ffurf carw. A hwnnw wedi ei weddnewid felly yn cael ei ladd gan gŵn hela . . . Ffrindiau annwyl, rwy *yn* bryderus! Dw i ddim wedi gweld cymaint o'r frenhines ag y gwelodd Acteon o'r dduwies, ond rwy'n cyfadde i mi dreulio'r rhan fwyaf o'r prynhawn 'ma yn syllu ar 'i phenliniau prydferth . . .'

Sibrydodd y brenin yng nghlust y frenhines, a Diana, unwaith eto, yn gwrido a gwenu cyn tynnu ei sgert yn is dros ei phenliniau.

'Beth pe bai'r frenhines yn fwy sensitif hyd yn oed na'r dduwies?' meddai Idris. 'Y tu ôl i'r llygaid gloyw yna, tybed oes 'na ryw bŵer goruwchnaturiol yn llechu? Ai carw fydda inne cyn i mi ddychwelyd i'm sedd? Dyna fyddai trychineb! A cholled anfesuradwy i Gymru! Er mwyn y genedl, felly, mae'n rhaid i mi wneud fy ngorau i blesio'r frenhines ac ennill ei hewyllys da. Gwnaf hynny drwy gyflwyno anrheg arbennig iddi.'

Gwyddai Idris fod y gair 'anrheg' yn arwydd i'r eneth

fach ddod ymlaen eto. Ar y glustog y tro hwn, safai cerf-lun bychan tua throedfedd o uchder. Cymerodd Idris y cerflun.

'Ffrindiau Annwyl!' meddai Idris. 'Dyma gerflun o'r Frenhines Diana, wedi ei gerfio o gnepyn o lo anthraseit, a'r cnepyn hwnnw wedi ei gloddio o wythïen yng ngwaith glo Cynheidre cyn i hwnnw gau flynyddoedd yn ôl. Anthraseit oedd y glo godidocaf, a phob darn ohono'n disgleirio fel diamwnt; llosgai'r tân am oriau, a rhyw olau angerddol felyn yn ei waelodion, a choron gylch o fflamau glas uwchben. Cynhesai'r gwres a belydrai ohono yr enaid yn ogystal â'r corff. Defnydd perffaith at ein pwrpas! Defnydd delfrydol i lunio ffigur brenhines ohono!'

Cododd Diana. 'Diolch yn fawr,' meddai. Cymerodd y cerflun a'i ddal yn erbyn ei mynwes. Yna estynnodd ei llaw dde i Idris; gwasgodd ef hi'n dyner a gwrthod ei rhyddhau. Gwasgodd hi drachefn a gwenu'n chwareus ar Diana. Gwenodd hithau'n ôl. Yna, wedi iddi gymryd meddiant o'i llaw, trodd y frenhines at y gynulleidfa, gan ddal i wenu. 'I shall be very proud to take this statuette back home; but please can I take the Archdruid as well?' Chwerthodd y gynulleidfa i ategu cynhesrwydd y foment.

Dychwelodd Idris i'w gadair.

'Rhag dy gywilydd di, Idris,' meddai Catrin.

'Pam? Be wnes i?'

'Ceisio fflyrtio â'r frenhines! Yng ngŵydd 'i gŵr, a Phrydain Fawr gyfan yn gwylio!'

'Paid â bod yn genfigennus, Catrin! Mae hi'n glatsien smart. Yn hŷn na thi, wrth gwrs, ond synnwn i ddim nad yw'r cnepyn bach 'na o anthraseit wedi cynnau fflam yn 'i mynwes.'

'Gyfeillion!' meddai'r Llefarydd. 'Dyna ni wedi cwblhau gweithgareddau'r prynhawn. Awr fach hapus tu hwnt i bawb ohonom. Ac yn awr i gloi'r seremoni, dewch i ni ddangos i Brydain gyfan sut mae canu anthem genedlaethol.'

Pawb ar eu traed, gan gynnwys y brenin a'r frenhines, a Talfryn Teifi'n chwarae nodau agoriadol *Hen Wlad Fy Nhadau*. Cydiodd y gynulleidfa yn y gân a chwyddodd y gerddoriaeth nes peri i'r siambr fawr grynu. Gyda'r geiriau "Gwlad, Gwlad, pleidiol wyf i'm gwlad," ymunodd yr utgyrn â'r simffoni lleisiol. Ffrwydrodd gwres a gorfoledd drwy bawb. Canai Idris â'i holl nerth, ei waed yn byrlymu, ei wyneb yn goch, a ias o falchder yn cyrchu dros bob modfedd o'i gorff.

Sbiodd Idris am eiliad ar ei gymdogion, a gweld y brenin yn ymuno'n frwdfrydig yn y canu. Gwnâi'r frenhines ei gorau.

Yna edrychodd ar Syr Oliver Singleton-Jones. Safai hwnnw'n dalsyth, lonydd a'i geg ar gau. Syllai o'i flaen, ei lygaid fel cerrig, a'i wyneb fel talp o iâ. Pan gyrhaeddwyd llinell olaf yr anthem, hoeliodd Idris ei olygon ar Syr Oliver a chanu "Mi setla'i dy gownt di, boi bach!" Asiai'r geiriau'n berffaith â'r gerddoriaeth a daliodd Idris i rythu ar y llysgennad.

PENNOD 3

CYFRANNAI tlysau'r gwragedd lewyrch pellach at ddis-
gleirdeb yr ystafell fawr ym Mhlas Glyndŵr. Wedi
ymlwybro'i ffordd heibio i sawl clwstwr o wahodd-
edigion, llwyddodd Syr Oliver Singleton-Jones i gael
cipolwg arno'i hun yn un o'r drychau ysblennydd a
addurnai'r muriau. Bodlonwyd ef gan yr hyn a welai.
Glynai'r siwt ffurfiol wrtho fel maneg gan bwysleisio
llinellau athletaidd ei gorff. Gwenodd ar y ddelwedd yn y
drych.

'Mae rhywbeth yn eich plesio chi, mae'n amlwg,
Syr Oliver.'

'A, Miss Meredith.'

'Miss Meredudd, Syr Oliver.'

'Wrth gwrs. Maddeuwch i mi.'

Er ei bod yn ymylu ar fod yn dew—ond eto heb
groesi'r ffin beryglus—pelydrai ton o rywioldeb hyfryd
allan o Megan Meredudd. Ymatebai Oliver, yn ôl ei
arfer, i'r cyfaredd cnawdol. Roedd gwisg Megan yn
drawiadol: gwisg glasurol hir o felfed du, a honno wedi
ei rhannu'n ddramatig gan wregys llydan o sidan
gwyrdd a ysgubai dros ei hysgwydd dde heibio i'w
chanol ac i lawr at forddwyd ei choes chwith. Hongiai
tlws mawr aur o'i gwddf. Ychwanegai'r llygaid disglair
at effeithiolrwydd y cyfanwaith.

'Ydych chi'n mwynhau parti'r Archdderwydd, Syr
Oliver?'

'Oes 'na reswm pam na ddyliwn i?'

'Ateb amwys, ddwedwn i.'

Gwenodd Oliver. 'Fedrai neb gyhuddo'r gwregys a'r

tlws yna o fod yn amwys. Beth yw 'u harwyddocâd nhw?'

'Fi yw Llywydd Merched y Wawr.'

'A!'

'Ry'ch chi wedi clywed sôn am y mudiad, gobeithio?'

'Wrth gwrs. Fersiwn Gymraeg o Sefydliad y Merched, yntê?'

'Llawer mwy na hynny, Syr Oliver.'

'Felly? Ond wyddwn i ddim mai chi oedd un o'r arweinyddion.'

'Mae gennych lawer i'w ddysgu amdana i.'

'Eitha gwir; ond mae fy ngwybodaeth yn ehangu o funud i funud.'

'Ry'ch chi'n hoff iawn o selsig-ar-ffyn, Syr Oliver. Dyna'r chweched i chi ei fwyta mewn chwe munud.'

'Ry'ch chi'n cadw gwyliadwraeth arna i, Miss Meredudd.'

'Mae'n talu ffordd i'ch astudio chi'n fanwl; mae'ch wyneb chi'n hynod o ddiddorol.'

'Mi fydda i'n gwrido mewn munud . . .'

'Mae'n datgelu'ch teimladau chi'n glir iawn.'

'O? Dyw hynny ddim yn beth da mewn diplomydd.'

'O edrych arnoch chi yn yr ystafell gerdd yn gynharach heno, yn ystod yr unawd ar y delyn, roedd arwyddion poen ac ing i'w gweld yn amlwg ar eich wyneb, Syr Oliver.'

'Dw i ddim yn hoff o gerddoriaeth; ac mae seiniau'r delyn yn arbennig o boenus i mi. Eich offeryn cenedlaethol, rwy'n gwybod, ond dyna fe.'

'Ydych chi'n casáu *pob* math o gerddoriaeth?'

'Popeth ond sŵn band pres, falle. Bydde hwnnw'n sbarduno fy nhroed i symud rywfaint.'

'Wrth gwrs. Mi ofynna i i'r Archdderwydd wahodd Band y *Coldstream Guards* i'r parti y flwyddyn nesa. Dyna'ch hen gatrawd chi, os dw i'n iawn?'

'Yr un orau ym Myddin Lloegr.'

'Rwy'n eich cofio chi yn eich het uchel—y bysbi—yn strytio i fyny ac i lawr *Horse Guards Parade* ar ddydd penblwydd swyddogol y brenin. Oeddech chi'n gyffyrddus yn yr het 'na, Syr Oliver?'

Edrychodd Oliver ym myw ei llygaid. A oedd hi'n ei watwar yn dawel? 'Mae dyn yn cyfarwyddo â'r peth.'

'Wrth gwrs, fe wneir hetiau'r swyddogion o flew eirth benywaidd, a hetiau'r rhengoedd eraill o flew garwach yr eirth gwrywaidd . . . Ydw i'n iawn?'

'Ry'ch chi'n ffynnon o wybodaeth, Miss Meredudd.'

'Mae gen i ddiddordeb yn obsesiwn y Saeson â gwahaniaethau dosbarth. Mae'r genedl yn druenus o ffiwdal; yn barod i ymgrymu gerbron unrhyw iarll, hyd yn oed os oes gan hwnnw foesau cwrcyn ac ymennydd cleren.'

'O, dewch nawr, Miss Meredudd. Ry'ch chi'n gorddweud!' protestiodd Oliver. Ymylai'r fenyw ar fod yn haerllug. Gresyn na fyddai'n bosib iddo ei gosod hi ar draws ei benlin a rhoi blas ei law ar ei phen-ôl siapus.

'Dim o gwbl, Syr Oliver. Ry'ch chi'n cynrychioli gwlad lle mae'n rhaid i bawb wybod ei le ar y grisiau cymdeithasol. Ac mae'r hetiau bysbi 'na'n sumbolau cymwys o'r holl beth. Cywirwch fi os ydw i'n anghywir, ond onid yw hi'n ffaith fod hetiau'r swyddogion wedi'u haddurno â phluen goch naw modfedd o hyd, ond bod plu'r rhingylliaid yn cael eu cyfyngu i saith modfedd? Ac am y milwyr cyffredin, pwr dabs, mae'n rhaid i'r rheini fodloni ar ddarn chwe modfedd a hanner, a hwnnw wedi'i wneud o wallt ceffyl . . .'

Rhythodd Oliver arni. Sut yn y byd y daeth hi o hyd i'r wybodaeth?

'Dy'ch chi ddim wedi cadw'ch hen fysbi, ydych chi, Syr Oliver?'

'Ydw. Rwy'n ei drysori, ynghyd â gweddill yr iwnifform.'

'Mi faswn i'n dwli'ch gweld chi yn eich lifrai! Mae'n

siwr eich bod chi'n smart gynddeiriog ynddi. Ond ry'ch chi'n smart, hyd yn oed heb yr iwnifform.'

'Diolch.'

'Helo, Megan.' Ehedai'r llais serchus dros sŵn a chynnwrf yr ystafell.

Edrychodd Oliver dros ei ysgwydd a gweld dyn tal, main yn nesáu.

'Dewch i ymuno â ni, Trefor!' meddai Megan. 'Hoffwn eich cyflwyno i Lysgennad Lloegr. Syr Oliver, dyma Trefor Cilgerran, Prifathro newydd y Brifysgol.'

'A,' meddai Oliver, gan estyn ei law. Cofiai am y sgwrs a fu rhwng Delyth Pumlumon a'i ffrind ar y promenâd. Hwn felly oedd y gŵr y ffolai Delyth arno. Hawdd deall pam. Meddai Trefor Cilgerran ar y math o wynepryd a fyddai'n siwr o apelio at ferched anaeddfed: llygaid tywyll, dwfn yn y pen, a rhyw olau angerddol yn serennu ohonynt; croen gwelw, gwallt tywyll trwchus ac afreolus; a'r cyfan yn gweddu'n well i fardd rhamantus o'r bedwaredd ganrif ar bymtheg yn hytrach nag i ysgolhaig disgybledig a gydnabyddid fel yr awdurdod pennaf ar archaeoleg hynafol.

'Mae'n dda gen i gwrdd â chi, Syr Oliver,' meddai Trefor. 'Ond gobeithio na fyddwch yn cadw Megan i chi'ch hun weddill y noson. On'd yw hi'n edrych yn ardderchog?'

'Ydi, mae hi,' cytunodd Oliver.

'Byddwch yn ofalus, Megan, rhag i Syr Oliver eich cipio a'ch taflu i mewn i'w gwdyn diplomyddol a ffoi i Lundain.'

'O, mae Syr Oliver yn ormod o ŵr bonheddig i fod yn herwgipiwr, ac yntau'n gyn aelod o'r *Coldstream Guards*— heb sôn am fod yn gyn ddisgybl o Eton.'

Cododd Trefor ei aeliau a rhoi gwên fach drist. 'Diar mi!' meddai, a'r olwg ar ei wyneb yn cyfleu'r tosturi a deimlai o ddarganfod cefndir Oliver. 'A sut mae pethe yn y byd diplomyddol, Syr Oliver? Tawel, gobeithio?'

'Tawel iawn,' atebodd Oliver yn sychlyd.

'Mae'ch Prif Weinidog yn cymryd ei amser dros y newidiadau yn y Cabinet,' meddai Trefor.

'Does 'na ddim brys,' meddai Oliver.

'Pwy fydd yr Ysgrifennydd Tramor nesa, tybed?' holodd Trefor. 'Mae'n debyg mai Auberon Quayle yw'r ffefryn.'

'Mi fyddai hwnnw *yn* ddewis diddorol,' meddai Megan gan wenu.

Syllodd Oliver arni. Diau iddi glywed am y sylwadau annoeth ar Gymru a lefarwyd gan Quayle yng nghyfarfod y Cabinet.

'Mi ges i sgwrs fach ddigon tanllyd â Quayle ryw fis yn ôl,' meddai Trefor. 'Profiad diddorol dros ben. Ry'ch chi'n 'i nabod e'n dda, mae'n siwr, Syr Oliver?'

'Ydw. Ga i ofyn beth oedd asgwrn y gynnen rhyngoch?'

'Roeddwn i newydd glywed am fwriad y Weinyddiaeth Amddiffyn i gynnal ymarferion milwrol yn ardal Preseli; a chredwch fi neu beidio, bwriadwyd canolbwyntio'r holl weithgareddau ar Bentre Ifan.'

'Pentre Ifan?' meddai Oliver. Nid oedd yr enw'n golygu dim iddo.

'Dy'ch chi ddim yn gwybod am Bentre Ifan?' Roedd y dirmyg yn llais Megan yn dawel ond yn amlwg.

'Pe bai'r lle'n bwysig, mi faswn i wedi clywed amdano,' meddai Oliver.

'Pentre Ifan yw un o'r siambrau claddu Neolithig enwoca'n Ewrob,' meddai Trefor. 'Enghraifft odidog o bensaerniaeth gyntefig fawreddog ein cyndadau. Wedi gwrthsefyll pedair mil o flynyddoedd! Ond i chi sefyll rhwng pileri'r cyntedd, cau eich llygaid, ac ildio i'ch dychymyg, fe *deimlwch* angladd gynhanesyddol yn agosáu . . . Fe glywch yr anadlu trafferthus, a geiriau hen iaith ddiflanedig yn hercian ar yr awel. Cewch anesmwytho o ganfod eich hun yng nghanol cynhebrwng un o Bendefigion Preseli.' Roedd golygon Trefor wedi syrthio ar rywle ymhell o Blas Glyndŵr, a goslef ei lais yn dyner a breuddwydiol.

Rhythodd Oliver ar y Prifathro. Ysgolhaig neu beidio, gŵr rhamantus, ffôl oedd hwn.

'A!' meddai Oliver.

'Ac ymhell islaw Pentre Ifan,' aeth Trefor yn ei flaen, 'mae'r môr yn wyrddlas, a llethrau'r mynyddoedd o amgylch yn frith o ddolmeni a chylchoedd cerrig a chromlechau a chaerau a thwmpathau sanctaidd.' Yn sydyn newidiodd goslef ei lais o fod yn freuddwydiol i fod yn finiog a chyhuddgar. Syllai'n oeraidd ar y llysgennad. 'Mewn gair, Syr Oliver, mae'r fro gyfan yn drysorfa hanesyddol ac amhrisiadwy. Ac Auberon Quayle yn barod i anfon bataliwn o'i filwyr Philistaidd i sathru'r tir cysegredig! Afraid dweud 'mod i wedi cyrraedd drws 'i swyddfa yn y Weinyddiaeth Amddiffyn bron cyn i'r inc sychu ar 'i gynlluniau.'

'Be ddwedoch chi wrtho, Trefor?' holodd Megan yn eiddgar, a'i llygaid yn dawnsio.

'Mi ddweda i wrthoch chi pan na fydd Syr Oliver yn bresennol. A! . . . Rwy am gael gair â'r Archdderwydd fan draw. Wnewch chi f'esgusodi? Rwy'n falch 'mod i wedi'ch cyfarfod chi, Syr Oliver; mae'n rhaid i mi'ch tywys chi i Bentre Ifan ryw ddiwrnod. Hwyl am y tro, Megan.'

'Dyn disglair, Syr Oliver,' meddai Megan wrth i Trefor symud i ffwrdd. 'Mi faswn i wedi dwli 'i weld e'n ymosod ar Auberon Quayle. Wel, wnewch chi f'esgusodi inne hefyd? Mae'n rhaid i mi gael gair â Delyth Pumlumon.'

Gwingodd Oliver wrth glywed yr enw. Edrychodd am ferch yr Archdderwydd a'i chanfod ym mhen pellaf yr ystafell—y tro cyntaf iddo'i gweld hi y noson honno. Cododd Oliver selsig arall a gwydraid o win, a symud i safle mwy manteisiol i syllu ar Delyth heb iddi ei weld. Roedd hi mewn gwisg hir o sidan glas a ddisgleiriai'n hudolus yn y goleuadau llachar. Teithiodd llygaid Oliver yn hamddenol dros ei chorff, a mwynhau llyfnder a thyndra bob modfedd ohoni. Corff o berffeithrwydd Seisnig! A'r perffeithrwydd yn ymestyn i fyny at ei gwddf siapus a'i phen bach wedi ei goroni gan raeadr o wallt euraid. Goleuodd ei llygaid wrth weld Megan yn agosáu, a'r ddwy ohonynt wedyn yn sgwrsio'n fywiog a llawen, gan chwerthin o bryd i'w gilydd. Cafodd Oliver y teimlad, am ryw reswm, mai amdano ef y chwerthynent. I ddiawl â'r ddwy ohonynt! Nid oedd eu barn o ddim pwys yn y byd gwareiddiedig y tu allan i Gymru. Yn y cyfamser, gwleddai ei lygaid ar y ddwy . . . Mor braf y byddai cael y ddwy ohonynt i'w afael ar yr un pryd—ei law chwith yn crwydro'n dyner ar draws dolydd disgybledig Delyth Pumlumon, a'i law dde'n carlamu'n wyllt dros fryniau Celtaidd Megan Meredudd! Y gorfoledd amhrisiadwy o gael y ddwy o dan ei arglwyddiaeth, i'w treisio a'u troi'n gonciwbiniaid dof, a'r cwbl yn enw Lloegr!

'Ar ben eich hun, Syr Oliver?' Llais Talfryn Teifi, Organydd y Senedd. Cafodd Oliver gipolwg arno yn ystod y Seremoni yn y Senedd. Roedd ei wallt du wedi ei iro a'i wasgu i'r fath raddau fel y gellid tyngu ei fod wedi ei beintio ar ei benglog; cylchai ei lygaid mawr tywyll o dan y talcen gwyn; ymddangosai ei gorff byr, main, ystwyth fel pe bai wedi ei lunio'n bwrpasol i lithro i mewn ac allan o bob sefyllfa. Eto i gyd, roedd rhywbeth deniadol bwerus ynghylch ei bresenoldeb.

'A! Mr Teifi!' Câi Oliver hi'n anodd meddwl am unrhyw bwnc y gellid ei ddatblygu fel sail ymgom rhyngddynt.

'Noswaith lwyddiannus dros ben, dy'ch chi ddim yn cytuno?' meddai Talfryn.

'Yn wir,' meddai Oliver a goslef ei lais yn gwrthddweud ei eiriau.

'Nid dyma'r tro cyntaf i chi fod ym Mhlas Glyndŵr, mae'n siwr; lle delfrydol i gynnal parti swyddogol fel hyn.'

'Ie.'

'Yr adeilad mor urddasol, a chymaint o ystafelloedd moethus a choridorau diddorol. Wyddoch chi mai'r brenin a gynlluniodd y lle?'

'Do, mi glywais.'

'Ac mae'r ystafell gerdd yn eithriadol o hyfryd Syr Oliver.'

'Ac mae un o'r lluniau yn yr ystafell honno yn apelio'n arbennig atoch chi, Mr Teifi.'

'Ie'n wir—yr un sy'n portreadu'r brenin yn canu'r soddgrwth, a minne yn y cefndir yn cyfeilio iddo ar y piano. Nid y piano yw fy hoff offeryn i, wrth gwrs; ond fe deimlai'r awdurdodau mai da o beth fyddai fy nghynnwys i—fel Pencerdd Gwalia, swydd sy'n cyfateb i *Master of the King's Music* yn Lloegr.'

'Digon gwir.'

'Y'ch chi'n nabod yr arlunydd, Syr Oliver?'

Siglodd Oliver ei ben.

'Samlet Rhys,' meddai Talfryn. 'Arlunydd disglair— yn enwedig portreadau. Dw i ddim yn arlunydd, wrth gwrs, ond rwy'n barod i dderbyn yr hyn mae'r arbenigwyr yn 'i ddweud amdano, sef 'i fod e'n gallu cyfleu enaid y sawl y mae'n ei beintio. Wyddoch chi fod Auberon Quayle wedi cael tynnu ei lun ganddo?'

Syfrdanwyd Oliver. 'Dy'ch chi ddim o ddifri?'

'O ydw. Tua phum neu chwe blynedd yn ôl. Enillodd Samlet wobr wedi'i noddi gan y Weinyddiaeth Amddiffyn— ymgais gan y Weinyddiaeth i ddiosg ei delwedd Philistaidd. Cynhwysai'r wobr swm go fawr o arian yn ogystal â'r anrhydedd o beintio'r Ysgrifennydd Amddiffyn. A dyna sut y cafodd Auberon Quayle ei anfarwoli gan Samlet Rhys.'

'Ond does 'na ddim sôn wedi bod am y darlun.'

'Na—yn ddigon naturiol. Fe gelwyd pethau'n effeithiol iawn.'

'O? Pam?'

'Wel, fe lwyddodd Samlet yn rhy dda i gipio hanfod y goddrych. Pan orffennwyd y darlun, roedd wyneb Auberon Quayle i'w weld yn ddigon mileinig i beri i *Attila the Hun* redeg am 'i fywyd.'

'Nefoedd Fawr! Ond sut gwyddoch *chi* am hyn, Mr Teifi?'

'Samlet 'i hun ddwedodd wrtho i. Ry'n ni'n hanu o'r un pentre yn Sir Aberteifi. Ond fel y gweloch chi drosoch eich hun, mae e wedi bod yn garedig iawn wrth y brenin; mae'r darlun yn yr ystafell gerdd yn nodedig am 'i gyfuniad o fawredd a thynerwch.'

Ymyrrwyd ar yr ymddiddan gan sŵn llwy'n taro yn erbyn llestr, a llais yn bloeddio 'Distawrwydd, os gwelwch yn dda!' ac yna drachefn, 'Distawrwydd i'r Prif Weinidog!' Dwfn a disgwylgar oedd y tawelwch a ddilynodd ymddangosiad Catrin Penri yn yr ystafell.

Gwisgwyd Catrin mewn melfed coch llachar, a thlws aur ar ffurf croes Geltaidd ar ei bron. Hoeliwyd pob llygad arni. 'Gyfeillion!' meddai. 'Mae'n flin gen i dorri ar eich traws, ond rwy'n siwr y bydd y newyddion diwedd-ara o Lundain o ddiddordeb mawr i chi. Mae Prif Weinidog Lloegr wedi cyhoeddi enwau 'i Gabinet newydd. Yr Ysgrifennydd Tramor fydd Auberon Quayle.' Gwenodd Catrin. 'Mae'r berthynas rhwng Cymru a Lloegr yn awr yn mynd i fod yn gyffrous iawn. Ydi llysgennad Lloegr yn yr yr ystafell? Rwy'n siwr i mi ei weld yn gynharach . . . A! Dyna chi, Syr Oliver! Ga i air â chi, os gwelwch yn dda?'

A'i galon yn plymio i'w sgidiau, syllodd Oliver ar Catrin yn agosáu.

'Wel, wel, Syr Oliver!' meddai Catrin. 'Mae'ch Prif Weinidog chi'n ymddwyn yn ddi-hid iawn y dyddiau 'ma, on'd ydi? Yn ddi-hid ac yn annoeth.'

'Amser a ddengys.'

'Yn sicr! A hynny yn y dyfodol agos. Fe ddylech fod

wedi pwyso'n drymach arno.'

'Fe drosglwyddais eich neges chi, wrth gwrs; ond fel y cofiwch chi, mi'ch rhybuddiais ar y pryd am ffolineb ceisio ymyrryd. Rhyw fath o flacmel gwleidyddol oedd eich neges, wedi'r cyfan; ac mae'r Prif Weinidog wedi adweithio fel byddwn i'n disgwyl.'

'Trueni mawr, Syr Oliver! Fe gaiff Auberon Quayle wynebu brwydrau ffyrnicach yn ystod yr wythnosau nesa nag a welodd yn ystod ei holl flynyddoedd yn y Weinyddiaeth Amddiffyn. Fydd 'i brofiad ar feysydd chwarae Eton fawr o help iddo nawr, chwaith.'

'Mi alla i'ch sicrhau chi fod Auberon yn ddigon abl i amddiffyn 'i hun.'

'Cawn weld. Wyddoch chi, Syr Oliver, rwy'n edrych ymlaen at y frwydr.'

Symudodd Catrin i ffwrdd, a'r sbarc yn ei llygaid yn ategu gwirionedd ei geiriau. Syllodd Oliver arni'n nesáu at Idris Pumlumon. Sgyrsiai'r ddau'n fywiog ar unwaith, a wyneb yn Archdderwydd yn crychu'n wên ddieflig.

Teimlai Oliver yn anesmwyth, ac edrychodd o'i amgylch. Ystyriodd y posibilrwydd o ddianc yn dawel yn ôl i'r llysgenhadaeth. Roedd gwaith pwysig yn galw yn awr, galwadau ffôn i'w gwneud ar frys. Cyfeiriodd ei gamre tuag at y drws; ond ymhell cyn iddo gyrraedd ei nod, tarodd rhywun yn ei erbyn.

'O, mae'n flin gen i, Syr Oliver!' meddai Megan Meredudd.

'Popeth yn iawn, Miss Meredudd. Ches i ddim niwed.'

'Roeddech chi'n anelu am y drws. Wedi blino ar y cwmni'n barod?'

'O na!' Annoeth fyddai cyfadde'r gwir. 'Ro'wn i'n dechrau teimlo'r gwres . . . Yr awyr yn drymaidd a chlòs . . . Meddwl mynd am dro bach ar hyd y coridor.'

'Ga i ddod gyda chi? Mae hi *yn* gynnes iawn 'ma.'

'Wrth gwrs.' Hen niwsans o fenyw!

Rhedai'r prif goridor, a adwaenid fel Y Galeri Hir, o un pen i'r adeilad i'r llall. Addurnwyd y muriau gan ddarluniau olew moethus. Edrychai'r ffenestri dyfnion allan ar lawntiau a llwyni a choed yr ystad; roedd sil eang dan bob ffenestr, a digon o le arni i eistedd a gwylio'r olygfa ogoneddus. Wedi cerdded ar hyd y galeri, a'r carped drudfawr yn ildio'n fendigedig i'w traed, cyfeiriodd Megan at un o'r seddau. 'Beth am eistedd am funud?'

'O'r gore.'

Trodd Megan at Oliver. 'Trueni mawr i'ch Prif Weinidog apwyntio Auberon Quayle yn Ysgrifennydd Tramor, Syr Oliver. Mae'n mynd i wneud eich bywyd yn anodd.'

'Pam felly?'

'O, dewch nawr. Ry'ch chi'n gwybod yn iawn. Cyn gynted ag y cyhoeddir sylwadau Quayle yn y wasg ac ar y cyfryngau—y sylwadau ffôl a wnaeth e yn y Cabinet— fydd hi ddim yn ddiogel iddo osod troed ar dir Cymru. Ac wrth gwrs, mi fydd llawer o bobl yn eich cyfri chi fel ei gynrychiolydd personol yng Nghymru; bydd peth o'r gwynt drewllyd sy'n tarddu ohono fe'n glynu wrthoch chithe hefyd . . .'

'A, ry'ch chi'n gwybod felly am y sylwadau maen nhw'n honni iddo eu llefaru . . .'

'Nid *honni*, Syr Oliver; mae gynnon ni brawf dogfennol a phendant, fel y dwedwyd wrthych gan Miss Penri.'

'Ac mae hi wedi dweud wrthoch *chi* hefyd, felly! Ydi hi'n cadw *unrhyw* gyfrinachau oddi wrthych?'

'Dim llawer, Syr Oliver.'

'Mae'n amlwg.'

'Wel . . . Fe fydd yn rhaid ichi gario pechodau Auberon Quayle. Mae amser anghyffyrddus iawn yn eich aros, Syr Oliver. Mae 'nghalon yn gwaedu drosoch.' Gosododd Megan ei llaw ar fraich Oliver; cadwodd hi yno am ysbaid, a'i gafael mor dyner nes peri i Oliver amau ei synhwyrau ei hun am eiliad. Ond nid damwain oedd y gwasgu. Roedd Oliver yn hyddysg a phrofiadol yn y grefft o ddadansoddi'r fath arwyddion. Eto, roedd hi'n anodd iddo ddygymod â'r posibilrwydd fod Ysgrifenyddes Bersonol Prif Weinidog Cymru am sefydlu perthynas agos â Llysgennad Lloegr. Wrth i law Megan symud ymaith, teimlai Oliver fod y rhagolygon yn gwella.

'Wel, Miss Meredudd, os digwydd y bydda i'n cael fy hun mewn trafferthion, ga i ddod atoch chi am gysur?'

'Ond i chi wneud hynny yn gyfrwys ac yn ofalus!' Gwenodd Megan wên a oedd yn cyfleu cyfrolau o bosibiliadau i Oliver.

Clywai'r llysgennad ei enaid yn canu grwndi. O fewn munud yn unig, trawsnewidiwyd parti'r Archdderwydd o fod yn anialwch blinderus i fod yn ardd ffrwythlon, a'r orcid aeddfed yma ar ddisgyn i'w freichiau! Orcid *gor*-aeddfed falle, ond beth oedd yr ots am hynny? Fe wnâi'r tro! Menyw o gnawd a gwaed cynnes, menyw â gafael iddi. A menyw a chanddi ddigon o chwaeth i ymateb i'w atyniadau unigryw ef. Braf o beth yn awr fyddai mynd i'r afael â hi . . . A phe enillai ffafrau cnawdol oddi wrthi, onid hawdd fyddai iddo ennill ffafrau gwleidyddol hefyd? Cyfrinachau o swyddfa Prif Weinidog Cymru?

Gwenodd Oliver yn llydan. 'Os felly, gobeithio y daw trafferthion lu i'm rhan.' Roedd yr hen reddfau cyntefig oddi mewn iddo'n gwbl effro erbyn hyn. Cymerodd arno ei fod yn archwilio'r tlws a syrthiai o'i gwddf, ond crwydrai ei lygaid a'i feddwl dros y melfed du a lynai'n bryfoclyd wrth ei bron.

'Ydych chi'n hoff o ddarluniau olew, Syr Oliver?'

'Darluniau?'

'Mae 'na gymaint o rai hardd yn y galeri 'ma. Edrychwch ar hwnna sy gyferbyn â ni. On'd yw e'n odidog?'

Tynnodd Oliver ei lygaid oddi ar y melfed ac edrych ar

y darlun enfawr a dramatig o'i flaen—darlun o arwres ryfelgar yn arwain byddin werinol yr olwg; chwifiai ei chleddyf uwch ei phen, ei gwallt du ar ddisberod yn y gwynt, ei thiwnic yn dynn yn erbyn ei chorff, ei cheg ar agor, a'r gorchmynion yn amlwg yn tasgu allan ohoni. Arweiniai ei byddin yn erbyn mintai o filwyr a ddisgynnai'n ddisgybledig o gastell ar gopa bryn yn y cefndir. Roedd yr olygfa'n llawn cyffro a thensiwn. Ni wyddai Oliver fawr am arlunio, ond hawdd gweld a theimlo'r gynddaredd a fflamiai o lygaid y fyddin werinol, a'r penderfyniad sarrug ar wynebau amddiffynwyr y castell yn eu gwisgoedd milwrol. Ond y ffigur a deyrnasai dros yr holl olygfa oedd y ddynes; cyfunwyd grymusterau rhywiol a rhyfelgar yn ei chorff. Ffrydiai pwerau nerthol a fynnai ufudd-dod llwyr ei dilynwyr allan ohoni. Pelydrent allan o'r cynfas hefyd gan gyffwrdd â nerfau'r llysgennad ei hun.

'Darlun trawiadol, mae'n rhaid cyfadde,' meddai Oliver. 'A menyw drawiadol. Pwy yw hi?'

'Gwenllian.'

'Dyw'r enw ddim yn golygu dim i mi, mae arna i ofn,' meddai Oliver a'i lygaid ar y diwnic a wthiwyd yn dynn yn erbyn pen-ôl Gwenllian.

'Gwenllian, Arglwyddes Deheubarth, gwraig Gruffydd ap Rhys Tewdwr.'

'Gruffydd ap Rhys Tewdwr,' ailadroddodd Oliver yn dawel. Daliai ei lygaid i wledda ar y darlun. 'Dyn a llond ceg o enw, a llond côl o wraig. Dyn lwcus tu hwnt, ddwedwn i.'

'Dyma Gwenllian yn arwain 'i byddin yn erbyn Normaniaid Castell Cydweli. Brwydr enwog 1136.'

'Ble mae 'i gŵr hi?'

'Wedi mynd i'r Gogledd i geisio help. Mae Gwenllian wedi cymryd eich ffansi, rwy'n meddwl.'

'Rwy'n cyfadde y byddai mynd ar drip bach yn ôl i'r ddeuddegfed ganrif i gael sgwrs â hi yn apelio ata i.'

'Ydi hi'n eich atgoffa chi o rywun?'

'Ddylai hi?'

'Edrychwch yn fwy manwl ar 'i hwyneb hi,' meddai Megan, 'yn hytrach nag ar unrhyw ran arall ohoni.'

Ufuddhaodd Oliver. 'Dw i ddim callach.'

'Na?'

Rhythodd Oliver drachefn ar yr wyneb. Yn sydyn, sylwodd ar smotyn bychan—fel man geni—ar ochr trwyn Gwenllian; ac o'i archwilio'n ofalus, ac edrych ar siap y trwyn a'r wefusau, gwawriodd y gwirionedd yn ei ben. 'Nefoedd Fawr! Darlun ohonoch *chi*, Miss Meredudd! Fe ddylwn fod wedi nabod y *beauty-spot* ar y trwyn 'na ar unwaith!'

Nodiodd Megan. 'Dyw'r wyneb yn y llun ddim yn replica perffaith, ond mae'n ddigon agos. Yn ôl 'i arfer, roedd Samlet am bortreadu'r enaid yn fwy na'r nodweddion allanol.'

'Samlet Rhys oedd yr arlunydd?'

'Ie. Mi fues i'n modelu iddo sawl gwaith. Roedd e'n benderfynol mai fi'n unig a wnâi'r tro fel model. Ac mae wedi cael hwyl wrth ddarlunio fy mhen-ôl . . . Wedi cipio'r siap a'i hanfod yn berffaith, dy'ch chi ddim yn cytuno? Roeddwn i'n teimlo'n reit falch jest nawr o'ch gweld chi'n llygadu'r rhan yna o anatomi Gwenllian mewn modd mor werthfawrogol.'

'Mae'r arlunydd wedi portreadu'ch enaid chi yn ogystal,' meddai Oliver, gan gynhesu fwyfwy wrth eiriau digywilydd o wresog Megan Meredudd.

'O?'

'Yr olwg ar yr wyneb . . . Mae dewrder yna, wrth gwrs, fel y gellid disgwyl mewn rhyfelwraig; ond mae 'na rywbeth arall o amgylch y gwefusau, fel sy 'na o amgylch eich wefusau chi.'

'Ewch ymlaen, Syr Oliver!'

'Rhywbeth nas gwelir yn aml ar wyneb rhywun sy ar fin hyrddio'i hun yn erbyn y gelyn . . . Mae 'na ryw awgrym o wên—ie, gwên hyfryd o haerllug.'

'Dy'ch chi'n meddwl?'

'A dweud y gwir—a gobeithio na wnewch chi 'ngham-ddeall i, Miss Meredudd, ond rwy'n cyfri'r nodwedd arbennig yma fel rhywbeth i'w drysori yn hytrach na rhywbeth i gywilyddio wrtho—o edrych yn fanwl ar wefusau Gwenllian, rwy'n canfod cyffyrddiad o bechod! Cyffyrddiad yn unig, cofiwch, ond mae'n ychwanegu cymaint o ddyfnder diddorol at ei chymeriad.'

'Ac mae'r un nodwedd i'w gweld ar fy wyneb i?'

'Ydi, diolch i'r drefn. Fel y dwedais, mae'r arlunydd wedi cipio natur eich cymeraid chi"n rhyfeddol. Pe bai'r llun yna ar werth, mi wariwn i fy ngheiniog ola i'w brynu—nid er mwyn ei thema hanesyddol, ond er mwyn syllu ar Gwenllian a cholli fy hun yn ei phrydferthwch gwyllt.'

Eisteddodd y ddau'n dawel am ysbaid, yn syllu ar y darlun. Symudodd Oliver yn nes at ei gydymaith, gan gymryd arno mai gwneud ei hun yn fwy cyffyrddus yr oedd.

'Dwedwch wrtho i, Miss Meredudd, beth oedd canlyniad y frwydr yna yng Nghydweli?'

'Trychinebus, mae arna i ofn. Concrwyd y Cymry, a lladdwyd Gwenllian. Rwy'n credu fod arweinydd y Normaniaid, Maurice de Londres, wedi llofruddio Gwenllian â'i law ei hun.'

'A.'

Tawelwch eto am ysbaid.

'Wrth gwrs,' meddai Megan yn dawel, ac Oliver yn sylwi sut y symudai hithau'n agosach ato ef nawr, 'mae'n bosib hyd y dydd heddi i fenywod Cymru gael 'u gorchfygu gan arwyr o Lundain; ond falle bod menyw'n cael ei chosbi mewn modd tynerach y dyddiau hyn. Be ddwedwch *chi*, Oliver de Londres?'

Neidiodd calon y concwerwr, a chyffyrddiad penlin Megan â'i benlin ef yn sicrhau'r fuddugoliaeth a oedd ar ddod.

'Mae 'na ddarlun arall gan Samlet,' meddai Megan, 'darlun a fydd o ddiddordeb arbennig i chi, rwy'n siwr— 'i gampwaith, heb os nac oni bai, er nad yw wedi'i arddangos yn gyhoeddus eto. Fe'i cedwir mewn ystafell fechan ym mhen pella'r Galeri. Hoffech chi 'i weld e?'

'Mi fyddwn i wrth fy modd,' meddai Oliver, a'i lais braidd yn gryg. Onid dyfais i'w ddenu i le bach preifat oedd y gwahoddiad i'r 'ystafell fechan'? O, roedd y ddynes yma'n haeddu cael ei choncro gan yr arwr diwedd-ara o Lundain, arwr a chanddo gleddyf o gig a gwaed!

'Awn ni felly?' gofynnodd Megan, gan godi ac arwain y ffordd. Dilynodd Oliver hi, a'i lygaid yn crwydro'n rheibus drosti. Ysai ei ddwylo am gael mynd i'r afael â'r melfed du a'r croen gwyn. Wedi cyrraedd pen pella'r galeri, agorodd Megan ddrws a datgelu grisiau yn arwain i'r llawr oddi tanynt. 'Mae'r ystafell ar waelod y grisiau hyn,' meddai.

Nodiodd Oliver, a sylwi ar yr awgrym diamheuol o bechod yn ei gwên. O, roedd Paradwys yn aros amdano! I lawr â nhw, a Megan yn symud yn llyfn ac urddasol, gan gymryd ei hamser, a phob eiliad yn ychwanegu at y cynnwrf yng ngwythiennau Oliver.

'A, dyma ni o'r diwedd,' meddai Megan yn dawel, ac agor y drws o'i blaen.

Ystafell fechan yn cynnwys un darlun yn unig, darlun enfawr a dramatig, ac Oliver, er gwaetha'r grymusterau rhywiol a fyrlymai'n wyllt drwy bob modfedd o'i gorff erbyn hyn, yn sefyll yn stond gan rythu ar y cynfas.

Roedd tri chymeriad yn y darlun. Yn gyntaf, Field-Marshal Montgomery yn ei lifrai milwrol rhwysgfawr. Roedd ganddo wyneb sarrug a llygaid treiddgar, oeraidd. Bloeddiai'r medalau-rhyfel a'r rhubanau a'r bathodyn-nau ar ei frest ei ddawn a'i athrylith ar faes y gad. Safai arwr Alamein yn unionsyth, ei law dde'n cydio yn ei

51

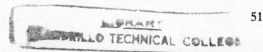

faton, a'i law chwith yn dal tennyn lledr hir.

Ynghlwm wrth ben arall y tennyn roedd anifail mileinig yr olwg, yn hanner ci, hanner dyn. Ci-teirw, y *bull-dog* hyll, oedd y corff a'r ysgwyddau, ac roedd y pen hefyd yn cynnwys rhyw awgrym o'r anifail hwnnw; ond amhosib gwadu bod y trwyn cam, y llygaid maleisus a'r drefl ar y wefusau creulon yn eiddo i neb llai nag Auberon Quayle. Amharwyd ychydig ar naws ddifrifol y darlun gan y ffaith fod un o goesau ôl y creadur wedi ei chodi, a'i aelod cenhedlu'n piso'n nerthol at ddynes a gerddai heibio.

Menyw ifanc oedd honno, geneth dlos mewn gwisg draddodiadol Gymreig, gwisg gyflawn a chywir ym mhob manylyn, gan gynnwys yr het uchel. Cerddai'n sionc a chwbl ddibryder, a hynny'n ddigon naturiol gan ei bod ryw ddwy lathen allan o gyrraedd yr hylif melyn pwerus a bistyllai o fogel yr anifail. Ar ei hwyneb, roedd gwên ddireidus.

'Mae hwn yn warthus!' sibrydodd Oliver a'i lygaid wedi eu hoelio ar y darlun.

Safai Megan wrth ei ochr. Symudodd yn agosach fyth ato nes bod ei hystlys yn cyffwrdd â'i law; ymladdai anfodlonrwydd ffyrnig Oliver â'r darlun yn erbyn ei chwantau rhywiol. Gosododd ei fraich am ganol Megan. A dyna'r foment pan chwalwyd gobeithion Oliver yn frawychus o sydyn; oherwydd dyma Megan yn rhoi sgrech dreiddgar. Gwthiwyd y drws ar agor, rhuthrodd pump o fenywod ifainc lysti i mewn a hyrddio'u hunain yn erbyn Oliver, pedair ohonynt yn gafael yn ei goesau a'i freichiau, a'r pumed yn gwthio clwt dros ei geg a'i ffroenau. Drewai'r clwt o gloroffform neu rywbeth tebyg; ymladdai Oliver yn ffyrnig i ryddhau ei hun gan daro a bnachiaio'n gwbl ofer . . . Suddodd yn ddiymadferth dan y corwynt benywaidd, a chwerthin y genethod dieflig yn chwyrlio a diasbedain yn ei glustiau, nes i'r tywyllwch o'r diwedd gau amdano.

PENNOD 4

GWENODD Delyth Pumlumon. 'Strôc anfarwol, Megan. Yr orchest fwya yn hanes Merched y Wawr.'

'Siwr o fod,' cytunodd Llywydd y mudiad parchus hwnnw.

'Herwgipio llysgennad Lloegr! A hwnnw'n gynaelod o'r *Coldstream Guards!* Nefoedd fawr, be nesa?'

'Gobeithio bod Syr Oliver yn ddigon diogel yn y llofft.'

'Amhosib iddo ddianc, Megan. Dyna'r ystafell â'r muriau mwya trwchus, a'r drws mwya cadarn yn y wlad. A phwy feddyliai am chwilio amdano yng Nghwmtwrch?'

'Beth am 'i gar?'

'Mae hwnnw'n ddiogel yn yr hen dwlc mochyn ym mhen draw'r ardd. Mi gefais dipyn o wefr wrth ei yrru i lawr o Aber neithiwr, a Syr Oliver wedi'i bropio yn y sêt ôl. Car soffistigedig dros ben, yn gwibio dros y bryniau a'r mynyddoedd.'

'Roedd yn amhosib dy ddal di, Delyth. Fe wnes 'y ngorau yn fy ngherbyd bach hen ffasiwn i, ond doedd dim gobaith gen i.'

Eisteddent yng nghegin bwthyn anghysbell ger Cwmtwrch, cartref modryb i Delyth, Anti Betsi, chwaer ddibriod ei mam. Roedd Betsi newydd ymddeol yn gynnar o'i swydd fel Pennaeth y Llyfrgell Brydeinig yn Llundain ar ôl gwneud ei marc fel ysgolhaig, awdurdod bydenwog ar yr Eglwys Fore, ac awdur y llyfr ffrwydrol a disglair *The Mistress of St Augustine.* Roedd hi'n ddynes o bersonoliaeth fywiog ac o argyhoeddiadau cadarn. Yn ystod ei chyfnod yn Llundain daeth yn enwog fel heddychwraig, a'i hymgyrch yn erbyn rhyfel yn beryglus o rhyfelgar. Fel y dywedwyd am rywun arall o'r un anian, *A pacifist wrth the emphasis on the fist.* Etifeddodd Betsi yr hen gartref teuluol clyd y ffolai Delyth ar bob carreg ohono, cymaint yn wir, ag a ffolai ar ei modryb.

'Mae'n rhaid i mi ddychwelyd i Aberystwyth y bore 'ma, Delyth. Fyddi di'n aros 'ma am ychydig ddiwrnodau?' gofynnodd Megan.

Nodiodd Delyth. 'Un o'r manteision o fod yn fyfyriwr ymchwil yw 'mod i'n feistres ar fy amser fy hun.'

Agorwyd drws y gegin, a hwyliodd Betsi i mewn: menyw fechan a phrysur, a'i llygaid fel botymau gleision. Roedd cnwd trwchus o wallt coch afreolus yn disgyn dros ei thalcen penderfynol. 'Yn dal i fwyta, ferched?'

'Ar y dafell ola o dost,' meddai Delyth. 'Sut mae'r carcharor?'

'Wedi pwdu. Heb gyffwrdd â'i fwyd.'

'Geisiodd e ddianc wrth i ti fynd â'r bwyd i mewn iddo?'

'Dianc? Heb 'i drowsus?' Chwarddodd Betsi. 'A'r ci'n cadw gwyliadwraeth ar dop y stâr? Fe gollai'r pwr dab 'i wrywdod a'r rhan fwyaf o'i ben-ôl. O, rwy *yn* mwynhau fy hun! Am ba hyd ga i gadw'r dyn bach?' Pefriai ei llygaid.

'Bydd dau neu dri diwrnod yn ddigon, rwy'n meddwl,' meddai Delyth. 'Yna fe gaiff ailymddangos yn wyrthiol yn y llysgenhadaeth yn Aberystwyth, ond heb fedru dweud yr un gair am ei antur, rhag iddo wneud ei hun yn destun sbort drwy'r holl wasanaeth diplomyddol.'

'Ar ben hynny,' meddai Megan, 'rwy wedi rhoi rhybudd eglur iddo: pe bai e'n ceisio'n bradychu ni, mi fydda i'n cyhoeddi stori ddiddorol iawn am y modd yr ymosododd arna i yn yr ystafell fechan ym Mhlas Glyndŵr, a minnau'n cael fy achub ar y funud ola gan bump o aelodau Merched y Wawr.'

'Dim rhyfedd ei fod e'n edrych mor ddiobaith y bore 'ma,'gwenodd Betsi. 'A chyn i fi orffen ag e, mi fydd yn edrych yn llawer mwy diobaith.'

A'i hwyneb yn llawn o ffug arswyd, edrychodd Delyth ar ei modryb. 'Beth wyt ti'n bwriadu'i wneud iddo?'

'Pwy a ŵyr? Ond ddaw 'run cyfle fel hwn i mi eto! Feddyliais i erioed y cawn i gyn gyrnol o'r *Brigade of Guards* yn fy nwylo!'

'Nawr bihafia dy hun â'r dyn dieithr 'ma, Betsi!' meddai Delyth. 'Mae enw da gen ti hyd yn hyn.' Trodd at Megan, a gwenu. 'Rwy'n dechrau gofidio am dynged Syr Oliver; fe fydd yn ddiogel tra bydda *i* yma, ond Duw â'i helpo ar ôl i mi ddychwelyd i Aber.' Ysgwydodd ei phen yn bryderus.

Cododd Megan. 'Mae gen i ffydd yn dy fodryb. Wel, cystal i mi fynd.'

'Ydi Catrin Penri yn gwybod be sy wedi digwydd i'r llysgennad?' holodd Betsi.

'Dim eto,' meddai Megan. 'Penderfyniad cyfrinachol gan Gyngor Mewnol Merched y Wawr oedd hwn, yn cael 'i weithredu gan gell fechan o'n cangen yn Aberystwyth. Ond mi fydda i'n dweud y cwbl wrth Catrin y prynhawn 'ma. Rwy'n siwr y bydd hi'n llawenhau wrth glywed yr hanes. Wrth gwrs, yn *swyddogol* mi fydd hi'n parhau heb wybod dim. Wiw i Brif Weinidog gefnogi herwgipio. Wel, Betsi, diolch yn fawr am bopeth. Ry'ch chi'n haeddu un o fedalau'r Mudiad!' Rhoddodd gusan i Betsi a Delyth. 'Parhewch chi'ch dwy â'ch sgwrs. Rwy'n gwybod y ffordd allan.' Chwifiodd ei llaw'n siriol, ac allan â hi. O fewn munud, chwalwyd llonyddwch y wlad gan gar Megan yn rhuo ar ei daith i fyny'r lôn.

'Rwy'n dyheu am sgwrs fach â'n carcharor,' meddai Delyth.

'Cofia fi ato,' meddai Betsi. 'Mae allwedd y drws ar silff ucha'r dreser.'

Aeth Delyth ar hyd y pasej ac i mewn i'r parlwr,

ystafell hardd ag ynddi drawstiau derw trwchus, celfi o ledr moethus a silffoedd llyfrau mahogani. Ychwanegwyd at ysblander hen ffasiwn y parlwr gan ddreser mawr Cymreig yn llawn o lestri traddodiadol, a'r rheini yn disgleirio yng ngolau'r tân glo serchus. Casglodd Delyth yr allwedd a dychwelyd i'r pasej. Winciodd arni ei hun yn nrych y landin. Mwythodd ben ei hen ffrind, Llywarch, y ci Alsatian a orweddai ag un lygad ar agor ar ben y grisiau. Yna, cerddodd yn hamddenol ar hyd y pasej cul tuag at y drws yn y pen draw. Cnociodd wrth weiddi, 'Ydi hi'n ddiogel i ferch ddiniwed ddod i mewn, Syr Oliver?'

'Ewch i ffwrdd!' oedd yr ymateb ingol.

'Rwy'n dod i mewn. Rwy'n gwybod nad oes gennych drowsus na dillad isa. Does gen i ddim o'r chwant lleia i weld eich aelodau preifat, ac felly, os y'ch chi allan o'ch gwely, neidiwch yn ôl ar unwaith, os gwelwch yn dda.' Oedodd Delyth am eiliad cyn gosod yr allwedd fawr haearn yn y clo, a defnyddiodd nerth sylweddol i'w throi. Camodd i mewn i'r ystafell wely, gan adael y drws yn gil agored. Ni ragwelai y câi unrhyw drafferth gan y llysgennad, ond roedd presenoldeb Llywarch y tu ôl i'r drws yn gysur.

Roedd Syr Oliver yn eistedd yn y gwely, a hanner isaf ei gorff wedi ei guddio'n weddus. Ac yntau wedi etifeddu cymaint o natur gynhenid y Saeson yn ei wythiennau, nid annisgwyl oedd ei gael yn awr mewn crys gwyn ffurfiol a dici-bow i dderbyn ei ymwelydd.

Tynnodd Delyth gadair bren at y gwely, ac eisteddodd. 'Ystafell fach neis, Syr Oliver,' meddai'n siriol. Edrychodd o'i hamgylch ar y gist dderw fawr, y gwely cadarn a'i ffram haearn, y rhosynnau niferus yn y papur wal, a'r badell a'r jwg ar y stand ymolchi.

A'i wyneb ar dân, ymddangosai Oliver braidd yn anfodlon ar ei fyd. 'Mae hyn yn gwbl warthus!' gwaeddodd. 'Ydych chi'n sylweddoli maint eich trosedd? Chi a'ch blydi ffrindiau yn ymddwyn fel gang o fôrladron.'

'Nawr, nawr, Syr Oliver,' meddai Delyth yn ei llais mwyaf addfwyn. 'Peidiwch â chynhyrfu.'

'Ystyriwch eich trosedd, fenyw!' bloeddiodd Oliver. 'Cipio llysgennad *Lloegr!*'

Siglodd Delyth ei phen a gwenu. 'Anhygoel, yntê.'

'Mae angen archwilio'ch pennau chi. Chi a Megan Meredudd. Yn gwbl wallgo, y ddwy ohonoch chi. Yn ffit i ddim ond ysbyty meddwl.' Ysgytiwyd hyd yn oed y gwely haearn gan gynddaredd y llysgennad.

'Gwell i chi dawelu tipyn, Syr Oliver, neu mi fyddwch yn siwr o wneud niwed i chi'ch hun. Pam na wnewch chi dderbyn y sefyllfa a siarad yn rhesymol fel llysgennad bach neis?'

Ysgytiwyd y gwely drachefn. 'Mi gewch dalu am hyn!'

'Ond be fedrwch chi 'i *wneud?'* holodd Delyth, a'i llais yn llawn cydymdeimlad. 'A be fedrwch chi wneud heb eich trowsus? Ar wahân i ryw weithred fach gyntefig, a dy'ch chi ddim yn y cyflwr meddwl iawn i bethau felly debyg iawn.'

'Peidiwch â bod mor ffiaidd! Ond be arall sydd 'i ddisgwyl gan ferch sy'n medru ffantaseiddio am reibio Prifathro ei choleg?'

Gwenodd Delyth eto. 'A! Felly, mi *oeddech* chi'n clustfeinio ar Gwen a minne ar y prom yn Aber. 'Na brofiad cyfoethog i chi. Ond mae fy ffantaseiddio i am y Prifathro yn ddiniwed o'i gymharu â'r hyn wnaethoch chi i Anest. Ry'ch chi'n cofio am Anest, on'd y'ch chi, Syr Oliver? Yr eneth fach o Dalybont a fu'n gogydd i chi yn y llysgenhadeth . . . Newydd ymadael â'r ysgol oedd hi, ac yn argyhoeddedig 'i bod hi wedi gorffen 'i haddysg! Ond fe fuoch chi'n garedig wrthi . . . yn ei thywys drwy gwrs efrydiau allanol unigryw. A hynny heb fynnu ceiniog o dâl!' Sylwodd Delyth ar wyneb y llysgennad yn newid ei liw. 'Fe ymadawodd hi â'r llysgenhadeth heb fawr o rybudd, fel y gwyddoch, Syr Oliver; y cwrs wedi mynd yn rhy galed. Ond mae hi'n dal i sôn am y ffordd y byddai'ch llygaid yn goleuo bob tro y byddai hi'n gwisgo 'i hen iwnifform ysgol. Am y ffordd y byddai'n dod i'ch ystafell yn ei sgert nefi a'i sane du, satsiel ar 'i chefn a lolipop yn 'i cheg. Y fath bethe rhyfedd a ddysgoch iddi, Syr Oliver! Y tiwtorials a gafodd gennych! Soniodd droeon am y tiwtorials; am sut y byddech chi'n sibrwd "Anest! Anest!" yn 'i chlust, ac yna'n newid wrth i chi gyrraedd uchafbwynt y wers, "A! Nest!", wrth i'ch holl gorff ysgwyd yn nwydus!' Oedodd Delyth, a phwyso'n ôl yn ei chadair. Syllodd ar y llysgennad; roedd wedi colli ei liw yn llwyr ac wedi tynnu dillad y gwely i fyny o dan ei ên.

'Mae Anest yn y Brifysgol nawr,' aeth Delyth yn ei blaen. 'Doeddech chi ddim yn gwybod? Mae'n amlwg i chi gael dylanwad bendithiol arni, a pheri iddi ddyheu am addysg bellach. Mae'n dilyn cwrs ar Seicoleg a Gwleidyddiaeth—effaith y naill ar y llall; mae'n ysgrifennu *thesis* ar ddylanwad rhyw ar ddiplomyddiaeth Lloegr.'

'Mae'r ferch yn gelwyddgast!' ffrwydrodd Oliver.

'O, dewch nawr, Syr Oliver.'

'Pwy fydd yn 'i chredu? 'I gair *hi* yn erbyn fy ngair *i*?'

'Rwyf *i'n* 'i chredu.'

Ffroenodd Oliver. 'A phwy fydd yn eich credu *chi*? Myfyrwraig wedi troi'n herwgipiwr!'

'Ond dyna chi helfa!'

'A beth y'ch chi'n gobeithio 'i gyflawni o ganlyniad i'r weithred wallgo 'ma? Pe bai un iot o synnwyr cyffredin gennych chi, mi fyddech yn fy rhyddhau y funud yma!' Suddodd goslef llais Oliver i lefel fwy pwyllog. 'Gwrandewch, Miss Pumlumon. Mi dara i fargen â chi. Cyn i bethe fynd dros ben llestri, a chithe'n cael eich hun mewn trafferth difrifol, gadewch fi'n rhydd nawr, ac mi anghofia i'r cwbl. Wna i ddim sôn wrth neb am y peth.

Dim gair am eich gweithgareddau gwallgo, rwy'n addo.'

'Ydych chi'n meddwl mai ar chwarae bach y cipion ni chi?'

'Sut gwn i beth ysgogodd chi? Ond mae fy nghynnig yn aros. Gadewch fi'n rhydd, a dyna ddiwedd ar y mater. Ond unwaith y sylweddolan nhw 'mod i ar goll—ac fe ddigwydd hynny bore fory, pan agorir y llysgenhadaeth wedi'r penwythnos—mi fydd hi'n rhy hwyr i'ch achub chi. Cynnwrf aruthrol wedyn, a'r heddlu'n chwilio amdana i, a'r cwbl yn ffrwydro yn eich wynebau chi. Allwch chi ddim deall hynny?'

'Ond ddaw neb o hyd i chi, Syr Oliver. O leia, gobeithio na ddaw neb o hyd i chi—er eich mwyn *chi*. Meddyliwch am y gwarth i'ch hen gatrawd. Y Cyrnol Oliver Singleton-Jones wedi ei gipio gan ddyrnaid o wragedd ifainc! A beth ddwedai eich Prif Weinidog o glywed manylion stori Megan Mereudd? Y modd mileinig yr hyrddioch eich hun arni, ei gwthio i'r llawr, ac ymaflyd ynddi fel anifail gwyllt, a phoer eich ceg ar hyd ei hwyneb, a . . .'

'Stopiwch!' gwaeddodd Oliver. 'Dyna ddigon! Rhag eich cywilydd chi, a rhag cywilydd Megan Mereudd, yn meiddio gweu'r fath anwiredd enllibus.'

'Ond mae pump o enethod hardda Aberystwyth yn barod i dystio fod y stori'n wir. Bob gair. A Miss Meredudd yn barod i gleisio'i hun hyd yn oed, i sicrhau fod prawf o'ch ffyrnigrwydd ar gael. Diar mi! Allwn ni ond gobeithio na ddaw'r hanes amdanoch i'r amlwg . . .'

Siglwyd y gwely drachefn gan gyfres o ddaeargryn-feydd, a Delyth yn mwynhau'r gwylltineb yn llygaid Syr Oliver. Gwylltineb anifail rheibus wedi ei gorneli.

'Yn enw Duw, beth yw pwrpas hyn oll?' holai'r llysgennad yn gryglyd. 'Beth y'ch chi am i mi wneud?'

'Dyna welliant! Da iawn.' Pwysodd Delyth ymlaen i gyffwrdd yn hanner cariadus â phenlin Oliver; yn anffodus, gwnaeth gamgymeriad ynghylch lleoliad y benlin, a'i llaw yn disgyn sawl modfedd yn uwch. Er i berchennog y llaw sylweddoli ei chamgymeriad gwasgodd yn dyner 'run fath. Merch garedig fel yna fu Delyth erioed. Mawr oedd ei phleser o glywed Oliver yn tynnu anadl siarp . . . Dyn sensitif. Defnydd da i weithio arno. Byddai tipyn o bryfocio'n dwyn ffrwyth . . .

Pwysodd Delyth yn ôl yn ei chadair, a chroesi ei choesau. Sylwodd ar Oliver yn llygadu ei phenliniau. 'Mae gennych lygaid i werthfawrogi prydferthwch, Syr Oliver,' meddai'n dawel.

Dychwelodd rhywfaint o liw i ruddiau'r llysgennad; trodd ei olygon at y papur wal parchus.

'Eich edmygedd o ddarluniau da dwi'n ei feddwl,' meddai Delyth. 'Mae Miss Meredudd wedi sôn wrthyf am y ffordd y cipiwyd eich sylw gan waith Samlet Rhys neithiwr. Mae'n debyg eich bod chi wedi ffoli ar y darlun yn yr ystafell fechan . . .'

Ffrwydrodd Oliver. 'Y darlun mochaidd 'na! Ffieidd-dra digywilydd! Yn enllibio milwr dewra ac enwoca Lloegr. A'r haerllugrwydd o bortreadu Auberon Quayle fel anifail. Dylid fflangellu'r arlunydd yn gyhoeddus!'

'Ry'ch chi *mor* debyg i'r Saeson, Syr Oliver. Maen *nhw* hefyd yn addoli cadfridogion. Yn ffoli ar y *Brass Hats*. Yn ymgrymu gerbron y twpsod rhwysgfawr sy mor barod i ddanfon miloedd o ddynion ifainc at eu tranc.'

Yn ei gynddaredd, cododd Oliver ei law ac ysgwyd ei fys ar Delyth. 'Nawr gwrandwch chi am funud. Mae'r Viscount Montgomery . . .'

'Wrth gwrs!' torrodd Delyth ar ei draws. 'Mae'n rhaid rhoi'r teitl llawn i'r dyn bach. *The Viscount Montgomery of Alamein, Knight of the Garter*. Ac roedd e'n meddwl y byd o'r *Garter* 'na, on'd oedd e? Ond dyna fe, ry'ch *chi'n* hoff iawn o ambell *garter*, on'd y'ch chi, Syr Oliver?' Ac mewn ysbryd caredig, tynnodd Delyth ei sgert i fyny i alluogi Syr Oliver i gael cipolwg ar ei *garter* hi.

A'i fys yn dal yn yr awyr fel petai wedi ei rewi yno, llyncodd Oliver ei boer a rhythu ar yr olygfa fendigedig o bryfoclyd. Yna gostyngodd ei law'n araf a meddylgar.

'Mae'ch arwr, y Field Marshal Montgomery, yn debyg iawn i un o'i gyndadau,' meddai Delyth.

'Un o'i gyndadau?'

'Roger de Montgomerie, yr Iarll Normanaidd a reibiodd gymaint o'n gwlad a gwthio ei enw teuluol ar y tiroedd Cymreig a ddaeth o dan ei sawdl. Cas gen i sŵn yr enw Montgomery. Diolch fod enw Cymraeg i'w gael ar yr hen sir erbyn hyn. Diolch hefyd fod merch o Drefaldwyn ar gael i dalu'r pwyth yn ôl a rhoi bonclust i ddisgynnydd enwocaf y blydi teulu! Cefais bleser a llawenydd gwefreiddiol wrth sgrifennu'r nofel a chipio'r Fedal Ryddiaith!'

'A!' meddai Oliver.

'Mae'n siwr na ddarllenoch chi'r nofel.'

'Dim peryg! Yn enwedig ar ôl gweld y cartŵn gwarthus 'na yn *Y Faner* yn eich darlunio chi'n poeri at lygad Montgomery. Oes 'na *unrhyw* beth sy'n sanctaidd i'r Cymry? Herwgipio llysgennad! Gwobrwyo nofel enllibus! Hongian darlun echrydus o ddichwaeth yn un o'u plasdai mwyaf urddasol! Sarhau, o fewn ffram un darlun, dau Sais nodedig, y naill yn filwr unigryw a disglair, a'r llall yn un o weinidogion mwyaf addawol Lloegr.'

'A!' meddai Delyth. 'Mae hynny'n f'atgoffa i . . . Auberon Quayle . . .'

'Dyn eithriadol o alluog!'

'Mae'n rhaid iddo ymddiswyddo, wrth gwrs.'

'Ymddiswyddo?'

'Unwaith y cyhoeddir 'i sylwadau bwystfilaidd ar y Cymry . . .'

'O, ry'ch chi hefyd wedi clywed y stori 'na.'

'Oddi ar wefusau Miss Meredudd. Mae'n debyg fod cynlluniau i gyhoeddi'r cyfan yn y papurau newydd fory.'

Edrychodd Oliver yn sarrug arni.

'Gyda llaw, Syr Oliver—ac mi ddylwn fod wedi gofyn i chi'n gynharach—oeddech chi'n ddigon cynnes yn y gwely neithiwr? Roeddwn i'n meddwl amdanoch yn ystod y nos; yn teimlo'r awyr yn fain, a gofidio amdanoch, a chithe heb beijamas. Bu bron i mi godi i weld sut oeddech chi; ond pe bai Betsi wedi fy nghlywed i—ac mae hi'n gysgwr ysgafn iawn—mi fase hi wedi dod i'r casgliad anghywir . . . Ond pwy â ŵyr? Falle mai wedi teimlo'n genfigennus fase hi! Ry'ch chi'n edrych yn ddeniadol dros ben yn y dici-bow 'na.' Yn araf ac awgrymog, rhedodd Delyth ei llaw i fyny ac i lawr y rhan uchaf o'i choes, ac yn y broses, symudodd hem ei sgert fodfedd neu ddwy yn uwch. 'Os pery'r tywydd yr un mor oer heno, Syr Oliver, mi fydda i'n anesmwyth iawn eto. Be wna i, dwedwch? Cymryd fy siawns yn ystod y nos, a symud ar flaenau fy nhraed heibio i stafell Anti Betsi, jest i wneud yn siwr eich bod chi'n ddigon cynnes a chlyd?' Rhedai ei llaw i fyny ac i lawr, ac Oliver yn ei dilyn â'i olwg. 'Amhosib fyddai gadael i lysgennad Lloegr i rewi yng Nghwmtwrch o bobman. Lle mor enwog am gynhesrwydd 'i groeso!'

Mawr oedd anesmwythyd Oliver dan ddillad y gwely, a Delyth yn mwynhau ei ing. Credai Delyth fod synnwyr cyffredin pob dyn yn cilio fel y codai ei libido. 'Wnewch chi ffafr â mi, Syr Oliver?' meddai'n dawel, gan osod ei llaw ar ei benlin. Tarodd y nod yn ddiffael y tro hwn.

'Fi yn gwneud ffafr â chi?'

'Ffafr fach.'

'Ry'ch chi'n fy nghadw'n garcharor, ac yna gofyn am ffafr?'

'Ffafr a allai'ch gwneud chi'n ddyn rhydd.'

Ni chafodd y geiriau fawr o effaith ar y llysgennad. 'O,' meddai'n ddiemosiwn.

'Pan welwch chi'r papurau newydd fory, Syr Oliver,' meddai Delyth, gan anwesu penlin y llysgennad, '—ac mi gewch ddetholiad eang ohonynt—a phan ddarllenwch chi sylwadau dychrynllyd Quayle, tybed a fedrech chi, ynghanol eich gofid, ysgrifennu nodyn bach.'

'Nodyn bach?'

'Wel, llythyr, a dweud y gwir.' Llithrodd llaw Delyth i fyny'r goes. 'I Auberon Quayle. Yn ei annog i ymddiswyddo, a thrwy hynny arbed ei Brif Weinidog rhag yr embaras o orfod ei sacio'n gyhoeddus. Bydd Cymru gyfan yn ddyledus i chi, a merch yr Archdderwydd yn awyddus i dalu'r ddyled yn ei ffordd ei hun—ei ffordd arbennig ei hun.' Llithrodd ei llaw yn uwch eto, ac anadl Oliver yn cyflymu. Cochai ei ruddiau'n rhyfeddol o bert. 'Wna i ddim pwyso arnoch chi'n ormodol i roi eich ateb y bore 'ma, Syr Oliver. Fe gewch ddiwrnod cyfan i feddwl dros y mater.'

'Delyth!' daeth llais Betsi o waelod y grisiau, a'i chamre'n dilyn. 'Wyt ti'n dal i fod 'na?'

'Ydw,' gwaeddodd Delyth a'i llaw'n encilio o goes y diplomydd. ''Na drueni,' meddai'n dawel wrth Oliver. 'A ninne'n dod ymlaen mor dda â'n gilydd!' Tynnodd ei sgert i lawr yn ôl dros ei phenliniau.

Hwyliodd Betsi i mewn i'r ystafell. 'Mi fyddi di'n falch o glywed 'mod i wedi gorffen golchi'r llestri brecwast, Delyth. Sut ma' pethe rhyngoch chi'ch dau?'

'Ardderchog,' atebodd Delyth.

'Mae Delyth yn ferch arbennig iawn,' meddai Betsi wrth Oliver. 'Dylech ei hystyried yn fraint cael eich cipio ganddi. Ry'ch chi'n gwybod am 'i nofel, wrth gwrs?'

Rhythodd Oliver yn fud arni.

'Mae Syr Oliver yn dawel iawn, on'd yw e, Delyth? Dyw e ddim yn edrych yn rhy dda chwaith. Oes 'na rywbeth o'i le arno?'

'Mae e mewn cyflwr boddhaol iawn, ddwedwn i,' meddai Delyth, a gwenu'n slei ar Oliver. Canolbwyntiodd ei golygon ar y rhannau hynny o'r dillad gwely a guddiai aelodau isaf ei gorff.

Nesaodd Betsi at y gwely, a gosod ei llaw ar dalcen y llysgennad. 'Braidd yn llaith,' meddai'n broffesiynol. 'Ac mae tipyn o wres yn y dyn.'

Daeth y llysgennad ato'i hun yn frawychus o sydyn. 'Allan a chi!' bloeddiodd, gan droi ei dalcen i ffwrdd o dan law Betsi. 'Y ddwy ohonoch chi! Mâs a chi!'

'Mae rhyw fath o ddistemper arno fe,' meddai Betsi. 'Fe gafodd Llywarch yr un sumtomau ryw ddwy flynedd yn ôl.'

'Rhowch lonydd i mi!' rhuodd Oliver. 'Iesu Mawr! Mâs a chi!'

'Twt, twt, Syr Oliver,' meddai Delyth. 'Rhag eich cywilydd chi.'

'Cystal i ni 'i adael e am sbel,' meddai Betsi. 'Falle y bydd e mewn gwell hwyliau ar ôl cinio, a phlatiaid o gig oen Cymru yn 'i fol. Dere mlân, Delyth.'

Cododd Delyth, a winciodd ar Oliver. Wrth i'r ddwy ddynes fynd drwy'r drws, edrychodd Betsi dros ei hysgwydd ar Oliver. 'Gyda llaw, Syr Oliver, os y'ch chi'n gweld yr amser yn llusgo, mae 'na lyfr eitha diddorol yn y gist fawr 'na. Mi fyddwch wrth eich bodd yn 'i ddarllen e.'

Caeodd Delyth y drws y tu ôl iddynt, a'i gloi'n ofalus. Mwythodd y ddwy ben Llywarch wrth fynd heibio iddo.

'Am ba lyfr oeddet ti'n sôn wrtho, Betsi?'

'Dy nofel di, wrth gwrs.'

'Nefoedd Fawr! Bydd y tudalennau cynta'n unig yn ddigon i wthio tymheredd y dyn bach i fyny i'r entrychion. Wyt ti am 'i ladd e, Betsi?'

'Fe wnaiff y llyfr ddaioni mawr iddo. Ystwytho'i ddychymyg.'

'Sut wyt *ti'n* llenwi dy amser y dyddiau hyn, Betsi? Oes 'na rywbeth arbennig ar y gweill gen ti?'

'Rwy'n mynd i geisio am sedd yn y Senedd. Mae'r aelod dros Gwmtawe wedi ymddeol yn sydyn oherwydd 'i iechyd bregus. Bydd lecsiwn yma'n fuan iawn.'

'Diawch, Anti Betsi, rwyt ti'n dipyn o gês! Pwy fydd yn ymladd yn dy erbyn di?'

'Rwy'n deall fod 'na ryw dwit bach o Dori wedi codi'i ben yng Nghlydach; rwyt ti'n nabod y teip; yfed gwin efo'i sglodion, a chnecu'n slei yn 'i jacwsi. Mi setla i 'i gownt e!'

'Rhywun arall? Beth am y Blaid Lafur?'

Chwarddodd Betsi. 'Honno? Cangen fach o Blaid Lafur Lloegr. Dim ond rhyw ddwsin ohonyn nhw sy'n y Senedd, a'r rheini'n cael 'u sybsideiddio gan 'u meistri yn Llundain. Gweddillion gwleidyddol Kinnock yng Nghymru.'

'Kinnock? Pwy oedd e?'

'Mi ddweda i wrthot ti pan na fydd rhywbeth gwell gen i ar y gweill.'

Dychmygai Delyth ei modryb yn bwrw ati yn y Senedd. Gwelai'r llygaid gleision yn fflachio dan y gwallt tanllyd, a chlywai'r geiriau deifiol yn gwibio ar draws y siambr, gan hollti eu targedau'n ddidostur. Druan o'r Senedd! Druan hefyd o Emyr Cadwgan y Llefarydd. Sut yn y byd fyddai hwnnw'n cadw trefn ar hon?

* * * * * *

Yn union wedi ymadawiad y ddwy fenyw, cododd Oliver o'i wely a mynd at y ffenest; methodd gael unrhyw gysur o'r olygfa. Crwydrai ei olygon ar hyd y llethrau mynyddig. Yr unig arwydd o fywyd a welai oedd dafad wleb yn brefu'n ddigalon yn y pellter.

Câi Oliver hi'n anodd dod i delerau â'r hyn a ddigwyddodd iddo. Llysgennad Lloegr wedi ei gipio'n ddiseremoni a'i hysio drwy nos dywyll i Gwmtwrch; llysgennad yn cael ei hun yn garcharor diymadferth mewn bwthyn anghysbell, yn gwisgo dim ond ei grys, ei ddici-bow a'i socs ffansi, a'i dynged yn llwyr yn nwylo criw o fenywod Celtaidd, penwan.

A beth ddigwyddai yn y llysgenhadaeth yn Aberystwyth fory? Ac eithrio ef ei hun, trigai'r staff yn y dref. Mawr fyddai eu dryswch wrth ddychwelyd i'r llysgenhadaeth a chael ei fflat ar y llawr uchaf yn wag, heb nodyn na neges i egluro ei absenoldeb.

Dyn braidd yn anwadal oedd ei ddirprwy, y *First Secretary*, Bertie Marlborough, un a hawliai berthynas â theulu'r Churchills. Pe byddai mewn hwyliau da, efallai y cadwai Bertie rhag byrbwylltra, gan obeithio yr ymddangosai ei feistr o rywle ymhen diwrnod neu ddau. Ar y llaw arall, roedd Bertie yr un mor debygol o ruthro at y ffôn i gysylltu â Llundain, a thrwy hynny osod larwm i ddiasbedain drwy'r Swyddfa Dramor. Dibynnai'r cwbl yn llwyr ar y driniaeth a gafodd Bertie dros y pen-wythnos gan ei gariad, Gwydion Emanuel, prif ddawnsiwr gwrywaidd Cwmni Bale Cymru. A phe bai Bertie *yn* cysylltu â'r Swyddfa Dramor, beth fyddai adwaith Auberon Quayle? Byddai'r Ysgrifennydd Tramor dan warchae'r wasg fore ddydd Llun, a'i syniadau am y Cymry'n clindarddach ar dudalen flaen pob papur newydd drwy'r deyrnas.

Yn drwm ei droed a'i galon, trodd Oliver yn ôl at ei wely; ond hanner ffordd at y nod, cofiodd i Betsi gyfeirio at lyfr yn y gist. Gwyddai'n iawn na châi unrhyw bleser o'i ddarllen, ond cystal iddo gael cipolwg arno, gan fod yr oriau'n llusgo mor uffernol o araf.

Agorodd y gist. Gorffwysai'r llyfr ar bentwr bach cymen o glustogau bychan, llachar, gwyn. Tynnodd y llyfr allan, ac edrychodd ar y clawr. Rhewodd ei olwg ar y teitl a'r is-deitl:

SALIWT!
TEYRNGED I ASYNOD SANDHURST
gan
DELYTH PUMLUMON.
NOFEL Y FEDAL RYDDIAITH.

Er gwaetha'r oerfel a binsiai ei ben-ôl noeth, dechreuodd gwaed Oliver ferwi. Gafaelodd â'i ddwy law yn y llyfr, gan fwriadu ei rwygo'n ffyrnig a thaflu'r tudalennau'n stribedau chwyrliog ar draws yr ystafell. Ond oedodd, gan gofio nad oedd ganddo ddim arall i'w ddarllen. Gwell iddo gael ei gynddeiriogi gan rwtsh o lyfr na chael ei ddiflasu hyd at wallgofrwydd gan y blydi rhosynnau yn y papur wal. Dringodd i'w wely, a phwyso'n ôl yn erbyn y glustog. Dechreuodd ddarllen y bennod gyntaf . . .

PENNOD 5

(sef pennod gyntaf *Saliwt!*)

YMSYTHODD y Capten Harri Garnant wrth weld y Cadfridog Bernard Montgomery yn neidio allan o'i jîp a brasgamu tuag ato dros y tywarch. Rhoes Harri y saliwt orfodol, saliwtiodd y cadfridog yn ôl yn ei dro; a safodd yn gadarn a'i faton yn ei ddwylo y tu ôl i'w gefn. Meddai ar wyneb sarrug.

'Are you in charge of these gun positions, Captain?'

'Yes, sir.'

'And you're deploying them to cover that road leading out of Bournemouth?'

'Yes, sir.'

Edrychodd Montgomery o'i amgylch gan archwilio'r tirlun wrth i Harri archwilio'r cadfridog: dyma'r dyn a roes ysgytiad i bob platŵn, bataliwn a chatrawd o'r foment y cafodd ei apwyntio'n bennaeth ar 12 Corps yn Ebrill 1941, a chynhyrfu cymaint ar y swyddogion a'r milwyr cyffredin nes i'r rheini ddechrau meddwl bod hwn yn fwy o fygythiad na'r Almaenwyr.

'Are you happy with the field of fire of this particular machine-gun, Captain?' Tarodd Montgomery farel y dryll â'i faton, a hoelio'i lygaid llwydlas, treiddgar, oeraidd ar Harri.

'Yes, sir.'

'Then you shouldn't be!' cyfarthodd Montgomery.

'O?' meddai Harri yn reit fwyn.

'I appreciate that this is the only place where you can put this gun; but given that, you must surely see that there's something else you must do?' Yr oedd goslef llais y cadfridog yn ffroenuchel a gwawdlyd.

Ysgubodd golygon Harri yn ôl ac ymlaen ar hyd y ffordd fawr. 'No sir, I do not,' *meddai'n dawel ond yn gadarn. Pa raid iddo ildio'i dir i'r Sais anghwrtais yma, pa mor uchel bynnag oedd ranc y diawl?* 'I've done everything the situation demands.'

Edrychodd y cadfridog arno'n finiog. 'Good God, man! Can't you see that house over there?'

'Perfectly, sir.'

'Well, it's obstructing your line of fire, man. It's blocking your view of part of the road.'

'Indeed it is, sir; but I can't very well put it on wheels and push it out of the way, can I?'

Rhythodd Montgomery ar y Cymro. 'What's your name, Captain?' *Chwipiai'r geiriau fel bwledi heibio i glustiau Harri.*

'Harri Garnant, sir.'

'A name easy to remember,' *meddai Montgomery'n fygythiol.* 'Not a Regular Army man, I suppose?'

'No, sir.'

'I thought not. What were you before you joined up?'

'A teacher, sir.'

'Well for heaven's sake, captain, bring your chalk-dusted brain to bear on the problem posed by that house! The solution is obvious!'

'Is it, sir?'

'Yes, captain. You blow up the house!'

Cafodd Harri hi'n anodd credu ei glustiau ei hun. Gwyddai'n iawn am fanylder ac effeithlonrwydd chwedlonol y dyn wrth gynllunio tactegau milwrol; ond roedd y syniad o chwythu'r tŷ'n jibidêrs yn mynd â'r peth i eithafion. 'I beg your pardon, sir?' *meddai Harri, gan ddyrchafu ei aeliau.*

'You blow up the house!'

'But people are living there, sir. It's somebody's home.'

'Then you move them out! Give them a day or two—no more—to make their arrangements, and then flatten the house. Don't you realise that there are several German armies on the other side of that Channel? This is not a military exercise, Captain. It's war, man! You should have displayed some initiative and obtained authority to destroy that house as soon as you were assigned to this sector last week. Well, I'm giving you that authority now. I want that house wiped off the map within the next two days. Is that clear?'

'But the Germans may not even succeed in landing in Britain, sir. Surely we shouldn't go to such savage extremes at this stage. That isn't just a building; it's a home . . .'

'Two days, Captain Garnant! You have two days in which to clear your mind of that romantic rubbish and mobilise your brain for war. If my orders concerning that house aren't complied with by then, I'll strip you of your commission and reduce you to the ranks.' Trodd y cadfridog ar ei sodlau a brasgamu'n ôl i'w jîp. Eiliad neu ddwy arall ac roedd wedi diflannu.

Trodd Harri at ei ringyll, Iestyn Lewis. 'Glywaist ti be ddwedodd y diawl hollalluog 'na, Iestyn?' Hanai Iestyn o'r un pentref â Harri.

'Do.'

"Na foi sy'n ffit i ddim byd ond i fod yn filwr proffesiynol; dim rhyfedd iddo gysegru'i holl fywyd i ladd pobol. Synnwn i ddim nad yw 'i ymennydd e wedi'i greu ar ffurf dryll dwbwl baril, a'r ddau faril yn ffitio'n dwt i mewn i'w ffroenau.'

'Beth wyt ti'n mynd i 'neud, Harri?'

'Mi elli di fod yn berffaith siwr o un peth; dyw'r teulu sy'n byw yn y tŷ 'na ddim yn mynd i golli 'u cartre oherwydd y ceiliog bach dandi 'na o gadfridog nad yw'n gwybod ystyr y gair "cartre". Dim rhyfedd bod cymaint o'i gydswyddogion yn cyfeirio'n dawel ato fel "Y Cadfridog Gwallgof".'

'Ond Harri, bachan! Does fawr o ddewis gen ti.'

'Fe gawn weld. Dw i ddim yn mynd i ildio i dwpsyn ffroenuchel a difanars o Goleg Sandhurst. Mae angen

gwareiddio'r boi 'na; angen i rywun i wthio'r Testament
Newydd o flaen 'i drwyn e, a chnepyn o lo caled lan 'i
din e.'

* * * * * *

Lletyai Harri mewn tŷ yn Bournemouth a oedd yn eiddo
i Gymraes. Wedi dychwelyd yno ar ôl ei gyfarfod anghyff-
yrddus â Montgomery, eisteddodd yn y lolfa, a phapur
ysgrifennu ar ei benlin, i lunio llythyr i'w ddanfon at y Prif
Weinidog, Winston Churchill.

>   *'Dear Mr Winston Churchill,*
>
>   *As I write, I am a fully-fledged captain. By the*
> *time you read this, however, I shall probably be a*
> *lowly private, stripped of my rank but not of my*
> *dignity. The pips on my shoulders will have gone, but*
> *the shoulders will be squarer than ever before.*
>
>   *You have in your army an extraordinary warrior,*
> *Lt.General Bernard Montgomery, C.B., Commander*
> *of 12 Corps with particular responsibility for the*
> *Hampshire area. He has only recently assumed the*
> *Command, but even at this early stage I confidently*
> *predict that an even more brilliant future awaits him,*
> *for nothing can prevent the relentless upward pro-*
> *gress of a man so single minded, so conceited, so*
> *splendidly ruthless, so superbly stunted of intellect,*
> *so magnificently efficient in the craft of mass-killing,*
> *so gloriously devoid of the gentler virtues, so won-*
> *drously barbarous in his intolerance, and possessed*
> *of a boorishness so brilliantly honed and refined that*
> *it is perhaps the most dazzling weapon in all his*
> *armoury. The writ of this military paragon runs along*
> *the strech of the South Coast from Bognor to Lyme*
> *Regis. (Oh blessed Bognor, Oh lucky Lyme Regis, to*
> *find themselves under the dominion of so mighty a*
> *God-Emperor!). And within that dominion, I, a hum-*

71

ble captain, have been given responsibility for the defence of a small section of road leading out of Bournemouth . . .'

'At bwy wyt ti'n sgrifennu, Harri?' Daeth y cwestiwn o wefusau melys Esyllt, perchennog y tŷ. Eisteddai Esyllt gyferbyn ag ef.

'At foi bach yn Llundain.'

'Perthynas?'

'Nefoedd fawr, na!'

'Pam yr arswyd, Harri?'

'Pwy Gymro o'r iawn ryw fyddai'n barod i arddel perthynas â Churchill?'

Sythodd Esyllt yn ei chadair freichiau. 'Dwyt ti ddim yn sgrifennu at hwnnw?' Mawr a hyfryd oedd y syndod yn ei llygaid gleision.

'Pam lai?'

'Ond Harri . . .'

'Ie?'

Distawrwydd am ysbaid. Gwenai yntau'n hapus a chrychai hithau ei thalcen mewn penbleth. O'r diwedd, pwysodd Esyllt yn ôl. 'Ydi cynnwys y llythyr 'na yn dod o fewn cwmpas yr "Official Secrets Act"?'

'Synnwn i fawr, Esyllt.'

'Ofer gofyn be sy ynddo, felly.'

'I'r gwrthwyneb. Mi hoffwn gael dy farn di. Dyma fe.' Estynnodd Harri y tudalennau iddi.

Distawrwydd eto. Esyllt yn astudio'r llythyr, a Harri yn astudio Esyllt. Trueni mawr ei bod hi'n fenyw briod, a thrueni mawr ei fod yntau'n ystyried menywod priod yn ffrwythau gwaharddedig. Ond dyna fel yr oedd pethau. Ei lygaid yn unig a gâi'r pleser o'i phrofi . . . Ond o feddwl am y peth, os cyfyngwyd ar ei fercheta gan Biwritaniaeth ei fagwraeth, i'r un Biwritaniaeth y gellid priodoli ei ysbryd cadarn, annibynnol, Cymreig—yr ysbryd a'i galluogodd i wrthsefyll ffyliaid o gadfridogion.

'Harri, fedri di ddim danfon hwn!' plediodd Esyllt. 'Fedri

di ddim!'

'Bydd y llythyr 'na wedi'i bostio ac ar y ffordd i Lundain bore fory.'

'Ond fe gei dy groeshoelio. Be sy wedi digwydd, Harri?' Edrychodd Esyllt ar y llythyr drachefn. 'Y brawddegau 'ma sy'n sôn amdanat yn colli dy gapteniaeth . . . Be wyt ti wedi'i wneud?'

'Mi gefais orchymyn gan Montgomery i gyflawni gweithred arbennig, a dw i ddim yn bwriadu ufuddhau ar unrhyw gyfri. Bydd y llythyr i Churchill yn cynnwys fy rhesymau. Ac fel rwyt ti eisoes wedi darllen, rwy hefyd yn asesu dyfodol Montgomery yn y Fyddin Brydeinig. Mae'r dyn yna'n mynd i esgyn i'r uchelfannau, reit i'r brig; fel roeddwn i'n siarad ag e heddi, bron na welwn i'r goron filwrol ar 'i ben yn barod. Coelia di fi, Esyllt, mewn byr amser fe fydd hwn yn Chief of the Imperial General Staff. A wyddost ti be? Wrth iddo droi ar 'i sawdl ac ymadael â mi heddi, mi ges i dipyn o anhawster i ymatal rhag rhoi cic nerthol yn 'i din a'i helpu ar 'i ffordd ymlaen ac i fyny.'

Pennod 6

ROEDD Syr Oliver Singleton-Jones wedi darllen hen ddigon. Yn ferw gan gynddaredd, dechreuodd rwygo'r tudalennau a thaflu'r darnau mân i bob cyfeiriad. O fewn hanner munud, gorchuddiwyd y gwely a'r llawr o'i amgylch. Anadlai Oliver yn drwm a theimlai'n fodlon wrth edrych ar waith ei law. Dyma'r feirniadaeth orau ar Nofel y Fedal Ryddiaith. Y rwtsh mwyaf iddo ddarllen erioed. Be ddiawl wyddai Delyth Pumlumon am ryfel? Ar ba sail fedrai hi feirniadu a phardduo milwr mwya'r ugeinfed ganrif? Ond wedi'r cyfan, beth arall ellid ei ddisgwyl oddi wrth epil Archdderwydd?

Cnoc ar y drws. 'Hoffech chi ddisgled o goffi, Syr Oliver?' Llais Betsi.

A'i stumog yn gweiddi am gynhaliaeth, roedd hi'n amhosib gan Oliver wrthod y cynnig. Ar wahân i hynny, da o beth fyddai i'r fenyw felltigedig weld cyflwr yr ystafell. 'O'r gore,' gwaeddodd Oliver.

Dyma'r allwedd yn sgrechian yn y clo a'r drws yn agor. Daeth Betsi i mewn yn cario mygaid o goffi. Safodd yn stond wrth weld y llanast. Gosododd y cwpan ar ben y gist, yna penliniodd i gasglu un o'r darnau papur, a'i archwilio. Cododd drachefn, a sefyll yn unionsyth. Roedd ei llygaid yn garegog, oer, a'i gruddiau'n llidus o wyn.

Meddiannwyd Oliver yn sydyn gan atgof o'i ddyddiau yn yr ysgol fonedd. Gwelai'r olygfa yn glir: y metron yn ei hiwnifform yn rhuthro'n ddirybudd i mewn i'r dorm-itori a dod o hyd iddo yn ei wely am dri o'r gloch yn y prynhawn; ac yntau'n hanner noeth, yno ar ei ben ei hun, pan ddylasai fod allan gyda'i gyd-ddisgyblion ar y cae chwarae. Drylliwyd ei enaid gan y llygaid rhewllyd. *'So this is where you are, young Oliver!'* Ehedai llais y metron ato dros y blynyddoedd. *'I thought as much. Engaged in unclean and ungodly practices. Playing with yourself instead of with the other boys.'* Chwipiodd y metron ddillad y gwely i ffwrdd, ac edrych ar ei noethni. Yna taenodd gwên fudr dros ei hwyneb. Aeth at y drws, ei gloi, a dychwelyd at y gwely, gan ddal i wenu wrth iddi bwyso drosto, ei llewys gwyn yn hofran uwchben ei gorff, ei dwylo'n disgyn . . .

'Felly, Syr Oliver.' Plyciwyd ef yn ôl i'r presennol gan lais treiddgar Betsi. 'Dyma sut mae llysgenhadon Lloegr yn ymddwyn yn 'u tymer ddrwg. Fel plant teirblwydd oed. Yn rhwygo pethe'n yfflon. Rhag eich cywilydd chi, ddyn! Pan ddaw'r amser i'ch rhyddhau, chewch chi ddim o'ch trowsus yn ôl. Fe gewch gewyn wedi ei rwymo am eich pen-ôl.' Cynyddai'r dirmyg yn llais Betsi wrth iddi siarad a chrebachodd Oliver dan y lach.

Yna gwaeddodd Betsi dros ei hysgwydd, 'Delyth! Dere 'ma am funud.'

Ymddangosodd Delyth yn ei thro, a deall y sefyllfa ar unwaith. 'Wel, wel, wel,' meddai. 'Dy'ch chi ddim yn ddarllenydd mawr, mae'n amlwg, Syr Oliver. Falle y byddai llyfr peintio syml yn fwy at eich dant, a bocs o greions, fel y gallech dreulio'r amser yn lliwio'n hapus drwy'r dydd.'

Sibrydodd Betsi rywbeth yng nghlust Delyth, a honno'n murmur, 'Ardderchog, Anti Betsi!' cyn diflannu'n sionc o'r ystafell.

'Wel?' meddai Betsi yn dawel. 'Ydych chi'n mynd i glirio'r llanast 'ma, Syr Oliver?'

'Na'dw!' atebodd y llysgennad yn bendant, gan deimlo'i hunanhyder yn dychwelyd. 'Fe gafodd y nofel yna'r driniaeth roedd hi'n 'i haeddu. Ac os daw copi arall ohoni i'm gafael, mi gaiff hwnnw hefyd yr un driniaeth.'

'Ry'ch chi'n gwrthod glanhau'r annibendod?'

'Yn bendant.'

Dychwelodd Delyth, a chadwodd ei dwylo y tu ôl i'w chefn fel pe bai'n cuddio rhywbeth.

'Mae'n gwrthod glanhau'r ystafell, Delyth,' meddai Betsi.

'Twt! Twt!' meddai Delyth gan ysgwyd ei phen yn drist.

Safai'r ddwy ohonynt ochr yn ochr, yn edrych yn ddwys ar Oliver, gan beri iddo deimlo'n anesmwyth iawn. Cynyddodd yr anesmwythyd wrth i Betsi symud ymlaen a sefyll yn ymyl y gwely.

'Wnewch chi ddim ailystyried y mater?' gofynnodd Betsi i'r llysgennad.

'Cliriwch y llanast eich hunan,' atebodd Oliver fel plentyn wedi pwdu.

Trodd Betsi at Delyth, a nodio ei phen,. Yna, yn sydyn, gafaelodd yn nillad y gwely a'u hyrddio i'r llawr; yr un eiliad, goleuwyd yr holl ystafell gan fflachiadau camera. Sylweddolodd Oliver—yn rhy hwyr—fod Delyth wedi tynnu cyfres o ffotograffau hanesyddol. Yn llawer rhy hwyr, taenodd y diplomydd waelod ei grys dros ei aelod cenhedlu. Gwridodd yn biws a rhythu'n wyllt ar y ddwy ddynes; gwenai'r ddwy'n serchus arno.

'Rhag eich cywilydd chi!' gwaeddodd Oliver. 'Dowch â'r blancedi 'na'n ôl ar unwaith!' Roedd yn ymwybodol o'r tinc o histeria a oedd wedi meddiannu ei lais.

'Ydych chi'n teimlo'r oerfel, Syr Oliver?' holodd Delyth gan edrych yn awgrymog ar ddwylo Oliver yn ceisio cuddio'i noethni.

'Feddyliais i erioed y byddai dynes yn medru cyflawni'r fath weithred,' protestiodd Oliver, ei lais yn dal yn sgrechlyd, a'i lygaid ar gamera Delyth. 'Merch Arch-dderwydd yn ymddwyn fel pornograffydd. Ond dyna fe. Synnwn i ddim na chewch chi fwy o lwyddiant yn gwerthu lluniau budr nag a gewch drwy ysgrifennu

sefyllfa yn awr yn fendigedig o ymfflamychol. Ond sut yn y byd y daeth Catrin o hyd i'r wybodaeth am Quayle? Gwyddai Idris am fodolaeth y Gwasanaeth Cudd Cymreig; ond ni freuddwydiodd erioed y gallent gyflawni camp mor orchestol â threiddio i galon y Cabinet Seisnig yn 10, Stryd Downing; ac roedd y newyddion a gafodd gan Delyth am dynged frawychus Singleton-Jones yn ychwanegu dimensiwn arall at lawenydd yr Archdderwydd.

Syllodd Idris ar y darlun ar ben y piano, a'i deimladau yn sydyn yn troi'n chwerw-felys. Darlun o Delyth a'i mam . . . Mor debyg oedd y ddwy ohonynt, yn debycach i chwiorydd nag i fam a'i merch; yn debyg o ran ymddangosiad a chymeriad; dwy ddynes ddeniadol, a'u llygaid yn llawn bywiogrwydd a diawlineb. Trueni i ddiawlineb Ann ei gwthio i freichiau Sais, Pennaeth yr Adran Athroniaeth Foesol yn Rhydychen, gŵr a'i foesau ei hun yn uffernol o hyblyg. Yn ôl pob sôn, trigai Ann yn ddigon hapus gyda'r Athro, hithau hefyd erbyn hyn wedi ei llyncu'n llwyr gan awyrgylch academaidd Rhydychen. Yn wir, yn ôl Gwenllian Gwalchmai, myfyrwraig o Aberystwyth a fu'n gwneud gwaith ymchwil yn Rhydychen, siaradai Ann yn awr mewn acen mor snobyddlyd o Seisnig nes peri i Gwenllian ffoi i gornel dywyll i chwydu.

Ochneidiodd Idris. Clwyfwyd ef yn ddwfn ar y pryd. Anodd oedd derbyn fod Ann wedi ei fradychu a dianc i fynwes Sais, o bopeth, aelod o genedl gwbl golledig yng ngolwg holl wledydd Ewrob. Ond dyna ni. Llithrodd y blynyddoedd heibio, a daeth llewyrch Delyth yn gymorth i wthio'r gorffennol o'r neilltu.

Cododd Idris, ac wedi casglu ei got fawr o'r cyntedd, aeth allan at ei gar. Bore heulog, iachus. Tua awr a gymerai iddo gyrraedd Pentre Ifan. Erbyn hynny, byddai'r gweithgareddau milwrol wedi hen gychwyn. Ond nid gweithgareddau Byddin Lloegr yn unig oedd ar droed.

Roedd pethau eraill ar fin digwydd, na wyddai'r Saeson ddim amdanynt.

Edrychai'r wlad yn ogoneddus. Gyrrai Idris yn gyflym, ond heb fod yn rhy gyflym i'w alluogi i fwynhau prydferthwch y tirlun ar ei law chwith a'r môr gwyrddlas a fflachiai i'r golwg ar brydiai ar ei law dde. Dwlai ar enwau'r trefi a'r pentrefi a wibiai heibio iddo: Llanrhystud, Aberarth, Aberaeron, Llanarth, Plwmp, Pentregat, Brynhoffnant, Tanygroes, Blaenporth, Aberteifi, Eglwyswrw; simffoni o seiniau ac atgofion o chwedlau Cymru. Teimlai mewn cytgord â phopeth o'i amgylch, fel pe bai ef ei hun yn estyniad o'r tirlun, a'i anadl yn rhan o'r ysbryd a grwydrai'r dolydd a'r mynyddoedd, y creigiau a'r carneddau.

Filltir neu ddwy o Drefdraeth, trodd oddi ar y ffordd fawr a dilyn lôn dawel; mewn byr amser roedd wedi cyrraedd yr arwydd a gyfeiriai at Bentre Ifan. Allan ag ef, a chloi drysau'r car. Cerddodd yn hamddenol ar hyd y llwybr a arweiniai at y saimbr gladdu enwog. Synnai wrth y llonyddwch. Disgwyliai ferw o weithgaredd, a phla o filwyr a cherbydau milwrol; ond tawel ac anweledig oedd y lluoedd arfog. Ond yn sydyn, ac yntau bron â chyrraedd y nod, ac wrth i gerrig enfawr y gromlech ddod i'r golwg, sylweddolodd nad oedd ar ei ben ei hun. Clywai leisiau gwragedd. Yna, a'r lleisiau'n cryfhau wrth iddo gyrraedd y llidiart i'r safle hanesyddol ysgytiwyd ef gan olygfa gwbl annisgwyl.

Amgylchynwyd y gromlech gan fenywod, cannoedd ohonynt, wedi eu trefnu'n rhengoedd ac yn gwenu a chwerthin a pharablu'n brysur; cylch benywaidd di-dor, catrawd o brydferthwch, ffalancs o felyster lliwgar. I ychwanegu at y rhyfeddod, gorweddai dynes ar frig y *capstone*—y garreg enfawr, dros bum llathen o hyd, a orffwysai fel to cyntefig ar y pileri trwchus, garw. Gorweddai'r ddynes ar ei stumog, a sbienddrych wrth ei llygaid, yn archwilio'r wlad o'i hamgylch yn drylwyr.

"Bore da, Idris,' gwaeddodd yn serchus pan welodd ef, a chwifio'i sbienddrych. 'Mae croeso i chi ymuno â ni, ond fedra i ddim gwarantu'ch diogelwch chi ynghanol y gatrawd reibus 'ma.'

Chwifiodd Idris ei fraich arni a'i hadnabod ar unwaith—Hafina Tudur, Esgob Tyddewi, dynes drigain oed, a'i gwallt arian yn serennu ym mhelydrau'r haul. Gwisgai Hafina siaced a sgert o ddenim, a phâr o fŵts du'n ymestyn at ei phenliniau.

'Helo, Idris!' gwaeddodd Megan Meredudd arno. Ymadawodd â'r rhengoedd i ymuno ag Idris. 'Methu'n deg â chadw draw wedi'r cyfan? Ond does 'na fawr i'w weld hyd yn hyn.'

'I'r gwrthwyneb, Megan. Welais i erioed olygfa mor bert ac, ar yr un pryd, mor frawychus. Duw â helpo byddin Lloegr. Feiddian nhw ddim ymosod ar Bentre Ifan nawr. Ond ble mae'r milwyr? Does 'na ddim arlliw ohonynt i'w weld.'

'O, maen nhw yma. Mae rhyw ddeugain ohonynt yn cuddio y tu ôl i grib y mynydd fan draw, yn edrych i lawr ar ein safle. Yn ôl Hafina, maen nhw'n ymddangos wedi drysu'n llwyr.'

'Dim rhyfedd! Faint o Ferched y Wawr sy gen ti yma?'

'Pum cant. Ac ry'n ni mewn cysylltiad radio â phum cant arall i lawr yn Nhrefdraeth.'

'Nefoedd Fawr! Oes gennych chi arfau?'

'Arfau menywod, Idris. Ymennydd menywod, cyfrwystra menywod, a thafodau menywod.'

'Cystal i'r Saeson ildio a mynd adre ar unwaith. Faint o amser sy ers iddynt nhw sefydlu'u hunain fan acw?'

'Fe ddaethon nhw ryw awr yn ôl, o gyfeiriad Brynberian. Roedden nhw am gipio Pentre Ifan cyn i'r criw arall o filwyr gyrraedd.'

'Criw arall?'

"U ffug elynion nhw yn y gêm blentynnaidd maen

nhw'n 'i chwarae.'

'A, rwy'n gweld.' Cododd Idris ei olygon at grib y mynydd. 'Maen nhw'n ofalus dros ben. Fedra i ddim gweld yr un ohonynt.'

'Helo, Dad!' Daeth Delyth i'r golwg, hithau hefyd yn edrych yn reit esgobol efo'i sbienddrych. 'Edrych drwy'r rhain.' Disgleiriai ei llygaid.

Cyfeiriodd Idris y sbienddrych at safle honedig y milwyr. Canfyddodd ryw symudiad, a chanolbwyntiodd ar hwnnw. Gwelai filwr yn llechu y tu ôl i graig a het alcam ar ei ben. Roedd ganddo wyneb diddorol, wyneb milwr proffesiynol wedi ei wthio i mewn i sefyllfa tu hwnt i'w brofiad; sefyllfa na chyfeiriwyd ati mewn unrhyw werslyfr milwrol. Isgapten oedd e, yn ôl y pips ar ei ysgwyddau; ond ofer oedd ei isgapteniaeth yn wyneb y dryswch a'i wynebai. Gogwyddai ei het gan ddatgelu'r talcen mwyaf crychlyd ym myddin Lloegr. Caeai ei lygaid o bryd i'w gilydd, fel pe bai'n gobeithio y byddai'r olygfa ryfedd o'i flaen yn diflannu wedi iddo agor ei lygaid drachefn. Ond y prawf cryfaf o'i ddryswch oedd ei ymosodiad ar ei fysedd ei hun; cnoiai ei ewinedd yn ffyrnig.

'Mae 'na filwr fan acw,' meddai Idris, 'sy'n diodde o niwrosis eithafol.'

'O, rwyt ti wedi gweld yr isgapten, Dad,' meddai Delyth. 'Rwy wedi bod yn 'i wylio am beth amser. Mae 'na ryw ddiniweidrwydd apelgar yn perthyn iddo. Dyn allan o'i ddyfnder. Bron na theimlwn i fel mynd ato i'w gysuro.'

Gostyngodd Idris y sbienddrych. 'Ydi'r milwyr wedi gwneud unrhyw ymgais i gyfathrebu â chi?'

Gwenodd Megan. 'Ddim eto. Ond mi fydd yn rhaid iddynt wneud rhywbeth cyn bo hir. Yn y cyfamser, beth am ddisgled o de a brechdan neu gacen?'

'Te a brechdan a chacen?'

'Neu rywbeth mwy sylweddol os hoffet ti. Mae gynnon

ni ddigon o offer i wneud pryd cyflawn o fwyd.'
Edrychodd Megan ar ei wats. 'Ond mae'n rhy gynnar i
ginio. Disgled o de felly?'

Nodiodd Idris.

'Mi osoda i'r ford i chi,' meddai Delyth, a diflannu i
blith y merched.

Crwydrodd llygaid Idris dros rengoedd yr Amasoniaid
Cymreig. Eisteddai'r rhengoedd mewnol ar gadeiriau-
plygu o bob math, tra safai'r rheng allanol ar eu traed yn
gadarn a phwrpasol, a'r cylch amddiffynnol felly'n
parhau'n ddi-dor. Tybiai Idris fod y lleisiau llawen yn
atsain yn eglur i fyny'r llethrau gan ddwysáu'r
anesmwythyd ymysg y Saeson.

'Dere 'ma, Dad,' gwaeddodd Delyth o ganol y rhengoedd.
'Cyn dod wyneb yn wyneb â'r milwyr, mae'r merched
am ymarfer 'u doniau ar yr Archdderwydd!'

'Reit,' meddai Idris. 'Arwain y ffordd, Megan. Gwna
lwybr i mi drwy'r mur yma o gnawd benywaidd.'

I gyfeiliant llawer o chwerthin a sawl sylw amheus,
brwydrodd Idris ei ffordd drwy'r rhengoedd. Eistedd-
odd ar gadair fach bren, a sylwi'n fodlon ar y ford fach
wrth ei ymyl, ynghyd â'r tebot a'r llestri a'r cacennau.
Ychwanegai'r lliain bord lliwgar ddimensiwn arall at y
naws gartrefol.

'Wel, wel,' meddai Idris. 'Te parti yng nghanol
brwydr! Be nesa?'

'Gwna dy hun yn gyffyrddus,' meddai Megan. 'Mae
gen i orchwyl bach i'w gyflawni.'

'O?'

'Codi'r faner.'

Daeth hanner dwsin o wragedd cyhyrog yn eu blaenau,
yn dwyn polyn hir a baner wedi ei rhwymo am y pen. A'u
camre'n bwyllog a phwrpasol, a chan gyd-amseru pob
symudiad, aethant at y meini tal a ffurfiai'r cyntedd i'r
siambr gladdu. Yna, â thipyn o egni a medrusrwydd,
gosodwyd gwaelod y polyn yn y twll a gloddiwyd yn

barod ar ei gyfer; defnyddiwyd rhaffau wedyn i glymu'r polyn yn dynn wrth un o'r meini. A phopeth yn barod felly, camodd Megan ymlaen. Ymbalfalodd ymysg yr offer wrth waelod y polyn, a thynnu; a dyma faner liwgar Merched y Wawr yn saethu i fyny a dechrau chwifio'n herfeiddiol uwchlaw'r gromlech.

'Mae hynna wedi dihuno'r milwyr, ferched!' gwaeddodd yr Esgob. Roedd y Wir Barchedig Hafina Tudur yn dal ar ei bol ar ben y gromlech. Gwir a ddywedodd. Roedd ugeiniau o filwyr yn weladwy yn awr ar grib y mynydd, rhai yn sefyll yn stond, eraill yn rhuthro yn ôl a blaen—pob un ohonynt yn amlwg mewn penbleth dybryd a'u cegau led y pen.

Gan ddefnyddio sbienddrych Delyth unwaith yn rhagor, sylwodd Idris yn arbennig ar ymgom fywiog a phoeth rhwng yr isgapten a'i gapten. Dyn bach tanbaid oedd y gŵr â'r tair pip ar ei ysgwydd. A'i wyneb yn goch a'i lygaid yn wyllt, brathai'r awyr â'i fys; cyfeiriai'n gynddeiriog at y faner. Parhaodd y ddrama am funud neu ddwy. Yna, gan ysgwyd ei ysgwyddau mewn ystum o ildio anfodlon, dyma'r isgapten yn dechrau cerdded yn araf i lawr y llethr tuag at y gromlech.

'I'r gad!' gwaeddodd Hafina yn llawen. Cododd pum cant o wragedd ar eu traed yn syth. Roedd y cylch amddiffynnol o amgylch y gromlech yn gadarn a thrwchus a llygaid pawb wedi eu hoelio ar y ffigur unig a ddoi i lawr y llethr. Yn sydyn, dyma'r isgapten yn tynnu cadach mawr gwyn allan o'i boced a'i chwifio'n wanllyd. Roedd llawenydd clywadwy y merched yn gyfeiliant i'w gamre blinedig.

Safai Idris y tu allan i rengoedd y merched, gan ddal i archwilio'r anhapusrwydd ar wyneb yr isgapten. Arafai hwnnw fwyfwy wrth agosáu, a'i gadach yn hongian yn llipa o'i law.

Safai Megan hithau y tu allan i'r cylch a pharatodd i gyfarfod â'r Sais. Ymestynnodd i'w thaldra llawn—

rhyw bum troedfedd a thair modfedd, tybiai Idris. Yn nes ac yn nes y deuai'r Sais bach. Cyrhaeddodd o'r diwedd a sefyll o flaen Megan. Tynnodd ei het alcam a sychu ei dalcen â'r cadach . . . Gŵr ifanc, cythryblus . . . Syllai ar Megan, ac yna ar y Merched; safai'r rheini i gyd yn awr yn dawel a llonydd. Gwenodd y milwr arnynt yn swil, ac yna ar Megan.

'I say, I'm awfully sorry,' meddai, ac acen ddosbarth uchaf y Saeson yn hercian dros ei wefusau, *'but I'm afraid I'll have to ask you to disperse.'*

Syllodd Megan arno heb ddweud yr un gair.

Rhoddodd yr is gapten ail gynnig arni. *'We're in the middle of an exercise, don't you know, and we have to capture and hold this . . . er . . . strongpoint.'* Nodiodd i gyfeiriad y gromlech.

Dim gair o enau Megan.

Ymddangosodd defnynnau o chwys ar dalcen y Sais. *'We're expecting the enemy—although they're our chaps, of course—we're expecting them to arrive before long and try to take this strongpoint from us. We'd be frightfully grateful if . . . er . . . if you'd let us in, as it were.'* Pesychodd, a symud ei bwysau o un droed i'r llall. Gwenodd yn wanllyd drachefn.

'Beth yw d'enw di?' gofynnodd Megan.

Diflannodd y wên. *'I beg your pardon?'*

Edrychodd Megan dros ei hysgwydd ar Idris. 'Mae'n beth rhyfedd iawn, ond dw i i weld wedi colli fy Saesneg yn llwyr. Od iawn, yntê? Lwcus dy fod ti yma i gyfieithu. Gofyn i'r pwr dab beth yw 'i enw.'

Camodd Idris ymlaen a sefyll wrth ymyl Megan. Teimlai hi'n fraint i gael gwneud hynny. Edrychodd ar yr isgapten. *'Miss Meredudd wants to know your name.'*

Roedd anesmwythyd y Sais yn boenus o amlwg. Dyma sefyllfa arall na chafodd ei baratoi ar ei chyfer yn y gwersi yn Sandhurst. Llifai'r chwys oddi ar ei dalcen. *'My name?'*

Nodiodd Idris. *'Your name.'*

'Lieutenant Chichester.'

Trodd Idris at Megan. 'Glywaist ti hynna?'

'Do. Gofyn iddo beth yw 'i enw cynta.'

Ufuddhaodd Idris. *'Miss Meredudd wants to know your Christian name.'*

'Cecil,' meddai'r Sais, gan ynganu ei new fel 'Sisl' yn ôl arferiad Saeson aristocrataidd. *'I say, is all this really necessary? Time's getting on, and we are in rather a hurry—'*

'Dwed wrth Sisl,' meddai Megan wrth Idris, ''mod i'n ddiolchgar iddo am ddod i 'ngweld i, ond bod yn rhaid i mi gael sgwrs â'i feistr, y Capten. Gorau 'i gyd po gyntaf y daw *hwnnw* i lawr.'

Cyfieithodd Idris y neges, a'r isgapten yn suddo'n ddyfnach i ddryswch ingol. *'Oh, I say! I can't possibly deliver that message. Captain Tuffington won't take kindly to it at all. I do advise you to reconsider, for your own sakes. I mean . . .'*

'Dwed wrtho am beidio â gwastraffu rhagor o amser,' meddai Megan. 'Pob parch i'r milwr bach, ond dim ond 'i feistr e a wnaiff y tro.' Ac i danlinellu ei phender-fyniad, trodd Megan ar ei sawdl ac ymuno â'r merched eraill.

Cyfieithodd Idris drachefn gan ychwanegu at y neges i gyfleu'r argraff fod Megan o anian beryglus, ac yn dueddol o ffrwydro pe croesid hi. A'i wyneb yn datgan bwrlwm ei ofidiau, cychwynnodd yr isgapten ar y daith unig yn ôl i'w bencadlys dros grib y bryn. Prin ei fod wedi cerdded degllath cyn i lais Idris wibio ato drachefn.

'Sisl!'

Safodd yr isgapten yn stond.

'What is Captain Tuffington's Christian name?' holodd Idris. *'We do like to know these things. It will make for a friendlier meeting.'*

Petrusodd yr isgapten. *'Tarquin,'* meddai o'r diwedd,

yn amlwg yn amheus a ddylai fod wedi datgelu cyfrinach o natur mor sensitif. Yna, ailgychwynnodd ar ei daith, a phob cam o'i eiddo yn drwm a straffaglus.

Roedd yr awyr uwchben y gwragedd erbyn hyn yn llawn hwyl a difyrrwch.

'Mae'r te 'na wedi oeri, Idris!' gwaeddodd yr Esgob o'i safle uchel. 'Beth am ddisgled ffres?'

'Syniad ardderchog,' cytunodd Idris. 'Ond dwed wrtha i, Hafina, sut llwyddaist ti i gael swydd y gwyliwr?'

'Fi oedd berchen y sbienddrych ore.'

'Cadw dy lygad ar y milwyr 'na, er mwyn popeth, Hafina,' gwaeddodd Megan.

'Wyddost ti beth, Idris,' meddai Hafina, 'mae Megan wedi'i thrawsnewid y bore 'ma . . . Napoleon mewn sgert! A doedd fawr o Saesneg gan hwnnw chwaith. Rhag dy gywilydd di, Megan, yn twyllo'r lefftenant fel 'na.'

Gwenodd Megan. 'Rwy'n haeddu disgled o de ar ôl gorfodi Sisl i encilio. Dere mlân, Idris.'

Eisteddodd y ddau a bwyta llond eu boliau. Mwynhâi Idris yr awyrgylch gartrefol wrth i fyrddau di-rif gael eu gosod; dechreuodd sawl stôf wersyllu sisial a hisian yn braf wrth i'r cwpanau a'r soseri, y tegellau a'r tebotau droi'r gromlech yn gegin awyr agored. Eto i gyd, arhosai rheng allanol y merched yn eu safleoedd, er i'r cylch amddiffynnol lacio rhywfaint wrth i bawb ymgolli yn eu clecs a'u cacennau.

'Dwed wrtha i, Megan,' meddai Idris, 'beth yw adwaith yr awdurdodau yn Llundain i'r sploets newyddiadurol ar Auberon Quayle?'

'Maen nhw wedi gwylltio'n llwyr, wrth gwrs; wedi sefydlu pwyllgor brys yn Stryd Downing i geisio dod o hyd i'r sawl oedd yn gyfrifol am ddatgelu cyfrinachau cyfarfodydd y Cabinet. Ar yr un pryd, maen nhw'n teimlo embaras mawr ynghylch sylwadau Quayle. Mae

Prif Weinidog Lloegr wedi bod ar y ffôn â Catrin, yn ymddiheuro ac yn crybwyll fod Quayle ar ei ffordd i feinciau cefn y Tŷ Cyffredin; a'r Swyddfa Dramor yn Llundain yn methu'n lân â chael gafael ar Singleton-Jones ar yn union adeg y dylai hwnnw fod yn brysur yn atgyweirio'r berthynas rhwng Lloegr a Chymru.'

'Mae'r llysgennad yn gwbl ddiogel yn nwylo Betsi! Mae fy chwaer-yng-nghyfraith yn ddynes anghyffredin, mae'n rhaid i ti gyfadde, Megan. Coelia di fi, Betsi fydd yr Aelod Seneddol nesa dros Gwmtawe. Fe ges i air â hi ar y ffôn y bore 'ma. 'I gofid mawr hi ar hyn o bryd yw na chaiff hi gadw Singleton-Jones am fwy na diwrnod neu ddau arall. Mae hi'n mwynhau 'i gwmni'n ddirfawr, medde hi, ond yn teimlo bod angen wythnos arall o driniaeth arno.'

'Triniaeth?'

'Mae hi'n gwneud dyn newydd ohono—dyna'r union eiriau a ddefnyddiodd hi ar y ffôn.'

'Edrychwn ymlaen at weld ffrwyth ei llafur. Ond ry'n ni'n bwriadu rhyddhau Syr Oliver rywbryd fory, Idris.'

'Ynghyd â'i drowsus, gobeithio?'

'Fe ddibynna hynny ar dymer Betsi.'

'Mae'r teisennau yma'n hyfryd, Megan. Llongyfarchiadau i'r cogydd.'

'Glywaist ti hynny, Hafina?' gwaeddodd Megan.

'Clywed beth?' daeth y llais o bellter.

'Idris yn barnu fod dy gacennau di'n ardderchog.'

'Dyna 'marn i hefyd,' meddai'r Esgob.

Cododd Idris ei olygon at Hafina a oedd yn dal i orwedd ar ei bol. Daeth Idris i'r casglaid fod y pen-ôl esgobol yn gwella ffurf y gromlech yn ddirfawr.

'Rwy dan yr argraff dy fod ti'n mwynhau dy hun ormod lan fan'na, Hafina,' meddai Idris.

'Ddim yn amal y ca i'r cyfle i archwilio dynion yn fanwl drwy sbienddrych,' atebodd Hafina. 'Yn enwedig Saeson.'

'Beth yw dy farn di amdanynt?'

'Does 'na ddim llawer o siap ar y rhain, beth bynnag,' meddai Hafina. 'Bataliwn o'r *Grenadier Guards* ddwedaist ti, Megan?'

'Ie, a gore 'i gyd po gyntaf y dychwelan nhw at 'u dyletswyddau fel sentris y tu allan i Balas Buckingham.'

Ymddangosodd Delyth o rywle. 'Newyddion da o Drefdraeth. Yn ôl Bronwen, mae'r merched wedi cipio platŵn o filwyr—rhyw ddeg ar hugain o sowldiwrs bach blinedig. Fe weithiodd ein cynllun yn berffaith.'

'Mae'r merched 'na'n haeddu medalau,' meddai Megan.

'Dy'ch chi ddim yn dweud bod y merched wedi cipio platŵn o filwyr Lloegr?' gofynnodd Idris yn anghrediniol.

'Dyna'n gwmws a ddigwyddodd,' meddai Megan. 'Gest ti rywfaint o fanylion gan Bronwen, Delyth?'

'Do. Yn ôl ein cynllun, safai Bronwen wrth glwyd ei ffermdy ar gyrion y dref wrth i'r milwyr agosáu; edrychent yn go arw a llesg wedi treulio noson wlyb ar y mynydd. Edrychodd Bronwen yn dosturiol ar yr is-gapten a arweiniai'r platŵn, a gwneud ei hun yn awgrymog o ddeniadol. Yna, fe winciodd a chynnig te a theisennau i'r trueiniaid, a dweud y bydden nhw'n llawer gwell milwyr ar ôl blasu croeso Cymreig. O fewn dwy funud roedd y *Grenadier Guards* yn eistedd yng nghegin fawr y fferm, a chriw o enethod perta Merched y Wawr yn gweini arnynt. Câi'r milwyr flas anghyffredin o hyfryd ar y te, a pha ryfedd, gan fod hwnnw'n cynnwys tot o chwisgi grymus. A dweud y gwir, roedd y cacennau'n eitha poblogaidd hefyd—cynhwysent ryw stwff cyfrinachol a gafwyd gan Siân y Fferyllydd. Beth bynnag, roedd hwyl a llawenydd y milwyr yn falm i eneidiau'r merched; ac fel yr âi'r bore rhagddo, rywsut neu'i gilydd, fe ddarganfu'r milwyr ryw wendid sydyn ac anesboniadwy yn 'u coesau, nes ei chael hi'n amhosib sefyll ar 'u traed. Fel y gellid disgwyl, roedd yr isgapten o wneuthuriad cadarnach na'r milwyr dan 'i ofal, a'i adwaith felly'n wahanol. Dechreuodd ganu *The British Grenadiers* ar dop 'i lais cyn hyrddio'i hun ar Bronwen a cheisio 'i thynnu dan ford y gegin. Ond cyn iddo gyrraedd diwedd y pennill cynta, doedd 'i gyflwr fawr gwell na chyflwr y lleill . . .'

'Arglwydd mawr!' meddai Idris. 'A ble mae'r milwyr nawr?'

'Yn cysgu a chwyrnu'n hapus mewn sgubor,' meddai Delyth. 'Tu hwnt i alwad y biwgl mwya swnllyd.'

Syllodd Idris ar Megan yn feddylgar. 'Ti gynlluniodd yr holl beth, wrth gwrs . . .'

Nodiodd hithau. 'Wrth gwrs. Fe wyddwn i fod y gallu tactegol gen i . . . Dim ond aros am y cyfle cynta oeddwn i, ac fe ddaeth hwnnw heddi.' Cymerodd y tebot, ac arllwys paned. Edrychai'n gwbl fodlon ei byd.

'Hei ferched!' gwaeddodd Hafina. 'Mae'r Capten Tarquin Tuffington ar 'i ffordd.'

'I'r gad unwaith eto!' bloeddiodd Megan a symudodd y merched i'w safleoedd. Aeth Idris a Megan drwy'r rhengoedd a pharatoi i gyfarfod â'r ymwelydd nesaf.

'Fe eisteddwn ni—y ddau ohonon ni—i gynnal y cyfweliad yma,' meddai Megan, gan gydio mewn dwy gadair ysgafn a chynnig un i Idris, 'a gwneud y capten i sefyll o'n blaen ni fel disgybl bach drwg.'

A'r ddau ohonynt yn eu cadeiriau, edrychodd Idris drwy ei sbienddrych ar Tarquin Tuffington yn dod tuag atynt.

'Sut olwg sy arno?' holodd Megan.

'Dyn byr, yn magu bol; dim het; wyneb fflamgoch, gwallt sinsir, mwstas sinsir, menyg brown, sgidiau brown—milwr bach ar dân, ddwedwn i.'

'Ardderchog!'

'Wyt ti wedi dod o hyd i dy Saesneg eto, Megan?'

'Ddim eto. Yn sydyn ddaw e'n ôl. Wedyn, *look out*.'

'Mae'r capten bach newydd faglu dros dywarchen, ac mae ei dymer yn gwaethygu. Mae storm yn macsu,

Megan.'

'A'r bore'n gwella wrth fynd rhagddo, Idris. Gyda llaw, mae gen i syniad mai Tarquin oedd enw brenin ola'r hen Rufeiniaid gynt yn y chweched ganrif cyn Crist . . . Tarquinus Superbus . . . Tarquin y Balch . . . A dyn bach peryglus o ffyrnig oedd e hefyd, yn ôl pob hanes.'

'Eitha gwir, Megan. Deg allan o ddeg.'

'A, dyma'r Tarquin Seisnig. Ac mae e'n edrych fel pe bai ar dân, fel y dwedaist ti.'

Brasgamodd y Capten Tarquin Tuffington atynt, a stopio'n sydyn; ysgyrnygai ei gorff dan gynddaredd. Safai â'i draed ar wahân, a'i ddwylo—yn eu menyg brown—yn chwarae'n fygythiol â'i faton. *'Now look here!'* cyfarthodd. *'This nonsense must come to an end.'*

Pwysodd Megan tuag at Idris. 'Dwed wrtho 'mod i'n cytuno ag e.'

Roedd Idris ar fin ufuddhau pan ailgychwynnodd y capten.

'Ah, of course! The lady's badly handicapped. Can't speak English. And you must be the interpreter, I suppose?'

Nodiodd Idris.

'Well, look here, my man,' aeth y capten yn ei flaen, *'make it clear to her that . . .'*

'In the first place,' torrodd Idris ar ei draws, *'I'm not your man. And in the second place, Miss Meredudd agrees with you that this nonsense must come to an end.'*

Syfrdanwyd y capten, a thra ceisiai ddod i delerau â'r datblygiad annisgwyl, trodd Megan at Idris drachefn gan nodio. 'Dwed wrtho mai fe a'i filwyr yw'r unig elfen o nonsens yn y sefyllfa, ac mi ddaw'r elfen honno i ben y foment y dangosan nhw'u penolau a dianc dros y gorwel.'

'I'm so glad,' meddai Capten Tuffington, *'that Miss Meredith has come round to . . .'*

'*Miss* Meredudd,' meddai Idris.

'*Just as you wish,*' meddai'r capten yn ddiamynedd. '*But I'm very glad that she's come round to my way of thinking. So when can I expect her to withdraw her women from the cromleck? Time is pressing.*' Edrychodd ar ei wats. '*We're expecting the enemy force any minute.*'

'*Miss Meredudd has no intention of withdrawing,*' meddai Idris. '*"This nonsense", as you put it, will be brought to an end only when you and your soldiers disappear over the horizon. You are the nonsense, and Miss Meredudd agrees that you should remove yourselves from the scene as quickly as possible.*'

Dyfnhaodd cochni wyneb y capten. Disgwyliai Idris weld mwg yn ffrwydro o gorun y milwr. Rhythai Tarquin Tuffington yn wenwynllyd ar y Cymry. Yna ffrwydrodd. '*Tell your mute, stupid, monoglot Welsh bitch that my patience has run out!*' bloeddiodd. '*I swallowed my pride and came down here personally to negotiate with her, and this is the thanks I get. Very well. I'll wipe that smile off her witless Welsh face.*' Cododd goslef ei lais yn sgrech dreiddgar. '*No-one insults the Grenadier Guards and get away with it. No-one. No-one! I'll . . . I'll . . .*' Gwywodd y sgrech yn sydyn, fel pe bai'r capten wedi rhedeg allan o syniadau.

'*Exactly, captain,*' meddai Megan. Fel y collai Tarquin Tuffington ei syniadau, darganfu Megan ei Saesneg. '*You can't think what to do, can you? You can't possibly shoot us, can you? And your men can't very well storm down that slope and batter us and bayonet us into submission, can they? Think of the headlines. So be a brave, sensible little captain and face the awful truth. The Grenadier Guards have been outsmarted by a few witless Welsh women, and there's nothing you can do about it. Absolutely nothing. So, about turn, Tarquin bach. Off you go; close that gate after you, and have a nice journey back to London.*'

Lloriwyd y capten gan araith Megan, heb sôn am ei meistrolaeth sydyn ar yr iaith Saesneg. Gwibiai cyfres o gryniadau arswydus drwy ei gorff. Yna, *'Damn and blast you all!'* gwaeddodd gan chwifio'i ddwrn at y merched. *'Keep your bloody cromleck.'* Trodd ar ei sawdl a gorymdeithio i ffwrdd yn ffyrnig.

A dyna'r foment pan benderfynodd Esgob Tyddewi gymeryd rhan fwy blaenllaw yn y gweithgareddau. O glywed rhyw gyffro ar gopa'r gromlech, syllodd Idris i fyny, a gweld Hafina yn codi a sefyll yn ddramatig ar y garreg enfawr, ei choesau yn gadarn ar led, ei sgert yn chwifio'n ddireidus yn yr awel, ei sbienddrych yn hongian wrth ei gwddf, ei llygaid yn fflachio'n beryglus, ei braich chwith yn ymestyn ymlaen megis braich taflwr discws, a'i braich dde y tu ôl i'w chefn yn gafael mewn tywarchen sylweddol. Am ennyd safai'r Esgob yn llonydd. Yna, â'i holl nerth hyrddiodd y dywarchen i gyfeiriad y Capten Tarquin Tuffington. Ac wrth i'r darn o bridd cyfoethog Sir Benfro wibio drwy'r awyr, bloeddiodd Hafina, 'Wele Fi yn estyn fy llaw ar y Philistiaid ... A gwnaf arnynt ddialedd mawr trwy gerydd llidiog; a chant wybod mai *Myfi* yw yr Arglwydd.'

A'r waedd o Lyfr Eseciel yn hollti'r wybren, dilynodd llygaid Idris y dywarchen. Chwibanodd honno heibio i'w glustiau cyn plymio i lawr a tharo'r Capten ar ei wegil. Dan nerth a phwysau'r ergyd annisgwyl, simsanodd y milwr a syrthio'n swp i'r llawr.

'Beth am honna, Idris?' holodd Hafina yn fuddugoliaethus.

Trodd Idris ei olygon at y capten. Roedd hwnnw'n araf godi ar ei draed. Safodd yn simsan a wynebu'r gelyn yn ddryslyd, ond yn ddewr. *'How dare you!'* bloeddiodd, a chwifio'i faton at luoedd Jehofah. *'How dare you!'* sgrechiodd drachefn.

'There's a spot of earth on your nose, Tarquin bach,' meddai Megan, *'and a blade of grass on your right*

eyebrow.'

'*Actually, Captain Tuffington,*' meddai Delyth, '*you look quite fetching. I've half a mind to come over and comfort you.*'

Brawychwyd y Capten gan y bygythiad. Rhythodd yn wyllt ar Delyth. Yna, am yr eildro o fewn dau funud, trodd ar ei sawdl a brasgamu i ffwrdd, gan obeithio y byddai ei enciliad y tro yma rywfaint bach yn fwy urddasol.

Yn sydyn, dyma lais miniog a threiddgar yn codi i'r entrychion, llais soprano rymus yn hwylio i mewn i gân enwog. Adnabu Idris y llais ar unwaith. Roedd Delyth yn rhoi datganiad gwefreiddiol o gytgan *Sosban Fach*, ac yn newid y geiriau at ei phwrpas ei hun:

'Tarquin y Sowldiwr,

Tarquin y Sowldiwr,

Tarquin y Sowldiwr,

A chwt 'i grys e mâs.'

Asiai'r gair 'Tarquin' yn berffaith â rhythm y gerddoriaeth. Yna, ymunodd y côr mawr â'r unawdydd, côr o bum cant o leisiau'n dyblu ac yn ailddyblu'r gytgan; roedd y seiniau'n diasbedain dros y mynyddoedd, wrth i'r cymylau prin ysgubo ar draws y ffurfafen; edrychai'r Preselau fel pe baent yng ngafael rhyw ddaeargryn cerddorol, a'r coed a'r perthi'n siglo i guriad rhyw arweinydd meistrolgar, anweladwy. Edrychodd Idris ar Tarquin Tuffington yn brasgamu'n gyflym i fyny'r llethr a chefnu ar faes y gad. Roedd yr Archdderwydd yn argyhoeddedig na chafodd grym milwrol Lloegr erioed gernod mor gymen ac effeithiol, ac na welwyd y Saeson erioed yn encilio i gyfeiliant côr mor ddirmygus o fawreddog. Tawodd y seiniau gogoneddus y foment y cyrhaeddodd y capten frig y mynydd.

'Be sy'n digwydd ymysg y milwyr nawr, Hafina?' holodd Megan.

'Maen nhw'n amgylchynu'r capten ac yn ei holi; mae

e'n eu gwthio i ffwrdd. Weles i erioed ddyn mewn cymaint o dymer. Mae e'n chwifio'i freichiau gwbl wallgo. Mae angen talp o'r Hen Destament arno i'w ddwyn yn ôl i'w synhwyrau: "Am i ti ymgynddeiriogi i'm herbyn, ac i'th ddadwrn ddyfod i fyny i'm clustiau i; am hynny y gosodaf fy mâch yn dy ffroen, a'm ffrwyn yn dy weflau, ac a'th ddychwelaf di ar hyd yr un ffordd ag y daethost".' Gostyngodd Hafina ei sbienddrych am eiliad. 'Dyna destun ardderchog i'm pregeth y Sul nesa yn yr Eglwys Gadeiriol, dy'ch chi ddim yn cytuno?' Dyrchafodd y sbienddrych at ei llygaid drachefn. 'A! Mae'r milwyr yn gadael. Yn casglu 'u trugareddau ac yn dianc. Edrychwch arnyn nhw!'

Pawb yn troi i edrych. Gellid gweld amlinelliad y milwyr yn glir ar y gorwel, rheng hir o drueiniaid yn symud yn araf a blinedig, yn diflannu fesul un y tu ôl i dwmpath, yna'n ail ymddangos am eiliad cyn suddo o'r golwg am byth, a chrib y mynydd unwaith eto'n foel, wedi ei adfer i'w hen ogoniant a'i iachau o bresenoldeb aflan y Philistiaid.

Ffrwydrodd bloedd ar ôl bloedd o fuddugoliaeth o yddfau'r merched.

Cododd Megan ei llaw. 'Gwell bod yn ofalus, a dal i fod ar ein gwyliadwriaeth. Fe arhoswn ni yma tan fachlud haul, a danfon sgowtiaid dros y llethrau i wneud yn berffaith siwr na ddaw'r diawlaid yn ôl. Yn y cyfamser, dechreuwn gynllunio'r dathliadau.'

PENNOD 8

AR yr union foment yr oedd y Capten Tarquin Tuffington yn encilio o faes ei gywilydd, brasgamodd Betsi i mewn i ystafell wely Syr Oliver Singleton-Jones; syllodd Oliver arni'n bryderus; doedd y ffaith ei bod yn dwyn cwpanaid o goffi iddo'n lleddfu dim ar ei òfnau. Oherwydd ers i Delyth Pumlumon ei chychwyn hi am Aberystwyth, heibio'r Preselau, gweddnewidiwyd Betsi Prysor. Diflannodd y fenyw fach wyllt a'r llais dirmygus a'r gwefusau sarrug, cul. Roedd ceidwad carchar y llysgennad yn awr yn greadures beryglus o fwyn, ei llais yn hudol o dyner, y gwefusau'n feddal, feddal, a'i llygaid yn awgrymog, gynnes. Disgyblwyd hyd yn oed ei gwallt afreolus. Yn wir, safai heliwr soffistigedig a deniadol yn awr wrth wely Oliver.

'Yn dal i bendroni dros y papurau newydd, Syr Oliver? Mae Auberon Quayle yn meddu ar eirfa dda, on'd ydi? Ond peidiwch chi â gofidio am ' i gyfeiriadau atoch chi. Dw i ddim yn ystyried eich bod chi'n "dim-wit"!'

Estynnodd Betsi y coffi iddo, a thynnu cadair at y gwely. Roedd ei holl symudiadau a'i hystumiau'n dwt a thestlus, a'i gwisg o sidan glas yn ychwanegu at y perygl.

Llymeitiodd Oliver y coffi, ac edrych arni'n slei dros ymyl y cwpan.

'Glywsoch chi'r ffôn neithiwr, Syr Oliver? Megan Meredudd yn holi amdanoch. Mae tipyn o ffwdan yn y llysgenhadaeth yn Aberystwyth, mae'n debyg. Fe ffoniodd Megan yno ddoe, a gofyn a gâi hi siarad â chi'n bersonol. 'Na chi strôc! Bertie Marlborough yn dod at y ffôn wedyn. Dyn bach od iawn yw e, dy'ch chi ddim yn meddwl? Dylech fod wedi clywed Megan yn 'i watwar. *"Sir Oliver isn't available, I'm afraid, Miss Meredudd. He's out on some frightfully important business. No indeed, I couldn't possibly tell you when he'll be back. One can't always divulge the information one has. You do appreciate that, Miss Meredudd, I'm sure. One has to be so careful, hasn't one!'* Nefi wen, Syr Oliver, 'na ffordd ddychrynllyd o siarad. Mae 'na rywbeth mawr o'i le ar y Saeson. Dim rhyfedd 'u bod nhw'n destun sbort drwy'r byd.'

Gwingodd Oliver, a chymryd llymaid arall o goffi.

'Ydy'r hyn maen nhw'n 'i ddweud am Bertie Marlborough yn wir, Syr Oliver?'

'Be maen nhw'n 'i ddweud?'

''I fod e a Gwydion Emanuel yn gariadon.'

'Does gen i ddim syniad.'

'O, dewch nawr, Syr Oliver. Peidiwch â bod mor ddiniwed. Fel llysgennad, mae'n ddyletswydd arnoch chi i gael gwybodaeth drylwyr am gymeriad a chyfansoddiad seicolegol eich staff, yn enwedig eich dirprwy. Mae e'n wrywgydiwr, on'd yw e?'

Pesychodd Oliver.

'Mi ddweda i wrthoch chi pam mae gen i ddiddordeb,' meddai Betsi. 'Rwy'n nabod teulu Gwydion Emanuel yn dda. Pobol o Gwmtwrch. Mae rhieni Gwydion yn bâr neis iawn, yn byw mewn tyddyn heb fod nepell o'r fan yma; yn hanu o genedlaethau o ffermwyr ac yn Gymry i'r carn. Gwydion yw 'u hunig blentyn. Maen nhw'n teimlo'n swil iawn ynghylch 'i alwedigaeth e. Wedi'r cyfan, dyw Cwmtwrch a dawnsio bale ddim yn mynd gyda'i gilydd rywsut . . . Ydych chi wedi gweld Gwydion yn dawnsio?'

Ysgwydodd Oliver ei ben. 'Does gen i ddim diddordeb mewn bale,' meddai'n stiff.

'Nac oes, wrth gwrs. Ry'ch chi'n edrych yn llawer rhy

wrywaidd. Dewch â'r cwpan gwag 'na i mi.' Cymerodd Betsi y cwpan oddi wrtho a'i osod ar y llawr. Yna ailgydiodd yn ei haraith. 'Dw i ddim yn hoff o bale chwaith. Ond mi es i weld Gwydion unwaith . . . Perfformiad o'r *Swan Lake*. Rwy'n 'i weld e nawr, yn llygad fy nychymyg, yn dawnsio'r *pas-de-deux* enwog yn y drydedd Act, *Pas-de-deux* yr Alarch Du, ac yntau'n cymryd rhan Siegfried. Dw i ddim yn cofio enw'r ferch a gymerai ran Odile. Ond fe oedd y seren. Gwydion o Gwmtwrch. Mor ddelicet 'i symudiadau! A thrwy gydol y perfformiad, ac yntau'n neidio a phrancio mor ofalus a throtian ar flaenau 'i draed, ei freichiau'n ysgŵyd yn dyner, a'i gorff a'i goesau'n disgleirio yn 'i drowsus sidan tynn, fedrwn i ddim llai na rhyfeddu fod Ephraim Emanuel—mynydd o ddyn a chanddo goedwig o farf, a choesau fel dau fon-cyff derw—wedi cael mab mor ferchetaidd. Mae bywyd yn chwarae triciau bach od ar bobol, on'd ydi, Syr Oliver?'

'Ydi, yn enwedig ar ambell lysgennad sy'n canfod ei hun dan warchae yng Nghwmtwrch yng ngofal gwraig haearnaidd ei hewyllys a chwbl ddidrugaredd.'

'O, dewch nawr. Ble mae'ch hiwmor chi? Ac wedi'r cyfan, does gennych chi ddim gwraig na phlant i ofidio amdanoch. Ry'ch chi'n greadur rhydd . . .'

'Rhydd?' chwarddodd Oliver.

'O, ry'ch chi'n gwybod be wy'n 'i feddwl . . . Dim cadwynau priodasol i'ch cyfyngu chi a'ch llyffetheirio chi.' Cododd Betsi, ac eistedd ar y gwely. Llamodd calon Oliver i'w wddf . . . O na bai modd iddo ddod o hyd i'w drowsus a chael gwared ar yr anghenfil 'na o gi ar y landin . . .

Disgynnodd llaw Betsi ar y cwilt yn beryglus o agos at law Oliver; gwibiodd llaw Oliver fel gwylan a diflannu o dan ddillad y gwely.

Gwenodd Betsi. 'Dy'ch chi ddim yn oer, Syr Oliver, does bosib, a chithe newydd gael y coffi chwilboeth 'na.

'Swydd arbennig?' ailadroddodd Oliver.

'Pan apwyntiwyd Auberon Quayle yn Ysgrifennydd Tramor, chi gofiwch nad apwyntiwyd neb yn ei le yn y Weinyddiaeth Amddiffyn.'

Rhythodd Oliver arni.

'Chi fydd yr Ysgrifennydd Gwladol dros Amddiffyn,' meddai Betsi.

Wrth i'w waed ruo drwy ei wythiennau, ymddatododd llaw Oliver oddi wrth benlin Betsi a llithro i fyny ei choes.

'Wrth gwrs,' meddai Betsi, a mynd yn ei blaen fel pe bai'n gwbl anymwybodol o safle newydd y llaw lysgenhadol, 'mi fydd gennych chi Weinidog Gwladol i'ch helpu ac i ateb cwestiynau yn Nhŷ'r Cyffredin; ond gwas bach fydd hwnnw. Chi fydd y bos, arnoch chi y bydd y cyfrifoldeb terfynol am ddiogelwch y deyrnas. Chi fydd Arglwydd y Lluoedd!'

Ynghanol cynnwrf gorfoleddus ei enaid, trawyd Oliver gan bosibilrwydd arswydus. Beth pe buasai ei Brif Weinidog wedi ceisio cysylltu ag ef yn bersonol i ddweud wrtho am y newyddion da, ac yntau'n garcharor yn anialdiroedd Cwmtawe? A ddrylliwyd ei ddyfodol disglair gan y ffaith iddo fod yn absennol o'r llysgenhadaeth ar yr awr dyngedfennol? Teimlai Oliver ei geg yn sychu. Roedd hi'n gwbl hanfodol ei fod yn cael ei ryddhau ar unwaith.

'Miss Prysor,' meddai, gan wasgu coes Betsi'n gariadus.

'Ie, Syr Oliver?'

'Mae'n rhaid i mi ddychwelyd i'r llysgenhadaeth ar unwaith. Ry'ch chi'n deall, on'd ych chi? Falle bod y Prif Weinidog yn ceisio cysylltu â mi y funud hon ynghylch fy nyrchafiad.'

'Na, na, Syr Oliver. Y bwriad yw cadw'r holl beth yn gyfrinachol dros dro, hyd yn oed oddi wrthych chi. Ond falle y cewch wybod yn swyddogol o fewn dau neu dri diwrnod.'

'Ond fe fydda i'n dal yn garcharor yng Nghwmtwrch.'

'Fe gewch eich rhyddhau, ond i chi fod yn fachgen da.'

'Yn fachgen da?'

'Neu'n hytrach, yn fachgen drwg.' Winciodd Betsi arno. 'Mae'n dibynnu ar eich safbwynt.'

A'i libido ar ddihun ers amser, roedd Oliver wedi hen benderfynu cael tipyn o hwyl cyntefig gyda'r fenyw fach bryfoclyd yma; pris digon isel i'w dalu am ei ryddid. 'O, mi fedra i fod mor ddrwg ag y mynnoch, Miss Prysor.'

'Ydych chi'n hollol siwr o hynny?'

'Yn hollol siwr?'

'Fod y gallu gennych i fod mor ddrwg ag a hoffwn *i*.' Pwysodd Betsi ymlaen nes i'w thrwyn gyffwrdd â'i drwyn ef. 'Wyddoch chi ddim am hyd a lled fy nrygioni *i*, Syr Oliver.' Roedd murmur ei llais yn fygythiol o felys. 'Falle y cewch eich hun mewn tipyn o drafferth.'

'Go brin,' meddai Oliver. Beth oedd ganddo ef i'w ddysgu gan hon?

Buan y canfu Oliver y bylchau enfawr yn ei addysg. Gan wthio dillad y gwely o'r neilltu, disgynnodd Betsi fel corwynt ar y llysgennad, a'i reibio'n ddidrugaredd; yna, hyrddiwyd Oliver oddi ar y gwely i'w reibio ar y carped; yna fe'i tynnwyd yn ddiseremoni ar ei draed ac fe'i erlidiwyd o amgylch yr ystafell, a chwt ei grys yn chwifio mewn arswyd; daliwyd Oliver drachefn, a'i wthio yn erbyn y gist dderw; wedyn, cafodd ei hun yn cropian ar hyd y llawr, a Betsi hefyd ar ei dwylo a'i phenliniau yn rhuthro ar ei ôl gan chwerthin yn afreolus; trawodd pen-ôl Oliver yn erbyn y drws gan beri i Llywarch gyfarth yn wyllt nes i Betsi orchymyn iddo fod yn dawel. Ymlaen â'r hela wedyn, ac Oliver yn cael ei ddal unwaith yn rhagor a'i dynnu ar ei draed; gwthiwyd ef yn ffyrnig yn ôl ar y gwely i Betsi gael ymosod arno drachefn, ei hegni'n ddiddiwedd a'i hymroddiad yn syfrdanol, ei gwefusau'n blasu bob modfedd o'i groen ac yn sugno ei holl hanfod i mewn i'w cheg anniwall . . .

O'r diwedd, darfu am y dymestl, a Betsi'n gorwedd ac yn anadlu'n drwm. Gorweddai Oliver wrth ei hochr, yn gwbl dawel a llonydd, wedi ei barlysu gan fraw a syndod, ac yn ofni edrych ar ei gydymaith rhag i honno ei gamddeall a neidio'n orfoleddus arno am y canfed tro . . .

Munudau o ddistawrwydd dwys, Betsi'n chwerthin yn dawel. 'Wel, Syr Oliver, fe ddwedwn i eich bod chi wedi dysgu pethe newydd y bore 'ma, pethe nad oeddynt ar y cwricwlwm yn Eton, nac ychwaith yn rhan o'ch hyfforddiant yn y *Coldstream Guards*, ond pethe sy'n gwbl hanfodol i Ysgrifennydd Amddiffyn.' Gosododd ei llaw ar ei fraich. 'Mae 'na un neu ddau beth arall yr hoffwn i ddysgu i chi . . . Prynhawn 'ma, falle, neu heno . . .' Anwesodd Betsi ei fraich. 'Ac yna, Syr Oliver, yn hwyr heno, neu yn oriau mân y bore, fe'ch rhyddheir chi.'

Roedd hi'n amheus gan Oliver a fyddai ganddo'r nerth erbyn hynny i lusgo ei hun i mewn i'w gar.

'Wrth gwrs,' meddai Betsi, a'i llaw yn awr wedi ymadael â braich Oliver ac yn crwydro ar feysydd ehangach ei fol, 'mae 'na un peth pwysig y bydd yn rhaid i chi ei gadw mewn cof wrth i chi ymgymeryd â'ch swydd newydd.'

'O?'

'Ydych chi'n cofio'r ffotograffau a gymerodd Delyth ohonoch yn yr ystafell 'ma?'

Teimlodd Oliver ias o bryder.

'Dy'ch chi ddim wedi'u gweld nhw, wrth gwrs, Syr Oliver; ond yn ôl Delyth, maen nhw'n luniau gwefreiddiol.'

Tawelwch eto am ennyd.

'I ddefnyddio geiriau Delyth 'i hun, Syr Oliver, mae hi wedi llwyddo i ddal hanfod eich cymeriad ac wedi ei anfarwoli.'

Gwibiai ias arall o bryder, ias finiocach y tro hwn,

drwy gorff ac enaid y llysgennad.

'A chan fod y lluniau'n orchestwaith ffotograffyddol, Syr Oliver, mae Delyth wedi'u cyflwyno nhw i Ferched y Wawr. Ac mae Megan Meredudd yn bwriadu chwyddo'r lluniau ac yna'u fframio nhw'n foethus. Wrth gwrs, fyddan nhw ddim yn cael 'u harddangos yn gyhoeddus, oni bai . . .' Oedodd Betsi.

'Oni bai am beth?' sibrydodd Oliver.

'Oni bai eich bod chi'n gwneud rhywbeth gwrion yn rhinwedd eich swydd newydd, rhywbeth a allai fod yn niweidiol i Gymru. Ond does 'na ddim peryg o hynny, rwy'n siwr . . .'

Distawrwydd llethol, a llaw Betsi'n dal i grwydro'n ddelicet a chwareus ar fol Oliver. Ceisiai ymennydd y llysgennad ddod i delerau â'i ddyfodol. Gwerthfawrogai Oliver yn awr wirionedd yr hen ddywediad, sef na cheid heulwen heb gysgodion.

PENNOD 9

YR oedd Neuadd Fawr y Brifysgol dan ei sang, a chyfar-
fod Llys y Llywodraethwyr ar ddechrau. Eisteddai Idris
Pumlumon ynghanol y dorf o lywodraethwyr yn edrych
o'i amglych yn ddisgwylgar. Yn ei ymyl eisteddai Betsi
Prysor, ei chwaer yng nghyfraith a oedd erbyn hyn yn
Aelod Seneddol dros Gwmtawe. Nid oedd Idris eto wedi
dod i delerau â'r newid mawr yn ymddangosiad Betsi. I
ble y diflannodd yr ymarweddiad gwledig, ffwrdd-â-hi?
O ble y daeth y ddynes smart, soffistigedig hon? Beth
oedd achos y wyrth? Edrychodd Idris drwy gornel ei
lygad ar wallt disgybledig Betsi, y lliw cynnil ar ei ham-
rannau, y farnais ar ei hewinedd, y wisg bryfoclyd o
felfed glas cyfoethog a'r esgidiau bach del â'r sodlau
uchel. Yn wir, dyma fenyw y medrai'r Hollalluog ymhyf-
rydu ynddi fel un o'i gynhyrchion mwyaf caboledig!

Ymchwyddai cynnwrf tawel y siarad a'r pesychu.
Edrychodd Idris ar ei wats. Yr un pryd, agorwyd drws ar
ochr y llwyfan, a cherddodd y Gwir Barchedig Hafina
Tudur—Esgob Tyddewi a Changhellor y Brifysgol—i
mewn yn urddasol, a'r Prifathro Trefor Cilgerran yn ei
dilyn. Gwisgai'r ddau lifrai lliwgar eu gwahanol swyddi.
Edrychai Hafina'n bwysig ac yn ddeniadol. Roedd
porffor esgobol ei blows yn asio'n berffaith â'r arlliw o
borffor yn ei gwallt a'r groes aur yn serennu ar ei myn-
wes, a gŵn Canghellor yn ychwanegu rhwysg bydol at yr
urddas ysbrydol.

Tawelwch sydyn, ac eisteddodd Hafina a Trefor wrth
y ford ar y llwyfan, yn wynebu'r gynulleidfa. Syllodd
Hafina ar y papurau o'i blaen, ac yna ar y gynulleidfa.

'Foneddigion a boneddigesau!' dechreuodd. 'Rwy'n eich croesawu chi i'r cyfarfod yma sy wedi'i drefnu'n arbennig i ystyried un mater go bwysig. Dw i ddim am wastraffu amser. Mae'r manylion i gyd gennych ar eich copiau o'r Agenda. Fe awn yn syth felly at yr unig eitem ar yr Agenda, sef cynnig i sefydlu ail Gadair yn yr Adran Athroniaeth a'r Gadair honno i'w henwi'n Gadair Bertrand Russell. Mae Dominic Nash, cynfyfyriwr o Aberystwyth sy'n awr yn Athro Rhesymeg yng Nghaer-grawnt, yn cynnig swm sylweddol o arian i ni at y pwrpas. Teimla Dominic Nash yn gryf iawn y dylem ymffrostio yn y ffaith fod Bertrand Russell wedi anrhydeddu Cymru drwy ddewis byw ym Mhlas Penrhyn am lawer o flynyddoedd a theimla hefyd mai'r ffordd ore i anfarwoli'r cysylltiad fyddai sefydlu Cadair yn dwyn ei enw. Wel nawr, yn ôl yr hyn rwy wedi'i glywed, mae rhai ohonoch chi â theimladau cryfion ar y mater. Pwy felly sydd am agor y drafodaeth?' Saethodd llaw i fyny yn y rhes flaen. 'A, yr Athro Theomemphus Jones! Mae'n gwbl addas i ni gael eich sylwadau chi ar y cychwyn fel hyn, a chithe, wrth gwrs, yn bennaeth ar ein Hadran Athroniaeth.'

Gwingai Idris wrth weld y ffigur tew, barfog, pat-riarchaidd yn codi ar ei draed; dyn annioddefol o hunan-dybus ydoedd nad ysgrifennodd ddim er iddo gyhoeddi, flynyddoedd ynghynt, ei lyfr rhyfeddol, *The Influence of Cockle-gathering on the Philosophical Ambience of Pen-clawdd*.

Cliriodd yr Athro Theomemphus Jones ei wddf. 'Madam Canghellor. Mi fydda i bob amser gyda'r cyntaf i gydnabod pwysigrwydd Bertrand Russell. Dyn mawr. Dyn disglair. Chwilotwr eofn a beiddgar am y gwirioneddau tragwyddol. Ac oherwydd ei fod yn chwilotwr diflino am y gwirionedd, wel, pe bai e yn y cyfarfod yma heddi, ac yn sefyll falle yn yr union fan lle mae 'nghorff bach ansylweddol i'n sefyll yn awr . . .' Gwenodd yr Athro i danlinellu ei ddoniolwch, '. . . beth fyddai gan Russell i'w ddweud? Mae gen i syniad go dda. Gallaf glywed 'i lais main y funud yma'n gofyn, *What is the truth of this matter? Is it not that there's no need of another Chair of Philosophy in Aberystwyth, and certainly no need for another professor when the amplitude of the present one is so evident?*'' Gwenodd Theomemphus drachefn ac anwesu ei fol. 'Ac fel arfer, byddai rhesymeg dadleuon Russell yn amhosib eu gwrthsefyll. Felly yn y mater yma. Does 'na ddim angen Cadair arall yn yr Adran. Sianeled yr arian i gyfeiriad arall. Ga i awgrymu Cadair newydd yn yr Adran Hanes, sef Cadair Achosion Colledig, a'r Athro newydd i astudio a chofnodi brwydr ofer y Saeson yn erbyn dominyddiaeth feddyliol a chelfyddydol y Celtiaid yn yr Ewrob sydd ohoni.' Cafodd yr awgrym yma gymeradwyaeth lawen, a suddodd Theomemphus yn fodlon i'w sedd.

'Dyw'r hen foi ddim mor dwp ag a feddyliais,' meddai Idris. 'Allan o ddyfnderoedd y tewdra 'na mae ambell syniad gwerth-chweil yn codi i'r wyneb.'

'Ydi e'n briod?' holodd Betsi.

'Na. Pam wyt ti'n holi? Dwyt ti ddim yn 'i ffansio, wyt ti? Bydd yn ofalus, Betsi. Hoffwn i ddim gweld fy chwaer yng nghyfraith yn cael 'i gwasgu i farwolaeth dan fynydd o fraster cariadus.'

'Piti am 'i bwysau.'

'Nid arno fe mae'r bai i gyd am hynny.'

'O?'

'Roedd e'n ddyn gweddol barchus 'i siap tan ryw bum mlynedd yn ôl,' meddai Idris. 'Yna fe ddechreuodd gysuro gweddw newydd sbon, a honno'n pwmpio crempog a phasteiod i mewn iddo a pheri i'w fol chwyddo i gyfateb â maint ei hunan-dyb.'

'Ydyn nhw'n byw gyda'i gilydd?'

'Nefoedd, rwyt ti'n fusneslyd, Betsi. Na, dy'n nhw ddim.'

'Madam Canghellor.' Er syndod i bawb, y dyn ar ei draed oedd neb llai na Gwydion Emanuel.

'Bobol annwyl!' meddai Betsi. 'Doeddwn i ddim wedi sylwi fod Gwydion yn bresennol. Sut cafodd e le ar y Llys?'

'Wedi'i ethol gan y Cwmni Bale Cenedlaethol. Mae cynrychiolaeth gref o'r celfyddydau'n bresennol.'

'Madam Canghellor,' meddai Gwydion drachefn. Roedd wedi symud ryw lathen oddi wrth ei sedd ar ben y rhes, ac yn sefyll yn yr eil fel bod ei holl gorff yn weladwy i'r rhan fwyaf o'r gynulleidfa. Dyn tal, tenau, yn sefyll ar flaenau ei draed fel pe bai ar fin neidio i'r awyr yn ysgafn-ddeheuig.

'A, Mr Emanuel,' meddai Hafina. 'Bydd yn fater o syndod i rai, ond nid i mi, eich bod chi am gyfrannu i drafodaeth ar athroniaeth. Ond rwy'n edrych ymlaen at glywed eich sylwadau.'

'Madam Canghellor!' meddai Gwydion unwaith yn rhagor, fel pe bai'n ffoli ar sŵn y teitl. 'Rwy'n 'i hystyried yn gwbl warthus fod angen trafod y mater hwn. Does dim angen trafodaeth. Fe ddylai'r Llys neidio at y cyfle.' Disgwyliai Idris weld Gwydion yn llamu'n athletaidd i'r awyr. 'Byddai gwrthod y cynnig,' aeth Gwydion yn ei flaen, 'yn sen ar enw'r athronydd mwya a gynhyrchwyd gan Brydain erioed. Ac yn fwy na hynny, mi fyddai gwrthod y cynnig yn sarhau'r Athro Dominic Nash. Rwy'n nabod Dominic yn dda; dyn hyfryd, annwyl, hawdd ei glwyfo. *Fedrwn* ni ddim ymateb yn negyddol i'w gynnig hael. Dewch i ni dderbyn ei garedigrwydd â breichiau agored . . .' Agorodd Gwydion ei freichiau fel rhyw fath o *visual aid* i'w gynulleidfa. 'Yna,' meddai Gwydion, 'dewch i ni ei wahodd i Aberystwyth, a chyflwyno anrheg bach iddo falle, fel arwydd o'n gwerthfawrogiad. Byddai Dominic yn dwli ar hynny.' Pranciodd Gwydion yn ysgafn-droed yn ôl i'w sedd.

'Wel, wel,' meddai Idris, â'i aeliau'n codi i'r entrychion.

'Dyna oleuni newydd ar yr Athro Nash.'

'Pam? Oeddet ti'n ei nabod?' gofynnodd Betsi'n syn.

'Paid â dweud dy fod *ti'n* ei nabod?'

'Wrth gwrs 'mod i,' meddai Betsi. 'Fe lwyddais i gael lle yng Nghaergrawnt i Iestyn Gwalchmai, mab i un o'm ffrindiau, i astudio Athroniaeth. Wel, ar ddiwedd y tymor cynta, fe ddychwelodd Iestyn â stori ddiddorol dros ben . . . Arferai Nash eistedd ochr yn ochr â'i fyfyrwyr yn y tiwtorials. Dim ond un myfyriwr fyddai yno ar y tro, wrth gwrs, a Nash yn tanlinellu pwysigrwydd pob rhyw egwyddor athronyddol drwy roi ei freichiau o amgylch y myfyriwr, a'i wasgu a'i anwesu'n hynod o ddiffuant, yn llawn pryder ynglŷn â dyfodol academaidd ei ddisgybl. Fe geisiodd e ddefnyddio'r un tactegau ar Iestyn; peth annoeth iawn, ond dyna fe, wyddai Nash ddim fod Iestyn wedi chwarae yn nhîm rygbi Castell Nedd. Fore trannoeth, roedd gan yr Athro Dominic Nash y lygad ddu fwya a welwyd erioed yng Nghaergrawnt. Helo, rwy'n nabod y ferch 'ma.'

Roedd Delyth Pumlumon ar ei thraed. Cafodd Delyth ei hethol fel cynrychiolydd y myfyrwyr ar y Llys. Roedd ei chyfraniadau i'r trafodaethau bob amser yn gofiadwy.

'Madam Canghellor,' dechreuodd Delyth. Tybiai Idris fod ei llais lawn mor euraid â'r gwallt a ffrydiai dros ei hysgwyddau. 'Rwy am ymateb ar unwaith i'r syniad fod Bertrand Russell wedi anrhydeddu Cymru drwy ddewis byw yma, a ninne felly i ymgrymu ger ei fron. Nonsens llwyr! Pan ymsefydlodd yn ein plith, fe ddaeth â'i gefndir gydag e, ac ymddwyn fel aristocrat o Sais— hynny yw, yn hollol Philistaidd ac yn gwbl nodwedd- iadol o'i dras. Fe ddiystyrodd yr iaith hynafol a'r diwylliant gogoneddus o'i amgylch. A siaradodd e air o Gymraeg erioed? A ddangosodd e unrhyw chwilfrydedd ynghylch ein gwareiddiad? Naddo, affliw o ddim!' Codai llais Delyth wrth iddi ymaflyd yn ei pherorasiwn.

'Fe ddewisodd anwybyddu popeth Cymreig, ac arddangos y cyfuniad hwnnw o ymffrost ac anwybodaeth sy'n rhan mor hanfodol o gymeriad y Saeson, ac sydd wedi ennill iddynt wawd a dirmyg y cenhedloedd gwareiddiedig. Yr unig bethau Cymraeg a Chymreig a oedd o unrhyw ddiddordeb i Bertrand Russell oedd penolau merched y pentre. Peidiwch â gofyn i *mi* gefnogi'r cynnig i sefydlu Cadair i anrhydeddu'r mwlsyn ansensitif.'

Ysgubodd ton o syndod drwy'r Neuadd Fawr, a synhwyrodd Idris fod hyd yn oed y rhai a wrthwynebai'r cynnig wedi eu hysgwyd gan ffyrnigrwydd ymosodiad Delyth. Cynheswyd ei galon fwyfwy wrth glywed Betsi'n murmur, 'Da iawn, Delyth fach.'

Gwelwyd y mynyddaidd Theomemphus Jones yn codi ar ei draed drwy ganol y cynnwrf. 'Madam Canghellor. Rwy am ddatgysylltu fy hun yn llwyr oddi wrth syniadau'r siaradwr ola. Rwyf yn erbyn sefydlu'r Gadair newydd, ond mae fy ngwrthwynebiad wedi'i seilio ar asesiad rhesymegol o anghenion y Brifysgol 'ma. Gobeithio y bydd penderfyniad y Llys yn y mater yma wedi ei seilio ar yr un math o asesiad, ac nid ar ffrwydradau emosiynol gwarthus o'r math o glywsom.' Gwgodd Theomemphus i gyfeiriad Delyth, ac eisteddodd.

Cododd Samlet Rhys, arlunydd enwocaf Cymru. Ymddangosai Samlet fel ailymgorfforiad o D.J.Williams, neu fel rhyw Samuel Pickwick Cymreig: byr, rownd, pen moel, llygaid bach bywiog, sbectol ar flaen ei drwyn, gwên serchus, a siwt o frethyn cartref; delwedd gyfan gwbl groes i'r hyn a ddisgwylid wrth i rywun feddwl am artist. 'Madam Canghellor,' meddai, a'i lais mor siriol â'i wynepryd. 'Falle y bydd o ddiddordeb i'r Llys gael gwybod am gais a gefais yn ddiweddar, cais gan yr Athro Dominic Nash i mi beintio ei lun. Lan â fi i Gaergrawnt felly i gael sgwrs ag e yn gynta cyn penderfynu; a sgwrs fach ddiddorol iawn oedd hi hefyd, a dweud y gwir. Bwrdwn 'i sylwadau oedd hyn: pe bai'r Brifysgol yma yn derbyn ei gynnig i ariannu Cadair Athroniaeth newydd, fe fyddai yntau'n cyflwyno i'r Brifysgol y darlun ohono'i hun yr oedd am i mi ei beintio, gan obeithio y câi'r darlun ei arddangos mewn lle amlwg—yn y Neuadd yma o bosib. Fe aeth ymlaen wedyn i wneud awgrym go anghyffredin. Mae'n amheus gen i a wnaed y fath awgrym i unrhyw arlunydd arall yn holl hanes arlunio yn Ewrob.' Oedodd Samlet, a'i olygon yn crwydro'n hamddenol dros ei gynulleidfa ddisgwylgar.

Pwysodd Idris at Betsi. 'Oes syniad gen ti am yr hyn sydd i ddod?'

Ysgwydodd Betsi ei phen. 'Rwy'n barod i gredu unrhyw beth am Dominic Nash.'

Torrodd Hafina ar draws y dyfalu. 'Rwy'n mawr hyderu, Mr Rhys, fod yr awgrym yma yn ddigon gweddus i'w ddatgelu i'r Llys? Oes 'na beryg y bydd yn tramgwyddo yn erbyn fy nghlustiau i?'

Gwenodd Samlet arni. 'Yn ôl pob sôn, mae clustiau esgobol yn rhai gwydn iawn.'

'Ac mae angen gwydnwch i wrando ar yr awgrym 'ma?'

'Fe gewch farnu drosoch eich hun, Madam Canghellor,' meddai Samlet. 'Roedd yr Athro Nash eisoes wedi addo swm sylweddol o arian i mi am dderbyn y comisiwn. Yn awr fe aeth yn ei flaen i gynnig swm ychwanegol i mi pe bawn yn fodlon gweithio dan amodau arbennig.' Tynnodd Samlet ei hances allan o'i boced, a sychu ei sbectol yn ofalus. Roedd yn amlwg yn mwynhau'r tensiwn disgwylgar a synhwyrai yn y gynulleidfa. 'Nawr peth cwbl gyffredin,' meddai Samlet, 'yw i arlunydd beintio darlun o ddyn neu ddynes noethlymun; ond peth cwbl anghyffredin fyddai i'r arlunydd fod yn noethlymun, a goddrych y darlun wedi ei wisgo'n barchus . . . Ond dyna oedd awgrym yr Athro Dominic Nash.'

Rhwygwyd y cyfarfod gan storm o chwerthin.

'Nefi blŵ,' meddai Betsi. 'Sôn am adael y gath allan

o'r cwd. Mae honna wedi neidio allan i gyfeiliant utgyrn.'

'Mae Samlet yn troedio tir peryglus,' meddai Idris, 'os nad oes ganddo brawf o'r stori 'na.'

'Celwydd!' gwaeddodd Gwydion Emanuel, gan neidio i fyny a throi i wynebu'r gynulleidfa. 'Celwydd noeth!' Yna, ac yntau'n amlwg sylweddoli y gallasai fod wedi geirio'i deimladau'n ddoethach, brysiodd i gywiro pethau. 'Celwydd gwarthus. Celwydd cywilyddus. Cwbl ddi-sail. Ydi Mr Samlet Rhys yn sylweddoli'r hyn mae e wedi'i gyflawni, Madam Canghellor? Enllib. Rwy'n meddwl, Madam Canghellor, y dylid ei orfodi i dynnu'i eiriau'n ôl ar unwaith. Er ei fwyn ei hun, heb sôn am enw da y Llys yma.' A'i wyneb yn fflamgoch, llithrodd Gwydion yn ôl at ei sedd.

Edrychodd Hafina ar Samlet. Roedd hwnnw'n dal ar ei draed ac yn ymddangos yn gwbl dawel ei feddwl.

'Wel, Mr Rhys,' meddai Hafina, 'mae'n debyg fod enw da y Llys yma yn eich dwylo chi.'

'Ac yn hollol ddiogel felly,' meddai Samlet. 'Mi fedra i brofi pob gair o'r hyn ddwedais i am Dominic Nash.'

'Na fedrwch,' bloeddiodd Gwydion o'i sedd. 'Amhosib.'

'Diar mi,' meddai Samlet, a'i lais yn fwyn. 'Mae'n gas gen i weld Mr Emanuel mewn cyflwr mor ingol o anhapus, ond . . .'

'Profwch eich celwyddau,' gwaeddodd Gwydion drachefn.

'Wel,' meddai Samlet, 'fisoedd cyn i mi gwrdd â Dominic Nash, roeddwn i wedi clywed sibrydion am 'i gymeriad. Felly, i amddiffyn fy enw da rhag unrhyw beryglon a allai ddeillio o dueddiadau amheus yr Athro, pan es i i'w gyfarfod yng Nghaergrawnt roeddwn i wedi cuddio dyfais recordio bychan yn fy nghôt. O ganlyniad, mae pob gair o'r ymgom a gawsom wedi ei sicrhau a'i ddiogelu i'r dyfodol—awgrymiadau diddorol yr Athro, yn ogystal â'm hadwaith cynddeiriog i.'

Cododd seiniau o fwynhad tawel o Lys Llywod-
raethwyr y Brifysgol, a phawb yn amlwg yn ddedwydd
wrth feddwl fod geiriau hanesyddol Dominic Nash ar
gof a chadw. Sylwodd Idris ar Talfryn Teifi yn sefyll ar ei
draed yn amyneddgar ac yn ceiso dal llygad y Cang-
hellor.

'Ie, Mr Teifi,' meddai Hafina. 'Peth braf fyddai cael
sylwadau cerddor o fri ar y mater cythryblus yma.'

'Wel, Madam Canghellor,' meddai Talfryn, 'rwy'n
edmygydd mawr o Samlet Rhys, ac yn ei gyfri'n
arlunydd disglair—y disgleiriaf, yn wir, a gynhyrchwyd
erioed gan Gymru. A dweud y gwir, mae e wedi peintio
darlun ohona i. Ond ga i frysio i ychwanegu nad oedd e
wedi diosg yr un dilledyn oddi ar ei gorff pan oeddwn i'n
cael fy anfarwoli ar gynfas. Fel y clywson ni, mae 'i
storiau yr un mor ddiddorol a'i ddarluniau. Rwyf wedi
mwynhau yr hanesyn bach yna am Dominic Nash. Yn
wir, o edrych yn ôl ar y cyfarfod yma, falle y gwelwn
mai'r stori yna oedd y trobwynt, y ffactor a ddylan-
wadodd fwyaf arnom wrth i ni wneud ein penderfyniad.
Ond tybed a ddylen ni roi cymaint o bwysigrwydd i'r
stori?' Edrychodd Talfryn o'i amgylch a'i lygaid mawr
tywyll yn herio'r gynulleidfa. 'Ai doethineb yw gwrthod
anrheg gwerthfawr am fod y rhoddwr yn od? Amddifadu
ein hunain, cosbi ein hunain, oherwydd arferion bach
rhyfedd Dominic Nash? Tybed? Madam Canghellor,
rwy'n siarad fel cerddor—dyna oedd eich dymuniad chi.
Nawr os ydi cyfansoddwr yn cynhyrchu cerddoriaeth
odidog, pa ots gen i am 'i ffaeleddau bach personol? Fy
mraint i a'm pleser i yw mwynhau yr hyn sy ganddo i'w
roi i'r byd. Rwy'n hoff iawn o ogoniant y gorchestwaith
mawr hwnnw, y War Requiem gan Benjamin Britten.
Gwrywgydiwr oedd Britten; ydi godidowgrwydd 'i gerdd-
oriaeth yn pylu o'r herwydd? Na, gyfeillion. Na, na, na!'
Oedodd Talfryn cyn mynd rhagddo. 'Benjamin Britten,
ynghyd â'i gariad, Peter Pears, oedd yn gyfrifol am

115

sefydlu a chynnal yr Aldeburgh Festival, a'u cyf-
raniadau i'r ŵyl honno'n llachar o nodedig drwy'r holl
fyd. Byddwn fawrfrydig, gyfeillion. Gwae ni pe syrthiwn
i'r un pydew o falais a lyncodd William Walton, y cyfan-
soddwr bach cenfigennus hwnnw a gyfeiriodd at yr
Aldeburgh Festival fel yr Alderbugger Festival. Gwae ni!
Wrth gwrs, dw i ddim yn honni am un foment fod rhodd-
ion Dominic Nash i'r byd yn yr un cynghrair â rhoddion
Benjamin Britten. Ond mae'r egwyddor yn dal. Dewch i
ni dderbyn yr hyn sy gan Dominic Nash i'w gynnig, a'i
ddefnyddio er lles y Brifysgol ac er lles ein gwlad. Rwy'n
hynod o falch fod Samlet Rhys, yn ystod 'i ymweliad â
Chaergrawnt, wedi gwrthod diosg 'i ddillad; ond Madam
Canghellor, mae'n llawn mor bwysig i ni beidio â diosg
ein synnwyr cyffredin.' Eisteddodd Talfryn, a'i wallt
du—wedi ei iro â saim—yn pelydru.

'Araith fach bert iawn,' meddai Betsi. ''Dw i ddim yn
cytuno â Talfryn, ond fe gyflwynodd 'i bwynt yn
effeithiol dros ben.'

'Madam Canghellor.' Tro Horatio Gwent yn awr i
annerch y Llys. Horatio oedd arweinydd y fintai fechan o
Aelodau Llafur yn y Senedd. Dyn bach, seimllyd a
sarrug yr olwg oedd Horatio. Rhythai'n fygythiol ar
Hafina. *Perhaps I may be allowed to say a few words . . .*'

'Cewch, ond nid yn yr iaith Saesneg,' meddai Hafina'n
llym. 'Ry'ch chi'n gwybod y rheolau, Mr Gwent.
Cymraeg yw iaith y Brifysgol yma a Chymraeg fydd
cyfrwng ein trafodaethau bob amser.'

'But I feel more comfortable in English.'

'Dim rhagor o Saesneg. Os yw'ch Cymraeg yn ddiffyg-
iol, gore po gyntaf y rhowch chi'r sylw dyladwy i'r
mater, a chodi'ch safon. Tan hynny, byddai cyfnod o
fudandod ar eich rhan yn llesol iawn i'ch delwedd.'

'Fi am gwneud pwynt,' meddai Horatio'n styfnig. 'Fi
am dweud,' meddai Horatio 'bod y Labour Party yn
cweit pendant y dyle'r University yma acseptio cynnig

Professor Nash ac establisho Chair of Philosophy newydd. Fi'n meddwl yn cryf iawn bod y . . . y . . . yr advantages o gwneud hyn yn mawr iawn.' Eisteddodd Horatio yn fuddugoliaethus, gan gredu, mae'n siwr, i'w gyfraniad brofi'n rymus tu hwnt.

Cyn i ben-ôl Horatio gyffwrdd â'i sedd, roedd Betsi Prysor ar ei thraed, ac Idris yn synhwyro'r gynddaredd a dywynnai ohoni. 'Madam Canghellor. Dyma'r tro cyntaf i mi fod mewn cyfarfod o'r Llys yma, ac mae bron yn amhosib i mi fynegi'r cynnwrf yn fy enaid wrth glywed Cymraeg gwarthus Horatio Gwent. Mae safon ei iaith wedi llygru'n gweithgareddau. Mae'r Brifysgol yma i fod yn un o gadarnleoedd yr iaith Gymraeg, ond fe deimlais i'n gorfforol sâl wrth glywed geirfa arswydus Mr Gwent. Rwyf am brotestio yn y modd cryfaf posib. Fe ddylai'r Llys yma, drwyddoch chi, Madam Canghellor, wneud un peth yn gwbl glir i Horatio Gwent; sef os nad oes ganddo'r gallu na'r cwrteisi i feistroli'r iaith Gymraeg, fe ddylai gadw draw o'n cyfarfodydd. Mae lle i'w deip yn y Blaid Lafur, debyg iawn; ond mae'n anhraethol bwysig i'r Llys yma warchod ei safonau uchel a'i enw da, ac amddiffyn ei hun rhag y dafodiaith fwngrelaidd ry'n ni newydd ei chlywed.' A'i llygaid yn fflachio a'i hwyneb yn rhyfelgar goch, eisteddodd Betsi.

'Llongyfarchiadau, Betsi,' meddai Idris gan fwynhau'r gymeradwyaeth frwd a ffrwydrai drwy'r neuadd. 'Daeargryn o araith. Rwyt ti wedi claddu'r Blaid Lafur Gymraeg.'

Roedd Megan Meredudd yn awr ar ei thraed. Safai Llywydd Mrched y Wawr yn gadarn, a'i chorff byr yn sgwaru i'r frwydr. 'Madam Canghellor. Mae'r Llys yma'n ddyledus tu hwnt i Miss Betsi Prysor am 'i chyfraniad pwerus ac amserol. Fe deimlais inne hefyd, fel y teimlodd hithau, yn gyfoglyd wrth wrando ar y seiniau dychrynllyd a ddaeth o wefusau Horatio Gwent. Dw i ddim yn siwr pa greaduriaid sy waetha: Cymry sy'n cofleidio gwareiddiad estron a chefnu ar 'u gwreiddiau a'u mamiaith, neu Saeson twp fel Bertrand Russell sy'n dod i'n plith ni ac sy'n ystyried ein diwylliant fel rhyw-beth nad yw'n teilyngu'r sylw lleiaf. Ga i ddweud wrth y Llys yma yn ddi-flewyn-ar-dafod fod y ddau gategori yn haeddu'r dirmyg ffyrnicaf; pobol anwaraidd ydyn nhw, pobol anniwylliedig, pobol a'u hymennydd yn ddiffygiol a'u datblygiad meddyliol ac emosiynol wedi ei atal yn gynnar. Felly cadwn ein hunan-barch a thaflu allan y cynnig i sefydlu Cadair Athroniaeth Bertrand Russell. Ac am y rhai ohonoch chi a fu'n fflyrtio â'r syniad o dder-byn y cynnig, wel, erbyn hyn, rwy'n berffaith siwr eich bod chi wedi diflasu nid yn unig ar enw'r Gadair, ond hefyd ar rai o'r bobol sydd o'i phlaid.'

'Fi'n protesto.' Neidiodd Horatio Gwent ar ei draed, a'i wyneb sarrug yn fwrlwm o ddicter sosialaidd. 'Fi'n protesto yn erbyn y *personal insults* fi wedi cael . . .'

'Mr Gwent,' torrodd Hafina ar ei draws. 'Rwy'n siwr y gwnewch chi fwy o niwed nag o les i'ch achos drwy barhau i siarad.'

'Fi'n dimando apology!'

'Yr unig un ddylai ymddiheuro yw Horatio Gwent,' meddai Megan, yn dal ar ei thraed. 'Ymddiheuro am safon echrydus 'i Gymraeg. Ond gallwn ddiolch iddo am un peth. Drwy ddefnyddio geirfa mor garpiog, mae e wedi niweidio'i ddadleuon tu hwnt i bob adferiad. Roedd cyflwr 'i ddadl yn ddigon bregus cyn iddo agor 'i geg; yn awr mae'r ddadl honno'n deilchion!' A chan daflu golwg ar Horatio, dychwelodd Megan i'w sedd.

'Falle, Mr Gwent,' meddai Hafina, 'mai doeth fyddai i chi eistedd i lawr a chyfeirio eich meddyliau at bethe tawel a thangnefeddus er mwyn eich adfeddiannu eich hun.'

Ildiodd Horatio mewn tymer ddrwg.

'Tybed,' meddai Hafina, 'a hoffai'r Prifathro roi ei

sylwadau i ni?'

'Diolch, Madam Canghellor,' meddai Trefor Cilgerran, gan wthio'i wallt yn rhamantus yn ôl o'i lygad chwith. 'Mi siarada i'n blaen. Os yw enw Bertrand Russell ynghlwm wrth y Gadair newydd, gwell gen i fod heb y Gadair. Rwy'n cytuno'n llwyr â dadl Miss Delyth Pumlumon, cynrychiolydd ein myfyrwyr, ac yn ei llongyfarch hi ar ei huodledd. Yn yr un modd, rwy'n cymeradwyo pob gair a ddaeth o wefusau Miss Meredudd a Miss Prysor. Gobeithio, felly, y bydd y Llys yn penderfynu diolch yn rasol i'r Athro Dominic Nash am ei gynnig, ac yn gwrthod y cynnig yn foneddigaidd ond yn bendant.'

Cododd Horatio Gwent yn sydyn a rhuthro'n ffyrnig allan o'r neuadd. Dilynodd Gwydion Emanuel ef, er bod symudiadau hwnnw'n bertach o lawer nag ystumiau stormus Horatio.

'Diar mi,' meddai Hafina. 'Gobeithio nad ydynt wedi'u taro'n sal. A wel! Rhaid i waith y Llys fynd rhagddo. Os nad oes rhywun arall am fynegi barn, fe awn ymlaen at y bleidlais.' Oedodd Hafina am ennyd. 'Pawb felly sydd o blaid derbyn cynnig yr Athro Dominic Nash, wnewch chi ddangos drwy godi'ch dwylo?'

Dim cyffro o gwbl yn y Llys; neb yn codi llaw, neb yn siarad. Teimlai Idris fod grym arbennig yn perthyn i'r distawrwydd, cadarnhad tawel ond angerddol o Gymreictod y Llys.

'Pawb sydd o blaid gwrthod cynnig yr Athro Nash?' meddai Hafina.

Coedwig o ddwylo'n rhuthro i fyny, ond eto, neb yn siarad, a'r dwylo'n aros i fyny am gyfnod anghyffredin o hir, fel pe bai bwriad pendant a diwyro ymysg aelodau'r Llys i setlo'r mater unwaith ac am byth.

'Rhywun am ymatal rhag pleidleisio?' holodd Hafina.

Un llaw yn unig, sef llaw Talfryn Teifi, yn ymddangos.

'Dyna ni felly,' meddai Hafina. 'Mae'r cynnig wedi ei

wrthod, a Bertrand Russell a'i Gadair wedi eu hanfon i ebargofiant.'

Teimlai Idris—nid am y tro cyntaf yn ei fywyd—ysfa gref i siarad yn gyhoeddus. Cododd yn gyflym. 'Madam Canghellor. Cyn i chi gloi'r cyfarfod, tybed a wnewch chi ganiatáu i mi dalu teyrnged i aelod o'r Llys yma am gyflawni gweithred orchestol a hanesyddol?'

'Ewch ymlaen,' meddai Hafina. 'Mae hyn yn swnio'n ddiddorol.'

'Rwy'n cyfeirio,' meddai Idris, 'at fuddugoliaeth Merched y Wawr dros y *Grenadier Guards*—milwyr wedi'u harfogi â'r drylliau mwya modern a'r acenion mwya snobyddlyd. Fe ges i'r fraint o fod yno'n gweld y cyfan. Pennaeth Merched y Wawr ar faes y gad oedd Megan Meredudd, cadfridog benigamp a thactegydd athrylithgar tu hwnt. Mae'r modd yr achubodd hi'r gromlech enwog rhag y gelyn yn crisialu'r dadeni Celtaidd sy'n awr yn ysgubo dros Ewrob gan wthio'r Sacsoniaid o'r neilltu. Mae Miss Meredudd yn haeddu'r clod a'r anrhydedd uchaf.' Wedi i'r curo dwylo ostegu, aeth Idris yn ei flaen. 'Hoffwn gyfeirio hefyd at gyfraniad Canghellor y Brifysgol yma i'r fuddugoliaeth fawr ym Mhentre Ifan. Profiad gwefreiddiol oedd gweld Esgob ar ei hyd ar ben cofadail Neolithig, sbiendrych wrth ei llygaid a gwên unigryw ar ei hwyneb. Madam Canghellor, ga i awgrymu y dylai'r Brifysgol yma gomisiynu Samlet Rhys i beintio darlun enfawr o'r fuddugoliaeth ddramatig, darlun a fydd yn cynnwys y prif gymeriadau, a'r darlun i'w hongian wedyn yn y Neuadd yma.'

Cafwyd cymeradwyaeth frwd a chynnes i'r syniad.

'Dw i ddim yn siwr,' meddai Hafina'n serchus, 'yr hoffwn i weld fy hun yn gorwedd ar ben cromlech bob tro y bydda i'n dod yma i lywyddu cyfarfod o'r Llys. Beth bynnag am hynny, mae'n agored i'r Archdderwydd godi'r mater yn y cyfarfod nesa. Ond dyna'r cyfan am

heddi. Diolch i chi gyd am eich presenoldeb ac yn arben-
nig am eich penderfyniad doeth.'

PENNOD 10

EISTEDDAI'R Arglwydd Oliver Singleton-Jones, Ysgrifen-
nydd Amddiffyn Lloegr, yn anesmwyth yn ystafell aros
Swyddfa Prif Weinidog Cymru. Aethai blwyddyn heibio
ers iddo fod yn yr un ystafell o'r blaen. Cofiai yn awr am
ei deimladau y prynhawn hwnnw wrth weld y cartŵn
gwarthus hwnnw yn *Y Faner* yn portreadu Delyth
Pumlumon yn poeri'n ddeheuig at y Field-Marshal
Montgomery. Gorweddai copi cyfredol *Y Faner* ar ford
goffi wrth ei ymyl. Roedd ar fin cydio ynddo pan ddaeth
Megan Meredudd i mewn. Roedd ei hymarweddiad yr
un mor serchus ag erioed, a'r un rhywioldeb cyffrous yn
dal i hofran o'i chwmpas. Wrth ei gweld am y tro cyntaf,
anodd fyddai i unrhyw un gredu mai hon oedd un o'r
menywod clyfra a mwya cyfrwys yng Nghymru. Anodd
credu hyd yn oed nawr fod y pen-ôl siapus yna wedi
chwarae rhan allweddol yn y cynllwyn i gipio llysgennad
Lloegr a'i gaethiwo yng Nghwmtwrch Uchaf. Diolch i'r
drefn, llwyddwyd i gadw'r holl beth yn gyfrinachol; ond
am ba hyd?

'A! Yr Arglwydd Singleton-Jones. Mae'n bleser o'r
mwya eich gweld chi eto. A chithe wedi'ch dyrchafu mor
syfrdanol o sydyn ers i ni gwrdd â'n gilydd y tro
diwethaf.'

'Prynhawn da, Miss Meredudd,' meddai Oliver yn
ddigon diserch.

'Beth am ddisgled o de?'

'Dim diolch.'

'Na, wrth gwrs. Mae peryg i mi osod rhywbeth sinistr
yn y te a'ch dwyn chi draw i Gwmtwrch eto.'

'Mae herwgipio'n dod yn hawdd i Ferched y Wawr, Miss Meredudd. Fe ddylech newid enw'r mudiad i 'Merched y Diawl'.'

'Go dda, Arglwydd Singleton-Jones. Ry'ch chi wedi meithrin synnwyr digrifwch, ac mae'n eich siwtio chi. Defnyddiwch e'n amlach, yn enwedig yn eich areithiau yn Nhŷ'r Arglwyddi. Buasai ambell jôc wedi bywiogi eich perfformiad yno ddoe. Fe welais i'r cyfan ar y teledu. Ry'ch chi'n llawer rhy ddifrifol. Mae cyffyrddiad o ffraethineb yn fwy effeithiol na rhes o ystadegau.'

'Diolch i chi am eich cyngor,' meddai Oliver yn wawdlyd. 'Fe ddaw'n handi pan fydd popeth arall wedi methu.'

'Ydych chi'n berffaith siwr na hoffech chi ddisgled o de? Fe wnâi ddaioni i'ch nerfau chi.'

'Does dim o'i le ar fy nerfau.'

'Na?' Eisteddodd Megan yn y gadair esmwyth wrth ymyl ei gadair ef. 'Gyda llaw, fyddech chi'n fodlon i mi'ch galw chi'n "Arglwydd Oliver"? Mae'r "Singleton-Jones" yna'n ormod o lond ceg.'

'Fel mynnwch chi.' Edrychodd Oliver ar ei wats. 'Fydd y Prif Weinidog yn hir?'

'Mae hi'n siarad ar y ffôn â Llywydd Cynulliad Ewrob. Mae hwnnw angen 'i chyngor hi ynglŷn â'r ffordd orau i lunio a chyflwyno Deddf Erthylu i'r Cynulliad. Fel y gwyddoch chi, mae Cymru yn cael 'i chyfri yn un o'r gwledydd mwya goleuedig yn y mater, ac yn sicr, hi yw'r wlad garedicaf ei hagwedd tuag at hawliau merched a gwragedd. A sôn am wragedd, ry'ch chi'n dal yn ddibriod, on'd y'ch chi?'

Nodiodd Oliver.

'Rwy'n synnu,' meddai Megan, 'a chithe'n ddyn mor ddeniadol yng ngolwg menywod—fel y gŵyr pawb yng Nghymru.'

'Beth y'ch chi'n feddwl?'

'A! Dy'ch chi ddim wedi darllen y golofn glecs yn *Y*

Faner yr wythnos yma.'

'Newydd deithio o Lundain ydw i,' meddai Oliver, gan fethu'n lân a chuddio'r pryder yn ei lais.

'Wrth gwrs. Wel, mae 'na baragraff diddorol dros ben amdanoch chi. Edrychwch arno.' Pwyntiodd at *Y Faner*. 'Tudalen saith.'

Cydiodd Oliver yn y cylchgrawn a chwilio am y dudalen. Gwelodd golofn mewn print bras dan y pennawd *CLECS Y CRACHACH*. A'i lygaid hanner ffordd i lawr y golofn, neidiodd y paragraff ato:

> *Bydd o ddiddordeb mawr i'n darllenwyr wybod mai'r Arglwydd Oliver Singleton-Jones, a fu gynt yn llysgennad Lloegr yng Nghymru ac sy'n awr yn Ysgrifennydd Amddiffyn y llywodraeth Seisnig, yw cydymaith agosaf yr Arglwyddes Annabel Upton-Cleeves, merch Dug a Duges Caergaint. Mae Annabel yn eneth fywiog a nwyfus tu hwnt, yn ffoli ar geffylau, ac wedi ennill sawl ras ffos a pherth. Ond ni chyfyngir ei gweithgaredd corfforol a'i champau lysti i geffylau'n unig. Mae ei chyfeillgarwch mynwesol â'r Arglwydd Oliver yn brawf fod egni rhyfeddol y gŵr hwnnw, egni a ddatgelodd i sawl ffrind agos yng Nghymru, yn dal yr un mor syfrdanol. Yn y mater yma, o leiaf, mae dynion Cymru yn codi eu hetiau i'r Arglwydd Oliver.'*

'Mae hwn yn warthus,' ffrwydrodd Oliver. 'Pwy sy'n gyfrifol am y golofn enllibus 'ma?'

'Enllibus? Nonsens. Does 'na ddim byd enllibus yno. Mae'r paragraff yn eich canmol chi. Yn uchel iawn hefyd. Byddai sawl dyn yn hoffi cael ei ddisgrifio yn y modd yna.' Daeth sŵn cloch drydan dawel o rywle. 'A! Mae'r Prif Weinidog yn barod amdanoch chi.' Cododd Megan. 'Awn ni felly?'

Fel o'r blaen, agorodd Megan y drws iddo, a'i arwain i mewn i gyntedd swyddfa'r Prif Weinidog. Cnociodd ar ddrws y swyddfa a sefyll o'r neilltu i Oliver fynd i mewn.

'A! Yr Arglwydd Singleton-Jones.' Estynnodd Catrin Penri ei llaw iddo dros ei desg, a chyfeirio at un o'r cadeiriau esmwyth lledr. 'Gwnewch eich hun yn gyffyrddus. Gawsoch chi daith hwylus o Lundain? Roeddech chi'n ddoeth iawn i dderbyn fy nghyngor a dod yn eich car yn hytrach nag yn eich hofrennydd—mae'r rheini'n bethe mor swnllyd, mor barod i ddatgan 'u presenoldeb, dy'ch chi ddim yn meddwl?'

Wrth iddo setlo yn ei gadair, teimlai Oliver yn ymwybodol unwaith eto o'r llygaid mawr gloyw yn syllu'n ddiwyro arno o'r wyneb gwelw, clasurol. 'Mae hofrenyddion yn swnllyd, rwy'n cytuno, ond yn ddefnyddiol iawn i fynd yn gyflym o un lle i'r llall.'

'Ond fel y dwedais wrthych ar y ffôn, mae'n gas gan bobol Aberystwyth weld a chlywed peiriannau milwrol yn cnecian uwchben 'u tre nhw. Dyna pam rwy'n gwerthfawrogi'r ffaith eich bod wedi teithio yma mewn car. Ry'ch chi'n esiampl o Ysgrifennydd Amddiffyn, Arglwydd. Mor sensitif i deimladau gwledydd eraill. Ac mor wahanol felly i'ch rhagflaenydd. Beth mae *e'n* ei wneud y dyddiau hyn? Mae'n dal i fod yn Aelod Seneddol, wrth gwrs?'

'O ydi. Ac mae 'na deimlad cryf yn 'i etholaeth fod Auberon Quayle wedi cael cam—wedi ei drin yn llawer rhy greulon gan y Prif Weinidog. Mae ei etholaeth yn methu â deall pam y cafodd ei ddiswyddo ac yntau'n euog o ddim mwy nag ambell air miniog am y Cymry.'

'Diar mi! Mae Toriaid Berkshire yn arswydus o dwp, on'd y'n nhw? Mae gen i ddamcaniaeth fod *Intelligence Quotient* y Saeson sy'n byw yn yr *Home Counties* a'r *Stockbroker Belt* yn llawer is nag *I.Q.* y gweddill o bobol Lloegr. Da o beth fyddai i Brifysgol Cymru anfon tîm o ymchwilwyr i'r rhanbarth honno i gynnal profion seicolegol. Byddai'r canlyniadau'n ddiddorol dros ben. Y tro nesa y gwela i Trefor Cilgerran . . .'

'Brif Weinidog! Gawn ni ddod at bwrpas y cyfarfod 'ma? Mae f'amser yn brin; rhaid i mi ddychwelyd i Lun dain heno.'

'Wrth gwrs. Mae gennych gyfarfod â Gweinidog Amddiffyn Ffrainc heno, on'd oes? Ynglŷn â'r sgarmes fach 'na rhwng milwyr Lloegr a Ffrainc yn y Twnel. Peth anffortunus iawn . . . Mae'r Ffrancod mor gyflym i golli'u tymer . . . Trueni mawr eu bod wedi ymateb mor sydyn pan gawsant eu galw'n *garlic-sucking Wogs* gan y Saeson . . .'

'Brif Weinidog! Gawn ni . . .'

'O ie. Pwrpas ein cyfarfod. Wel, fel y dwedais i wrthych chi dros y ffôn, rwy'n teimlo braidd yn ddig ynghylch ymddygiad llugoer eich Llywodraeth tuag at yr iaith Gernyweg. A phan glywais fod eich Ysgrifennydd Addysg wedi gwrthod yn bendant â rhoi caniatâd i sefydlu ysgolion dwyieithog yng Nghernyw . . .'

'Be sydd â wnelo hyn â *mi?*' protestiodd Oliver. 'Does gen *i* ddim cyfrifoldeb dros Addysg! A chyda phob parch i chi, Brif Weinidog, pa hawl sy gan Gymru i ymyrryd?'

'Dewch nawr, Arglwydd Singleton-Jones! Celtiaid yw pobol Cernyw, nid Saeson. Maen nhw'n perthyn yn agos i'r Cymry. Ac o'r herwydd, fedrwn ni ddim gadael iddyn nhw gael cam.'

Ceisiodd Oliver guddio ei gynddaredd. Blydi haerllug-rwydd y fenyw!

'Cywirwch fi os ydw i'n anghywir,' meddai Catrin, 'ond bu Cymdeithas yr Iaith Gernyweg yn ymgyrchu'n ddiweddar dros sefydlu ysgol ddwyieithog mewn adeilad gwag ar gyrion Penzance. Ac o fewn amser byr iawn, fe ddarganfu eich Adran chi fod yna angen sydyn i'r union adeilad hwnnw gael ei ddefnyddio fel canolfan i Uned Commando. Drannoeth y penderfyniad, dyma'r Uned yn symud i mewn i'r adeilad a gosod ffens wifren bigog o amgylch y lle. Rwy'n cael ar ddeall fod yr adeilad wedi ei addasu a'i adnewyddu'n gyflym iawn ar gyfer y milwyr.

Ddydd Mawrth diwetha, pan gafodd yr ymgyrchwyr y fraint o gael cyfweliad â'r *Commanding Officer* yn 'i swyddfa yno, fe ddwedodd hwnnw ei bod yn hen bryd iddynt gallio, gosod pethe plentynnaidd o'r neilltu ac ymuno â'r unfed ganrif ar hugain; ac a fyddent gystal â chau'r drws ar eu holau wrth iddynt fynd allan . . . ?'

Synnwyd Oliver gan gywirdeb yr adroddiad.

'Nawr, peth hawdd iawn fyddai i mi berswadio'r Cynghrair Celtaidd i godi'r mater yng Nghynhadledd Ewrob,' meddai Catrin, 'a does dim angen i mi'ch atgoffa chi am rym y Celtiaid yn y Gynhadledd, heb sôn am rym a dylanwad Cymru. Fe achosai'r holl beth dipyn o embaras i chi fel y Gweinidog â'r cyfrifoldeb uniongyrchol am ddanfon y milwyr i mewn i'r adeilad 'na. Llawer gwell fyddai i ni'n dau setlo'r mater yn dawel rhyngom ni y prynhawn 'ma, a chithe wedyn i ddychwelyd i Lundain a sicrhau bod eich milwyr yn ymadael â'r adeilad o fewn yr wythnos neu ddwy nesa. Yna, beth am gael gair â'ch Ysgrifennydd Addysg, ac awgrymu mai trueni fyddai gwastraffu adeilad newydd ei adnewyddu, sy'n awr mewn cyflwr godidog i fod yn gartre i'r Ysgol Ddwyieithog gyntaf yng Nghernyw?'

'Mae hyn yn hollol wirion,' meddai Oliver. 'Fedra i ddim dylanwadu i'r graddau yna ar yr Ysgrifennydd Addysg.'

'O, peidiwch â bychanu'ch hun, Arglwydd Singleton-Jones. Rwy'n siwr y medrwch chi weithio pethe'n bert iawn, ond i chi fynd ati o ddifri. Ydych chi'n gyfarwydd â'r llinellau 'na o waith Robert Browning?

To find out what you cannot do,
And then to go and do it—
There lies the golden rule.'

'Amhosib! Cwbl amhosib!' gwaeddodd Oliver. 'Fedra i ddim gwneud yr hyn ry'ch chi'n 'i ofyn. A dyw taflu talpau o farddoniaeth ata i ddim yn mynd i newid y sefyllfa.'

'Tybed,' meddai Catrin yn feddylgar, 'a fyddai cael sgwrs fach â'n Hysgrifennydd Addysg *ni* yn help i chi newid eich meddwl . . .'

'Wnaiff hynny ddim tamaid o wahaniaeth. Pwy bynnag yw e, a pha mor huawdl bynnag yw e, gwastraffu'i anadl fydd e. Rwy'n gwbl gadarn yn y mater. Ac os daw hi i hynny, mi fydda i'n barod i ddadlau fy achos gerbron y Gynhadledd Ewropeaidd.'

Gwasgodd Catrin fotwm ar ei desg a siarad i mewn i feicroffon bychan. 'Megan, wnewch chi ofyn i'r Ysgrifennydd Addysg ddod i mewn, os gwelwch yn dda?' Yna pwysodd yn ôl yn ei chadair. 'Gyda llaw, mae 'na eitem fach ddiddorol amdanoch chi yn *Y Faner*. Diddorol iawn.'

'Hoffwn i wybod pwy sy'n ysgrifennu'r fath rwtsh.'

'Dy'ch chi ddim yn gwybod? Wel, wel! Mae'r colofnydd yn enwog trwy Gymru gyfan. Neb llai na Delyth Pumlumon. Ers iddi ddechrau ysgrifennu'r golofn, mae gwerthiant *Y Faner* wedi treblu. Ac yn fwy na hynny . . .' Cnoc ar y drws. 'A, ein Hysgrifennydd Addysg newydd, mae'n siwr; ychwanegiad disglair at y Cabinet. Dewch i mewn!'

Agorwyd y drws. Bu bron i Oliver neidio allan o'i gadair, oherwydd yno safai Betsi Prysor. Gwyddai Oliver iddi gael ei hethol yn Aelod Seneddol, ond . . .

'A, Betsi! Dewch i gwrdd â'r Arglwydd Singleton-Jones,' meddai Catrin. 'Ond ry'ch chi'ch dau wedi cyfarfod â'ch gilydd o'r blaen, wrth gwrs. Fe anghofiais i am funud . . .'

Cododd Oliver, a'i ymennydd yn chwyrlio. Estynnodd ei law'n wanllyd. Gafaelodd Betsi ynddi a'i dal am ysbaid anghysurus o hir.

'Ydyn, ry'n ni wedi cyfarfod,' meddai Betsi, 'ond cyn iddo gael 'i ddyrchafu'n Arglwydd.' Gwasgodd Betsi ei law. 'Dy'ch chi ddim wedi newid o gwbl, Arglwydd Oliver. Yn dal a rhyw rithyn o'r *Guards Officer* yn glynu wrthych a'r grym i ddenu llygaid y menywod.'

'Ry'ch chi'n garedig iawn,' meddai Oliver yn ddiflas reit.

'Mae'r Arglwydd Singleton-Jones a finne wedi bod yn trafod sefydlu ysgolion dwyieithog yng Nghernyw,' meddai Catrin. 'Testun sy'n agos iawn at dy galon di, Betsi.'

'Ydi, mae e.'

'Yn anffodus, dyw'r Arglwydd Singleton-Jones ddim yn gweld ei ffordd yn glir i helpu'r achos.'

'O, rwy'n siwr i fod e,' meddai Betsi. 'Ry'ch chi'n ddyn mor amryddawn, Arglwydd Oliver. Ac mor ymroddgar. Yn meddu ar gymaint o egni a dyfalbarhad. A finne'n gwybod hynny'n well na neb . . .' Dawnsiai amrannau hirion Betsi wrth iddi edrych arno.

'Mi adawa i chi'ch dau gyda'ch gilydd,' meddai Catrin. 'Gwna dy orau i geisio cael yr Arglwydd Singleton-Jones i newid 'i feddwl, Betsi.' Cododd Catrin a symud yn osgeiddig tuag at y drws.

Suddodd Oliver yn is yn ei gadair esmwyth.

'Wel, wel, wel,' meddai Betsi'n siriol. 'Rwy wedi bod yn edrych ymlaen at eich gweld unwaith eto. Afraid gofyn sut y treulioch chi'ch amser ers i ni ffarwelio â'n gilydd flwyddyn yn ôl . . . Buoch yn prysur godi yn y byd. Ond mi ddwedais i wrthoch chi bryd hynny, os cofiwch, am y dyrchafiad i Dŷ'r Arglwyddi ac am y Weinyddiaeth Amddiffyn. Ond mae un peth y methais ei ddarogan, sef y byddech chi'n mwynhau cwmni a ffafrau merched mor uchel 'u tras, merched dugiaid a ieirll a rhai ohonyn nhw'n arswydus o lysti yn ôl pob hanes. Diar mi, ry'ch chi *yn* clatsho arni! Ddydd a nos. Lwcus i chi gael gwersi gen i yn y llofft yng Nghwmtwrch . . . Bu'r cwrs hyfforddi yno o fudd mawr i chi, mae'n amlwg. Wedi'ch cryfhau chi ar gyfer anghenion y genethod aris-tocratig yna a'u harchwaeth anniwall. Ry'ch chi'n ddyledus i mi, Arglwydd Oliver Singleton-Jones. Beth am bleidlais o ddiolchgarwch?'

'Gwell peidio ag atgyfodi'r achlysur cywilyddus yna yn eich llofft,' meddai Oliver gan ofalu osgoi ei lygaid.

'Cywilyddus? Dewch nawr, Oliver bach. Does dim angen i chi gywilyddio. A dweud y gwir, roedd gen i lawer mwy o barch i chi ar ôl yr achlysur yna nag a oedd gen i cyn hynny. Felly codwch eich golygon. Dyw'r carped 'ma ddim yn haeddu archwiliad mor fanwl gennych chi . . . Edrychwch arna i! Rwy'n browd iawn ohonoch chi.'

Yn araf, cododd Oliver ei olygon. Roedd Betsi'n gwenu arno—ond y fath wên! Gwên na ddisgwyliai erioed ei gweld ar wyneb Ysgrifennydd Addysg . . .

'Dwedwch wrtha i am Annabel Upton-Cleeves,' meddai Betsi yn ei llais melysaf.

'Mae hyn yn wirion. Ar gais eich Prif Weinidog rwy wedi moduro'r holl ffordd o Lundain i drafod pwnc difrifol; dw i ddim yn bwriadu gwastraffu amser ar bethe bach amherthnasol . . .'

'Arglwydd Oliver! Dy'ch chi ddim yn ystyried yr Arglwyddes Annabel Upton-Cleeves yn beth bach amherthnasol, ydych chi? Does bosib. Mi fyddai hi'n ddig iawn pe bai hi'n eich clywed chi.'

'Ac mi fydd eich Prif Weinidog yn ddig iawn pan ddaw hi'n ôl a ninne heb gyffwrdd â'r mater yr oedd hi am i ni ei drafod.'

'O, mae Catrin a minne'n deall ein gilydd yn iawn. Ac mae'ch perthynas chi â'r Arglwyddes Annabel yn ffactor bwysig yn y sefyllfa. Ydych chi'n bwriadu 'i phriodi?'

'Nawr, edrychwch 'ma, Miss Prysor,' meddai Oliver yn gynddeiriog, 'nid eich busnes chi yw . . .'

'Defnyddiwch f'enw cynta i, Oliver bach. Mae "Miss Prysor" yn swnio'n llawer rhy ffurfiol; mae "Betsi" yn syrthio'n llawer mwy swynol ar y glust, ac yn fwy cyfeillgar hefyd, o gofio'r oriau llawen ac athletaidd a gawson ni gyda'n gilydd yng Nghwmtwrch.'

'Na! Dw i ddim am eich galw chi'n Betsi!' rhuodd Oliver.

'Diar, diar! Peidiwch â gwylltio fel 'na. O'r gore. Does dim rhaid i chi 'ngalw i'n "Betsi". "Miss Prysor" amdani felly . . .'

Teimlai Oliver ei bod hi'n chwarae ag ef, ac yntau'n ddim mwy na chrwt bach mewn tymer ddrwg yn ei golwg. Anadlodd yn ddwfn a cheisio ffrwyno ei dymer.

'Mi wna i fargen â chi,' meddai Betsi. 'Dwedwch wrtha i os y'ch chi am briodi'r Arglwyddes Annabel, ac yna fe awn ymlaen ar unwaith i drafod y sefyllfa yng Nghernyw. Rwy'n addo.'

'O'r gore!' meddai Oliver yn ymosodol o ffyrnig. 'Rwy *yn* mynd i briodi Annabel. Nawr, beth am droi at y mater arall?'

'Wel,' meddai Betsi'n dawel, 'os y'ch chi'n mynd i briodi Annabel, ry'ch chi hefyd yn mynd i roi'r adeilad 'na yn Penzance i'r bobol sy'n ymgyrchu dros addysg ddwyieithog, ac yn mynd i'w cefnogi nhw'n frwd. Eich breichiau o amgylch Annabel a'ch ysgwyddau'n cynnal yr iaith Gernyweg.'

Ysgwydodd Oliver ei ben. 'Rwyf eisoes wedi dweud wrth eich Prif Weinidog nad oes gen i unrhyw ddylanwad ar bolisi Addysg fy Llywodraeth . . .'

'Ond rhowch gynnig arni.'

'Na! Mae'n anghyfansoddiadol i unrhyw Weinidog geisio ymyrryd ym musnes Gweinidog arall.'

'Ond does gennych chi ddim dewis, Oliver bach.'

'Ddim dewis?'

Gafaelodd Betsi mewn amlen a orweddai ar ei harffed a phlygu ymlaen i rhoi'r amlen i Oliver. Synhwyrai hwnnw beth oedd y cynnwys cyn iddo'i weld. Plymiodd ei galon i'r dyfnderoedd wrth i'w law agor yr amlen a thynnu cyfres o ffotograffau lliwgar a dramatig allan ohoni. Ynddynt, roedd yr Arglwydd Oliver Singleton-Jones ar ei ddwylo a'i benliniau, heb ddim amdano ond crys a dici-bow a phâr o sannau, yn cropian o amgylch yr ystafell wely felltigedig yna yng Nghwmtwrch, a'r rhannau mwyaf preifat o'i gorff yn syfrdanol o amlwg, er gwaethaf ei ymdrechion ar y pryd i'w hamddiffyn rhag y camera.

'Os caiff y lluniau 'na'u cyhoeddi,' meddai Betsi, 'ynghyd â manylion eich cipio a'ch carcharu gan Ferched y Wawr, wel . . . Ta-ta i'ch gyrfa ddisglair. A ta-ta i Annabel Upton-Cleeves. Piti, yntê?' Croesodd ei choesau.

'Blacmêl!' gwaeddodd Oliver.

'Wrth gwrs. Ond yn enw achos clodwiw.'

Gwyddai Oliver ei fod wedi ei garcharu unwaith eto. Pa ddiben brwydro yn erbyn yr anochel? Pa ddiben rhuo'n gynddeiriog? Gwell fyddai iddo ymddwyn yn dawel ac urddasol fel y gwnâi'r *Coldstream Guards* mewn cyfyngder. 'Feddyliais i erioed y byddech chi'n suddo i'r fath bydew, Miss Prysor.' Roedd y straen o geisio rheoli'r cythrwfl yn ei enaid yn effeithio'n arw ar ei lais.

'Suddo er mwyn hedfan,' meddai hi. 'Wel, ry'n ni'n deall ein gilydd, on'd y'n ni?'

Syllodd Oliver arni heb ateb.

'Byddwch yn dychwelyd i Lundain fel dyn newydd,' meddai Betsi, 'a'ch calon ar dân dros gyfiawnder! Nid cyn Gyrnol o'r *Coldstream Guards* yn unig, ond Annwyl Gyrnol y Gernyweg yn ogystal.'

Hyd yn oed ar waetha'i bryderon, edmygai Oliver gyflymder ei meddwl a'i thafod. Llwyddodd i roi gwên fach wan iddi.

'Aha!' meddai Betsi. 'Mae'r wên yna'n cloi'r drafodaeth yn dawel a boneddigaidd iawn. Hoffech chi gadw'r lluniau 'na? Mae gen i ddigon o gopïau.'

Gwthiodd Oliver y lluniau'n ôl i'r amlen a'i hestyn i Betsi heb yngan yr un gair, gan obeithio fod y dirmyg mud ar ei wyneb yn siarad cyfrolau. 'Cystal i mi fynd,' meddai'n dawel. Cododd.

Cododd hithau. 'Oliver.'

A'i law ar fwlyn y drws, edrychodd Oliver arni dros ei ysgwydd.

'Mae 'na un peth bach arall,' meddai Betsi. 'Un ffafr fach y byddwn i'n hoffi ei chael gennych.'

'Ffafr?'

'Ga i wahoddiad i'ch priodas?'

Rhythodd Oliver arni. Roedd haerllugrwydd y fenyw'n ddiddiwedd. 'Gwahoddiad i'r briodas?'

'Ie. Mi fyddwn yn dwli bod yna. Beth amdani? Fedrwch chi ddim gwrthod, does bosib, a ni'n dau wedi bod mor agos?'

Gwingodd Oliver. Betsi Prysor yn ei briodas? Sôn am drychiolaeth yn y wledd . . . 'Fe gawn weld,' meddai'n amhendant iawn.

Cerddodd Betsi'n sionc tuag ato. 'Bydd y briodas yn achlysur bythgofiadwy. Un o Weinidogion galluoca Llywodraeth Lloegr yn priodi un o ferched mwya nwydwyllt y genedl.' Gwenodd arno a rhoi ei llaw ar ei fraich.

'Gwell i mi fynd,' meddai Oliver. 'Mae taith hir . . .'

Cyn iddo orffen y frawddeg hyrddiodd Betsi ei hun ato, a thaflu ei breichiau am ei wddf; llyfodd a chusanodd bob modfedd o'i wyneb yn ffyrnig a gorfoleddus nes peri i Oliver, dan rym yr ymosodiad sydyn, wegian yn ddiymadferth yn erbyn y drws.

O'r diwedd, trugarhaodd Betsi wrth yr Ysgrifennydd Amddiffyn. Llaciodd ei gafael arno. 'Dyna ni,' meddai a'i llygaid yn dawnsio. 'Jest rhywbeth bach i chi gofio amdana i.'

Rhuthrodd Oliver nerth ei draed allan o'r ystafell rhag iddo gael ei lyncu'n gyfan gwbl gan y Ddraig Goch o Gwmtwrch.

LEEDS AND ITS REGION

Edited by

M. W. BERESFORD

Professor of Economic History in the University of Leeds

and

G. R. J. JONES

Senior Lecturer in Geography in the University of Leeds

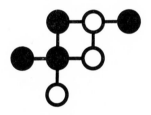

Published by the Leeds Local Executive Committee
of the British Association for the Advancement of Science

LEEDS 1967

Set in Monotype Perpetua 11 on 12 point

Printed in Great Britain by
E. J. ARNOLD & SON LIMITED   LEEDS
and published for the Leeds Local Executive of the British Association

Sale of copies to the public from:
Austick's Bookshops—Leeds
21 Blenheim Terrace, Leeds 2

EDITORS' PREFACE

This volume devoted to *Leeds and Its Region* is, like its predecessors, designed for two purposes. In the first place it is a gift from the hosts of the British Association Meeting to the members. The volume is produced by local editors and authors, locally selected. The financial and administrative responsibility falls wholly on the Local Executive Committee. In this respect the volume is a local guide, but ranging more widely than the usual guide-book and incorporating the results of scientific and other research.

But when the Meeting is over and the members disperse, it is hoped that the volume will continue to be useful in a second respect. For the members it will be a memento: but for a large number of readers, some of them far from Leeds, it will take its place alongside the volumes from previous Meetings as a work of reference.

The British Association met in Leeds in 1858, 1890 and 1927. In the latter year a small Handbook was produced, of the same format as the Excursions Guide. Some of the material in that volume is still consulted, and one of its authors, then plain Mr. Versey, now Professor Emeritus, is a contributor to the present volume and will be honoured at the Degree Ceremony which will accompany the inaugural meeting of 1967.

Since 1927 the annual Handbooks have grown in page size and in length. Each year, some of the contributions have been inevitably local (in the parochial and patriotic senses), and some of the material that was once topical is now seen as ephemeral: but, taken as a whole, the row of British Association *Surveys* on a library shelf makes up a reference work still of great utility to students of local British regions, whether field-scientists, geographers, historians or economists. In particular the standard set by Professor H. C. Darby's *Cambridge Region*, prepared for the Meeting of 1938, is one which all succeeding editors have to regard as an envious challenge.

Each volume is thus self-contained and yet a member of a lengthening series. As an acknowledgment of kinship and in response to a request from the Secretary of the British Association, the Leeds editors have agreed to give their volume a physical and typographical format as close as possible to that of *Nottingham and Its Region* edited by Professor K. C. Edwards, (1966).

The planning and writing of the volume have been more than normally haunted by the clock and calendar, since the date of the Leeds Meeting, originally intended to be 1968, was brought forward a year by a British Association decision taken in the autumn of 1965. The editors were appointed at the end of 1965 and copy had to be in the hands of the printer by the end of 1966. In general, therefore, statements in the text reflect the authors' knowledge and views as they stood in the autumn of 1966, except for a few later changes in Leeds noted in Dr. Fowler's essay on *Urban Renewal*.

In some respects, parts of the Leeds 'region' have already been treated in surveys prepared for recent British Association meetings. To the south and east the reader will find that he can usefully refer to *Sheffield and Its Region* (1956), and to *York: A Survey, 1959* but on the west the editors have deliberately eschewed any detailed consideration of Bradford. The British Association met at Bradford in 1873 and 1900, so that it would seem a reasonable prediction that it will not be long before the City and University of Bradford extend their invitation to the Association, when a companion volume would be produced in the new University city.

Throughout the volume the editors have sought to facilitate the visitors' appreciation of Leeds and its region by illustrations, many of which are published for the first time. The map figures which illustrate different scientific and historical aspects of the whole region have been placed on right hand pages to facilitate comparison. Captions to these, and to the plates, are sometimes lengthy and, in order to give the maximum size to illustrations, they have been placed at the foot of the facing page. The plates have been chosen to illustrate more than one theme. Key maps to principal places mentioned in the text will be found on pages xviii (the region) and 118 (Leeds). The high oblique air photograph of central Leeds (Plate XV), used in conjunction with the index map facing it on page 181, will serve visitors as a guide to the present lay-out and will portray the core of Leeds to those reading these pages far from the West Riding.

For the small-scale distribution maps an arbitrary limit has been set, following National Grid lines, to include the area covered by the main excursions. It thus goes beyond the West Riding into the North Riding, although the strictly historical material is mapped only up to the limits of the former. For more detail, sheets 90, 91, 95, 96, 97, 101, 102 and 103 of the one-inch Ordnance Survey map should be consulted. Six-figure references (such as SE113177, on page 34) refer to the National Grid.

In its opening chapters the form of this volume matches that of previous volumes in the series. It begins with the geology of the area, followed by the more recent changes on the earth's surface, then the plants and animals, and next the activity of man as indicated by the evidence of place-names, dialect and archaeological research. A group of contributors then combines to provide an outline history of the development of Leeds within its region, an account necessarily personal and incomplete since so much of the basic historical research remains to be done. They have, however, been able to draw upon their own researches in progress and those of contemporaries also in progress. A general essay by one of the editors concludes this section and re-emphasises the visual element in the historical evidence.

The word 'region' is often used loosely or ambiguously, and for this reason the editors invited Professor A. J. Brown to contribute a speculative essay on the different ways in which the Leeds region may be demarcated. Mr. Rainnie's and Mr. Wilkinson's essay on the structure of Leeds in its region draws on economic data, published and unpublished, as recent as possible at the time of writing, although some of our crucial regional statistics still have the character ascribed to national statistics by a former Prime Minister: trying to catch today's train with last year's Bradshaw.

The final group of chapters offers a broad survey of the development of science, pure and applied, and of education within the area. The authors of these chapters necessarily had to exercise some selection, and only the loosest of editorial directions were given. These authors, of course, have consulted their colleagues and often incorporated material provided by them.

It may be of interest, when this volume is viewed as a whole, to quote part of a letter which the editors sent to their colleagues and potential contributors in January 1966. It makes clear what was hoped to be achieved: and readers may now sit in judgement:

> If the volume follows tradition (e.g. *The Cambridge Region, 1965,* ed. J. A. Steers,) it will be a survey of Leeds and its surrounds, the exact area not being defined. In the past, the sciences have been treated in two different ways. One large group—the Earth and Field Sciences—has contributed a series of separate surveys of the place of meeting and its 'region', taking a distributional or 'geographical' view of the phenomena studied in (for example) Geology, Botany, Zoology and Agriculture. A second group—the non-Field Sciences—has been treated more historically, with short accounts of outstanding local contributions to knowledge. Chemistry and Physics have always been treated in this way, and in the case of Leeds it might be appropriate to treat the applied sciences and the medical sciences in such a way.
>
> So long as there are sciences that are not concerned with strictly local phenomena, an account of the local development of these sciences seems the only reasonable way of treating them in a local Handbook, but the juxtaposition of the two groups in previous Handbooks has produced incongruities which may not be avoided in the proposed Leeds volume. Important developments locally in applied science may make it possible, however, to offer a survey of genuinely 'local' aspects of science.
>
> The editors propose, therefore, to have a number of chapters dealing with recent and current research in the sciences at Leeds. The British Association last met at Leeds in 1927, and some might find it convenient to take this as the furthest point to which they should look back.
>
> The Field Sciences are invited to contribute accounts of the local area, including (where relevant) current researches on the area. In addition they may, if they wish, contribute to the survey of current and recent research on topics not directly connected with the Leeds area. It will be noticed that some sciences which flourish in Leeds are not specifically named in the list of British Association Sections, although the current list of the Section Presidents and Recorders indicates that these specialisms are not in practice ignored. It would seem reasonable that all the sciences represented in the Sections of the Association should have an opportunity of contributing to the Handbook, and the editors are anxious that none shall be omitted through their default.
>
> These Handbooks, began as compilation of local information for those attending Meetings, and they have grown to be what is sometimes described on the title page as a 'Scientific Survey of Blank and Its Region'. There has been considerable variety of practice and no central direction of contents. Variety has also been achieved, sometimes fatally, by different authors' views of their typical reader. Some contributions have obviously been aimed at an intelligent layman attending the Meeting while others would be intelligible only to some fellow-specialists. It is the present editors' view that this volume should cater for the intelligent non-specialist rather than the specialist investigator. It should not only introduce the region to the visitor but should also give the local reader some food for thought.

M. W. B.
G. R. J. J.

Spring Bank Holiday, 1967

EDITORS' ACKNOWLEDGEMENTS

The editors' first thanks—after those to the contributors—must be to Mr. S. J. Batchelder, vice-chairman of the Publications Committee, who conducted the negotiations with the printers and distributor, advised on the format, and conducted a scrutiny of the proofs. The galley and page proofs were also read by Mrs. Pamela Jones. They are also indebted to Mr. J. Goodall, technical representative of E. J. Arnold & Son Ltd., who lightened their labours by his assistance. Copyright in the plates is indicated in their captions, but especial thanks are due to Aerofilms Ltd., Mr. J. W. Collinson, Mr. A. B. Craven, Miss A. G. Foster, Mr. J. F. Goodchild, Dr. J. K. S. St. Joseph, Mr. C. G. Thirlwall, Mr. Reece Winstone and Mr. C. H. Wood, for material and information supplied. The figures were specially drawn, sometimes from authors' rough drawings by Mr. G. Bryant, Mr. D. W. Newlove and Mr. M. Lear of the Department of Geography, University of Leeds; and by Mr. B. Emmison, University Artist. Figures 27-31 and 33-4 are based on material, as yet unpublished, made available by Professor M. W. Beresford, Dr. R. E. Glasscock, Mr. I. S. Maxwell, Mr. J. Pallister, Mr. J. D. Purdy, Mr. J. S. Sheail, and Professor D. Ward. Figures 35 and 40 are based on original maps in Leeds City Archives, reference DB234 and DB204/8, p. 50, respectively.

CONTENTS

PART ONE

A Survey of the Physical and Human Setting

ix

Part Four

The Advancement of Science and Education in Leeds

LIST OF PLATES

LIST OF FIGURES IN THE TEXT

xiv

LIST OF TABLES

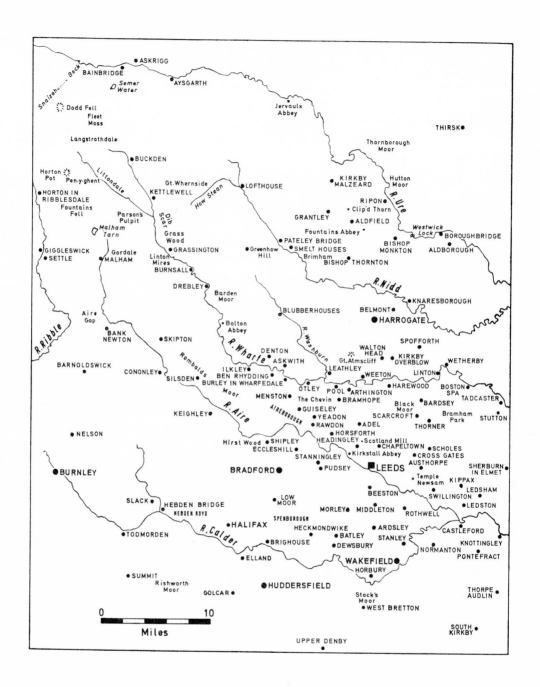

Fig. 1. Location of most places mentioned in this volume

For places within Leeds, see Fig. 24

PART ONE

A SURVEY OF THE PHYSICAL AND HUMAN SETTING

I

GEOLOGY

Although it cannot be said that the Leeds district forms a circumscribed geological unit, nevertheless the city is a very suitable centre from which to examine a wide range of geological features, stratigraphical, structural and scenic.

To the west lies the highest ground—the Pennines—easily divisible into northern and southern areas by the belt of the Craven Faults and the Aire Gap. The northern area, the Askrigg Block, an area of terraced hills and deeply cut valleys, is made up mainly of Lower Carboniferous rocks resting upon a platform of Pre-Cambrian and Lower Palaeozoic strata which are exposed in a few inliers (Fig. 2). The Lower Carboniferous rocks are, in the main, horizontal or with a slight easterly dip and their lack of deformation contrasts with the southern area where the rocks are deformed into a series of anticlines and synclines including the Ribblesdale and Pennine folds.

The easterly regional dip of the limestone in the northern area takes it under the Millstone Grit of the moorland area west of Ripon while outliers of Millstone Grit form a capping to many of the Pennine peaks. In the south, in the broad syncline parallel to the Pennine anticline, lies the Yorkshire Coalfield.

These structural divisions which were blocked out by the Hercynian earth-movements are covered unconformably by the Permian rocks which occupy a narrow north–south belt to the east of Leeds with a westward facing escarpment.

Higher Mesozoic and Caenozoic rocks are absent but the earth-movements of the latter era and the erosion cycles consequent upon them produced the main features of the present landscape, features modified locally by the glacial and fluvial effects of the Pleistocene Ice Age.

Pre-Carboniferous Rocks

The foundation rocks of the Pennines are exposed in a series of inliers extending from Malham to Ingleton and consist of Pre-Cambrian and Lower Palaeozoic strata. The former, known as the Ingletonian, consist of slates and greywackes with one coarser horizon of arkosic character; they are best exposed in Chapel le Dale near Ingleton, slightly west of the area of the map, and exhibit in this area close isoclinal folding. A smaller outcrop exists near Horton in Ribblesdale but the folding cannot be recognised here.

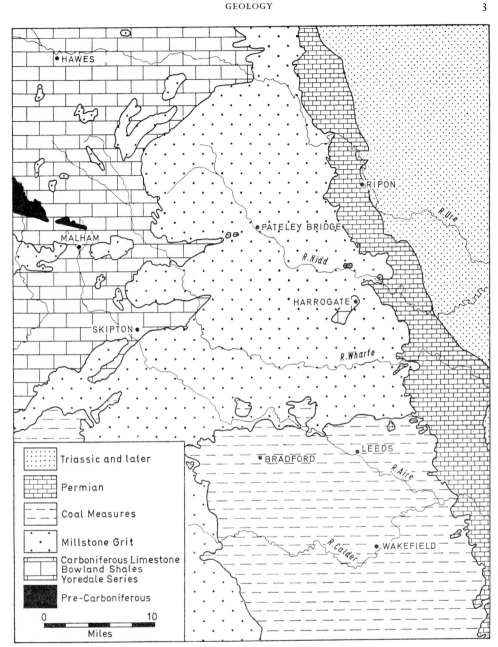

Fig. 2. Solid geology

In Ribblesdale, the Ingletonian is faulted against Lower Palaeozoic rocks which are folded along east–west axes. Here the largest area is occupied by Silurian beds but Ordovician strata appear in the core of one of the anticlines at Crag Hill and in a down-faulted block near Horton. Both Caradocian and Ashgillian rocks are represented while in the neighbouring Crummack-dale, the Ashgillian contains layers of pyroclastic material.

The Silurian rests with an unconformity, recognised palaeontologically, on the Ordovician and consists in the main of fine-grained greywackes of Wenlock and Ludlow age but a thin band of mudstones at their base can be attributed to the Llandovery. In the Malham inlier, exposures are few because of drift cover but graptolite-bearing Horton Flags are seen at the head of Gordale.

The buried extension of these foundation rocks cannot be established with certainty but geophysical research indicates the presence of magnetic basement rocks in the southern part of the block, and a possible east–west trending granite underlying the Wensleydale area.

Lower Carboniferous

No Devonian rocks occur in the area unless a shale with fresh-water gastropods found many years ago at Horton under the Carboniferous Limestone can be attributed to this period. It is clear, however, that the Caledonian orogeny which affected other parts of Britain and which deformed the Lower Palaeozoic rocks of Ribblesdale produced an area of varied relief over which the Carboniferous sea slowly transgressed. The time at which any area was covered can be determined from the fossil content of the lowest beds. In the Leeds region only two such relief units need be mentioned, a higher area to the north, the Askrigg Block, and a lower area to the south, the Craven Lowland Basin.

No base to the limestone in the Craven Basin has so far been found but the area must have been submerged early because beds of possibly Z age have been pierced in an exploratory boring at Skipton. The Block to the north began to be covered in C times but was not completely submerged until D_1 times. This progressive covering by the sea can be clearly demonstrated on the west side of Crummackdale. Wherever the base of the limestone is exposed it is seen to have incorporated in it the regolith of the old land surface in the form of conglomerates, sometimes exceedingly coarse.

Furthermore, the contrast between the northern and southern areas persisted right through Lower Carboniferous times in that the rate of sinking was much more pronounced in the south, resulting in marked differences in thickness of contemporaneous strata. Lower Carboniferous rocks in the Skipton area total 4,000 ft while on the Block only 1,500 ft are found.

The northern area experienced shallow lagoonal conditions with a predominance of clear-water limestones while to the south there was a greater influx of detrital material and the limestones are argillaceous. This difference is reflected in the fauna, especially in those organisms of stratigraphical value. In the north, corals and brachiopods predominate while in the Basin the important fossils are goniatites and lamellibranchs. Correlation between north and south is therefore difficult but a few goniatites have been found in the sediments of the Block and on these correlation is based.

The dominant rock in the northern area is the Great Scar Limestone, about 600 ft thick in the Settle district. It is a remarkably pure limestone consisting of approximately 50 per cent of organic debris and 50 per cent of recrystallised calcite mud. The fossils, which consist mainly of corals, brachiopods and crinoids, are not especially numerous but mapping is assisted by a few easily recognisable horizons. The junction of zones S and D is marked by a band of porcellanous limestone which weathers whiter than the beds above and below. The top of zone D_1 is recognised by the presence of the *Girvanella* Bed, a dark bituminous limestone with algal nodules containing *Girvanella*. This latter forms a valuable marker horizon over a limited area.

The Great Scar Limestone is well-bedded and is crossed by well-defined vertical joints which collectively permit the entry of rain water and the gradual solution of the limestone has produced the characteristic karst features for which the district is famous. A more detailed examination of this karst landscape is given in the next chapter.

The *Girvanella* Bed marks the beginning of the Yoredale beds which are famous for their rhythmic sedimentation. The conditions which continued on the Block into Upper Carboniferous times produced a series of rhythmic units or cyclothems consisting of limestone–shale–sandstone–coal, thus indicating repeated change from marine to terrestrial environment. As the series is traced northwards, clastic strata increase in thickness at the expense of the limestones. In the Dales country, the alternation of hard and soft strata gives rise to the characteristic step topography and the abundance of waterfalls (Fig. 17).

In the Craven Basin, although a very thick limestone, 1,000 ft thick, occurs at the base of the series and is well seen in large quarries near Skipton, the strata above are dominantly shaly with two interbedded limestones—the Embsay and Draughton Limestones.

Between the two contrasting sedimentation provinces of the Block and Basin lies the Craven Reef Belt, topographically marked by a series of isolated rounded hills extending from Burnsall nearly to Settle. These are the reef-knolls of Tiddeman and have been the subject of much controversy. Are they reefs with original dips of deposition on their flanks? Do they owe their form to tectonic movements? Are they erosional in origin? It is not possible here to review all the evidence but it seems probable, according to W. W. Black, that original eminences of reef limestone were partly buried by Lower Bowland shales but uplift with some faulting at this time resulted in some erosion of the reef limestones.

In the Craven Basin, the end of Lower Carboniferous times was marked by a series of black shales with thin interbedded black limestones. These are the Bowland Shales, divisible into a lower group with Lower Carboniferous fossils of Zone P and an upper group with goniatites of Zone E of the Upper Carboniferous. The line of separation between them is a line of discordance due to appreciable local folding. This has very little topographic effect in the Basin itself but further north an important movement of the Middle Craven Fault took place and we find the Upper Bowland Shales abutting against and covering the fault scarp produced at this time, while screes from the fault scarp are found as boulder beds in the Upper Bowland Shales.

In the immediate vicinity of Malham, the fault scarp has been re-exposed by subsequent erosion so that the present landscape is in part a resurrected Mid-Carboniferous landscape.

Table I Generalised sections of Lower Carboniferous strata in West Yorkshire

				Thickness in feet
Dales Country				
Upper Carboniferous:		Beds below Main Limestone		
Lower Carboniferous:	Yoredale Beds	Undersett Limestone		
		Shales and sandstones		
		Three Yard Limestone		
		Shales and sandstones		
		Five Yard Limestone		
		Shales and sandstones		
		Middle Limestone		600
		Shales and sandstones		
		Simonstone Limestone		
		Shales and sandstones	.	
		Hardraw Scar Limestone	.	
		Shales and sandstones	.	
		Gayle Limestone	.	
		Girvanella Bed	(D_2)	
		Great Scar Limestone	(C, S, D_1)	600
Skipton Anticline				
Upper Carboniferous:		Upper Bowland Shales		
Lower Carboniferous:		Lower Bowland Shales with Nettleber Sandstone	(P)	650
		Draughton Shales		150
		Draughton Limestone	(S_2 D_1)	120
		Skibeden Shales	(S)	250
		Embsay Limestone	(C_2 S_1)	100
		Halton Shales	(C_1)	200
		Haw Bank Limestone (base not seen)	(C_1)	1,000+

The zone symbols given in brackets are as follows: C— *Caninia*, S— *Seminula*, D— *Dibunophyllum*, P— *Posidonia*. The upper limit of D_2 in the Yoredale Beds is not certain.

The boundary between Lower and Upper Carboniferous on the Block is less certain and no break in sedimentation can be recognised. Dr. Rayner has assembled evidence from various authors to suggest that it lies between the Undersett and Main Limestones.

Millstone Grit

The early stages of Upper Carboniferous times were marked by the extensive deposition of thick coarse sandy strata with thick shales between them, known since the days of William Smith as the Millstone Grit. Over 5,000 ft of these rocks are known in the area of Sheet 69, but there is appreciable diminution to the north. The general conditions of deposition were deltaic, with many intermittent marine episodes. The goniatites and lamellibranchs found in these marine bands, which are of wide extent, provided W. S. Bisat in 1924 with the key to the correlation of the series. Further investigation by the Geological Survey and others has resulted in the erection of many sub-zones and the elevation of the genus-zones of Bisat into faunal stages referred to by the initial letters of their characteristic goniatites: *Eumorphoceras*, *Homoceras*, *Reticuloceras*, and *Gastrioceras*.

Sedimentation in these rocks continues to be rhythmic, the standard unit consisting of coal–marine shale–non-marine shale–sandstone–ganister, but it is seldom possible to find a complete unit. Sandstones form the most prominent members of the unit and provide the characteristic moorland scenery with its craggy escarpments. The detailed work of Gilligan on these arenaceous rocks demonstrated the predominance of detritus from an area of granite and granitoid gneiss with microcline feldspar in a fresh condition as a conspicuous constituent, and the same author considered a northern provenance most likely. Local directional studies on Beds of R_1 age by C. T. Walker in Wharfedale proved the existence of distributary streams dominantly from the east and north.

Many of the sandstones are discontinuous and are generally known by the local names given to them (Fig. 3). Others, such as the Upper Kinderscout Grit, the Huddersfield White Rock and the Rough Rock, occur over very wide areas although the nomenclature may vary from place to place. In the northern area is the easily recognisable horizon of the Cayton Gill Beds, in R_1, which consist of siltstones and cherty mudstones with abundant lamellibranchs and brachiopods. At a slightly higher horizon are the Otley Shell Bed, with abundant sponge spicules, in the southern area and the contemporary Ure Shell Bed in the district west of Ripon.

In the Harrogate Inlier is the Harrogate Roadstone, a distinctive cherty rock with abundant small crinoid ossicles. This is possibly the equivalent of the Berwick Limestone of the Skipton Anticline, a horizon which marks the base of the Millstone Grit.

Coal Measures

The Millstone Grit Series passes with perfect conformity into the Coal Measures but with a change in the pattern of sedimentation. Rhythmic deposition is still apparent but the sandstones are thinner and finer-grained. Marine bands are less frequent but shales with non-marine

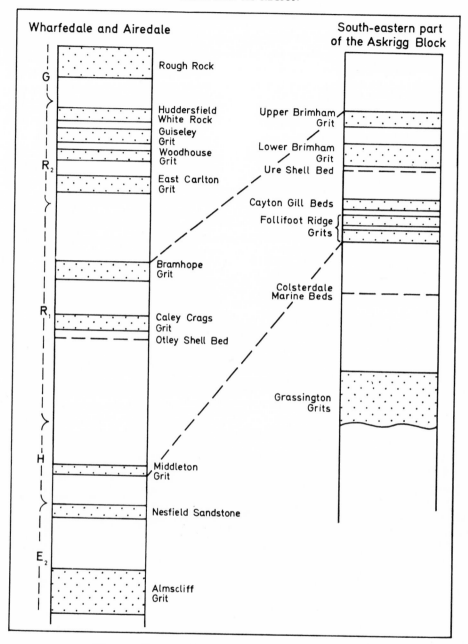

Fig. 3. Comparative sections in the Millstone Grit

Approximate scale 1 in. = 350 ft.

mollusca are important. The persistent elements in the rhythm are the coals and their accompanying seatearths. It appears that the subsiding areas of deposition became so silted up as to support dense vegetation which was subsequently drowned by further subsidence. Some 4,000 ft of Coal Measures occur in the area but the highest strata, with fewer coals and occasional thin limestones, as found in Lancashire and at Ingleton, are absent.

Across these lowland flats the streams often changed their course, resulting in the local erosion of recently deposited sediment. The courses of these diverted streams can be recognised by the lenticular nature of the sediment deposited in the new channel, and by the cutting out or thinning of the adjacent strata. These lenticular masses constitute the 'wash-outs' of miners and a good example of this phenomenon occurs in the Middleton Main Seam near Castleford (Fig. 4). Other forms of disturbance such as sandstone dykes, drops and lurched strata were attributed by Kendall to contemporary earthquakes.

Subsidence was not uniform over the area as is shown by the many examples of splitting seams. A good example is that of the Beeston Coal which is eight feet thick in South Leeds, but is represented two miles away at Churwell by two seams thirty feet apart. Many of the sandstones, notably the Haigh Moor Rock and Horbury Rock, show very rapid variation in thickness over short distances. These contrast with the Elland Flags in the Lower Coal Measures which extend with local variation in lithology along the northern and western edges of the Coalfield.

As may be expected, fossil plants are quite abundant and though changes in the flora through Coal Measure times have been recognised, these plants are not very suitable for accurate subdivision and correlation. More use is now made of the abundant non-marine mollusca, many of which have a narrow vertical range. The series is divisible into seven zones based on these organisms. Marine bands, although less common than earlier, are known to be so widespread as to form valuable inter-coalfield correlation datum-lines while in recent times use has been made of beds containing the phyllopod 'Estheria'.

Most of the lowest coals are now worked out but their seatearths include valuable beds of fireclay and ganister. The most productive measures lie in the *communis*, *modiolaris* and *similis-pulchra* zones.

The original centre of the basin of deposition was probably in that area in the Pennine Anticline from which the measures have been eroded, for there is a general diminution in thickness from west to east. Furthermore from Barnsley to Wakefield and Leeds a northerly thinning is noticed. The coalfield is cut off to the north by the Coalfield Boundary Fault and this east–west boundary probably continues under Permian rocks to the vicinity of Tadcaster. Recently Wilson and Thompson have proved the existence of a number of small outliers of the lowest Coal Measures in the Kirkby Malzeard area.

Late Carboniferous Movements

The end of the Carboniferous period was marked by the last strong phases of the Hercynian movements and the rocks were uplifted, folded and faulted. The principal folds are the Ribblesdale folds extending from Clitheroe to the Craven Faults and the Pennine Anticline from

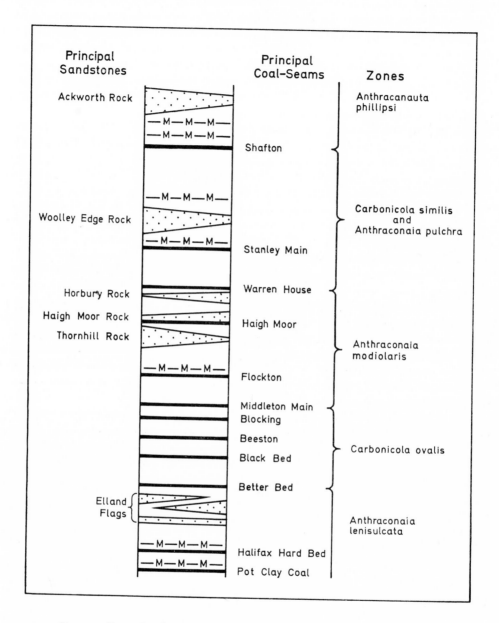

Fig. 4.   Generalised section of the Coal Measures of the Leeds district

—M—M—M—indicates marine horizons; approximate scale 1 in. = *650 ft.*

Derbyshire as far north as the Keighley area. Deformation in the Ribblesdale folds is pronounced, with considerable close folding, but the Pennine fold, although markedly asymmetric to the west, is relatively gentle. A further series of folds affects the Millstone Grit north of the river Wharfe, trending roughly south–west to north–east. Among these are the Aldfield and Sawley Anticlines west of Ripon, which have been the site of exploratory borings for oil, and the Harrogate Anticline which brings up Lower Carboniferous rocks. This anticline with its strong fault running along the crest is the site of many springs which gave Harrogate its importance as a spa. These waters, which are mainly saline but with small amounts of sulphur, are in all probability connate waters arising from some depth. The proportion of sodium chloride, like that of total solids, diminishes outwards from a central point in the town and, on the margins of the area, the waters become more alkaline. A possible continuation of this or a parallel anticline under the Permo-Trias was proved in the Ellenthorpe Boring near Boroughbridge.

This folding was accompanied by much faulting. It is not possible to provide stratigraphical evidence to prove a movement of the North Craven Fault at this time, but to the south of this is a complex network including the South Craven, Wharfe Valley and Aire Valley Faults with a dominant north–west to south–east trend. The way the faults tend to die away against the folds and the termination of folds against faults suggest that all these phenomena were contemporaneous. In the Coalfield a roughly rectangular fault pattern may be recognised which has a marked effect on the drainage pattern and topography of the Leeds area. One dominant feature in this pattern is a line of fracture, sometimes single, sometimes double, extending from south of Bradford to the vicinity of Doncaster. This is the Morley–Campsall Fault Belt.

Although there was no igneous activity associated with these late Carboniferous movements there was appreciable mineralisation, that is to say, fissures in the Carboniferous rocks were infilled with mineral deposits brought up in hot solution from some deep-seated source. These deposits are found principally in the Craven Upland area round Greenhow Hill and Grassington Moor, extending into Upper Wharfedale and Wensleydale. A detached occurrence is that of Cononley near Skipton. The principal minerals are the ore-minerals galena and zinc blende, the former of which provided a reason for the establishment of mining in the area, and many associated minerals the commonest of which are calcite, barite and fluorite. In more recent times, the last two of these have constituted the main output. The fissures which are infilled are usually faults with a dominant east–west trend. At Greenhow the mineralised horizon lies in the Limestone but on Grassington Moor it is the lowest bed of the Millstone Grit.

Permo-Trias

During the uplift caused by these movements the country was experiencing a hot arid climate, one effect of which is seen in the reddening of oxidisable rocks, sometimes to considerable depths. Erosion must have been on an extensive scale because the succeeding formation, the Permo-Triassic, rests on the Carboniferous with a pronounced unconformity, the underlying rocks being Carboniferous Limestone near Richmond, Millstone Grit in the middle of the region, and Coal Measures from Bramham southwards. The surface of the unconformity is roughly plane, regionally speaking, but considerable irregularities are locally seen as in the Nidd Gorge at Knaresborough, and in many of the hollows of the old land surface are wind-blown yellow sands and, very occasionally, pebbles.

The continuation of this surface to the west, in the area from which the covering rocks have been removed, may be represented by an inclined peneplain in the area west of Ripon, this peneplain agreeing with the extrapolation of the surface of unconformity.

A striking effect of the Hercynian movements was the formation of a sort of foredeep extending from eastern Europe to eastern England. This was occupied by a large, highly saline lake in which the Magnesian Limestone was deposited. This is a yellow limestone with composition varying from a nearly pure calcite limestone to a pure dolomite, the latter providing stone from localities near Tadcaster and Sherburn for the building of York Minster. In the north of the area only one bed of limestone can be recognised but about the latitude of Knaresborough it can be divided into a lower and an upper division with intervening red marls, while above the Upper Limestone are more marls with a greater development of gypsum.

The Lower Limestone is fossiliferous in its lower portion although the number of species, mainly of lamellibranchs, gastropods and polyzoa, is not large. Higher up, the rock becomes much more dolomitic with a characteristic minutely cellular structure. In certain areas are poorly bedded, often brecciated, limestones which may be reef limestones, but they yield few fossils.

The change from fossiliferous to dolomitic limestone represented no doubt a shrinking of the water-body with consequent increase in salinity giving rise to gypsum deposits in the Middle Marls. These marls are poorly exposed but their outcrop is reflected in the topography.

An expansion and a slight freshening of the sea are represented by the Upper Limestone which is characteristically thin-bedded with fossils occurring in certain bands. A final shrinking of the sea resulted in a cessation of limestone deposition and the formation of the Upper Permian Marls, up to 100 ft in thickness. In the area east of Leeds these marls are not exposed but they can be seen in a down-faulted mass in the river bank above Ripon. Here they show a striking development of gypsum, the thickest bed of which may represent the anhydrite found in these beds in borings in the concealed coalfield, to the south-east.

The composition of all these Permian rocks results in the water that they yield being very hard and this hardness is mainly permanent. This is demonstrated in the falling water at the Dropping Well at Knaresborough, which has 232 parts of dissolved matter per 100,000 and thus quickly coats objects suspended in it.

Local solution of this gypsum in the area just north of Ripon has resulted in the collapse of the overlying sandstone and the formation of steep-sided subsidence pits.

Covering the Permian rocks with apparent conformity are the Bunter Sandstones of the Trias. These are red sandstones, often mottled but very indifferently exposed as the ground they occupy is heavily covered with drift. More information about them is obtained from well borings, for all along the outcrop from east of Knottingley to Boroughbridge they form a very valuable aquifer.

Tertiary

No solid rocks younger than Triassic outcrop in the area and the only records of the remainder of the Mesozoic and of the Caenozoic Eras are to be found in the deformation of the rocks and the consequent effects on landscape and erosion. It is most probable that Jurassic and Cretaceous rocks covered the area but there is evidence from elsewhere that in parts of the Jurassic, portions of the Pennine region were land areas. It is probable that the Cimmerian movements of Upper Jurassic date clearly shown in East Yorkshire took the form of faulting. Some of the faults which affect Permian rocks and particularly the pair which affect the gypsum at Ripon Parks are continuous with faults in East Yorkshire, which are proved to have had a Cimmerian movement. The Ripon faults pass into the faults of the Coxwold–Gilling Trough.

It is to the various phases of the Tertiary orogeny that most recent movements in the area must be attributed and in most cases the Tertiary effects represented a reactivation of the structure lines inaugurated in the Hercynian orogeny. The Askrigg Block experienced perhaps its most important upward movement resulting in the production of steep fault-scarps of which Giggleswick Scar is the clearest example. The remarkable freshness of this example indicates the relatively recent date of its formation. It is probable too that a dextral horizontal movement took place along the Craven Faults. The North Craven Fault appears to die away east of Pateley Bridge but it has been suggested that the line of movement continues in echelon as the Coxwold and Howardian Fault Belt which also had a Tertiary movement.

The Pennine Anticline was reactivated and many of the faults in the Coalfield moved again although the supposed Tertiary throw is always appreciably less than the earlier one.

The eastward tilting of the Askrigg Block and the new movement of the Pennine Fold produced a sloping surface on which a series of consequent streams originated. The behaviour of these streams in the various phases of Tertiary movement and the landscape effects produced are discussed in the chapter which follows.

Pleistocene

Glacial deposits, consisting of boulder clay, sand and gravel, cover much of the area and there are many features due to the depositional and erosional effects of the time. A continuous chronology of Pleistocene times is impossible and it is not easy to place the deposits in true stratigraphical order. It is convenient to divide the drifts of the Ice Age into an older and a newer series. The older drift represents a glaciation which probably covered the whole area, while the weathered nature of the boulder clay and the scattering of some of the material point to a long period of erosion prior to the glaciation that was responsible for the newer drifts. The older drift deposits are confined to higher ground in the interfluves and can be seen north and south of Leeds. Their restriction to this higher ground suggests a period of valley cutting and the discovery in 1852 of remains of *Hippopotamus* in gravels at Wortley near Leeds points to the warm climate of this interglacial period. These remains may be seen in the Leeds City Museum.

The newer drifts represent a re-invasion of the area from the north and north-west but the ice did not extend so far as before. Raistrick has called this the Main Dales Glaciation and recognises two stages differing in the sharpness and clarity of the constructional features. The earlier stage is represented by boulder clay north of the Wharfe and by a group of elongated mounds of sand and gravel from Linton to Stutton and referred to as the Linton–Stutton kame-belt.

The clearest features are those belonging to the second phase of the Main Dales Glaciation. Each of the Pennine valleys as far south as the Aire carried a glacier, and ice from Ribblesdale contributed material to the upper part of Airedale. Borings show up to 100 ft of boulder clay in the valleys and the surface of the clay has been moulded into drumlinoid features in Ribblesdale, the Aire Gap and in the Guiseley Gap. The margin of the glaciers is shown by lateral moraines, as at Laneshaw Delves on Rombalds Moor and at Leathley, while the intermittent retreat of the glaciers is proved in each valley by a series of well-defined terminal moraines of which those at Hurst Wood in Airedale and Arthington in Wharfedale are good examples. After the melting of the ice in the valleys these moraines obstructed the drainage, and temporary lakes were held up behind them, the existence of which is shown by a succession of lake flats. Below the moraines are valley-trains, deposits of gravel and sand deposited by the extensive amounts of melt water, lying up to thirty feet above the present flood plain.

In the north-eastern part of the area occur deposits from the Vale of York ice with good marginal features seen between Ripon and Grantley, especially the lateral moraine at Clip'd Thorn.

The cold climate of the time is also shown in the periglacial areas where the effect of strong winds is shown by scattered wind-carved stones (dreikanter) south and south-east of Leeds and especially near Whitley Bridge. The badly sorted material known as 'head' shows the effect of soil creep due to intermittent freezing and thawing.

Some of the most striking effects of Pleistocene times took place towards its close and were due to the blocking of drainage by ice; the consequent diversion of streams produced well-defined channels showing proof of rapid erosion by large quantities of water. Most of these channels ceased to function when the ice melted and are now therefore dry but may be recognised by their shape, their independence of normal drainage and by being 'open at both ends'. Excellent examples of such channels are seen in the area west of Ripon where a number of parallel streams such as the Laver and the Skell were impounded, and temporary lakes established, which drained by a succession of channels parallel to the ice edge. The most southerly of these diversions was that of the river Nidd, but in this case the diverted stream did not later return to its earlier channel. The gorge at Knaresborough is thus an example of an overflow channel which is not a dry valley.

A similar group of channels in a smaller area occurs north-west of Bradford where the ice of the Aire valley glacier caused the temporary diversion of the river Worth and parallel tributaries.

There was no valley glacier in the Calder valley but this stream rises in a channel on the Lancashire border which carried water dammed by ice in Lancashire and thus water from west of the Pennines swept down the Calder valley bringing with it erratics including Lake District rocks which may be collected, for example, at Elland and Horbury.

Economic Geology

The most important local product is, of course, coal which is used in many ways. Some seams such as the Haigh Moor and the Middleton Main have a good reputation as house coal, while the Beeston Bed is a multi-purpose coal.

Materials for the refractories industries come from the ganisters under the lowest coals in the Halifax area, and from the fireclay under the Better Bed, mined to the south-west of Leeds. Certain pure sandstones in the Millstone Grit, as at Smelthouses in Nidderdale, have been quarried for this purpose.

There is an abundance of material for brickmaking in the Coal Measures from several horizons. Those under the Beeston Coal and above the Haigh Moor Coal may be examined near Leeds.

A series of thin ironstones occurring above the Black Bed Coal were worked possibly in medieval times in the centre of Leeds and in modern times near Low Moor, but working has now ceased.

Limestone is quarried in Craven for agricultural lime and for concrete aggregate in quarries near Skipton, Settle and Grassington. The Magnesian Limestone was once much prized as a building stone but is now used only for lime-burning and pitching stone.

Sandstone from the Millstone Grit and Coal Measures has long been used as building stone. Quarries in the Rough Rock provided stone for Kirkstall Abbey, and buildings in Leeds, such as the Town Hall and the General Post Office, are built wholly or in part from sandstones in the Lower Coal Measures. Such use is being slowly discontinued but the coarser beds in the Millstone Grit are crushed for building sand and concrete aggregate. The supplies of sands and gravel, which are being rapidly worked out, come from river gravels as at Otley or fluvioglacial beds as north-west of Knaresborough.

Water supplies for the larger towns are obtained from reservoirs in the Millstone Grit moorland, but smaller amounts are obtained from underground sources. The sandstones of the Millstone Grit provide supplies for many industrial undertakings as well as for certain authorities such as the Rombalds Water Board. To the east of the area, the Bunter Sandstone of the Trias is a valuable aquifer and supplies Tadcaster, Wetherby and Pontefract. The water from the Magnesian Limestone is very hard with a high permanent hardness and this helps to explain the location of the brewing industry at Tadcaster.

SUGGESTIONS FOR FURTHER READING

The coalfield and bordering tracts:
    Memoirs of the Geological Survey: *Geology of the country around Huddersfield and Halifax,* (1930); *Geology of the country around Wakefield,* (1940); *Geology of the District North and East of Leeds,* (1950); *Geology of the country between Bradford and Skipton,* (1953).
The Pennine area as a whole:
    British Regional Geology: *The Pennines and Adjacent Areas,* (1954).

II

LANDFORMS

A limited number of controversial topics are discussed in this chapter. In this way most of the recent work in local geomorphology is covered, without repeating the factual information readily available in various regional accounts (King, 1960; Peel and Palmer 1955; Raistrick and Illingworth, 1949; Versey, 1948).

The Upland Surface and the Pattern of Rivers

The even skylines of the Pennines cut across the geological structure and represent former plains, the product of long-continued erosion. When the plains were elevated, the rivers cut down to form the Yorkshire Dales, creating a dissected, hilly plateau (Fig. 14). This plateau, upland surface or peneplain (Hudson, 1933; Versey, 1937), slopes eastwards on the Askrigg Block from 2,300 ft to 1,600 ft, and is surmounted by monadnocks, or isolated summits, such as Pen-y-ghent, rising towards 2,400 ft. The other main hill areas in Yorkshire show similar forms and are probably parts of one Yorkshire peneplain but, since they are at different heights, it is generally thought that the peneplain was warped after its formation (Fig. 5).

The precise time when the peneplain was cut is important in the development of river patterns. Clearly it was Tertiary and while it may have been early-Tertiary (Linton, 1964), there is some evidence for a post-Miocene date since it cuts mid-Tertiary structural domes in Cleveland (Hemingway, 1958). Analogy between the Yorkshire peneplain and the post-Miocene one in southern England may be urged on the grounds of comparable form. The morphological evidence does not, in my opinion, support suggestions that the peneplain has been faulted anywhere in Yorkshire since its formation, but the suggested faulting is, in any case, minor and there is complete agreement that the Yorkshire peneplain has been only slightly deformed by post-peneplain movements. It seems unlikely that this relatively undisturbed peneplain should correspond to the early-Tertiary one that lies beneath, or partly exhumed from, sediments in southern England (Wooldridge and Linton, 1955) and lavas in Scotland (George, 1965) that are each markedly deformed. Evidence for an uplift in late-Tertiary times is provided by the southern Pliocene deposits (Trotter, 1929).

A statistical analysis of relief in adjacent areas by Hollingworth (1936) led him to suggest that the smooth slopes of the warped peneplain might be a generalisation of a series of steps. Certainly the cartographic presentation of the peneplain does not preclude this possibility, and it is confirmed by field mapping in various parts of the Pennines (McConnell, 1939;

Sweeting, 1950; Sissons, 1954, and Moseley, 1961). There is no agreement as to the precise meaning or correlation of these surfaces; some favour a marine and some a subaerial origin. It is obvious that a surface cut by the sea will be modified by subsequent subaerial erosion so that many diagnostic features are destroyed, even as low as 500 ft (Straw, 1961). There is no strong argument against most of the surfaces having an initially marine origin: the case for the supposed upper limit of the Pliocene transgression in the south stopping at 700 ft has been challenged by Shotton (and Pinchemel, 1954) and the absence of contemporary marine or, for that matter, residual land deposits is no embarrassment, except to those who hold the conservative view that the upland surfaces coincide exactly with reconstructed Tertiary surfaces.

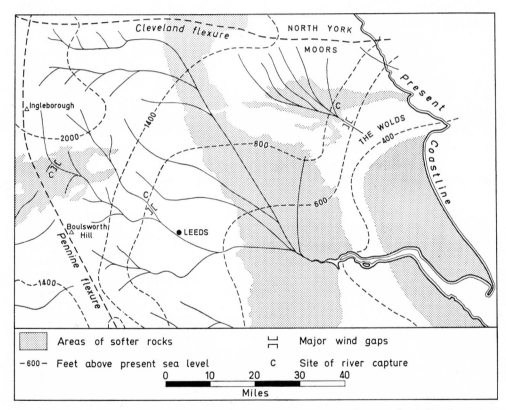

Fig. 5.   Generalised contours and the main consequent drainage lines for the Yorkshire peneplain

The contours depict the suggested form of the warped peneplain surface, on which the reconstructed streams developed progressively from the higher parts as the peneplain emerged from the sea. The present day river pattern differs from this reconstructed one because of abstraction, piracy and glacial interference.

The steps clearly imply that erosion worked towards a number of base levels, such as would occur if the peneplain was raised in a series of movements, each uplift raising a plain that was partly a wave-trimmed surface and partly a subaerially reduced part of the previous wave-trimmed surface. The presence of wave-trimmed surfaces within major vales and valleys may be attributed to contemporary eustatic fluctuations of a few hundred feet, such as characterised late-Tertiary and Pleistocene times. It is quite unnecessary to suppose that flights of marine benches mean that a relief similar to the present one was drowned to depths of 2,000 ft.

The relatively short period of geological time since the post-Miocene peneplain was up-lifted demands the most economical hypothesis of erosion; this is provided by the view that the erosion surfaces do not depart very much from the figure of a warped peneplain. The exceptions occur where surfaces are found in strike vales in weak rocks, such as the Vale of York. The general fall in the level of the Yorkshire hills to the south and east may well reflect the slope of the warped peneplain fairly closely, even where the erosion surfaces on the coalfield follow the strike of the Coal Measures. The shape of this warped peneplain for Britain as a whole was probably a dome centred on the Irish Sea (Linton, 1951), with some local deviations (Sissons, 1960).

Although erosion surfaces may not alter the fundamental form of the relief very much, they do have a considerable bearing on the drainage pattern. For instance, the superimposition of most Yorkshire rivers on the geological structure is more economically derived from the wave-trimmed peneplain than from some remote and hypothetical cover of chalk. As emergence continued, minor rivers became adjusted to structure by river capture, leaving wind gaps, but river capture has also been suggested to account for the way the Yorkshire Ouse collects the major Pennine rivers. The story of this, probably the classic example of river capture in Britain, has hardly been modified since it was suggested by W. M. Davis in 1895, and developed by Cowper Reed in 1901. And yet there is no confirmatory evidence. The absence of wind gaps is explained away by assigning the captures to the pre-peneplain cycle of erosion, so that the wind gaps would be eroded away along with the divides in which they lay. The pre-capture pattern was reconstructed by connecting portions of east-flowing rivers near the coast with parts of the Pennine rivers, but such connections were subjective and gave rise to different interpretations. This time-honoured game of drawing rivers in the air to produce supposed first-cycle consequent streams was legitimate when the Pliocene coastlines were thought to lie seawards of the present coast but, now that these coastlines are believed to lie landward of the present coast, the reason for such linkages is no longer pressing and an alternative approach is possible.

The Ouse forms part of a parallel series of south-flowing rivers that includes the Upper Wharfe and Nidd, as well as others in north-east Yorkshire. Apart from the Ouse, the direction of these rivers has been explained by the tilting of a subaerial peneplain southwards from an axis running out to sea near Robin Hood's Bay (Cowper Reed, 1901; Hudson, 1933; Versey, 1944). It is unrealistic to suppose that a tilt of a degree or so in a direction at right angles to the previous slope would change the direction of flow of rivers, unless the previous surface was flat, in which case it was not a peneplain; but it certainly seems to be the case that the rivers follow the slope of the stepped peneplain surface, and this observation must apply equally to the Ouse. The hypothesis is offered that the earliest recognisable direction of the Yorkshire rivers was dictated by the slope of the emerging wave-trimmed warped peneplain, from late-Tertiary flexures along the Pennine and Cleveland axes (Fig. 5). In the first instance several rivers would flow southwards on the wide outcrop of Permo-Triassic rocks, until the Vale of York was formed by a process of river abstraction. There are indications of abstraction in the great west-facing scarp of the North York Moors, which consists of a number of partly-destroyed valleys. As more of the warped peneplain emerged from the sea, the drainage followed the slope of the stepped peneplain eastwards through the early Humber at about 350 ft. Rivers that lay further south also flowed eastward, parallel to the Humber, until a low-level subsequent river on the exposure of Triassic rocks in the Vale of Trent cut southwards to intercept the proto-Trent that was flowing through the Lincoln Gap. In this way the otherwise anomalous late capture of the Trent (Straw, 1963) is explained.

Glacial and Periglacial Conditions

Professor Versey has summarised the orthodox view of the glacial succession. It has sometimes been claimed that the older glaciation never covered the high ground south of the Aire_Calder watershed (Wright, *et al.*, 1927), and that even within the area of the newer glaciation, some land stood out as unglaciated enclaves, for instance some of the peaks above 2,000 ft (Raistrick, 1933), some of the eastern moors (Raistrick and Illingworth, 1949) and the top of Rombalds Moor (Jowett and Muff, 1904). The evidence is similar in all cases, being one or more of the reasons given by Wright, namely, the absence of drift, the presence of weathered rock up to six feet thick and the occurrence of tors (gritstone pillars). The absence of drift is sometimes illusory, especially where peats are extensive, for striated limestone boulders are recorded on Wadsworth Moor, within the supposedly unglaciated Calder enclave (Spencer, 1893). The sporadic nature of high level drift may indicate that much of it was removed by solifluction, but it is equally important that much of the highest ice was probably drift free. Glacial drag features indicate glaciation a thousand feet higher than the upper limit of erratics on Cross Fell (Johnson & Durham, 1963). The few feet of weathered rock, where present, could have formed in an interglacial age. Tors are no criterion, for they exist in glaciated areas both in Britain and abroad (Farrington, 1950; Cunningham, 1965; Dahl, 1966), as well as in the Pennines. Brimham Rocks lie below the level of drift on the eastern flank of the Pennines (Tillotson, 1933), Almscliff lies below the level of the Staniston Kame, and the Doubler Stones, on Rombalds Moor, lie below the level of drifts downglacier (Stephens *et al.*, 1953).

Accordingly, it is unsafe to assume that any part of the Pennines escaped glaciation, especially as earlier glaciations extended almost to the Thames. The existence of unglaciated enclaves within the area that was otherwise ice covered in the Last Glacial Age is uncertain, but what is certain is that the higher ground within this area was exposed to periglacial conditions during long parts of the Last Glacial Age, as was the ground to the south of the ice fronts.

The boundary between the Newer and Older Drifts (Fig. 6), with their contrasting degree of glacial depositional relief, has commonly been taken to represent the most advanced position of glaciers in the Last Glacial Age. This is a misconception. The boundary within the Dales was regarded as a third retreat stage (Stage D) by Raistrick (1933), and an early Last Glacial position beyond the York–Escrick line was recognised by Edwards (1950), at least as far south as the Linton–Stutton kame belt. A more advanced position in the Vale has been suggested (Crampton, 1959), possibly even to Doncaster (Palmer, 1966).

Beyond the Escrick–Stage D line, which marks the limit of strongly hummocked moraine and the beginning of major ice-marginal channels, lie the major spreads of solifluction and dreikanter (Edwards, 1938), the tors (Fig. 6) and frozen ground structures (Hemingway, 1957). It follows that retreat to this line took place over a prolonged period, during which the amount of annual meltwater was relatively small and the climate periglacial, favouring frost action, solifluction and sandblasting. Glacial deposits in valleys beyond the line were generally cleared away, while those on the interfluves were reduced to flattened patches. The subsequent retreat was rapid, allowing copious meltwater, but relatively little time for degradation by cryo-nival processes. The change of climate, to the milder conditions of the Bølling oscillation, is recorded in the pollen diagrams for the deposits in a hollow on the York moraine (Bartley, 1962).

Part of the classical evidence for retreat stages, presented by Kendall and Raistrick from the Pennines west of Ripon, is currently being reconsidered in the light of the possibility that some of the glacial drainage channels might be subglacial. A subglacial origin was postulated by Raistrick, (1931) for some of the gorges along the present rivers, as at Drebley, in Wharfedale, and a similar origin is urged here for How Stean, Nidderdale, on the grounds that an 'in-and-out' channel exists virtually on the valley floor at the head of the gorge. Some of the deep drifts in lower Airedale may plug subglacial channels (Stephens et al., 1953).

In lowland Yorkshire the climate never became as severe again as it was before the Bølling retreat even though the tundra conditions, which returned in Zone Ic, made the York moraines rather subdued features compared with later Scottish moraines. The climatic differentiation of lowland and upland Yorkshire became obvious when, in Zone 3, the vegetation around York was not quite tundra (Bartley, 1962), at a time when the upper Dales floors were subjected to solifluction (Walker, 1955) and some of the highest coombes supported small corrie glaciers (Rowell and Turner, 1953).

The influence of the Last Glacial Age on landforms is everywhere apparent. The lowlands, with their depositional relief, merge through a zone of meltwater valleys into uplands from which the drifts were stripped by processes that etched the sandstone into striking landforms

---

Caption to Fig. 6.

1, *dissected peat;* 2, *undissected peat;* 3, *possible southern limit of the last glaciation;* 4, *bedded drifts, mostly alluvium;* 5. *hummocky drift of the Escrick stage in the Vale of York;* 6, *drumlins in the Dales;* 7, *moraines in the Dales (Stage D is marked, except in Wensleydale where the ice was confluent with the Vale of York ice);* 8, *direction of some major glacier-meltwater channels between stages A and D;* 9, *tors;* 10, *the Jurassic scarp;* 11, *the Magnesian Limestone scarp;* 12, *perched blocks;* 13, *the Malham pavement;* 14, *dolines;* 15, *potholes;* 16, *subsidence cones at Dirt Pot*

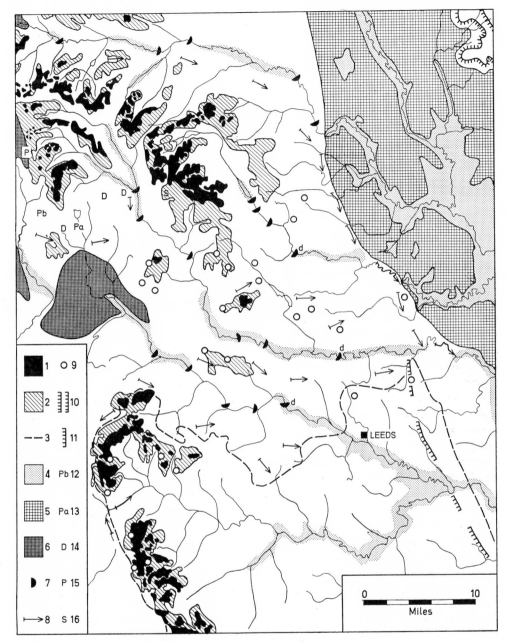

The legend within the map contains the following entries:

1 O 9
2 ⊟ 10
3 ⊟ 11
4 Pb 12
5 Pa 13
6 D 14
7 P 15
8 S 16

LEEDS

0   10
Miles

Fig. 6.   Distribution of some morphological features

of scarp and tor. Glacial erosion was probably slight towards the ice margins, but in the upper Dales it re-formed the limestone terraces and gouged out the valley floors, even producing rock basins (Raistrick, 1931). The lakes in these basins silted up surprisingly late, perhaps as late as 200 B.C., to the south of Settle (Raistrick and Holmes, 1962). Moraine-dammed lakes with small catchments survive to the present day at Semer Water and Malham Tarn, while others, such as Linton Mires, were recently drained by man (Raistrick, 1938). Because the last glaciation was so important in the region it has attracted sufficient attention to be reasonably well interpreted but, conversely, the evidence for earlier glaciation has been removed and it has, as yet, not been possible to fit any of the early stages of fluvial erosion into the Pleistocene sequence.

Stepped Hillslopes in Limestone Areas

The stepped landforms on the Great Scar Limestone and the Yoredale beds pose the problem of the extent to which the present relief contains relics of glacial or preglacial origin (Plate 1). The terraces might be substantially preglacial, reflecting the adjustment of relief to structure by the normal processes of slope development. Although there is no reason to think that steps would not form in this way, it is questionable whether the present steps are identical in form and position with preglacial ones. For instance, the terraces might have been greatly extended in periglacial climatic conditions when solifluction was able to carry sandstone or limestone blocks over very low-angled slopes, or the steps might be substantially the result of glacial erosion stripping the shales off the resistant beds.

One can quite easily overestimate the amount of scarp recession in a periglacial climate for it is generally agreed that many scarps, that are now being degraded, were receding in late-glacial times. However, periglacial processes cannot be the cause of those treads that are covered with glacial drift. Goodchild (1875) claimed that the terraces are best developed where the direction of ice flow was along them, as in most valleys, and least where the ice flowed across them, as for instance where ice flowed southwards over the head of Snaizeholme Beck into Langstrothdale. He noted that sinkholes on the limestone shelves are virtually restricted to a narrow zone at the back of the shelf, where water flows off the overlying shale, and thought that if the shelf had formed by the *gradual* recession of the overlying scarp the 'shake-holes' would be more evenly distributed across the limestone outcrop. Goodchild's opinion that glacial erosion carried away 'all the preglacial terrace, swallow holes, joints and all', has been generally accepted.

A glacial origin has been recently questioned on the grounds that the steps are least obvious where glacial erosion was most intensive, as on the high interfluves between Dodd Fell and Fountains Fell, the simple form of which is ascribed to streamlining by ice under a centre of ice dispersal (Clayton, 1966). The suggested centre of ice dispersal south of Dodd Fell is not consistent with the southward flow of ice over Dodd Fell demonstrated by Raistrick (1926), nor is intensive glacial erosion consistent with the fact that the interfluves in question rise to between 1,600 and 2,000 ft in an area where the top of the ice sheet has been estimated at

2,200 ft. Even if the ice thickness has been underestimated, it must still have been less on these ridges than on the adjacent plateaux. These interfluves were probably just as steep, if not quite as smooth, prior to glaciation. Ice was thickest in the upper parts of the Dales, so it seems likely that the U-shape of places like Upper Wharfedale is partly due to glacial streamlining. It may be true that preglacial steps were removed in such places, but this hardly excludes the possibility that less intensive glacial erosion produced the existing form of those steps above the centrally overdeepened valley. The hypothesis may be offered that, since glaciation would modify pre-existing steps according to the intensity of glacial erosion, pre-existing steps would be least modified where glacial erosion was weak, cut back where erosion was moderate, and obliterated where erosion was most intensive. Further investigation is obviously needed.

Limestone Pavement

A limestone or 'clint' pavement is a more or less horizontal expanse of bare limestone, whose joints have been opened out by solution to form 'grikes' (Plate II.) The old view that solution was the result of rainwater acting on bare limestone has been opposed by the suggestion that most of the solution took place under a cover of soil. Moisley (1954) thought that glaciers would have carried away the preglacial soils to leave a smooth topped layer of limestone, on which solution forms, such as grikes, were developed after the glaciers had gone. Large erratic boulders and perched turf on the pavements suggested to him that the glacial drifts were being removed by percolation, and so, implicitly, that the grikes had formed under the drift.

A similar conclusion has been pressed by several workers. Jones (1965) showed from the distribution of lichens that pavement is being exposed at present. He deduced, from the greater degree of dissection and smoothness of weathered surfaces near the adjacent drift cover, that the most dissected limestone surface was drift covered for the longest time. After exposure, the clint surfaces became roughened, pocked and fretted, eventually breaking up to fill the grikes. The situation, where peat rests directly on limestone, seems most easily explained if the peat grew on a cover of drift which subsided into developing clints, thus letting the peat down. Pollen analyses of a series of profiles on peats, running from bare limestone on to drift, are consistent with the view that the profiles on limestone are truncated at the base, implying subsidence into weathering grikes (Gosden, 1965). The remains of boundary walls surrounding Iron Age fields, which consist of bare clinted limestone, imply that the soil has been removed in the last 2,000 years (Raistrick and Holmes, 1962).

There are some reasons for resisting any suggestion that all pavement was formed under glacial drift. In the first place it is possible that the former extent of drift is being overestimated. The small amount of mineral matter in the post-glacial deposits of Malham Tarn, for instance, suggests that drifts have been little eroded since late-glacial times (Pigott and Pigott, 1959). The idea that isolated erratic boulders are residuals from drift patches is an assumption (Flint, 1955). It can be challenged locally where sinkholes are absent, since these are commonly associated with drift patches (McKenny Hughes, 1886), and also where the boulders sit directly on a striated surface without underlying grikes, through which drift could have gone.

The presence of peat directly overlying limestone need not imply the former presence of an intervening drift: indeed the absence of relict drift pebbles between the peat and the limestone is a serious obstacle to the theory. There is no difficulty in accounting for the growth of peat on Carboniferous Limestone, for it is virtually impermeable away from the joints; it is more difficult to explain how peat could bridge an open joint, but with a heather-peat this may not be impossible (Gosden, 1965). The smooth dendritic channels and ridges on some clints may equally well have formed on bare limestone, as a form of surface-solution furrow appropriate to flat surfaces; but they are, in any case, no more significant to the discussion than the grikes themselves, if both are thought to have developed under drift.

Even the presence of grikes under glacial drift does not prove that such grikes were formed after glaciation: they might be interglacial forms. In this connection one may note that there has been no solution at all under some glacial drifts, where the underlying surface of the limestone retains glacial striations. In a case where such a surface was artificially exposed, the water running off adjacent shales dissolved the striations in thirteen years (Sweeting, 1966). One should not generalise from this instance, but it seems to have escaped consideration that, not uncommonly perhaps, less water may reach limestone under drift than falls on either the drift surface or on adjacent bare limestone. Plants use up water as well as increase its acidity. The acidified water may be neutralised within the glacial drift if it is rich in limestone pebbles, while a clay-rich drift may not allow percolation at all. It should also be remembered, when peat is urged as being materially responsible for the acidulated water, that *these* peats formed only from about 500 B.C., while limestones were exposed by glaciation some 15,000 years ago.

To these reservations about a subdrift origin can be added two reasons for supposing that some pavement can weather from bare limestone surfaces. It has been shown that some Irish pavements formed from smooth limestone surfaces after glacial drift was stripped off (Williams, 1966). Secondly, some bare clint surfaces in Craven are known to have been lowered up to two feet by solution since glaciation, so a greater lowering of the surface along joints seems reasonable. The general lowering of the surface is indicated by the height of limestone pedestals under erratic boulders, as at Norber, and has been confirmed by calculations based on the calcium carbonate content of waters that drain the limestone area (Sweeting, 1966). As noted above, there are reasons for supposing very little drift at Norber, other than the boulders.

Clinting of bare limestone was probably rapid in late-glacial times, between 13,000 and 8,000 B.C., because the more persistent snow banks would increase the acidity of percolating water (Parry, 1960). The chemical aggressiveness of rainfall is also beyond doubt. It is possible that some pavement developed to the stage where the grikes were filled with debris, and the whole covered by thin organic soils or peats, according to location. This would especially be the case on the flaggy limestones, which are much more easily broken than the massive ones. The subsequent destruction of rendzinas and peats as a consequence of deforestation, cultivation and grazing may explain the situation on some emerging pavements, but those pavements found under glacial drift require separate consideration.

Too little is known about pavement under glacial drift to permit definite conclusions about its origin. The idea that glaciation always cleared away griked pavement has been questioned by Pigott (1965), who thinks that grikes were formed at the base of an interglacial soil profile and are present in Craven where glaciation truncated the profile but did not destroy it. In the absence of direct evidence in the form of a fossil soil, which might well have washed underground, it is usually not possible to assess the extent to which the present clints are related to possible interglacial ones, but the existence of unopened joints under the Norber erratics, compared with the development of grikes between them, has been used by Jones to show that griking there, at any rate, is entirely post-glacial.

For the sake of a uniform theory, it is tempting to suppose that the subdrift pavement is inherited from a glacially-truncated interglacial soil profile, because the interglacial profile could have developed from the weathering of a bare limestone produced by the preceding glaciation.

Dolines

Dolines are hollows in the surface of the limestone plateau, sometimes a hundred feet deep and up to half a mile across. Moisley (1954) showed that around Parson's Pulpit they are oriented in the direction of dominant jointing, and form depressions in valley floors: he suggested that they developed by the weathering back of pot-hole walls. However, the initial depression may sometimes have been a cone of subsidence into collapsed underground caverns. This is difficult to prove on limestone, but is demonstrable where the Grassington Grit has dropped into the underlying limestone on Black Edge, east of Kilnsey. In this view, steep-sided features such as Hull Pot and the Black Edge pots represent the early stage that is modified by slope retreat and glaciation to give dolines. Should the subsidence be on a large scale, then little modification is required to produce a doline. Another opinion (Clayton, 1966) supposes steady solution under a clay-rich surface layer which gradually settles down through the limestone, the slope of the sides being determined by the rates of downward solution and lateral backweathering of the sides. It was claimed that, because they mostly occur above the 1,300 ft surface, they pre-date that surface and are therefore relics from the late-Tertiary. It appears, however, that there is a closer relationship with stratigraphic position than with altitude, for dolines occur near the base of the Yoredales (D2), where shales and sands enter the succession above the Great Scar Limestone, and this applies equally to the lower examples in the downfaulted area near Feizor (Garwood and Goodyear, 1924; O'Connor, 1964). Accentuated solution under or around a cover of shale or sandstone might favour gradual or catastrophic subsidence, but proof exists only for the latter, and there is no reason to suppose that the subsidence took place in Tertiary rather than early Quaternary times.

Tors in the Millstone Grit

In the Millstone Grit area (Fig. 2), the resistant sandstone layers help to explain the frequently stepped landscape. Some of these sandstones have been weathered to leave residual pillars up to 30 ft high (Plate III) striking enough to have invited explanation from times before geology became a science (Palmer, 1964). At present there are two partially conflicting views about this formation.

According to one view (Palmer and Radley, 1961) the weaker parts of the rock were broken up by frost action and removed by solifluction, whereas the second interpretation (Linton, 1955, 1964) emphasises an essential preliminary stage when rock was prepared for removal by a phase of deep chemical rotting below the surface in a warmer climate. The difference of opinion extends to similar forms on various rock types elsewhere in Europe and is part of a larger question concerning climatic change in the past, and the degree to which preglacial and periglacial form elements survive in the present landscape. The fact that tors exist south of the area in Europe that had periglacial conditions in the Pleistocene does not turn 'decisively against' a periglacial cause for some tors, any more than the existence of tors in glaciated Norway would deny a deep-rot origin for tors in the tropics. There are, in my belief, two possible origins for tors; the problem is to decide the origin of tors in the Pennines.

The main problem concerns the time when the tors were separated from the surrounding bed rock. The evidence that some tors are found in glaciated areas has been set out in an earlier part of this chapter. Although all the tors are found outside the Stage D–Escrick line (Fig. 6), some are within the area covered by ice during the maximum of the Last Glacial Age, and most of them are in parts that were glaciated in an earlier part of the Pleistocene. It follows that some tors, such as Brimham Rocks, either survived glaciation or were formed after glaciation. The first possibility is not considered likely, although it has been claimed to be so in Derbyshire (Cunningham, 1965). Since most tors occur near the tops of hills from which weathered material is constantly being removed, it is likely that any tor formed under the surface in the warm conditions of Tertiary times would be exposed early in the Pleistocene and, if in a glaciated area, would be removed by the push of ice. Consequently, the deep-rot phase claimed for tors in a once-glaciated area must have been interglacial, or sometimes interstadial. Since up to 30 ft of subsurface weathering must be invoked, this theory meets a severe check, even if the deep weathering is restricted to the crest of a cuesta (Linton, 1964, Fig. 1).

Confusion has arisen from the loose use of the word 'deep'. Sections showing deep chemical rotting have not been found in the Pennines, if by deep we mean as deep as the tors are high. Partially decomposed rock up to 8 ft thick is not of the right order, nor have unexhumed tors been seen in any quarries. We know practically nothing about the field relationships, condition or age of these isolated patches of rotten rock, except that they apparently indicate a low degree of chemical alteration and some of them underlie solifluction debris that may belong to Zone 3 of the late-glacial succession. Some may be interglacial, but it need not be thought that an interglacial age is self-evident. A late-glacial age is rendered possible by observations such as those that explain the rotten granite on Cairngorm summits as due to chemical alteration of frost-riven rock under snow patches (Watt and Jones, 1948). A post-glacial age is less likely but a suitable juxtaposition of lithology, topography and vegetation may explain some localised occurrences. It has been claimed that 3 ft of gneiss has been decomposed since deglaciation in parts of western Scotland (Godard, 1961).

In favour of a periglacial origin for Pennine tors is their association with a number of other features, such as shattered blocks, blockfields, landslides and solifluction deposits, that are the admitted results of periglacial processes. An alternative interpretation placed on this association is that it merely proves adequate for the exhumation of tors by solifluction, and possibly for the destruction of some by frost action. Yet the association between tors and other periglacial phenomena is far better than that with high-level erosion surfaces or un-glaciated enclaves, such as would favour a deep-rot origin, and it proves the relatively recent operation of processes competent to produce tors. This competence has proved acceptable to many authorities (e.g. Tricart, 1963). The reason why only some parts of a scarp form tors is partly lithological and partly accidental: any theory of tor formation must invoke differential resistance to weathering. Tors on top of sandstone scarps are residuals of a bed that has been almost completely destroyed, for most scarps are made up of more than one bed. Tors on 'dip slopes' (the slope often exceeds the dip), are residuals of small back-slope scarps: their formation is facilitated by gulling and the sliding of blocks down-dip. Isolated tors are equally difficult to explain by any existing theory: they are possibly fashioned from preglacial knolls representing small outliers of resistant rock.

There is complete disagreement about the role of postglacial weathering. Minor features apart, it has been claimed that the rounding of corners and etching of structure took place underground. On the other hand, formation by atmospheric weathering, after the initial exposure of simpler joint-bounded shapes, is favoured by the accentuated weathering of wind-ward and exposed faces and by the relatively minor rounding of blocks on the ground, where they are less exposed and sometimes recently exhumed from a postglacial peat cover. If these blocks are fallen 'core-stones' they should be the most rounded blocks, which is not the case. Further arguments are given in another paper (Palmer and Neilson, 1962), and others may be readily adduced from the very variable weathering of sandstone walls (cp. The Devil's Arrows, Plate V).

The Eroded Peats

As Miss Bower (1961) has shown, eroded peats are widespread on the higher parts of the Pennines (Fig. 6). In general the thickness of peat increases with altitude, and this may be causally linked with the apparently more advanced stage of dissection on the highest peats, even though these are often quite flat. Erosion might be a natural stage of development if it could be shown that, at a critical thickness, growing peat develops a series of hummocks and pools which favour the initiation and incision of closely-spaced surface streams (Bower, 1960, p. 30). Climate change seems an unlikely alternative cause (Bower, 1962) but human interference by draining, burning, animal grazing and peat cutting, which has been questioned as the *general* initiator of erosion, is surely supported by the widespread occurrence of erosion, and by the rate at which erosion is currently progressing. It is known that streams have cut back three quarters of a mile in 40 years; there is no record for a rate of gully widening but analogy may be made with cases where medieval boundary ditches have widened-out 35 ft in 700 years (Radley, 1962). These figures make it feasible that the whole ravage of erosion could have occurred in the last millenium. The apparent greater age of dissection on the high peats might be illusory but, if true, it could be explained, as Radley suggested, by the increased runoff from the high peat 'hags' producing the gully patterns further downslope. One might add that high 'fat' mosses, such as Fleet Moss, made the best turbaries and invited early exploitation; peat cutting may be as significant as burning, which in any case is restricted to heather moors, in providing the bare, sloping peat surfaces that are dissected by wind, frost and rain. Much more information is needed about former peat cutting in the Pennines as well as morphological work on upland areas where peat is being cut now. It may turn out that peat erosion is the most exciting example of soil erosion, induced by man, in Britain.

In the foregoing discussion attention has been drawn to the importance of relict landforms in the present landscape. These relics are sometimes so sparse that alternative reconstructions are possible, as is the case with the 'Tertiary' surfaces. Some of the relics are clear enough but resemble forms that have been elsewhere explained in more than one way. Inevitably, therefore, conflicting hypotheses arise, and it is hardly surprising if some observations and field experiments are interpreted in different ways. Hypotheses must be judged by critical tests, some of which are indicated in the foregoing discussion. It is considered most important that the clash of opinion should be heard, not only because this will lead to further research but so that the general reader may savour the excitement to be found in this aspect of landscape study.

SELECT REFERENCES

Further details of most references cited in the text may be found in:
K. M. Clayton (ed.) *A Bibliography of British Geomorphology*, (1964).
K. M. Clayton (ed.) *Geomorphological Abstracts Index 1960-65*, (1966).
The following are additional references:
K. M. Clayton, 'The Origins of Landforms in the Malham Area', *Field Studies*, ii (1966), 359–384.
F. F. Cunningham, 'Tor Theories in the Light of South Pennine Evidence', *East Midland Geographer*, iii (1965), 424–433.
R. Dahl, 'Block Fields, Weathering Pits and Tor-like Forms in the Narvik Mountains, Nordland, Norway', *Geografiska Annaler*, xlviii (1966), 55–85.
W. Edwards, 'The Glacial geology of the Country around Harrogate', *Proceedings of the Geologists' Association*, xlix (1938), 41–51.
R. F. Flint, 'The Pleistocene geology of Eastern South Dakota', *Geological Survey Professional Paper*, no. 262, (1955).
E. J. Garwood and E. Goodyear, 'The Lower Carboniferous Succession in the Settle District', *Quarterly Journal of the Geological Society*, lxxx (1924), 184.
T. N. George, 'The Geological Growth of Scotland', in *The Geology of Scotland*, ed. G. Y. Craig, (1965).
M. S. Gosden, 'An Investigation into the Origin and Nature of some Organic Deposits of the Ingleborough Region', Ph.D. Thesis, University of Leeds, (1965).
J. E. Hemingway, 'The Bramhope Grit and its structures on Otley Chevin', *Transactions of the Leeds Geological Association*, vii (1957), 43–52.

R. J. Jones, 'Aspects of the Biological Weathering of Limestone Pavements', *Proceedings of the Geologists' Association*, lxxvi (1965), 421–33.

A. Jowett and H. B. Muff, 'The Glaciation of the Bradford and Keighley District', *Proceedings of the Yorkshire Geological Society*, xv (1904), 193–247.

J. Palmer, 'Rock Temples of the British Druids', *Antiquity*, xxxviii (1964), 285–87.

J. Palmer, 'Landforms, Drainage and Settlement in the Vale of York', in *Geography as Human Ecology*, eds. S. R. Eyre and G. R. J. Jones, (1966).

A. Raistrick, 'Linton Mires, Wharfedale. Glacial and Post-glacial History. Part I, Physical', *Proceedings of the University of Durham Philosophical Society*, x (1938), 24–31.

J. Spencer, 'Glaciated Boulders in Calderdale', *Naturalist*, (1893), 75–79.

M. M. Sweeting, 'The Weathering of Limestone', in *Essays in Geomorphology*, ed. G. H. Dury, (1966).

M. T. Te Punga, 'Periglaciation in Southern England', in *The Earth; Its Crust and its Atmosphere*, Studies presented to J. B. L. Hol, (1957).

J. Tricart, *Géomorphologie des Régions Froides*, (1963).

P. W. Williams, 'Limestone Pavements with special reference to Western Ireland', *Transactions of the Institute of British Geographers*, xl (1966), 155–172.

III

CLIMATE

Northern England lies on the eastern side of a wide ocean, and enjoys the weather and climate associated with the turbulent eastward motion of the middle latitude atmosphere of the northern hemisphere. The air streams reaching Yorkshire normally follow a long sea track and therefore tend to be moist and not given to extremes of temperature. Western Yorkshire is an area of very varied relief. It is not therefore possible to produce a specific set of climatological means that are typical of the whole area. Some generalised values for the lowlands are given in Table II, but these values do not apply to the uplands.

Table II Generalised climatological data for the lowlands of western Yorkshire

Monthly means of:—	J	F	M	A	M	J	J	A	S	O	N	D
Daily maximum temperature (°C)	7	7	9	12	16	19	21	20	17	13	9	7
Daily minimum temperature (°C)	2	1	2	3	7	10	12	11	9	7	3	2
Daily mean temperature (°C)	4	4	6	8	11	14	16	16	13	10	6	4
Daily duration of bright sunshine (hours)	1·0	2·0	3·0	4·5	5·0	6·0	5·5	5·0	4·0	3·0	1·5	1·0
Number of days with snow falling	4	4	4	2	0	0	0	0	0	0	1	3

The interactions between relief and the atmosphere are complex. In cloudy cyclonic weather, temperature falls with altitude and the uplands are cooler than the lowlands. At night under clear skies in anticyclonic conditions, cold air drains into the valleys and the uplands are warmer than the lowlands. Large urban areas also produce, to a certain extent, specific local climates. The variation in weather between nearby localities will partly depend upon the modifying influence of the local relief on the general weather situation. An example of the modifying influence of local relief is provided by the study of extreme minimum temperatures. These occur under clear skies at night and in Yorkshire are probably due to intense radiational cooling rather than to the large scale inflow of very cold air. Therefore, as might be expected, the values of the lowest minimum temperatures recorded in the West Riding towns are relatively uniform. The values below which temperatures are likely to fall once in 5, 10, 50 and 100 years are tabulated in Table III. Values for Malham Tarn (1,297 ft) are added to Table III and indicate that minimum temperatures on the Pennine Moors are not always below those in the lowlands.

Table III Frequency of exceptionally low minimum temperatures

	Once in 5 Years	Once in 10 Years	Once in 50 Years	Once in 100 Years
West Riding Towns	—11·0°C	—12·5°C	—16·0°C	—18·0°C
Malham Tarn	—10·0°C	—11·3°C	—14·2°C	—15·4°C

Much has already been written on the climatology of northern England and most of the basic data are readily available in the publications listed at the end of this chapter. In common with many other highly industrialised countries, the United Kingdom is beginning to experience a shortage of fresh water. The need to build more reservoirs in the upland parts of the country is one symptom of this growing shortage. The rest of this chapter will be concerned therefore with a discussion of the hydroclimatology of western Yorkshire, and further climatological discussion will be fitted into this framework. Until economic methods of treating sea water have been developed, moisture from the atmosphere is virtually the sole form of income contributing to water resources. Therefore the assessment of the total precipitation, together with the water loss through evaporation and transpiration, provides a measure of the upper limit of water resources. Much of the following discussion will be concerned with both precipitation and evaporation over western Yorkshire. The chapter ends with a brief discussion of droughts and storms.

Precipitation

Precipitation takes many forms; rain and drizzle, sleet and snow, hail, dew, deposition from fog, hoar-frost and rime. It is normal to measure all forms of precipitation in terms of equivalent rain. Unfortunately this tends to obscure the difficulties of assessing those forms, other than rain, which are probably not adequately sampled by the conventional rain gauge. In western Yorkshire the major errors in assessing precipitation arise from the siting of rain-gauges in exposed windy situations and in the measurement of snowfall. It is known that over-exposure of a rain-gauge to strong winds can cause persistent errors in rainfall measurement of at least 20 per cent (deficiency) and, on average, snow falls on about 18 days per year in the lowlands and on over 50 days in the uplands. It is normal to melt snow and express the fall in terms of an equivalent fall of rain, a process that is liable to gross errors.

The distribution of average annual precipitation for the period 1916 to 1950 is shown in Figure 7. As a representation of total annual precipitation, this map must be treated with reserve. The distribution of rain gauges is uneven, and the precipitation measurements over the uplands could be greatly in error. Moreover, this map refers to a particular period in time, and there is no basic reason for expecting any other 35-year period to yield a similar precipitation map. Monthly averages (1916–50) of precipitation at four stations within the region are shown in Figure 8. The gross features of the curves are similar; in particular, minima of the curves occur in the months from March to June.

To explain the variation of precipitation in both time and space it is necessary to consider the methods of rainfall formation. Rainfall is associated with ascending air currents. As the air rises it enters regions of lower pressure and therefore expands and cools, the accompanying water vapour being then condensed into water droplets. The intensity of the rainfall will be partly proportional to the rate of ascent of the air currents, but it will also depend on the moisture content of the atmosphere. The total amount of rainfall will also be proportional to the period of duration of the ascent. The total amount of water that the air can hold is proportional to the air temperature. As the air temperature rises, so does the amount of water that the air can contain. Mean relative humidity over the lowlands of western Yorkshire varies between 60 and 80 per cent throughout the year. Therefore, if all other factors remained constant, the rainfall should be at a maximum during the summer and a minimum during the winter. This type of distribution is however not shown by the annual rainfall curves.

The moisture available for rainfall formation over Yorkshire is partly controlled by the rate at which water vapour is imported into the county by the winds. If S is the amount of water vapour in a unit volume of air and V is the velocity of the wind, then the mean moisture flux (rate of moisture flow) across a surface of unit area is given by the following equation:

Mean moisture flux $(\overline{VS})$ = advective flux $(\overline{V}\,\overline{S})$ + eddy flux $(\overline{V'S'})$

For the mathematically inclined, a bar denotes a mean and V′, S′ are instantaneous deviations from the mean. The mean moisture flux is made up of two parts, the advective flux which is due to the mean motion of the atmosphere, and the eddy flux which is due to the large scale eddies in the atmosphere. The amount of moisture transported by the eddy flux depends on the correlation between V and S when they fluctuate about their mean values.

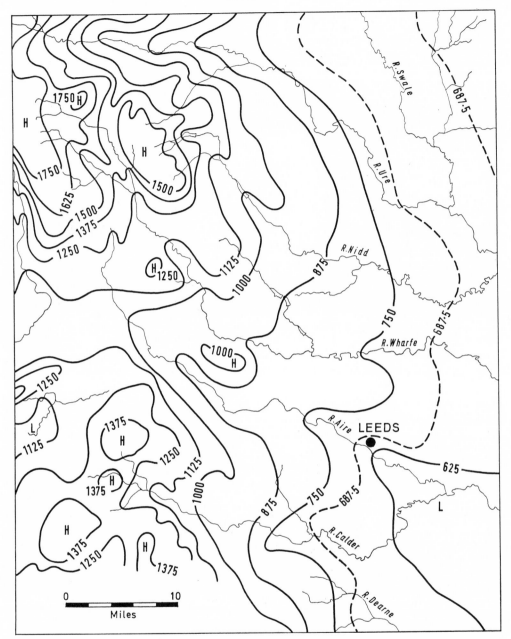

Fig. 7. Distribution of average annual precipitation, 1916–50

Isohyets in millimetres. H indicates areas of relatively high, and L areas of relatively low, precipitation.

D

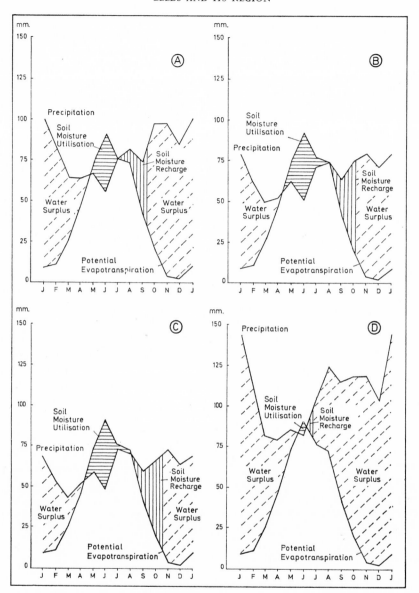

Fig. 8. Seasonal course of average precipitation, 1916–50, and average potential evapotranspiration, 1956–62

Units—months and mm. Station name, height and National Grid Reference:

(A) *Huddersfield Oakes,* 762 *ft* (SE113177);   (B) *Harrogate,* 208 *ft* (SE303579);
(C) *Spofforth Sewage Works,* 181 *ft* (SE369527);   (D) *Greystones,* 1192 *ft* (SE001178).

As an approximation it is assumed that the number of rain-producing disturbances is constant throughout the year and that the annual variation of precipitation is due solely to the annual variation in the advective flux of atmospheric moisture. The major sources of the water forming the precipitation over western Yorkshire are probably the seas surrounding the United Kingdom, and, since the prevailing winds are westerly, in particular the North Atlantic. The bulk of the atmospheric moisture is found in the lowest 15,000 ft of the atmosphere, and the flow in this layer may be represented by the wind at the 700 millibar (nominal 10,000 ft) pressure level. The mean monthly moisture contents of air currents arriving along the west coast of the United Kingdom were estimated by a rather crude technique and the resulting values multiplied by the mean monthly winds. The resulting curve is shown in Figure 9, and the mean precipitation curve for Wakefield is added as being typical of the area. The advective moisture flux curve shows the same gross features as the curves of average monthly precipitation. The eddy moisture flux probably contributes part of the remaining variation in the mean precipitation curve. It is the major eddies in the atmosphere in the form of low pressure systems that give rise to the largest falls of rain. These pressure systems are associated with strong surface convergence which creates deep moist layers and causes rapid ascent. It is known that there are marked seasonal variations in the number of depressions crossing the United Kingdom.

The importance of these synoptic disturbances may be illustrated in the following manner. The daily precipitation values at Bradford over the years 1916 to 1950 were arranged in decreasing order of size. Both the number of days on which precipitation fell and the corresponding precipitation values were turned into cumulative totals starting with the highest

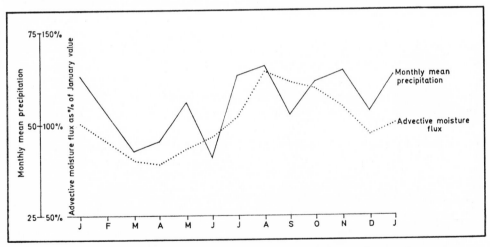

Fig. 9. Seasonal course of estimated advective moisture flux, and average precipitation, 1916–50, at Wakefield

The advective moisture flux is expressed as a percentage of the January value. Precipitation is in mm.

precipitation value, then each total was expressed as a percentage of the grand total. The resulting curve is shown in Figure 10. The process was repeated for Wakefield (Fig. 10). Both curves are similar; the Bradford curve indicates that 50 per cent of the total precipitation fell on 12 per cent of the days with precipitation; the corresponding value for Wakefield fell on 14 per cent of the days. This suggests that at least half of the annual precipitation results from a few large rainfalls. It is known that in some cases large rainfalls occurred on consecutive days from the same synoptic system. It is improbable that two unrelated synoptic systems would pass during the period between the daily readings of the gauges. It would appear therefore that a very few synoptic disturbances give rise to the bulk of the precipitation over western Yorkshire.

The rain gauge records at Wakefield and Bradford may not be typical of western Yorkshire. The flow of rivers is partly controlled by the precipitation, though the relationship between precipitation and river flow is not simple. Even so, if much of the precipitation comes in short bursts, this should be reflected in the river flow. Suitable data are available for the years 1958 to 1964 from Westwick Lock (SE536667) on the river Ure. The area of the catchment above Westwick Lock is 357 square miles. The daily river flow records were analysed in a similar manner to the Bradford rainfall record. The resulting curve is shown in Figure 10C; in particular 50 per cent of the cumulative flow of the river passed during 14 per cent of the year.

The precipitation record for Wakefield over the period 1916 to 1950 indicates that 50 per cent of the annual precipitation is accounted for by daily falls between 10 mm. and about 65 mm. The average monthly frequencies of falls of 10 mm. and over and those of under 10 mm. are shown in Figure 10D. The heavy falls of rain in excess of 10 mm., accounting in total for half the long term precipitation, are sometimes termed 'rainstorms'. The remaining small falls may be called 'noise'. The precipitation noise at Wakefield shows only a slight annual variation, being only a little greater in winter than in summer. The number of rainstorms varies from month to month, the annual variation being similar to the annual variation in precipitation. The calculations have been repeated for Bradford (Fig. 10D), taking 12·5 mm. rather than 10·0 mm. as the dividing line between rainstorms and noise. The results are similar to those for Wakefield.

Preliminary investigations suggest that many rainstorms can be identified with the synoptic systems found on daily weather charts. In particular they can often be identified with systems in which there is low pressure and in which marked surface convergence is taking place.

Caption to Fig. 10

(A), (B). *Percentage contributions of daily precipitation totals of various sizes to annual precipitation. For construction of diagrams all daily precipitation totals, 1916–50, were ordered according to size, from highest to lowest rank.*
           (A) Bradford.   (B) Wakefield.
(C)   *Percentage contribution of daily river flow to the annual river flow at Westwick Lock (SE536667), 1958–64. Method of construction similar to (A) and (B).*
(D)   *Monthly totals, 1916–50, of rainstorms and precipitation noise at Wakefield and Bradford.*

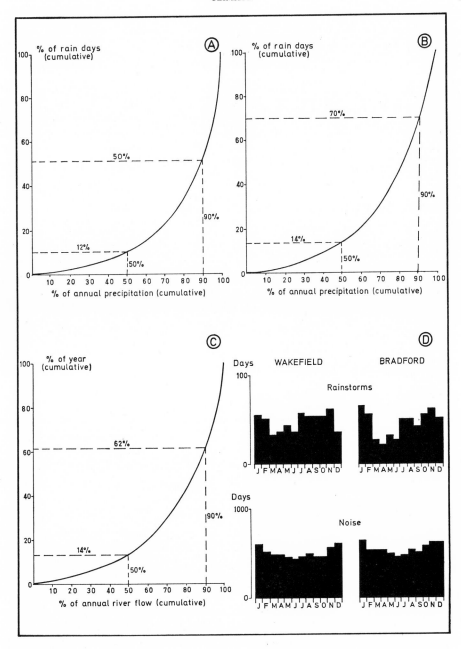

Fig. 10. The contribution of heavy rainfall to annual precipitation

These systems need not be vigorous frontal depressions, for a shallow low into which moist air is converging rapidly can produce heavy rainfall. A large proportion of the precipitation over western Yorkshire is therefore probably the result of a very small number of synoptic disturbances in which there is strong surface convergence.

We have now briefly considered the variation of precipitation with time, but precipitation also varies in space. The distribution of precipitation over the open ocean depends on the distribution of vertical currents and the availability of atmospheric moisture. Over land, as the air currents rise over high ground they receive an upward component which will be added to the general upward motion in the low pressure system and hence an increase in the precipitation over the high ground will result. The reverse will occur for an air current sinking into a valley. The actual details of the interactions of air currents with topography are very complicated. Not only are the vertical profiles of temperature, humidity and wind speed important but so probably are the actual shapes of the hills.

The average annual precipitation over the North Atlantic has been estimated by several workers. If the isohyets are extrapolated over western Yorkshire they indicate a non-oro-graphic (open ocean) average annual precipitation of between 800 and 1,000 mm. Therefore much of the Vale of York is receiving less precipitation than it would if the whole area were open ocean. The Pennines probably receive between 140 and 170 per cent of the open ocean rainfall. Because of its maritime position it is unlikely that the lack of atmospheric moisture affects the horizontal distribution of precipitation over western Yorkshire to any significant extent.

Evaporation

Direct instrumental measurements of evaporation apply only to the specific instrument and are not normally valid for the surrounding countryside. The difficulties of measuring evaporation directly have led to attempts to estimate it, using readily available meteorological data. Many workers consider that, at the present time, for hydrological use over a large area, the best available estimates of evaporation of this kind are superior to any values which could be arrived at by using a network of evaporation-measuring instruments. The method used in this chapter is due to Penman and requires data relating to radiation, relative humidity, wind speed and air temperature. Generalised mean monthly sunshine and air temperature values for the lowlands of western Yorkshire are given in Table II. The surface wind in open situations over western Yorkshire averages about 10 knots.

Detailed data for the period 1956 to 1962 were available from the climatological station at Huddersfield Oakes and from these mean monthly potential evapotranspiration values have been computed. The resulting curve is shown in Figure 8. The potential evapotranspiration is the evaporation that would take place from all water, soil, snow, ice, vegetation and other surfaces, plus transpiration, assuming that there is an adequate moisture supply at all times. At Huddersfield Oakes, mean potential evapotranspiration exceeds mean precipitation from mid-April until the beginning of July. During this period plants will be using moisture stored in the soil. When precipitation first exceeds evapotranspiration in July, the rain water will be used mainly to recharge the soil moisture to field capacity. Only when the soil moisture is fully replaced in mid-September will significant surface run-off result from precipitation. In the average year significant surface run-off will only take place at Huddersfield Oakes between mid-September and mid-April. During a long summer drought the soil moisture will become depleted and the actual evapotranspiration will fall below the calculated potential evapotranspiration. Under these conditions the soil will lose less moisture than is indicated by the potential evapotranspiration calculations.

Potential evapotranspiration values are relatively conservative in both space and time, and the Penman values for Huddersfield Oakes agree reasonably well with the evaporation tank values for Harrogate. An evaporation tank is a large metal container full of water; the fall in water level together with the precipitation is taken to be a measure of evaporation. The Huddersfield Oakes potential evapotranspiration values were therefore used to construct partial water-balance diagrams for Harrogate and Spofforth Sewage Works (Fig. 8), both being typical of the western edge of the Vale of York. A similar diagram was constructed for Greystones (1,192 ft), the observations from the gauge being typical of those from the upland moors. The Huddersfield Oakes potential evapotranspiration values are probably rather high for the uplands; it is possible therefore that Greystones has a water surplus throughout the year. Figure 8 illustrates a marked difference between the lowlands and the uplands of western Yorkshire. The uplands on average have a water surplus throughout the year, the lowlands on average have a water deficit for half of the year.

The Annual Weather Cycle, Droughts and Storms

Monthly precipitation totals at Bradford over a number of years are plotted in Figure 11. The corresponding monthly totals of rainstorms and noise are also shown. Average potential evapotranspiration values for Huddersfield Oakes are added as a general indication of water surplus or deficit. Figure 11 suggests that there is a general relationship between the monthly totals of rainstorms and monthly precipitation. It also indicates, as would be expected, that precipitation varies from year to year.

In many years the broad-scale atmospheric circulation undergoes marked changes around certain dates and these changes are probably reflected in the annual precipitation regime over western Yorkshire. The intensity of the atmospheric circulation is at a minimum over the North Atlantic and the annual frequency of anticyclones over the British Isles is at a maximum during May and early June. This is reflected in the precipitation minimum over western Yorkshire in April, May and June. The sudden increase in precipitation in July and August, so noticeable in 1952, 1954, 1956 and 1957, is probably connected with the southward displacement of the depression paths over the Atlantic–European sector at the end of July and the beginning of August. Other marked changes in the annual precipitation regime can in similar manner be connected with changes in the intensity of the atmospheric circulation.

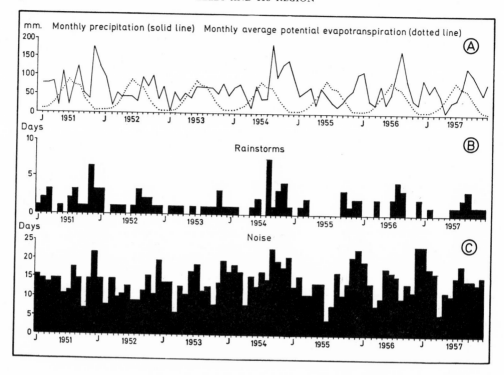

Fig. 11. Monthly precipitation values for Bradford, 1951–7

Fig. 11 (*A*) *Monthly totals of precipitation. Average monthly potential evapotranspiration for Huddersfield Oakes, 1956–62.*

    (*B*) *Monthly totals of days with rainstorms (daily falls of 12·5 mm. and above).*

    (*C*) *Monthly totals of days with precipitation noise (daily falls below 12·5 mm.).*

Occasionally, as in 1955, the summer precipitation fails completely. In 1955, evapotranspiration probably exceeded precipitation from April until September, and the soil probably did not reach field capacity until the following December. This is an example of a long summer drought. A drought is not so much a time without precipitation as a time when evapotranspiration greatly exceeds precipitation over a long period. Droughts are unlikely to occur in winter because evapotranspiration is low, but some form of summer drought is likely in every year except the wettest. Years like 1955 occur occasionally and provide an example of a secondary type of annual precipitation regime occurring alongside a dominant primary regime. Droughts can be caused by a lack of synoptic systems to generate precipitation or by a general diminution in the water vapour content of the atmosphere. The latter could be caused by a slowing down of the atmospheric circulation or by a cooling of the North Atlantic.

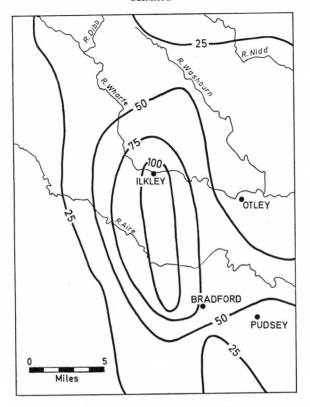

Fig. 12. Distribution of precipitation around Ilkley on 12 July 1900
Isohyets in millimetres.

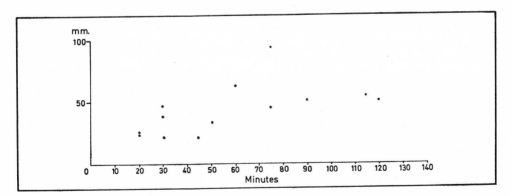

Fig. 13. Values of some intense falls of precipitation in the Leeds area

Intense storms are unusual over western Yorkshire and it is rare for destructive winds to occur. The average annual number of gales (wind speed above about 35 knots) is between two and five, and wind speeds in gusts seldom exceed 90 knots at ground level. Fog in restricted localities is a much more likely hazard, and the frequency of thick fog (visibility less than 220 yards) at 10–20 occurrences a year is among the highest in the country. Intense rainstorms do occur, as was the case at Ilkley on 12 July, 1900. The distribution of precipitation on this day is shown in Figure 12. This summer afternoon storm caused about £100,000's worth of damage, at 1900 prices, in Ilkley. The magnitudes of some other intense falls of precipitation in the Leeds area are indicated in Figure 13. The probable magnitudes of intense daily falls of precipitation at selected rain gauges in western Yorkshire are indicated in Table IV.

Table IV   Maximum daily precipitation at selected stations

Station	Grid Reference	Height (Feet)	Daily Precipitation in millimetres likely to be equalled once in			
			5 Years	10 Years	50 Years	100 Years
Weetwood Reservoir, Leeds	SE271373	328	37·5	42·5	55·0	60·0
Seacroft Hospital, Leeds	SE349346	235	45·0	52·5	67·5	75·0
Wakefield	SE327199	115	35·0	40·0	50·0	55·0
King's School, Pontefract	SE454213	255	45·0	52·5	72·5	80·0
Dewsbury	SE232214	300	40·0	45·0	60·0	67·5
Ogden Reservoir	SE062306	990	45·0	52·5	70·0	75·0
West Houses	SE043766	1,165	55·0	60·0	77·5	82·5
Earby	SD909472	426	45·0	52·5	67·5	75·0

The hydroclimatology of western Yorkshire has been briefly described. Much still remains unknown; for instance no information is available about the detailed water balances of the various river catchment areas. Even when the hydroclimatology of the region is fully described, the urban climates, agricultural climates and climatic history among other climatic topics, will remain to be described in detail.

SUGGESTIONS FOR FURTHER READING

H. H. Lamb, *The English Climate*, (1964).
G. Manley, *Climate and the British Scene*, (1952).
Meteorological Office, *Climatological Atlas of the British Isles*, (1952).

Dr. Lockwood is indebted to the Director-General of the Meteorological Office for providing the meteorological data, and to the Yorkshire Ouse and Hull River Authority for the hydrological data from Westwick Lock cited in this paper.

IV

VEGETATION

The distribution of vegetation types in a region such as this is a reflection of the overwhelming effect of man on a natural pattern controlled by climate and soil. The work of man is obvious enough in the lowlands and the valleys but his influence on the uplands, though not so obvious, is no less real. In this century the study of recent deposits has revealed much information about the vegetation of the region in the past and it is now possible to see the present vegetation as the latest stage in a sequence of change which began thousands of years ago. Much is still tentative but a distinct pattern is beginning to emerge.

Towards the end of the last glaciation (between about 12,000 and 8,000 B.C.) most of northern Britain was covered by a tundra vegetation. Sometimes this included scattered birch trees and, for at least part of the time, quite well developed birchwoods in the Vale of York, possibly on the drier ground. With the final disappearance of the ice from Britain some 10,000 years ago, birch forest spread over the lowlands and it is suggested that birch scrub spread slowly into the uplands, though the summits were probably not wooded until much later. With the gradual increase in warmth which took place up to about 5,000 B.C., birch was replaced in the lowlands by pine and hazel; later elm, oak, lime and alder gradually spread and eventually replaced the pine and much of the hazel.

The basic geological division of the area is into the limestones of the north–west and east and the siliceous rocks of the Millstone Grit and the Coal Measures (Fig. 2). Pollen analysis indicates that in the Boreal Period, as at present, there were differences in vegetation between these areas. There is evidence that towards the end of the Boreal, between about 6,000 and 5,000 B.C., elm was a very important constituent of the lowland forest of the Magnesian Limestone and the Vale of York, together with oak, some lime and probably alder in swampy areas and around lakes (Bartley, 1962). On the Millstone Grit, elm was much less important and the predominant trees were pine, birch, oak and much hazel. Tallis (1964) suggests that hazel scrub may have extended up the more sheltered valley heads, though much of the uplands above the oak limit were probably covered by birch-hazel scrub as, for example, near Grassington (SE082640) (Walker, 1956). On the summits there is evidence from the southern Pennines (Tallis, 1964) of a late-glacial type of flora similar to that on Scottish mountains to-day. On the limestone of Wharfedale and around Malham, Pigott and Pigott (1959) suggest that pine may have become established on the shallow soils of the scars and pavements. On some of the western limestone uplands, however, hazel seems to have been predominant, perhaps with some elm.

Man's first appearance in any considerable numbers was into this Boreal landscape. Tardenoisian man is said to have made summer hunting forays into the Pennines and pygmy flints are found everywhere but especially on the upland sandy regions and in limestone areas such as Malham (Raistrick and Holmes, 1962). At Malham, pollen of nettle (*Urtica*) and Chenopodiaceae (goosefoot family) preserved in the peat indicates the presence of these plants as ruderals (i.e. associated with human settlement) (Pigott and Pigott, 1959). These Mesolithic people were hunters and food gatherers and probably had very little influence upon the forest though hazel nuts appear to have been an important food source (Godwin, 1956; Davies, 1963 and unpublished). The Tardenoisians remained in the Pennines for a very considerable period during which great changes in the landscape took place. About 5,000 B.C., the climate became very much wetter though it remained warm. At least in the lowlands alder became an important constituent of the forest and one can imagine dense alder and willow thickets in the valley bottoms and around lakes. On drier ground there would be oak forest with elm, alder and lime on the Millstone Grit but with elm and lime probably more important on the Magnesian Limestone. On the Carboniferous Limestone it is thought that alder was important around the lakes and in swampy areas but with hazel, elm and possibly oak forming a quite complete forest cover on the pavements and the uplands. However, the most remarkable changes took place on the Millstone Grit of the Pennine uplands. Leaching and podzolisation of these upland soils must have been proceeding slowly and would be accelerated by increased rainfall leading eventually to waterlogging and the spread of peat. The development of peat depended very much on local relief, being earliest on the flat plateaux at highest altitudes then spreading on to the gentler slopes and valleys at rather lower altitudes, and only much later invading the exposed ridges (Tallis, 1964). In many areas the high altitude peat did not begin to form until the end of the Atlantic period about 3,500 to 3,000 B.C. as on Rishworth Moor (SD988173) (Bartley, 1964) and on the drift soils near Grassington (Walker, 1956). It is this blanket peat which overwhelmed the forests that once covered the Pennines, and has preserved their remains. Stumps of birch, oak, pine and hazel suggest that forest of some sort spread over most of the lower Pennines until at least 3,000 B.C. before being replaced by blanket bog. There are stumps of birch up to 1,725 ft on Great Whernside, of hazel at 1,650 ft and of oak at 1,050 ft, where the present birch thicket is at 1,250 ft (Burrell, 1924). Early man had little influence on the vegetation but it must have influenced him since the blanket peats gradually spread down from the summits restricting him to the area between the swampy thickets of the lowlands and the bogs of the upland plateau.

The spread of peat probably continued until well after 500 B.C., but at about 3,000 B.C. an important change in human activity occurred. This change was from the exclusive food gathering and hunting of the Mesolithic period to the crop production and animal rearing of the Neolithic period. Neolithic man almost certainly cleared forest, though probably only temporarily and in patches before moving on, and his domesticated animals would graze in the upland forests. One of the outstanding features of pollen diagrams for this period is a fall in the amount of elm pollen. The reasons for this fall are much debated but many workers agree that it is connected with human interference either by selective felling or use as a food source. Pollen diagrams give other indications of interference with the forest; for example, at Malham there is an increase in weed pollen indicating clearance, possibly of scrub on the limestone, while at Rishworth there is some evidence of a temporary decline in oak and elm and their replacement by hazel and birch. An important feature of the pollen diagrams is that spores of bracken (*Pteridium*) make their appearance at the same time as the weed pollens. This is true also of ash pollen suggesting that this light-demanding tree is a weed of forest clearance and that the characteristic ashwoods of Craven are secondary features and not fragments of the original forest cover. Clearance continued throughout the Bronze Age and in the upland regions it probably accelerated the process of podzolisation and the spread of peatlands.

At about 500 B.C. there was a marked deterioration in climate which became cold and wet, resulting in a further spread of blanket peat even on to limestone pavement as on the Ingleborough foothills (Gosden, 1965). It must have been shortly after this time that the maximum extent of blanket peat was reached and much of the upland wood and scrub was overwhelmed. From this time on forest clearance was intensified by Iron Age peoples who occupied well-drained ground between the blanket peat and the valley bottoms. Often homesteads were built on limestone terraces and on upland areas such as Malham Moor where they may be associated with small field systems (Raistrick and Holmes, 1962). The economy seems to have been at least partly arable but forest was also cleared and grazed, especially on lighter ground. Much of the bare limestone pavement may have become exposed at this time (Pigott and Pigott, 1959). During this and the Roman period, cultivation was extended and there are good examples of Celtic field systems as at Grassington in Wharfedale (nearly 300 acres) and at Addleborough in Wensleydale. There was probably a considerable denuding of the limestone area with the formation of limestone grassland and the ashwoods. In addition much limestone pavement was exposed both by clearance of already existing pavement and also by degeneration and erosion of soils so as to reveal new pavement. On the Millstone Grit the summits were covered by blanket bog, the lowlands and valleys by dense oak and alder woods, and the ground in between probably with a patchwork of woodland, grassland and arable.

After the Roman period there is evidence in pollen diagrams of a decline in agriculture and a considerable recovery of forest, certainly in the gritstone areas such as near Rishworth. A noteworthy feature here is the failure of elm and lime to regain their former status perhaps as a result of the deterioration of the soils consequent upon interference with the forest. In the Dark Ages, Angles spread up the valleys and were followed by Danes in later centuries, while Norse–Irish settlers coming from the west occupied part of the higher ground. In the twelfth and thirteenth centuries population was increasing and with competition between neighbouring settlements all boundaries tended to become better defined. The enclosure of arable open fields probably followed the easing of the pressure of population on land after the Black Death of 1349, and was completed by c. 1600. It was only after 1750 that the familiar straight, drystone walling of the Dale sides and the Pennine moors came into existence. At the beginning of the nineteenth century the rural landscape must have looked much as it does now though possibly with more deciduous woodland. Woodland had been preserved in certain areas from Norman times as in Langstrothdale Chase, a hunting forest centred on the hamlet of Buckden, in the 'dene (or valley) of the bucks'.

With this historical picture in mind it is now possible to look more closely at the present distribution of vegetation types. It can be seen that the pattern is controlled by soil and climate but it is a pattern almost entirely of secondary communities, that is communities which would not be there were it not for human activity. In the immediate vicinity of Leeds may be seen most of the major vegetation types. The difference between the vegetation on the Millstone Grit and that on the Magnesian Limestone may be seen quite strikingly from a vantage point at Hetchell Crag (SE377424) on the north–eastern outskirts of Leeds. The vegetation of the grit is woodland of *Quercus petraea* (sessile oak) with *Holcus mollis* (creeping soft-grass) and *Deschampsia flexuosa* (wavy hair-grass) and, in spring, *Endymion non-scriptus* (bluebell). On the limestone above, the woodland is of *Ulmus glabra* (wych elm) and *Fraxinus excelsior* (ash). This difference must be a reflection of the selective influence of the soil since there would be no reason for selective felling. The ground flora of the limestone wood contains the usual variety of species with *Sanicula europaea* (sanicle), *Allium ursinum* (ramsons) and *Mercurialis perennis* (dog's mercury) as the most obvious. Also in this area are the two contrasting grasslands; the species-poor acidic grassland with *Deschampsia flexuosa*, *Holcus mollis*, *Galium saxatile* (heath bedstraw) and *Anthoxanthum odoratum* (sweet vernal-grass); and the much richer limestone grassland with *Brachypodium sylvaticum* (slender false-brome), *Helictotrichon spp.* (oatgrasses), *Helianthemum chamaecistus* (common rockrose), *Poterium sanguisorba* (salad burnet), *Cirsium eriophorum* (woolly thistle) and many others. Parts of the limestone to the north carry interesting patches of grassland, two of the most notable species being *Orchis ustulata* (burnt orchid) and *Carex ericetorum*. Other woodlands also occur on the limestone and these are either ash-hazel as at Jackdaw Crag (SE465415) or mixed and species-rich as on the damper soils of Bramham Park (SE4142) where the trees include *Quercus robur* (pedunculate oak), *Q. petraea*, *Ulmus glabra* and *Fagus sylvatica* (beech) as well as a wide variety of shrubs.

Bramham Park is again interesting because it has a small inlier of Millstone Grit which carries a distinctly acidophilous flora including *Calluna vulgaris* (ling or heather) and *Galium saxatile*. This type of flora is better seen however on the main mass of gritstone as at Great Almscliff (SE268490) where the vegetation is dominated by *Deschampsia flexuosa* and *Festuca ovina* (sheep's fescue) with patches of *Pteridium aquilinum* (bracken), *Ulex europaeus* (gorse), *Calluna*, *Nardus stricta* (mat-grass) and *Vaccinium myrtillus* (bilberry). On the other side of the Washburn valley there is a good example of heather moor, about which more will be written later. Within the boundary of the City of Leeds there are dry, heath-like communities developed on sandy soils. Around Alwoodley and Adel these are covered by heather and gorse with scattered birch trees while at Moss Plantation (SE323402) there is a *Sphagnum* bog covered by sparse birchwood with much *Eriophorum vaginatum* (cotton-grass), *Calluna* and even *Vaccinium oxycoccus* (cranberry). These heaths and bogs are part of a chain of moors running from Black Moor (of which they are the remnants) to Otley Chevin, a bracken, heather and bilberry covered hill, across Ilkley Moor and Barden Moor and so up on to the high Pennine moors.

There is little sign now of the dense thickets and alder woods which occupied the valley bottoms in earlier times but their presence is recorded in place names such as Hunslet Carr, Rawdon Carrs and many others.

West and south–west from Leeds the ground rises to the Pennines, passing at first through the gentle valleys of the Coal Measures and then into the steep, craggy valleys and cloughs of the Millstone Grit. In the woods of the lower valleys, oak is the most abundant tree but often with sycamore (*Acer pseudoplatanus*) and elm. The woods are usually fairly dense and damp and with a very varied ground flora. Higher up the sides of the valleys, especially on the Millstone Grit, the woodlands assume a very different character. The terrain is often rocky, nearly always steep and well drained, and the woods are predominantly of oak and birch. These woods are more open than those lower down and have a ground flora which is poorer in species with such types as *Vaccinium myrtillus*, *Calluna* and *Pteridium*; mosses are often very abundant. Both types of oakwood may still be seen in the Meanwood valley within Leeds. The upland oakwoods thin out at higher levels, but persist in the steep sided and sheltered cloughs where the trees may be quite crowded but more often form a scattered scrub mixed with *Crataegus sp.* (hawthorn), *Sorbus aucuparia* (mountain ash), *Ulex* and sometimes marsh and bog plants.

Above these remnants of the oakwoods and above the cultivated fields the vegetation is usually dominated by *Calluna* or by grasses. *Calluna* usually occurs as a dominant on flat or gently sloping ground. The associated flora is not very rich but some species are scattered throughout and may form extensive patches; such species include *Vaccinium myrtillus*, *Ulex gallii* (dwarf gorse), *Vaccinium vitis-idaea* (cowberry) and *Erica cinerea* (bell-heather). More frequently in this area the woods give way to grasslands; on the relatively steeper slopes a *Nardus* grassland with *Deschampsia flexuosa* and *Festuca ovina* and many of the moorland plants such as *Calluna* and *Vaccinium myrtillus*; on the flatter, wetter ground *Molinia caerulea* (purple moor-grass) grassland, often on a peaty substrate and with few associated species. These moors and grasslands must have replaced former woodland, since tree remains occur under peat at higher altitudes, and were presumably initiated by Neolithic and Bronze Age clearance. As mentioned already, forest clearance leads to deterioration and possibly waterlogging of soils; this together with different grazing regimes would account for the distribution of the heather and grassland types.

The heather and grassland communities pass upwards into what is perhaps the most characteristic feature of the high Pennines, the cotton-grass moors: mile after mile of *Eriophorum vaginatum* on deep peat (up to 30 ft) and known locally as mosses. The associated flora is very scanty—*Eriophorum angustifolium* (common cotton-grass), *Erica tetralix* (cross-leaved heath), *Drosera rotundifolia* (sundew) and *Sphagnum* in the wetter parts, *Vaccinium myrtillus*, *Calluna*, and *Empetrum nigrum* (crowberry) on drier parts. *Empetrum* appears to be increasing and is especially abundant on eroding edges. On the plateau the peat averages perhaps 10–12 ft in thickness and it may be quite deep even on moderately steep slopes. Where the slope is not too steep the cotton-grass moor passes down into heather moor or grassland but on steep, well drained edges and on summit ridges it is replaced by *Vaccinium myrtillus*. Occasionally the steep edges carry *Calluna* on a shallow peat which appears to be contemporaneous with the blanket peat.

A feature of great interest and much debate is the very considerable erosion of the blanket peat. It has been pointed out that the blanket peat has been developing from about 5,000 B.C.

and that it replaced light woodland, scrub, or perhaps open mountain vegetation. This blanket of peat would have a drainage system which was probably fairly close to the original pre-peat system. The development of stream courses inevitably implies the cutting back of the head of the stream into the peat, leaving surfaces exposed to wind and rain. It can be argued that under climatic conditions suitable for the development of blanket peat any erosion which takes place will be followed by recovery and building up; the excessive erosion seen to-day, especially in the northern part of our region, for example Great Whernside or Fountains Fell, being a consequence of artificial draining, burning and grazing. Removal of peat in these regions leaves bare ground but there may be replacement by grassland suggesting that at present the climate is not sufficiently wet for the growth of blanket peat. Peat erosion there-fore may be a natural process (perhaps accelerated by change in climate), a product of human interference or, what is most likely, a combination of the two; a natural process hastened and accentuated by human interference. This removal of peat is a considerable problem because the peat areas are important gathering grounds for many reservoirs. The peat acts as a regu-lator, maintaining a flow of water throughout the year and also protecting the mineral soil from erosion. Removal of the peat leads to uneven flow of water with very little in summer when it is needed most, and the subsequent soil erosion must lead eventually to the silting up of the reservoirs.

A journey up Wharfedale, north–west from Leeds, would show the same general sequence of vegetation types but with certain marked differences. One of the major differences is the greater development of heather moor at altitudes which would carry blanket bog in the more southerly region just described. Good examples are Blubberhouses Moor, Barden Moor and the moors north of Pateley Bridge and they probably reflect a drier climate in this region. Ilkley Moor at the beginning of this century was a heather (*Calluna*) moor and the changes which have, and are still, taking place on it have been the subject of investigations by the Wharfedale Naturalists' Society. They have shown that the heather has been replaced almost entirely by *Empetrum* and *Pteridium* and this change is attributed to excessive sheep grazing, both plants being ignored by sheep. The bracken is dying back in places and in this condition it is eaten and trampled by sheep but unfortunately the dead bracken is replaced by *Empetrum* and this is almost impossible to remove. This illustrates one of the great problems concerned with the improvement of common land. The most productive plant for Ilkley Moor is probably heather but this can only be maintained by enclosure or by communal effort and since both seem to be impossible, it is likely that the Moor will become an unproductive desert. In certain parts burning of the thin peat has resulted in a real desert. Further north and west where game interests are involved, regular and carefully controlled burning maintains an excellent growth of heather. Even so, bracken has spread in certain areas and in winter the pattern of black or dark-brown heather, russet bracken and white *Nardus* or *Molinia* can be picked out from a distance. North of and at a higher altitude than the heather moors there are enormous areas of blanket bog similar to that on the more southerly Pennine tops but often more dissected and eroded.

Around Bolton Abbey there are good examples of lowland mixed woods grading into the heathy oakwoods and then into the cloughs or gills. North of Burnsall (SE033613) the river

E

Wharfe flows through the Carboniferous Limestone. This is the region which most people associate with the Dales and it is utterly different from the Millstone Grit areas which have been described up to now. The general absence of trees is emphasised by the stark limestone walls dividing up the ground from the valley bottoms to the fell tops. It has been stated earlier that the former forest cover was removed by man, leaving woodlands only in certain places such as on the steep valley sides of Upper Wharfedale and Littondale, in the very steep gills such as Ling Gill (SD800785) in Ribblesdale, and Dib Scar (SD990663) or on limestone pavement as in Colt Park Wood (SD775775). The characteristic tree is ash though in some woods planting and management may result in other species becoming important as in Grass Wood near Grassington. Most of these woods may be regarded as secondary though they are probably of very long standing since they form the refuges of most of our rarer woodland species such as *Daphne mezereum* (mezereon), *Actaca spicata* (baneberry), *Cypripedium calceolus* (lady's slipper), *Convallaria majalis* (lily-of-the-valley), *Paris quadrifolia* (herb paris) and *Polygonatum odoratum* (angular Solomon's seal). By far the greater part of the limestone is covered by grassland, a legacy of the grazing regime started in the Neolithic and probably reaching its greatest intensity in the Middle Ages when the great monasteries were thriving. It has been argued that the grasslands are a natural product of the supposedly drier conditions of the period corresponding to the Neolithic and Bronze Ages and that the absence of trees is a result of their slow growth and the general unsuitability of the climate. Yet there are fully grown trees round the farmsteads high up on the limestone and there are well-developed woods near Malham Tarn. Probably the open and exposed conditions of the present landscape do make conditions difficult for the growth of trees but if the area were predominantly wooded this would not be true.

The grassland on the Carboniferous Limestone is similar to that on the Magnesian Limestone but it tends to be more heavily grazed, especially by sheep, so that *Festuca ovina* and the smaller creeping herbs such as *Helianthemum* and *Thymus drucei* (thyme) tend to be predominant and on rocky ground there are large areas of *Sesleria albicans* (blue sesleria). The difference between these basic grasslands and those on the Millstone Grit is very striking and can be picked out even in continuous grassland. *Galium saxatile* and *Carex pilulifera* (pill-headed sedge) on the gritstone are replaced abruptly by *Galium sterneri* and *Carex caryophyllea* (spring sedge) on the limestone. On the deep drift soils *Nardus*, *Calluna* and, on the wetter parts, even *Eriophorum vaginatum* may be important.

One of the most interesting features of Craven is the limestone pavement, about the formation of which there is much controversey. It seems likely that glaciation has played a large part in pavement formation firstly by scouring the surface of the limestone and then by deposition of drift. Many workers now agree that much of the pavement was formed in the postglacial period under a drift and vegetation cover. The botanical interest of the pavement lies in the rich assemblage of species found in it. On the tops, or clints, and in shallow grikes *Sesleria*, *Convallaria*, *Trollius europaeus* (globe flower), *Geranium sanguineum* (bloody cranesbill) and *G. lucidum* (shining cranesbill) may be found; but in the deeper grikes occurs a flora characteristic of limestone woods—*Actaea*, *Mercurialis*, *Allium ursinum*, *Phyllitis scolopendrium* (hart's tongue fern), *Asplenium spp.* (spleenworts), *Polystichum aculeatum* (hard shield-fern) and, in a very few places, *P. lonchitis* (holly fern). These plants grow here because of the combination of high humidity, deep shade and protection from grazing. Whether they are relics of former woodlands is another matter. That the pavements did carry woodland in the past is almost certain, but it is also certain that within the last 2,500 years much of the pavement on the Ingleborough massif was covered by peat and perhaps even glacial drift. In such cases the woodland species must have returned secondarily after the erosion of the peat in a later drier period.

The north–west is the highest part of our area. Pen-y-ghent, Ingleborough and Whernside stand on the limestone plateau as isolated blocks of Yoredale sandstones and limestones, capped by Millstone Grit. Much of the lower slopes of these hills is masked by a blanket of peat and the places of greatest botanical interest are the summits and the crags just below them. Here have survived a few species of the rich late-glacial flora which covered much of the region some 10,000 years ago. On Pen-y-ghent and Ingleborough *Saxifraga oppositifolia* (purple saxifrage) flowering in April soon after the snows have gone is a magnificent sight. On Ingleborough may be found also *Poa alpina* (alpine poa), *Saxifraga aizoides* (yellow mountain saxifrage) and *Draba incana* (hoary rock-cress). Another plant which was widespread at the end of the glaciation was *Dryas octopetala* (mountain avens) and this is now found in considerable abundance on both sides of the Cowside Beck near Arncliffe (SD932718) suggesting that open areas persisted on the steepest limestone slopes right through the forest period.

The whole region therefore is one where man's influence has to a large extent overridden that of climate and soil. Probably the only vegetation to have arisen naturally is the cotton-grass moor and even this has been, and is being, modified by grazing, burning and draining. These changes are still going on, the peats and upland soils are being eroded, a process from which there may be no recovery; the moors are being altered by overgrazing, again with results which may take many years to rectify, even where this is possible; the *Nardus* grasslands have been virtual deserts for centuries. Up to now there has been little afforestation except on some of the lower moors and it may be that some of these unproductive areas would benefit if tree covered. Afforestation is almost certainly the counter to soil and peat erosion in the catchment areas. The various Naturalists' Societies of the area are very active and have a long and praiseworthy tradition. They have a highly educative role and bring to young people not only an interest in natural history but also an awareness of the special problems which arise in an area such as this. There is close liaison with the Yorkshire Naturalists' Trust which is establishing nature reserves and the Societies and the Yorkshire Naturalists' Union are undertaking investigations which one hopes will lead to a greater understanding of the region, to the preservation of areas of interest and educational value, and to a sensible and intelligent management of the whole area.

SUGGESTIONS FOR FURTHER READING

There are excellent accounts of the flora in:

W. G. Smith and C. E. Moss, 'Geographical Distribution of Vegetation in Yorkshire. Part 1.—Leeds and Halifax District', *Geographical Journal*, xxi (1903), 375–401.

W. G. Smith and W. M. Rankin, 'Geographical Distribution of Vegetation in Yorkshire. Part 2.—Harrogate and Skipton District', *Geographical Journal*, xxii (1903), 149–78.

SELECT REFERENCES

D. D. Bartley, 'The Stratigraphy and Pollen Analysis of Lake Deposits near Tadcaster, Yorkshire', *New Phytologist*, lxi (1962), 277–87.

D. D. Bartley, 'Pollen Analysis of Organic Deposits in the Halifax Region', *The Naturalist*, no. 890 (1964), 77–87.

W. H. Burrell, 'Pennine Peat', *The Naturalist*, no. 806 (1924), 145.

J. Davies, 'A Mesolithic Site on Blubberhouses Moor, Wharfedale, West Riding of Yorkshire', *Yorkshire Archaeological Journal*, xli (1963), 61–70.

H. Godwin, *The History of the British Flora*, (1956).

M. S. Gosden, 'An Investigation into the Origin and Nature of some Organic Deposits of the Ingleborough Region', Ph.D. Thesis, University of Leeds, (1965).

M. E. Pigott and C. D. Pigott, 'Stratigraphy and Pollen Analysis of Malham Tarn and Tarn Moss', *Field Studies*, i (1959), 1–18.

A. Raistrick and P. F. Holmes, 'Archaeology of Malham Moor', *Field Studies*, i (1962), 73–100.

J. H. Tallis, 'The Pre-peat Vegetation of the Southern Pennines', *New Phytologist*, lxiii (1964), 363–73.

D. Walker, 'A Site at Stump Cross, near Grassington, Yorkshire, and the Age of the Pennine Microlithic Industry', *Proceedings of the Prehistoric Society*, xxii (1956), 23–8.

Dr. Bartley acknowledges information from Dr. A. Raistrick's *Dalesman* articles, used in the first part of this chapter.

V

FAUNA

The region of Yorkshire covered by this survey provides the most widely diverse of land habitats for animals, from the bleak upland moors of the Pennines, through woodlands of coniferous and broad-leaved trees to the fertile valleys of the Dales and the Vale of York. The freshwaters of this area are diverse too, comprising streams and rivers both from the base-rich rocks of the Craven Uplands and from the base-poor rocks of the Millstone Grit (Fig. 2); there are streams both unpolluted and polluted by man; and lakes and ponds of various types.

All these habitats support their own characteristic fauna of inexhaustible interest to the naturalist, and within our region are many localities of outstanding natural historical interest. Of the nineteen Nature Reserves in Yorkshire, only six fall within the strict confines of our survey area. Two of these are National Nature Reserves, Colt Park Wood and the nearby Ling Gill on the Carboniferous Limestone. Three are administered by the Yorkshire Naturalists' Trust viz., Globe Flower Wood near Malham; the predominantly ash woodland of Grass Wood near Grassington, which has an interesting ground flora associated with limestone outcrops including the wild lily of the valley, and Stock's Moor Common, near Wakefield. Fairburn Ings is a Local Nature Reserve in the industrial belt comprising some 600 acres of land beside the river Aire, flooded due to mining subsidence and now forming a collecting ground especially for water birds. More widely known perhaps than these reserves is the field centre of the Field Studies Council at Malham Tarn, an outstanding educational centre. The Tarn itself and the surrounding countryside are of great geological and biological interest, offering, within easy walking distance from the Tarn House, a wide range of soil types, both alkaline and acid—on limestone, shales, sandstones and not forgetting the peat of the Tarn Moss— each with its characteristic plant and animal associations.

The reader's attention can be drawn to only a minute fraction of all the animal species living in this region and the selection will necessarily be a very personal one. Some species have been selected for mention because they are so common or so important or because they are so rare; others because we know something of their fascinating life histories; still others because there seems to be a clear indication of a diminution in numbers and a restriction in range, or alternatively a slow and steady increase since the last report of this nature was presented for the British Association meeting at Leeds in 1927. Mention will be made of as many as possible of the major groups of animals, although the local distribution and abundance of some groups is far better known than that of others. Birds, of course, are relatively very well known, thanks to the devoted interest of so many amateur ornithologists. The interests of anglers and of the Yorkshire Ouse and Hull River Authority ensure a detailed knowledge of the fish and of some of the freshwater invertebrate animals of most of the rivers of our area. Other vertebrate animals—amphibians, reptiles and mammals—are less well known, due mainly to the difficulties of observation and to the limited number of observers. It is especially encouraging to note that the Yorkshire Naturalists' Union is now conducting an enquiry into the local occurrence and abundance of fifteen species of mammals, amphibians and snakes, including two recent alien species, the coypu and the mink. Our knowledge of the local occurrence of the various groups of invertebrate animals is far from uniform and much depends here on the personal interests of local residents whether amateur or professional.

The rivers of the Pennine watershed in Yorkshire fall into two main types. The more northerly ones, Swale, Ure, Nidd, Wharfe, and Aire, which flow from base-rich rocks, are capable of supporting a much richer animal life than the Calder and Don, which derive mainly from the Millstone Grit. The upper, unpolluted, stretches of these latter two rivers have a relatively sparse fauna, including some caddis flies and chironomids, but are noticeably poor or lacking in mayflies and fresh-water snails. The limestone streams and rivers on the other hand support a very rich fauna. A mere catalogue of species would be confusing as well as uninstructive and only a few will be mentioned here. The stoneflies are particularly characteristic of cool well-aerated mountain streams and are represented by many species, the largest being the impressive *Dinocras cephalotes* and *Perla bipunctata*, whose nymphs are carnivorous and feed, among others, upon tipulid larvae, i.e., the grubs of the daddylonglegs flies. Although most British stoneflies develop from egg to adult in one year, these two species take three years—a very long life cycle compared with that of most insects. These two stoneflies occur over large stretches of the Ure and Swale and may be found also in much smaller streams such as Gordale Beck and the outflow stream of Malham Tarn. Mayfly larvae are abundant too in all these streams. *Baëtis rhodani* is one of the commonest, occurring almost everywhere except in the Millstone Grit streams and in polluted waters. A much more restricted species is the montane *Ameletus inopinatus*, found in the headstream of the Ure. The flat-bodied nymphs of the mayflies, *Ecdyonurus* and *Rithrogena*, so common in the stony streams and rivers of this area, are admirably adapted for maintaining their hold on stones in rapidly flowing waters. Characteristic of this type of habitat is the larval *Simulium* or black fly, which clings firmly by a sucker at the hind end of the body and uses the mouth bristles to filter out from the water the small creatures upon which it feeds. Of the Mollusca, one species, *Potamopyrgus jenkinsi*, is especially noteworthy. This is a small blackish brown snail only 5–6 mm. long, originally a brackish water species which has colonised freshwater streams and ponds most successfully and spread over most of this country since the early years of this century. It is now of wide occurrence in Yorkshire in both large and small streams as well as in lakes such as Malham Tarn, where it first appeared as recently as 1950, although it had existed in Coniston Tarn, only 6½ miles south of Malham, since 1929. It appears to be still absent from the Calder and Don and their higher tributaries. Common caddis flies in all these rivers include the large, active, carnivorous larvae of *Rhyacophila* which, unlike most caddis, do not build cases of any kind. They may be found under stones even in the most swiftly flowing parts of streams. Another caddis extremely abundant in some streams is *Agapetus*, whose larvae construct little cases about 1 cm. long from small stones from the stream bed.

Mention of these few examples of the more outstanding species cannot do justice to the wealth of animal life, both in numbers of individuals and in the diversity of species, in these rich Pennine rivers. Unfortunately, however, the life of some of our Yorkshire streams has been very sadly restricted and impoverished by pollution from industrial wastes. The Aire below Shipley near Leeds and the Calder and Don, except in their upper reaches, are all heavily polluted. Some animals, as for instance the stoneflies, are very much more sensitive than are others to pollution. The common and widespread water snail, *Limnaea pereger*, is the one mollusc species above all others capable of withstanding pollution. It occurs in large numbers in the Aire and lower Calder. Other resistant animals are the haemoglobin-containing creatures, the red *Chironomus* larvae known as 'bloodworms', and the small true worm, *Tubifex*, which can survive in very poorly oxygenated water, and ciliate protozoans and nematode worms are abundant on some occasions too. The leeches, *Erpobdella octoculata* and *Helobdella stagnalis*, known to feed on *Tubifex* and on freshwater snails, occur here as well. Generally speaking, it may be said that moderate pollution greatly restricts the variety of living creatures; predators are greatly reduced and a few herbivorous creatures can exist in very large numbers indeed. Even in streams highly polluted with suspended organic matter and deficient in oxygen, as in parts of the Calder, extremely large populations of 'bloodworms' may flourish, so that when these insect larvae finally emerge into winged adult midges, they become a nuisance.

All these freshwater invertebrate animals support, either directly or indirectly, the fishes of our rivers. Of the game fish, trout is generally distributed in all these Pennine rivers except the Calder. Salmon is now virtually restricted to the Ure whereas, forty years ago, it was recorded also in the Swale, Nidd and Wharfe. No doubt the deoxygenated stretch of the river from Goole up to the junction of the Aire with the Ouse deters its passage. Of the coarse fish, barbel exists as naturally occurring populations in the lower reaches of the Swale, Ure, Nidd and Wharfe. Grayling, although naturally occurring in many places, has recently been reintroduced into the Aire. Rudd is scarce in Yorkshire so that its occurrence in Semerwater in the upper reaches of the Ure above Aysgarth Falls is noteworthy. Bream and trout also occur in this lake and bream is common in the Ouse. The flounder extends up the Wharfe as far as the tidal limit at Tadcaster. Eels are, of course, universally distributed. Pollution quickly restricts the fish fauna of any stream and the Aire below Leeds is virtually fishless as also is the Calder except for the stretch from Elland to Brighouse, where the first fishing match in living memory was held recently for roach.

All animals themselves provide habitats for other creatures. The parasites living on or in other animals are legion, but in this brief survey only three fish parasites will be mentioned. Two of these are related forms; both are tapeworms and are so large that a parasitised fish can very often be detected immediately by the great distension of the body. *Ligula intestinalis* is a parasite chiefly of roach, but has been found also in gudgeon, bream, rudd, dace and minnow. *Schistocephalus solidus*, is, in the Leeds area, found only in the three-spined stickleback.

Both tapeworms have an unusual life history, in that three hosts are required to complete the life cycle. The first stage, the so-called procercoid stage, exists in a copepod, a small freshwater crustacean. The parasite develops further only when this host is eaten by a fish, and this second stage is unusual in that it constitutes the major and, indeed, almost the only growth phase in the life history. It reaches a very large size relative to the host and one individual fish may carry in its body cavity several of these parasitic worms. All that is now required by the tapeworm for maturation is an increase of temperature, which normally occurs when the fish is eaten by a bird. The worm then matures very quickly in the gut of the bird, laying its eggs and dying, all within a very short period of about one week. These are therefore very unusual parasites to find in birds although in fact they are both quite common. A heavily parasitised stickleback may easily be discerned in a pond by the distension of the body, and cases are known where the host fish supports more than its own weight of parasite. Curiously enough this tapeworm rarely has a serious effect on the stickleback whereas the other worm, *Ligula*, seriously affects the roach, infected individuals being unable to breed. A famous parasite is *Diplozoon paradoxum*—famous because it is so very curious. The worm as found on the gills of fish consists of two individuals which met originally on the gills as larvae and which became organically fused together to form one organism. Each of the original individuals is hermaphrodite. This worm has been found quite commonly in the Leeds area and in other parts of Yorkshire particularly on roach, dace and large minnows.

Patient searching and careful observation, as in the case of *Diplozoon*, can bring to light the occurrence of many species hitherto thought to be absent or very rare, or even extinct. For instance, sixty years ago the medicinal leech, *Hirudo medicinalis*, was thought to be extinct in this country, but since that time it has been recorded from such widely separated places as the New Forest, the Lake District, Norfolk, and Islay in Scotland. It was recorded in our area at Strensall Common in 1952. Perhaps these records of the past 50 years reflect the numbers of people interested in these creatures and eager to communicate their discoveries, or alternatively this leech may be slowly gaining ground again in Britain. *Hemiclepsis marginata* is another leech once thought to be very rare and very restricted in its distribution. This species has been recorded recently for the first time in Yorkshire, occurring in the river Aire under stones and in the lake at Bretton Park, near Wakefield. In this lake too was recently found the leech, *Theromyzon tessulatum*, another species once regarded as rare but now being found more and more frequently by intensive search. The life cycle of this species is of great interest. The animals start breeding in May when one adult may produce as many as 700 young which are carried around on the ventral surface of the parent for 2–4 months. After the death of the parents about September, the young at first remain in clusters near the edge of the water. They survive through one or two winters, taking during their lifetime only three meals after which they breed and then die. The first meal is taken usually in the first autumn when the small leeches creep into the nasal cavity of ducks feeding in the pond or lake. This blood meal takes about 16 days to digest, the leeches leaving the duck after the meal. The second meal is larger, taking about 1½ months to digest, and at the last meal the leech takes blood 6–9 times its own body weight.

Another interesting animal, which has been recorded only in recent years in this area, is the land planarian, *Orthodemus terrestris*, the only representative we can consider in this short chapter of the very many diverse creatures living in damp sheltered crevices, under stone, or in the interstices of the soil, or under the bark of rotting logs. The more familiar planarians are the dark-coloured, smoothly-gliding, flattened, unsegmented worms commonly found under stones in ponds and streams. The land planarian, by contrast, is long and thin bodied and more or less cylindrical with a somewhat attenuated front end. Part way down the body is an opening from which may be extended a long pharynx which pierces the tissues of its prey. Digestive juices are passed down and semi-digested food is then sucked up through the pharynx into the body of the planarian. It feeds on baby slugs, woodlice and insect larvae. When fully extended it is about $2\frac{1}{2}$ cm. long, but when disturbed, contracts very greatly and then resembles a small slug on casual inspection. Perhaps this resemblance accounts for it being overlooked so frequently and for such a long time. It was first recorded in the Malham Tarn area in 1958, under stones and logs in the woodlands. It has since been recorded from several other localities and has been found frequently in my own garden in Cookridge, on the edge of Leeds.

With regard to the terrestial fauna, mention will be made only of insects and birds. Changes in numbers of insects over a period of years are in most cases not reliably known since reports by observers are so often subjectively based. During this century certain insects have disappeared from the area—the glow-worm and the small blue butterfly from the Wetherby district, and the Scotch argus from Grass Wood. The holly blue butterfly appeared briefly within ten miles of Leeds in the late 1940's, but has since receded and no colonies are now known in this region. The wall butterfly on the other hand appears to have increased in numbers and range in the West Riding in the past twenty years. Within Leeds itself there still remains interesting insect life, although many favourable habitats are disappearing in the face of building programmes. The Leeds Naturalists' Club, investigating the flora and fauna of the Meanwood valley, which extends into the centre of the city from its north–western boundary six miles away, listed 600 species of beetles. Other city localities retain much of their scientific interest. Adel Moor five miles from the city centre, an area of exposed grit-stone rocks with heather and birch scrub, still has its colonies of mining bees (*Andrena* and *Halictus* spp.) and here the heather beetle (*Lochmaea suturalis*) is frequently numerous, with its predator, the ladybird *Coccinella hieroglyphica*. The colonies of the splendid green tiger beetle *Cicindela campestris* still survive the increasing trampling of visitors. This beetle extended its range to the nearby Golden Acre Park after the level of the lake had been lowered, exposing a bare sandy bed where its larvae could construct their burrows. It survived for a few years here until vegetation colonised and completely covered the sand.

The gardens of the suburbs can show much of interest. The first Yorkshire examples of the handsome blackish-violet Solomon's seal sawfly (*Phymatocera aterrima*) were noticed in Headingley in 1953. The ravages of its larvae, which strip the leaves from whole clumps of the plant, are now well known locally. Another sawfly which excites great attention when found is *Trichiosoma lucorum*, the hawthorn sawfly, whose large green larva is seen not infrequently. Other habitats within the city which repay investigation are the apparently desolate spaces, the spoil heaps, waste land and tips. A black ground beetle, *Feronia angustata*, first noticed in England in 1916 when it was found colonising recently burnt ground, was taken in Leeds in 1939 and has since been seen on burnt areas in woodland and on a corporation tip. On this same tip was also found the beetle *Amara convexiuscula*, which was at one time regarded as an inhabitant solely of coastal mudbanks, but which is now successfully establishing itself on tips and on waste ground.

This brief account of terrestial insect life in Yorkshire must not be concluded without some reference to a group of insects more abundantly represented, in terms of numbers of individuals, in the higher Pennine woodlands than elsewhere in England and probably anywhere else in Europe. This group, the *Psocoptera* or barklice, is one not popular with either amateur or professional naturalists and zoologists. It is represented in Britain by 87 species. The best known domestic species is the common booklouse which is wingless, but most of the tree-living species are fully winged. They may easily be recognised by their size, of body length 1·5–6 mm., by the roofwise disposition of the largely unpigmented wings and by the fact that they do not jump nor do they readily take to the wing. Psocid populations become denser as one moves from lower to higher land in the Pennines. In larch woodland they are fifteen times more abundant at an altitude of 1,000 ft or over, as for instance in the woods around Malham Tarn or on the top of Witton Fell near Jervaulx Abbey in Wensleydale, than they are in the Vale of York at 100–250 ft above sea level. This is doubtless due in part to the greater abundance of their food in the more humid climate of the hills. They feed on the epiphytes growing on the trees—the unicellular green alga *Pleurococcus*, fungal spores of the so-called 'honey dew moulds' and lichens, particularly in this area the lichens of the *Lecanora* type which are the least sensitive to atmospheric pollution. Of the nine commonest psocid species on larch trees, seven habitually feed on the *Pleurococcus*-fungal spore mixture present on the bark of trunk and branches and these take lichen only very reluctantly. The other two species are adapted for a lichen diet although they will eat the *Pleurococcus* and fungal spores readily if their favoured food is scarce. The lichen, *Lecanora conizaeoides*, occurring on these larch trees, is present as a thin encrustation composed of a vegetative portion, the thallus, which carries small saucer-like fruiting bodies, the apothecia, containing the ascospores. These apothecia, unlike the vegetative portion of the lichen, appear not to contain any lichen acid. The two lichenophilous psocid species differ from each other strikingly in their feeding responses even though both feed on the same lichen. One of them, *Reuterella helvimacula*, grazes the whole surface of the lichen, thallus and apothecium alike, and so is evidently un-affected by the presence of the lichen acid. The other species, *Elipsocus mclachlani*, on the other hand seems to be only incompletely adapted to lichen feeding. It prefers the lichen to any other food but will take only the apothecia, i.e. that part of the lichen free from lichen acid, and leaves the thallus intact. The effect of this grazing on the apothecia alone is to produce small white round areas on the otherwise greyish-green surface of the lichen where the apothecia have been removed exposing the white fungal medulla below. This grazing can easily be observed in August in the Ha Mire plantation bordering the eastern shore of Malham Tarn, where this interesting species of psocid is extremely abundant and much commoner there than in most other woodlands in this region of the Pennines. Other psocids are present on these trees at this time and some impression can be gained of the numbers of psocids on these larch trees at Malham by the record taken on 30 July 1954 of an average density of four individuals per 10 cm. length of living larch twig. Even higher densities, averaging almost twice this figure, have been recorded from another woodland at a similar altitude on the top of Witton Fell in Wensleydale.

Anyone who has been watching birds in Yorkshire during the forty years that have elapsed since the last time the British Association met in Leeds, cannot be unaware that the apparent increase in some species is due more to the incidence of bird watchers than of birds. Nevertheless, we are extremely fortunate in that the farming over large areas of this county does not call for the extensive use of toxic chemicals and we have, particularly in the north and west, many miles of wild moorland where, apart from sheep dips, none is used. As a result of this and the fact that many species have become more urbanised, there has not been the dramatic reduction in numbers that is noticeable in some counties south of the Humber.

During the last forty years Yorkshire has lost its last breeding pair of stone curlews, but for the most of that time there has only been one nest recorded each year. In the same period many of our diurnal birds of prey have lost ground; the sparrowhawk in particular has disappeared from many areas, but the kestrel, a bird often to be found nesting in our towns, is still reasonably common. Of the owls the tawny owl is generally the most numerous and widespread. It is by no means unusual to see or hear birds of this species within the precincts of the University of Leeds, and a ledge on Oxley Hall, one of the University Halls of Residence has been used by both this and the last mentioned species as a nesting place. Both the barn owl and the little owl suffer heavy losses in prolonged frosts and this may account for the recession in their numbers, but one suspects that rodent poisons have played their part. It is interesting to remember that Charles Waterton was the first to attempt the introduction of the little owl into Britain at his estate near Wakefield. The southern part of the county once carried a good population of long-eared owls, but now these are scarce in many of the areas which one associates with them.

Probably the most noticeable recent addition to our avifauna is the collared dove. Birds of this species have attracted considerable attention in towns and villages, partly because of their comparative tameness, but mainly on account of their persistent and monotonous calling. The first proof of breeding in Leeds was a nest in the grounds of the Students' Union on the University campus and since then there have been many more nests in the area. As in most places in Britain, our population of wood pigeons has increased, but the smaller stock doves have disappeared from many woodlands. The reduction in the numbers of gamekeepers has allowed the tribe of crows to prosper. Magpies, and to a lesser extent jays, nest in town parks and urban trees. They take a heavy toll of garden nesting birds, searching the bushes and hedgerows in the early morning for their eggs and young. In April carrion crows also take many lapwings' eggs that before the Protection of Birds Act of 1954 would have been consumed by gourmets.

Although the reservoir at Eccup near Leeds was completed last century, it was not until the close of the 1920's that the bird life there was watched with any regularity. It was soon found to be the winter haunt of large numbers of duck; the regular presence of goosanders being one of the first things to attract attention. It is also an autumn roost for very large numbers of gulls of many species. At about the same time other stretches of water within the county began to be watched more frequently and reports from the ings, flashes, lakes, meres and reservoirs show that many species once considered to be rare visitors were in fact to be found annually on passage through the three Ridings.

Subsidence, gravel extraction and the building of reservoirs have provided more places for water fowl, although some wetlands have been drained. A few years ago one swamp was pumped dry by the Yorkshire Electricity Board when many birds, including blacknecked grebes, were breeding in it. Youngsters were stranded on the glutinous mud while nests were left high and dry. However, the present situation is that Yorkshire has many places that are attractive as breeding and wintering places to water fowl and some species, particularly great crested grebes, are to be found in more places than they were forty years ago. It is unlikely that this state of affairs will continue. Semer Water is now so much disturbed by aquatic sports that it has lost most of its interest to ornithologists and, in view of the national survey being made in an effort to find more waters for these pursuits, there is little doubt that in the near future other places will be similarly affected. Many of our ings and flashes are surrounded by the waste products of coal mining and in 1947 it was suspected that a pair of little ringed plovers had bred in the county for the first time on the slag near one of them. The following year proof of nesting was obtained and since then they have done so each year, now breeding at several places in the West Riding. Some common sandpipers also nest at the same places, although most of them prefer the upper reaches of the Dales rivers where the 'summer snipe', dipper and grey wagtail are part of the spring pageant. The last mentioned species is just beginning to build up in numbers after the disastrous winter of 1962–63. Unfortunately, as yet, that other bird of our rivers and streams, the kingfisher, is still absent from many of its old haunts.

Of our finches the greenfinch, now commonplace in towns and cities, seems to prosper while in some places chaffinches are less numerous than they were. There appear to have been many more bullfinches around Leeds in the past three years than there have been in the previous decades, and hawfinches are still present in some areas although they are often overlooked.

The coastline of Yorkshire, being very varied in character is the home of many species of birds. At Bempton there are the finest bird cliffs on the English coasts and here, in addition to guillemots, razorbills, puffins, fulmars and gulls, gannets rear their young, the only place on the mainland of Britain where they do so. Further north, at Filey Brig on any day from the end of August to the beginning of April, one may expect to see purple sandpipers by the edge of the tide, and if one goes in the opposite direction, the southernmost tip of Yorkshire's coast is reached at Spurn Point. The peninsula from Kilnsea to this point has long been famous as a place visited by birds on passage and, particularly since members of the Yorkshire Naturalists' Union opened the Observatory there in November 1945, it has been a place of note in the annals of ornithology.

SUGGESTIONS FOR FURTHER READING

E. Broadhead, 'The Psocid Fauna of Larch Trees in Northern England—an ecological study of mixed species populations exploiting a common resource', *Journal of Animal Ecology*, xxvii (1958), 217–63.

W. H. Pearsall, *Mountains and Moorlands*, (1950).

L. W. Stratton, 'The Mollusca of the Malham Area', *Journal of Conchology*, xxiv (1956), 111–38.

Yorkshire Naturalists' Union, Entomological Section Report, 'The Insects of the Malham Tarn Area', *Proceedings of the Leeds Philosophical and Literary Society*, ix (1962), 15–91.

Field Studies: a journal published by the Field Studies Council, the papers relating to areas surrounding the Council's Field Centres.

The Naturalist: published by the Yorkshire Naturalists' Union, a journal of general natural history with special reference to the north of England.

Dr. Broadhead wishes to thank the following for various items of information: Drs. J. B. Jennings, R. W. Owen and V. Van de Lande, Messrs. T. V. Dent, J. H. Flint, J. Govett, M. Ll. Parry and A. Rennie. He is especially indebted to Mr. A. Gilpin for the account of the birds.

VI

AGRICULTURE AND SOILS

This survey covers the Pennine foothills and uplands within the West and North Ridings of Yorkshire as far north as Wensleydale. Consideration is given to the agronomic and economic environments and their utilisation for agricultural production. Similar descriptions have been published for the Vale of York on the eastern boundary (Holliday and Townsend, 1959) and for the area to the west (Thomas and Perkins, 1962).

As in any other region the agronomic environment, comprising relief, climate and soil, and the economic environment, comprising both national and local features, dictate the pattern of agriculture. Figure 14 shows that most of the area lies above 200 ft with substantial areas above 1,000 ft. The topography is exceedingly variable giving high peaks and steeply sloping valleys merging into undulating hills and alluvial flats where the Dales open into the Vale of York. The climate is characterised by an increase in rainfall from about 610–660 mm. (24–26 in.) in the east to about 1,525–1,780 mm. (60–70 in.) in the west and north-west (Fig. 7). As the mean evapotranspiration is 485–510 mm. (19–20 in.), the rainfall lost by a combination of leaching and run-off is 100 mm. (4 in.) at one extreme and up to 1,220 mm. (50 in.) at the other.

Apart from the Permian, principally Magnesian Limestone, on the eastern edge of the area and some pre-Carboniferous inliers in the north–west, the solid geology is of the Carboniferous system (Fig. 2). Superficial deposits of glacial, alluvial or aeolian origin often mask the effects of the solid geology and modify its influence upon the soils occurring in the area. Within the region are to be found examples of practically all soil forms which can develop under a temperate humid climate and the area provides excellent material for the study of soil genetics.

A major economic feature of the region is the dense population of the industrial area on the Coal Measures. The influences that this has exerted upon agricultural development in its immediate vicinity has extended to a greater or lesser degree to most parts of the area. The systems of farming characteristic of the region have been discussed by Long (1966a).

To minimise generalisations it is convenient to divide the region into four: the Magnesian Limestone Foothills; the Industrial Pennines; the Craven Lowland; the Pennine Uplands.

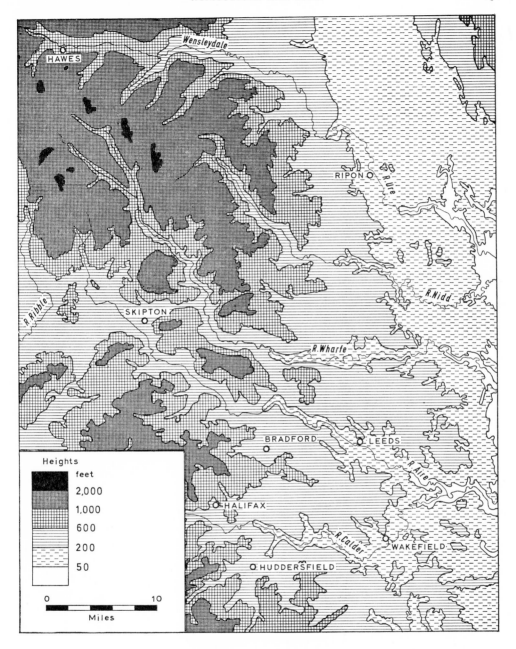

Fig. 14.   Relief

The Magnesian Limestone Foothills

This sub-region consists of a long narrow strip of land on the east of the area (Fig. 15). It takes the form of a westerly-facing escarpment rarely exceeding 250 ft and with the dip slope disappearing below the alluvial soils of the Vale of York at about the 50 ft contour (Fig. 14). The whole area is gently undulating with numerous dry valleys. North of the river Wharfe the limestone is mainly covered with glacial drift deposits of varying depths. South of the river the limestone is essentially free from drift over large areas. Since the sub-region lies within the rain shadow of the higher Pennines, the rainfall is 610–660 mm. (24–26 in.), half of which falls in the growing season (April to September). As the average evapotranspiration potential is approximately 410 mm. (16 in.) in the growing season and about 100 mm. (4 in.) in the winter six months, there is a rainfall deficit of 75–100 mm. (3–4 in.) during the growing season and a surplus of 205–230 mm. (8–9 in.) in the winter, under conditions of continuous vegetative cover. Soil profile storage of water from winter into the growing season period is thus of importance in ensuring satisfactory crop growth and yield. There is evidence that soil profile depth has an important effect on the storage capacity of water available for crops.

On the relatively uncontaminated limestone outcrops, soil development gives rise to brown calcareous soils. The shallowest soils have the characteristics of rendzinas, but under cultivation these are deepened and become similar to the brown calcareous soils. The textures vary from silt loams to clay loams, but being of high base status, they show good crumb structure development. The underlying fissured limestone provides good drainage conditions and the rainfall/evaporation data given above show that they are not subject to intensive leaching. A generalised soil profile description is given in Table V. The profile from the surface to the C horizon is typically 14–18 in. deep. In colluvial drift situations this can be as shallow as 6 in. or as deep as 4 ft.

Glacial drift overlying the limestone may be shallow enough to modify the residual limestone soil or, in depths great enough, to efface completely the effects of the limestone. The drifts vary from gravelly post-glacial material to areas of heavy clay till, often of local Permian origin, which in turn may be mixed with fragments of Millstone Grit or Yoredale sandstones. According to the proportion of clay drift the drainage can become considerably impeded. This rarely becomes of agricultural significance unless the depth of the drift exceeds 3 ft. According to the proportion of base-rich components in the drift, the soils may develop as brown earths, acid brown earths or *sols lessivés*. Profile descriptions of a series of drifts overlying the limestone are included in Table V.

Caption to Fig. 15

1, *calcareous soils with medium to heavy textures*; 2, *mixed glacial drifts*; *light to medium loams*; *drainage good*; 3, *limestone containing drift*; *medium to silty loams, wetter and more leached in the lower levels*; 4, *thin limestone soils with deeper well-drained areas*; 5, *sands with a high water table*; 6, *medium to heavy glacial drifts*; *imperfect drainage*; 7, *acid to slightly acid soils on sandstones, shales, and boulder clays*; *the heavy soils tend to be poorly drained*; 8, *heavy soils with a high water table*; 9, *moorland soils*; *peat on the wettest sites*; *acid shale and sandstone soils on less wet areas.*

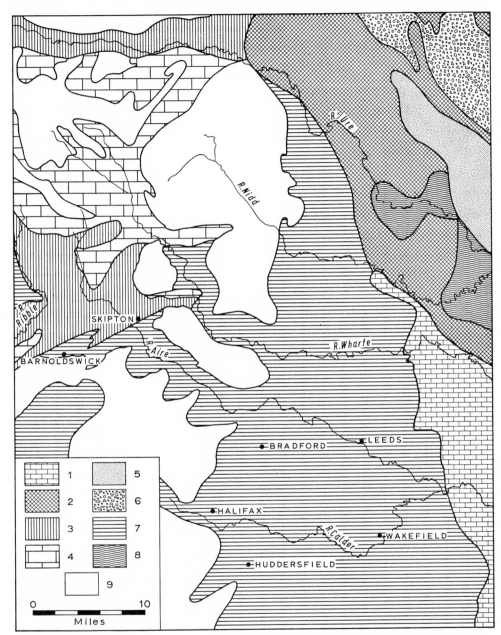

Fig. 15. Soil distributions

F

Table V Profile descriptions of soils on the Magnesian Limestone

Horizon	Brown Calcareous Soil (Residual lime-stone soil)	Brown Earth (Medium drifts)	Brown Earth with drainage impedance (Heavy drifts)	Acid Brown Earths (Sandy drifts)	Sols lessivés (Sandy or gravelly drifts)
Ap	Warm brown loam good crumb structure, porous and mellow.	Brown loam friable rock and rounded pebbles. Occasionally calcareous.	Brown heavy loams—some rounded pebbles.	Dark brown sandy loam with pebbles and sandstone; pH 5·5.	Mineral–organic horizon often under grass.
B	Red brown loam slightly stony, porous and mellow.	Reddish brown sandy loam to loam. Pebbles.	Red/brown clays or clay loams with mottling and pebbles.	Lighter brown sandy loam with pebbles and sandstone fragments; pH 5·5.	Brown sandy horizon(Eb). Reddish brown sandy clay horizon occasionally weakly cemented (Bt).
C	Brashy limestone rock with yellowish loam in the interstices.	Drift of varying textures and colour from purplish clay to brown sandy clay.	Red clays with mottling.	Sandy drift (B/C).	Sandy clay drift or morainic gravel.

This narrow strip of well drained, largely calcareous soils situated in a low rainfall zone is an old and famous arable area. It is believed that arable farming on it goes back as far as Roman and probably earlier times. It is an area of moderately large farms (Table X) and its agricultural utilisation in 1962 is summarised in Table XI. It is well known as having a soil capable of producing high quality potatoes and malting barley, although in the latter case most of the crop is now produced for feeding purposes. On the whole it has not such a high productive potential as the best of the Vale of York soils (Holliday and Townsend, 1959). General experience and experimental evidence being obtained from a long-term experiment on the University Farm (SE443419), suggest that the productive potential of these soils is considerably influenced by soil profile depth. The 14–18 in. depth of the A + B horizon on the typical brown calcareous soil is probably insufficient to store enough water to rectify completely the summer rainfall/evapotranspiration deficit, in spite of the fact that some of the roots penetrate well into the C horizon. The soils of medium and heavy drifts with profile depths of $2\frac{1}{2}-3\frac{1}{2}$ ft above the limestone are believed to have greater productive potentials. The heavier types of drift, whilst excellent for cereals and grass, make the harvesting of cash root crops a slow and expensive task and the proportion of the latter crops on these soils decreases sharply. Both brassica vegetable crops and green peas are also established farm products within the area.

The area supports a number of different types of stock enterprises (Table XII). There are considerable numbers of dairying units whilst grass-fed beef, yard and barley beef and fat lamb enterprises are of importance. Poultry and pigs are also produced in quantity.

The area can thus be said to have a physical environment which allows for considerable agricultural flexibility. The needs of the industrial area have exerted an influence upon dairy and vegetable production.

The Industrial Pennines

This sub-region lies to the west of the Magnesian Limestone escarpment and is bounded on the north by a line running east–west through Leeds and Bradford, and on the west by the main Millstone Grit ridge of the Pennines (Figs 2 and 14). A considerable proportion of the area lies between the 200 ft and 600 ft contours, and above the latter there is a steep ascent to 1,000 or 1,500 ft on the main Millstone Grit ridges. These still provide some rain shadow conditions and in the Leeds–Wakefield area the average annual rainfall is about 690 mm. (27 in.) but increasing to 990 mm. (39 in.) in the Halifax–Huddersfield area. On the Millstone Grit ridges west of Huddersfield, the annual rainfall is 1,200–1,520 mm. (50–60 in.). The topography is of a rather more rolling nature than on the Magnesian Limestone and there are numerous deeply cut stream valleys or 'cloughs'.

This is an area of very mixed soils. There are considerable areas of light well-drained soils derived from the Coal Measure sandstone outcrops. Much heavier and usually poorly drained soils derived from the Coal Measure shales and clays are also common. To complicate the pattern there are deposits of glacial drift of varying textures. The Coal Measures rank low as precursors of soils with a high intrinsic fertility. The sandstones are highly siliceous and the exchange capacities of the shales and clays are dominated by hydrogen and aluminium ions. These shales and clays, like many of the glacial drifts, give rise to gleyed soils which need artificial drainage to be converted into useful agricultural soils. As these are basically fossilised alluvial soils, whether derived from the sandstones, shales or clays, most contain an appreciable silt fraction. As a result the crumb structure is often of low stability and, under arable, 'capping' is liable to occur.

The typical soils developed on the Coal Measure sandstone scarps are acid brown soils, a profile description of which is given in Table VI. Where drainage conditions are less satisfactory surface water gleys occur on soils derived from the Coal Measure clays and shales (Fig. 16). Under deciduous woodland L, F and H layers (See p. 88) are to be found on the surface, but where these soils have been drained and cultivated the horizon sequence shown in Table VI occurs.

Table VI   Soil profiles on the Coal Measures

(1) *Sol Brun Acide* (Coal Measure sandstones)		(2) Surface Water Gley (Coal Measure clays)		(3) Rhubarb-Broccoli Soils (Coal Measure clays)		(4) Soil on recently restored coal sites (Coal Measure clays)	
	0–7 in.		0–7 in.		0–12 in.		0–12 in.
A	Dark greyish brown friable loam with blocky structure, with roots.	Ap	Dark grey brown clay loam, few stones, medium blocky structure.	Ap	Dark grey brown gritty loam, few stones and very friable structure.	Ap	Dark grey brown clay loam, less evident structures than (2). Sub-contamination with sub-soil.
	7–14 in.		7–12 in.		12–24 in.		
B1	Brown slightly friable loam, sub-angular blocky structure with roots.	Bg1	Light yellowish brown firm stoneless clay, prominently mottled, few roots, manganiferous concretions, common prismatic structures.	Bg	Light yellowish brown firm stoneless clay, moderate mottling, some roots, manganiferous concretions.	Bg	Light yellowish silty clay with brown and blue mottling. Pronounced horizontal crack structures. Often relatively dry.
	14–24 in.		12–18 in.				
B2	Olive brown silt loam with weak blocky structure. Sharply separated from C.	Bg2	Brownish yellow stoneless plastic silty clay with prominent grey or blue mottles on ped faces. Manganiferous concretions.				
	24 in. +		18 in. +		24 in. +		
C	Soft, bedded, shattered brown sandstone.	C	Similar plastic clay with less evident structures.	C	Plastic brownish clay with some mottling but little structure.	C	Yellow, purplish-yellow or purple-grey clay. Often relatively dry.

In former times the Coal Measure sandstone soils supported extensive oak-birch woodlands, while the clays and shales supported oak and mixed forests. Only traces of the former woodlands are now found in the area. For many years the heavily polluted atmosphere has reinforced the natural tendency to soil acidity, and waste land now reverts to low-grade vegetations often dominated by *Deschampsia flexuosa*, *Holcus mollis* and *Epilobium angustifolium*.

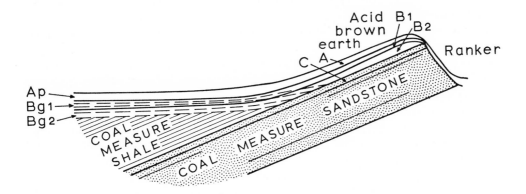

Fig. 16. Topographic association of soils on the Coal Measures

In spite of the intrinsically poor soil materials, the presence of a large and old established industry has led to the development of intensive types of agriculture based upon highly modified soils. In early times lime, manure from town stables and dairies, city garbage and night soil, were heavily used. In more recent times fertilisers have replaced some of these materials. Extensive drainage of the heavier lands has also been carried out in the past and the installation of new, or renovation of old, systems still proceeds. Two of the most profoundly modified soils, both of which merit further description, are those associated with the intensive rhubarb-broccoli farms and those on the restored sites after the opencast extraction of coal.

Many of the rhubarb–broccoli soils were originally surface water gleys on Coal Measure clays (Table VI). These were drained and in past times were treated with heavy applications of night soil. Over the years the ash and cinder components of this material completely altered the texture of the cultivated layer, so as to facilitate the lifting of rhubarb roots during the wet conditions of late autumn. Since the cultivations for this crop often extended to a depth of 12 in. and tile drainage was 12 in. or more below the cultivated layer, a well-drained profile was created from the original gleyed soil. Such soils are very beneficial to the growth of both rhubarb and broccoli as well as a wide range of other crops. In more recent times such soil modification has been undertaken more rapidly by the use of fine screenings from corporation tips. This also consists largely of ash, fine cinders and some organic matter. The practice is to make two applications of the screenings separated by three or four years. Each application is a layer 4–6 in. deep, and a total of 8–12 in. completes the process. Taking the dry volume weight as half that of a normal mineral soil, this means 400–600 tons per acre to effect the modifications. The process is an interesting example of the great effort that is required to bring about a substantial modification of a soil profile. The modified profile description is given in Table VI.

In the restoration of opencast coal mining sites a code of practice has been agreed between the Ministry of Agriculture and the National Coal Board. Before mining operations commence the soil profile is removed in two separate 12 in. layers and each is stored in separate dumps. After coal extraction ceases, the overburden is returned and graded to the original contour. The sub-soil 12 in. layer is then spread on the surface by means of grader-scrapers and the top-soil is spread on top of the sub-soil. The area is then cropped or otherwise farmed under supervision of the Ministry of Agriculture for five years. During that time settling is completed and drainage, if necessary, can be carried out. If these operations are carried out with the necessary care and under adequately dry site conditions, the restorations are usually reasonably satisfactory, at least on the sites with rocky overburden and light to medium textured top and sub-soils. Where the top-soil, sub-soil and overburden are derived from clay or shale, a peculiar profile structural problem can arise. The grader-spreaders produce a horizontal system of cleavage planes in the top-soil and sub-soil. Whilst these cleavage planes are altered in the top-soil by subsequent cultivations, those in the sub-soil remain to impose a severe limitation to gravitational flow of water through the profile. It is usually several years before a vertical system of cracks is re-established in the sub-soil. Sub-soiling would appear to have only a limited ameliorative effect. The factor believed to produce the greatest ameliorative effect is a period of drought severe enough to extend the cracks into the sub-soil. In the meantime the surface soil can become a quagmire whilst the sub-soil is relatively dry during the winter and early spring, a condition which, to say the least, is a severe handicap to cultivation and drilling operations. A description of a profile of this type is included in Table VI.

Within the Industrial Pennine sub-region a wide variety of farming occurs. Intensive horticulture, intensive dairying, less intensive arable farming and moorland farming are all represented. There is a general change from mainly arable farming on the eastern edge, where rainfall quotas are low, to grassland and moorland farming in the wetter west. To show the trend four representative areas, each consisting of 10 to 13 parishes have been taken and examined for farm size, land use and stock numbers (Long, 1966b). The first group (10 parishes) to the north-east of the Leeds–Bradford–Wakefield area has a mean annual rainfall of about 760 mm. (30 in.); the second in the south-west lies between Sheffield and Huddersfield (10 parishes) and has a mean rainfall of 815–965 mm. (32–38 in.); the third is to the west in the Huddersfield–Halifax area (11 parishes) and has a rainfall of 965–991 mm. (38–39 in.); and the fourth (13 parishes) lies west of these two towns towards the moorland edge and has a rainfall of 990–1,220 mm. (39–50 in.) (Tables X, XI and XII.)

Table X shows that the mean farm size is small when compared with the Magnesian Limestone, the Craven Lowland, and the Craven Uplands areas; the size distribution figures reinforce the point. The mean farm size is particularly small in the Huddersfield–Halifax group but the mean acreage of arable plus grassland shows that the moorland edge group is equally small in useful land resources. Many of these farms originated as part-time holdings associated with cottage weaving; at a later stage they supplied oats for the human diet and for town horses; subsequently they developed into enterprises producing and retailing milk. Most of these farms still produce milk and some still retail the produce, but generally they are not large enough to produce a satisfactory living for their occupiers (Long, 1966a).

The data in Table XI shows that the four sub-divisions of the area fall into a series with decreasing cash cropping from the east to the moorland edge on the west. The percentage of rough grazing provides a mirror image of the cash cropping. Table XII indicates that the increasing proportion of grassland from east to west is accompanied by an increase in the number of dairy cows. On many of the smaller farms these are kept on a 'flying' herd basis with purchase of heifers and cows in calf or in milk. An exception to the trend is provided by the moorland edge group of farms where sheep receive more emphasis. Apart from the latter, sheep numbers are small within the area; this is particularly the case in the highly industrialised areas round Leeds–Bradford–Wakefield and Huddersfield–Halifax. Table XII also shows that pigs and poultry are more highly concentrated in the intensively industrialised areas. Of the four groups the small farms in the Huddersfield–Halifax zone show the greatest concentration on the three intensive livestock products, dairy cows, pigs, and poultry.

The Leeds–Bradford–Wakefield group of farms shows a somewhat different form of intensification. Whilst dairy cows, pigs and poultry are prominent, a major interest is the high proportion (16·2 per cent) of intensive cash cropping. This is based upon potatoes, green vegetables (4·4 per cent), particularly winter broccoli, and forced rhubarb (6·1 per cent); there is also some glasshouse production.

The area is famous as the centre of the forced rhubarb industry and it supplies some 93 per cent of the national consumption. The crop has been produced in the area for over a century and it is believed to have originated as a means of utilising glasshouses during the winter months, the house being blacked out for the purpose. The forcing for many years has been carried out in low timber sheds heated by coke furnaces and long brick flues. The crop is grown out of doors for two or three years and the roots are lifted from December to February. Great care is required to ensure that prior to lifting the roots have been exposed to sufficient cold so that the dormancy is broken. Research at the Cawood Horticultural Experimental Station (Loughton, 1961) has established the number of cold units [day degrees of temperature below a base of 9·5°C (49°F)] required by each of the commonly grown varieties. According to the method of growing the crop, the ratio of outside crop area to forcing shed area varies between 48 : 1 and 84 : 1 (Taylor and Spillman, 1949).

The capital investment in the crop is high, particularly for the forcing sheds, and it is against this background that the expensive soil profile modifications, previously mentioned, must be judged.

A second important crop is late winter broccoli, the latest of which is cut in June. Home produced seed, of local strains, which are subject to intensive annual selection, are jealously guarded possessions of individual growers. In the choice of sites for the crop, frost-pocket micro-climates have to be avoided and, where seed selection is to be undertaken, the crop has to be isolated from other broccoli crops. This is an interesting example of a horticultural area obtaining out-of-season production by exploiting the 'lateness' rather than the more usual 'earliness' of an environment. The latest of these West Riding broccoli crops has in recent years come under severe competition from the new season early cauliflower crops.

The Craven Lowland

The Craven Lowland is a boulder clay basin lying between the upper reaches of the Aire and Ribble (Fig. 14). The northern edge of the basin is roughly the Craven Faults system with the Craven Uplands to the north. East and south lie the main Millstone Grit ridges which separate the area from the Industrial (Coal Measure) Pennines. To the west lie the Millstone Grit ridges of the Forest of Bowland. The topography is dominated by a series of low rounded glacial drift hills or drumlins, which give a very characteristic type of scenery. The drift is of local origin and contains calcium carbonate from the neighbouring limestones of the Craven Uplands. The altitude is broadly between 400 ft and 600 ft.

The mean rainfall is 1,090–1,195 mm. (43–47 in.) whilst the mean evapotranspiration is about 520 mm. (20 in.), so that there is a seasonal mean water surplus of 585–685 mm. (23–27 in.). There is also a mean growing season (April to September) surplus of between 125–180 mm. (5–7 in.).

The surplus of rainfall over evapotranspiration has had a marked influence upon soil development. The originally calcareous drift has been leached so that free calcium carbonate is rarely found in the surface horizons. The water surplus has also imposed surface water gley characteristics on many of the profiles. The tops and sides of the drumlins show less developed gley features than the land surrounding them. The latter receives run-off water from the drumlins and gley features can be so pronounced as to lead to surface peat accumulation. Examples of some of the profiles are shown in Table VII.

As shown in Table XI the Craven Lowland is almost entirely devoted to grassland. Only 2 per cent of the area is regularly re-sown and can be classified as temporary grassland. Rather more than 54 per cent is permanent grass. Much of this is an *Agrostis-Poa-Cynosurus-Lolium* type with associated species. On the drier and lighter textured glacial drift on the drumlins, acidity can develop and the grassland deteriorates to *Agrostis-Fescue-Nardus*. In the wetter areas *Juncus* species and *Deschampsia ceaspitosa* become locally dominant. Ploughing up and resowing of some of the moderately wet soils can lead to severe infestations of *Juncus* when the grazing management and fertiliser policy is unsatisfactory. Much of the 44 per cent of rough grazing consists of these types of grassland and they are more readily improvable than the rough grazing of the Pennine Uplands.

When intensively fertilised this area is capable of producing very high yields of grass and of carrying large numbers of stock, although poaching of the grass surface can be a severe problem. Most of the grassland is only fertilised and stocked to moderate levels of intensity. The winter feeding of cattle is still largely based upon the hay crop, although a few are based upon silage. The hay was traditionally made in 'pikes' and these were grouped on the tops of the drumlins in order to be exposed to the wind for rapid drying. Many farmers now employ quick hay-making systems based upon tedders and bailers. The reliance on hay as the conserved crop for winter feeding is one of the reasons for the reluctance to use much fertiliser on the meadowlands. The lush and succulent grass so produced often lodges, and is much more difficult to 'make'.

Table XII shows that the area has a moderately large concentration of dairy stock and most farms produce milk for sale. The area has been a traditional supplier of dairy cows and heifers

Table VII Soils of the Craven Lowland

Weakly developed Surface Water Gleys (Steeper slopes of drumlins)		Moderately developed Surface Water Gleys (Tops and lower slopes of drumlins)		Highly developed Surface Water Gleys (Lower land surrounding drumlins)	
A	0–6 in.	A	0–9 in.	F	0–3 or 4 in.
	Greyish brown silty clay loam. Well developed crumb structure. Organic matter dispersed in surface mats; pH 4·5–5·5.		Dark greyish brown silty clay loam with reddish brown mottles associated with root channels. Intimate organic matter with well developed crumb structure; pH 5·5;		Dark brown to black peaty mats.
				Ag	4–9 in.
					Dark brown silty clay loam with organic matter. Rusty brown mottles; pH 5·5.
Bg	6–18 in.	Bg	9–18 in.	Bg	9–15 in.
	Greyish brown prismatic structure. Some mottling associated with vertical cracks between prisms and root channels; pH 5·5 to 6·2.		Dark greyish brown with weakly developed prismatic structures. Many yellowish brown mottles; pH 6·2.		Silty clay loams with prominent red-brown and blue-grey mottling merging to blue grey—little structure; pH 6·0.
Cg	18 in. +	Cg	18 in. +	Cg	15 in. +
	Greyish brown mottled clay loam with weathered shale and sandstone fragments; pH 6·6		Dark greyish brown mottled clay loam with weathered shale and sandstone fragments; pH 6·6.		Structureless grey-blue clay loam with shale and sandstone fragments; pH 6·5.

to the 'flying' herds of the intensive industrial dairy farms. Grass fattening of bullocks and sale of store bullocks to the arable areas to the east are further enterprises.

The sheep enterprises are somewhat complicated and are closely linked to the adjacent Pennine Uplands. Draft hill ewes are purchased from these areas and they are crossed with Wensleydale, Teeswater or other lowland grass breeds. The result is the 'Yorkshire half-bred' or 'Masham'. The ewes from the cross are in great demand in the arable areas to the east of the county, where they are crossed with the Downs type of tup for summer fat lamb production. This cross may also be carried out in the Craven Lowland itself. The Masham male lambs are fattened on the farm of origin or in some cases they may be sold for winter fattening on arable farms. The Craven Lowland farms also provide a wintering area for the female lambs of the true hill breeds, Swaledale, Dalesbred and Gritstones, from the adjacent upland areas.

Pig and poultry enterprises are less important in this region than in the Industrial Pennines.

The Pennine Uplands

This sub-region may be defined broadly as the Pennine hills lying above 600 ft. The uplands may be divided geologically into those to the north of the Craven Faults system and those to the south. The latter consist of the Millstone Grit ridges bounding the western edge of the Industrial Pennines. The geological strata north of the Faults system lie at relatively higher elevations than those to the south and constitute the Craven Uplands. As the Pennines are an old and eroded anticline the central axis provides extensive exposures of the Carboniferous strata below the Millstone Grit. In particular, large areas of Carboniferous Limestone occur above 600 ft. The higher hills exceed 2,000 ft and typically consist of a broad limestone plateau, with a steep rise to the Millstone Grit cap on the summit. The steep rise is composed of the Yoredale Series of rocks, with their alternating thin beds of shales, grits and limestones. The shales and grits weather more rapidly than the limestone and the escarpment slopes have a step-like profile, with the limestone outcrops forming the rise of the steps. Moving east from the axis of the anticline the strata dip, so that first the Yoredale Series become more prominent at middle altitudes and finally the Millstone grits become the dominant parent rock. Throughout the Uplands, glacial deposits also occur in folds and depressions. The Pennine Uplands thus have a wide variety of soils derived from the contrasting parent materials. The different soils in turn are associated with widely differing types of vegetation.

Through the eastern Millstone Grit and the Craven Uplands run a series of rivers, the valleys of which constitute the true Yorkshire Dales. Each of the Dales has a U-shaped cross section resulting from earlier glaciation. The valley floor is covered with glacial drift and this extends up the valley side gradually thinning out until it disappears on the slope. The valley floor in turn is covered with alluvial flats which also contain river gravel deposits plus intermittent morainic deposits (Fig. 17). The valley floor alluvia and gravels, the boulder clays of the lower valley sides and the solid geological material outcropping above the level of the boulder clay, provide the parent material for the Dales complex of soils (Plate I).

In the Craven Uplands the mean annual rainfall at Ribble Head is 1,680 mm. (66 in.), and at Hawes in Wensleydale 1,780 mm. (70 in.). To the east the mean annual rainfall decreases to about 1,015 mm. (40 in.). The Millstone Grit ridges south of the Craven fault system have a mean annual rainfall of 1,145–1,175 mm. (45–58 in.). With a mean annual evapotranspiration of about 510 mm. (20 in.), water loss by run-off and leaching is 510 mm. (20 in.) to the east but up to 1,220 mm. (50 in.) in the west. The soil formation processes on the Pennine Uplands therefore all take place under the influence of intensive conditions of leaching.

On the Carboniferous Limestone areas a whole complex of soils and associated vegetation occurs, ranging from 'young' soils on the clints and screes to mature leached profiles on the undulating plateau (Table VIII). On the clints and screes extensive growth of lichen takes place on the solid rock. After a period small patches of moss grow on the rock surface forming ½–1 in. layers of black organic material. This appears to accelerate the erosion of the rock surface and in addition the clumps trap wind-carried sand particles. *Festuca ovina*, *Thymus serpyllum* and a few other dicotyledonous species next gain foothold in the moss clump. Further soil and vegetation development proceeds in parallel until, under grazing conditions,

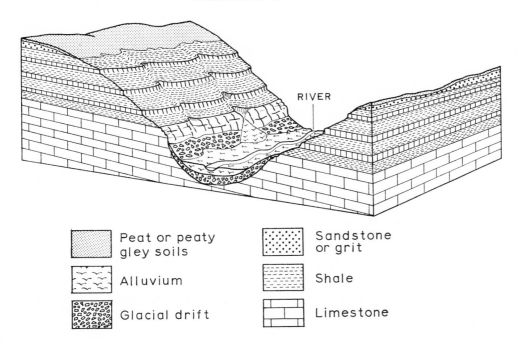

Peat or peaty
gley soils

Alluvium

Glacial drift

Sandstone
or grit

Shale

Limestone

Fig. 17. Diagrammatic section of a Dale

a closed association of *Agrostis-Festuca*, with a large number of dicotyledonous species, is developed. With the other grass species a proportion of *Sesleria caerulea* occurs, a species of considerable interest to the hill farmer because of its earliness. In the absence of grazing, shrubby woodlands develop, with ash (*Fraxinus excelsior*) and rowan (*Pyrus aucuparia*) as prominent species. Many examples of these occur on stabilised screes; a good example of the woodland development on clints with a particularly interesting associated ground flora, is to be seen on the lower northern slopes of Ingleborough. Whether the vegetation development is towards grassland or woodland, a rendzina type of soil is formed. A description of a scree and a clint rendzina is given in Table VIII.

With progressive development of the surface horizons, and especially where thin drift occurs, the rendzina merges into a brown calcareous soil. At this stage, although leaching has considerably reduced the base content of the surface and slight acidity has developed, the plant roots are still in contact with the underlying limestone. It is believed that a cycle of uptake of bases from the limestone and deposition on the surface partially offsets leaching losses. A description of the brown calcareous soil is given in Table VIII. The vegetation associated with this soil is *Agrostis-Festuca* with a large number of dicotyledonous species prominent amongst which are *Carduus acaulis*, *Poterium sanguisorba*, *Trifolium repens*, *Viola lutea*, *Campanula rotundifolia* and a variety of hawkweeds. At a still later stage an acid brown earth

Table VIII Soils developed on the Carboniferous and Yoredale Limestones

(1) Scree Rendzina	(2) Clint Rendzina	(3) Brown Calcareous Soil	(4) Acid Brown Soil	(5) Acid Brown Soil with Gleying
A Variable from 1–6 in. Black silty loam. Granular and friable. Abundant limestone fragments. Some bleached quartz grains. Many roots. Some earthworms.	A Variable from 1–8 in. Very dark grey or black loam. Granular and friable. Some bleached quartz grains. Abundant roots. Earthworms.	A 0–8 in. Dark brown silt loam. Fine and friable structure. Moderate permeability. Abundant roots and earthworms.	L Layer 0–½ in. F ,, ½–1½ in. H ,, 1½–3 in. greasy black humus with many mite droppings.	0–6 in. Organic layer as for (4) but up to 6 in.
C Shattered limestone scree with humus material in interstices.	C Solid limestone pitted and fissured. Fissures may be free of infilling or partly or wholly infilled with A horizon material. Fissures may also be bridged by A horizon material. No other signs of weathering.	Eb 8–18 in. Dark yellow silt loam, sub-angular blocky structure. Friable. Some limestone cobbles. Moderately permeable. Limited fauna.	B 3–8 in. Brown silt loam. Abundant mottling decreasing with depth. Angular block structure friable. Abundant roots. Earthworms.	B 6–10 in. As for (4) but mottling more frequent and increasing with depth.
		B 18–24 in. Limestone gravel set in yellowish loam matrix.	Eb 8–18 in. Brown silt loam, angular blocky structure. Few roots. Some earthworms.	Eb 10–18 in. Brown silt loam with some bleaching. Gleying. Very limited fauna.
		C Unweathered limestone.	Bt 18–30 in. Greyish brown silty clay loam. Humus staining. Few roots.	BhFe 18–36 in. Silty clay loam with humus and iron staining. Continuous iron pan. Gleying above pan, free from gleying below.
			C Unweathered limestone.	C Unweathered limestone.

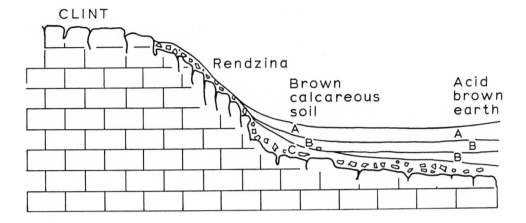

Fig. 18. Topographic association of calcareous soils

is developed. This is associated with a deeper soil profile, a considerably reduced base status and pronounced acidity. The vegetation changes to *Agrostis-Festuca-Nardus* type of grassland with the dicotyledonous component reduced to the acid tolerant *Potentilla tormentilla*, *Galium saxatile* and *Rumex acetosella*. A description of this type of profile is given in Table VIII. The acid brown earth and calcareous brown earth are often found in very close proximity in these areas where a hummocky micro-topography occurs. The hummocks develop acid brown earth with a predominantly *Nardus* flora, whilst *Agrostis-Festuca* and associated species occur on a calcareous brown earth within the troughs (Fig. 18). The next stage of development is the formation of iron pans at 12–18 in. in the profile. This change is accompanied by gleying above the pan, the accumulation of a peaty surface mat and often the appearance of *Juncus* species.

The soils developing on the non-calcareous Millstone grits form a complex which parallels that of the more mature stages of the limestone complex. The initial decomposition of the material is slower, lichen and moss growth is less vigorous and there is a scarcity of dicotyledons in the early stages. The parent rock is exceedingly deficient of bases and the soil is very acid from the first stages of formation. The soils developed on the stabilised Millstone Grit scree are rankers, a profile description of which is given in Table IX. At an early stage of development podzolisation becomes apparent and during this stage *Ericacous* species, *Deschampsia flexuosa*, *Nardus stricta* and *Festuca ovina* are dominant. When the podzolisation has proceeded far enough to produce a continuous iron pan, intensive gleying takes place and a peaty gleyed podzol is formed (Table IX). The peaty layers increase in thickness with time and the flora is characterised by increasing quantities of *Eriophorum* species. The exact sequence of events beyond this stage is not clear but it is believed that the *Eriophorum* is replaced by *Sphagnum* which produces the characteristic deep-domed peat. Although extensive areas of *Sphagnum* peat are to be found on these formations, surface drainage grips have

Table IX   Soils on the Millstone and Yoredale grits, Yoredale shales and heavy glacial drifts

Scree Ranker (coarse grits and sandstones)		Podzol (grits and sandstones)		Peaty Gley Podzol (grits and sandstones)		Peat* (grits, shales or drifts)	
(A)	0–8 in. Angular rock fragments interspersed with dark peaty organic matter. Very acid, no earthworms, merging into	F/H	0–6 in. Mor/moder humus with bleached sand grains.	L/F/H	0–9 in. Root mat with well decomposed organic matter.	Peat	0–15 in. Dark drown sphagnum or eriophorum-peat. Very acid.
		E	6–12 in. Light grey grit or sandy loam, humus stained. Very acid, no earthworms.	A	0–10 in. Gritty sand and dark acid humus.	Bfeg	Intensively mottled ferruginous horizon. Iron pan development varying in texture and thickness according to the nature of
C	shattered sandstone rock.			Eg	10–12 in. Light brown grey, mottled sandy loam. Humus and iron stained root channels.		
		Bh	12–14 in. Dark brown humose sandy grit, fine roots.				
		Bfe	14–17 in. Red brown, indurated layer merging to	Bhfe	20–21 in. Thin continuous iron pan	C	parent material which may be grit, sandstone or shale.
		B/Ct	17 in. Yellower brown ferruginous horizon with eluviated clay.	B/C	Yellow ferruginous horizon		
		C	Coarse grained sand or gritstone.	C	Coarse grained sand or grit.		

* Soils with surface layers which contain more than 30 per cent of organic matter and are more than 15 in. thick are defined as organic soils, and are classified as Fen Peat, Raised Moss or Blanket Bog. Peat soils normally contain more than 50 per cent organic matter. Soils with organic matter with surface horizons less than 15 in. thick fall into the Peaty Podzolic group.

dried the peat sufficiently for the *Eriophorum* to resume dominance. Very frequently these domed peats suffer deep gully erosion to form peat 'hags'. The presence of pockets of heavy base-deficient glacial drift accelerates the gleying process and peat accumulation. On glacial drift with a higher base content over Millstone Grit, the predominant flora can become *Molinea caerulea* or *Juncus squarosus* or mixtures of the two.

On the Yoredale series soils and vegetation similar to those of the Carboniferous Limestone develop where the Yoredale Limestone outcrops, and soils similar to those of the Millstone Grit form on the Yoredale grits and shales. The dip slopes of the Yoredales exhibit a rapidly changing pattern of soils and vegetation as the different rock outcrops are crossed. It is common to find isolated areas of *Agrostis-Festuca* grassland, with high worm and mole populations, occurring as islands in a sea of *Calluna-Erica* moor where this fauna is completely absent. As indicated later, this mixed flora is of considerable importance to the hill sheep flocks.

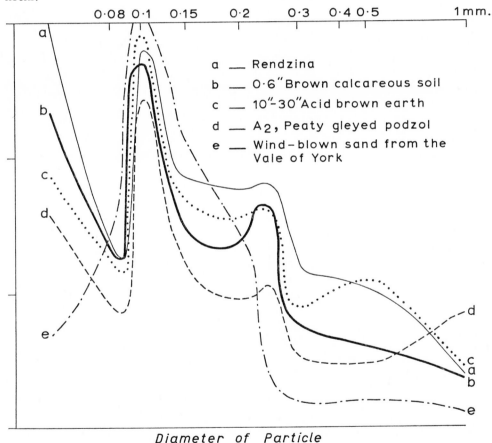

a — Rendzina
b — 0·6" Brown calcareous soil
c — 10"–30" Acid brown earth
d — A₂, Peaty gleyed podzol
e — Wind-blown sand from the Vale of York

Diameter of Particle

Fig. 19. Mass distribution curves of fine sand fractions

A striking feature common to all the upland soils described, and one which is also found on the Yorkshire Wolds and elsewhere, is the uniformity of texture of the first few inches of mineral soil. In all cases there is a practically stoneless silt loam which is apparently unrelated to the underlying parent material and which gives every suggestion of being loessial in character. It varies in thickness from 1–2 in. to 15–16 in. in some of the acid brown earths. Mechanical analyses of samples taken from a number of different sites show very similar distribution curves. Mass distribution curves shown in Figure 19 give two distinct maxima, one near 0·1 mm. diameter, and the other at 0·05 mm. The former is characteristic of aeolian deposition generally but the latter is associated with a loessial contribution, a feature which is notably absent from the wind blown sands of the Vale of York (Holliday and Townsend, 1959).

Turning to the Dales complex of soils it can be said that the development on the glacial drift-covered lower slopes is rather similar to that described for the Craven Lowland drumlins. The natural drainage of these soils shows considerable variation according to their depth, the nature of the underlying rock and the presence of water courses, springs and spring seepages. The alluvial soils of the river flood-plains vary from deep heavy alluvium, deep or shallow gritty alluvium to gravelly soils. Lens-shaped gravel layers are also common in the alluvial profiles. In the main Dales where the river at some stage passed through limestone areas, the alluvium profiles have calcium carbonate particles well distributed throughout the profile and usually there are no acidity problems. In the valleys of tributaries originating on Millstone Grit the soil calcium carbonate reserves are very low. The soils of the valleys formerly supported woodlands. Because of their greater accessibility and potential, both the alluvial and glacial drift soils have a long history of improvement by man; this is very much in contrast to the true hill soils, where open grip drainage of the peat areas is about the only form of land improvement. The availability of limestone and the presence of numerous abandoned lime kilns testifies to a long history of liming accessible land.

The structure of agriculture in the Pennine Uplands is shown in Tables X, XI and XII. The data relate to 10 parishes in the Craven Uplands embracing an upland area of Yoredales, Millstone Grit and Carboniferous Limestone. In several ways this is a rather better agricultural area than that exclusively on Millstone Grit. The agriculture of the whole of the upland region is dominated by sheep and cattle rearing enterprises; there is some milk production for sale, half-bred sheep production enterprises and fattening of lambs. Although the mean farm size is by far the largest in the sub-divisions of the region (Table X), over 30 per cent of the individual holdings contain less than 50 acres. Table XI shows that there is no recordable arable land, but the presence of lynchets on some of the lower valley slopes on the

---

Captions to Plates I and II

(I)   *Drift-covered Dale floors merging into slopes of alternating limestones and shales which form pronounced steps (as top centre) below the peat-covered plateau of Millstone Grit (Cp. Fig. 17).*

(II) *Natural joints in limestone have been widened by solution, due to percolating rainwater, to form 'grikes', leaving rounded 'clints'. The vertical furrows (foreground), similar to those on the sandstone of The Devil's Arrows (Plate V), were probably formed by rain draining off the clints.*

limestone formations indicates former arable farming. Temporary grass accounts for only 1·4 per cent of the total area and permanent grassland 26·5 per cent. The balance of 72·1 per cent is rough grazing and comprises enclosed hill land attached to specific farms or non-enclosed hill land over which a number of farms have grazing rights.

Table X Mean farm size, areas of good and poor land, and percentage size distribution

Sub-regions	A	B Industrial Pennines				C	D
	Magnesian Limestone Foothills	(i) Leeds Bradford Wakefield Sub-area	(ii) Sheffield to Huddersfield Sub-area	(iii) Huddersfield to Halifax Sub-area	(iv) Moorland Edge Sub-area	Craven Lowland	Craven Uplands
Mean Farm Size, etc.							
Total (acres)	118½	59½	54½	32½	45¼	177	397
Arable and Grass	117½	58	46¾	28	26¾	99½	110½
Rough grazing	1	1½	7¾	4½	18½	77½	286½
% Size Distribution							
5 to 14¾ acres	15	28	24	43	44	7	5
15 to 19¾ ,,	3	6	6	11	11	1	4
20 to 29¾ ,,	4	11	13	15	16	6	4
30 to 49¾ ,,	7	16	20	17	17	10	17
50 to 99¾ ,,	17	22	28	11	10	36	31
Over 100 ,,	54	17	9	3	2	40	39
No. of Farms	203	561	737	1,002	1,498	224	139

Captions to Plates III, IV and V

(III) Tors (foreground) have weathered from a massive bed of sandstone in the Millstone Grit Series. The walled fields are a product of Parliamentary enclosure of moorland commons.

(IV) Of the three henge monuments, half a mile apart, the southernmost (foreground) has been almost levelled by ploughing, but the ring of bank and ditches can be seen in the central henge; the third is tree-covered. In this district, near the Ure where drift overlies Magnesian Limestone, there are numerous early Bronze Age burial mounds.

(V) Three monoliths of sandstone, from quarries 6½ miles distant, are 18-22 ft high, and survive from a group of four, aligned north-south. Of early Bronze Age date (c. 1750 B.C.), they are presumed to be associated with the sacred area at the Ure-Swale confluence.

Table XI   Comparative land utilisation (as percentages) in the sub-regions
(4 June 1962)

Sub-regions	A	B Industrial Pennines				C	D
	Magnesian Limestone Foothills	(i) Leeds Bradford Wakefield Sub-area	(ii) Sheffield to Huddersfield Sub-area	(iii) Huddersfield to Halifax Sub-area	(iv) Moorland Edge Sub-area	Craven Lowland	Craven Uplands
Cash Crops	54·6	44·1	14·5	4·4	1·1	—	—
Corn	45·7	28·0	12·8	3·3	0·9	—	—
Intensive*	8·9	16·1	1·7	1·1	0·2	—	—
Fodder Crops	41·7	52·0	85·1	95·1	98·7	100	100
Arable	4·2	2·2	1·8	1·2	0·7	—	—
Temp. Grass	14·6	12·6	21·5	9·0	5·1	2·0	1·4
Perm. Grass	21·7	34·7	47·6	70·8	52·1	54·2	26·5
Rough Grazing	1·2	2·5	14·2	14·1	40·8	43·8	72·1
Misc. Fallow etc.	3·7	3·9	0·4	0·5	0·2	—	—
Total	100	100	100	100	100	100	100

* Includes Potatoes, Sugar Beet, Vegetables, Rhubarb, etc.

    In Table XII a comparison is made between the stock numbers per 100 acres in the Craven Uplands compared with the other sub-divisions. The cows and heifers, at 2·8 per 100 acres, are less than half and the 'other' cattle about two-thirds of the concentration in the Craven Lowland. The high proportion of other cattle to cows is partly a reflection of a greater importance of cattle rearing as an enterprise and is partly attributable to the practice of summer grazing of purchased or agisted store cattle on the *Agrostis-Festuca* grazings of the limestone hills. The numbers of pigs and poultry are very small.

    As in other hill areas a major problem is the provision of wintering capacity for both cattle and sheep. The traditional, and to a considerable extent, present, method of wintering cattle is on hay conserved from permanent meadows. The best meadows are on the alluvial flats of the Dales. The less steep boulder clay slopes of the lower valley sides are similarly utilised and where the limestone outcrops occur meadows are found at still higher altitudes. The availability of such meadow land dictates the capacity of the farm to winter cattle and hence the size of the cattle-rearing-cum-milk-producing unit. A reduction in the proportion of meadowable land to hill land occurs as one proceeds up the valley to the Dale head. This

Table XII Stock numbers per 100 acres in the sub-regions
(4 June 1962)

Sub-regions	A	B Industrial Pennines				C	D
	Magnesian Limestone Foothills	(i) Leeds Bradford Wakefield Sub-area	(ii) Sheffield to Huddersfield Sub-area	(iii) Huddersfield to Halifax Sub-area	(iv) Moorland Edge Sub-area	Craven Lowland	Craven Uplands
Cows and heifers in milk	4·6	9·1	13·4	16·8	7·9	6·9	2·8
Other cattle	23·5	17·7	30·7	30·3	21·5	22·0	14·9
Ewes	14·8	4·8	14·5	6·6	34·5	62·7	63·8
Other sheep	20·2	6·7	17·6	11·4	30·8	73·5	66·0
Sows	2·9	3·5	1·7	3·7	1·6	0·3	0·1
Other pigs	19·0	47·0	20·4	52·8	20·8	5·9	0·9
Total poultry	236	807	455	1,120	898	79	22

is accompanied by a greater reliance on the hill sheep enterprise. The individual Dales also differ in this respect. The broad trough of Wensleydale has relatively more meadowable land than the narrow Nidderdale, a feature which led to the development of the delectable Wensleydale cheese as a by-product of the large cattle-rearing industry.

The yielding capacity of these meadows is a factor of major importance in the economy of the individual holding. Those on the best of the alluvial flats undoubtedly have a high potential. The use of the potential for hay, however, is severely limited by the practice of lambing the hill sheep flock on the meadows. The ewes pass through them in sequence from early April to late May, the ewes with twin lambs remaining longer than those with singles. When the meadows are freed from ewes and lambs in late May the grass grows up to the flowering stage quite rapidly. At this, the normal hay stage, the meadow consists of a mass of inflorescences almost devoid of leaves and there is rarely a worthwhile cut. The crop is then left for about a further month for an aftermath growth to develop amongst the naked inflorescences. The hay crop therefore consists of two crops in one, an over-mature crop of inflorescences plus a crop of aftermath growth. This is then 'made' in pikes or, commonly today, by various mechanised quick hay-making techniques. The result is a light hay crop but one of reasonable quality given good weather, because of the proportion of aftermath growth. As a consequence of the late hay crop the earlier species of grass, such as *Bromus mollis*, *Anthoxanthum oderatum*, *Alopecurus pratensis* and *Holcus lanatus*, have ripened and shed their seed before cutting. The same occurs with a variety of dicotyledons such as *Ranunculus* species, *Geranium* species, *Leontodon* species, *Taraxacum officinale*, *Conopodium denudatum*, *Trifolium pratense*, *Lotus corniculatus*, and the semi-parasites *Rhinanthus Crista-gallii* and *Euphrasia officinalis*. Successive years of seed shedding have given rise to the typical 'herby' meadows with mainly early ripening species of grass, found in so many hill-land areas.

It was shown in a series of National Agricultural Advisory Service experiments (Robinson, 1954) that protection of the meadows from spring grazing increased the dry matter production at cutting time by some 26 per cent. The results quoted are a mean of 30 centres over two years. The increase in yield was accompanied, even in one year, by a considerable change in the balance of species towards better grasses. Yield increases of about 15 per cent were also obtained by moderate fertiliser additions (35, 35 and 50 units of N, P_2O_5 and K_2O) over and above the normal farmyard manure application. Use of both protection and fertilisers increased the yield of dry matter by 49 per cent. The resulting lush grassy hay crop however was very difficult to make in the high rainfall area. There is little doubt that protection from early grazing plus fertiliser use, coupled with silage methods of conservation, could raise the production of winter feed from these meadows enormously. Another system of supplementary feeding of the sheep at lambing time would have to be found and transportation of the grass for silage to centrally placed silos is a further problem. This must be regarded as a problem of intensification of cattle enterprises in these hill areas; both the techniques involved and the economics of intensification require urgent and comprehensive investigation.

The hill land proper is mainly used by hill sheep enterprises. The three breeds used are the Gritstone on the southern Millstone Grit ridges with both the Swaledale and the Dales Bred on the Craven Uplands. The sale products from the flocks are wool, male store lambs in the autumn and the 'draft' ewes after they have had three crops of lambs on the hills. The sheep are on the hill the whole year round except for lambing in the spring, shearing in the summer and drawing the lambs in the autumn. The diet of the hill is of too low a quality to permit satisfactory growth of the ewe lamb for the first winter of its life. These are therefore either wintered on lowland grass farms under agistment arrangements or alternatively, in a few cases, fed on hay in specially constructed sheds near the farm buildings. The data in Tables XI and XII indicate that the Craven Uplands support approximately 64 ewes per 100 acres, 72 per cent of which is rough grazing. This means approximately 0·9 ewes per acre of rough grazing, a figure which represents an over-estimation of the year-round stocking rate, since the statistics relate to 4 June, and therefore include last year's ewe lambs and the draft ewes to be sold in the autumn. It also includes a proportion of ewes kept for more intensive half-bred production on the lower enclosed pastures. It is believed that the true stocking rate of the hill is near to one ewe per three acres. This Pennine system of all-the-year-round stocking of the hill at a low level of intensity contrasts markedly with the Welsh system of high summer stocking plus wintering of the ewes on the lower altitude *ffridd* lands.

For successful all-the-year-round stocking of the hill with sheep, it is recognised that three classes of vegetation are required. The *Agrostis-Festuca* or *Agrostis-Festuca-Nardus* grasslands provide for reasonably good summer grazing but they have only a low wintering capacity. The *Calluna-Erica-Nardus* 'black' lands provide the main diet in autumn and winter, up to about mid-February, when most of the heather green shoots have either been eaten or lost by frost and wind action. The period from mid-February to April when the flocks are gathered for lambing is one of some difficulty. *Eriophorum* provides the most useful diet at this time, in the form of succulent inflorescent buds low down amongst the leaf sheaths; *Sesleria caerulea* on limestone screes or clints, also provides early grazing in March. With inadequate supplies of both *Eriophorum* and *Sesleria* the sheep are forced to eat less acceptable materials such as very fibrous old *Nardus* or *Festuca* tufts and the green shoots of *Juncus squarosus* and *Vaccinium myrtillus*.

A good hill sheep farm on the Pennines is one with major areas of *Agrostis-Festuca*, *Calluna-Erica-Nardus* and *Eriophorum* vegetation, a situation often found on the Yoredale series. The absence of the last two reduces wintering capacity. An excessive area of *Agrostis-Festuca* necessitates the importing of store cattle for summer grazing. This is a recognised enterprise in the predominantly limestone areas; in some cases the store cattle are dairy heifers from the industrial dairy farms.

The importance of *Calluna-Erica-Nardus* vegetation has a bearing upon the often-quoted value of cattle on the hill land. Summer grazing of *Agrostis-Festuca* or *Agrostis-Festuca-Nardus* by cattle is certainly of considerable value and will retard the development of the very low quality *Nardus* component. Summer grazing of the *Calluna* lands with cattle however can be disastrous. The *Calluna* and *Erica* components are severely damaged; *Nardus*, *Deschampsia flexuosa* and the ericacious-like plant *Empetrum nigrum* increase considerably. All of the latter species are highly unpalatable to sheep and do not provide acceptable winter diets. The well-recognised management practice of a rotational burning, at 8–10 year intervals, maintains the *Calluna* land in a satisfactory state. Burning of older woody stands of heather generates too much heat and the seed in the top soil is destroyed. There is therefore a very slow re-establishment of the heather and the site is exposed to severe erosion.

Between the meadows and the hill land proper are the enclosed pastures on the valley sides. In the Millstone Grit areas these are more or less confined to the boulder clay covered lower slopes of the valley. In the limestone areas they extend well above the boulder clays on to calcareous brown soils. These pastures are used for summer grazing of cattle, the fattening of male lambs and the maintenance of the older hill ewes crossed with Wensleydale or Teeswater tups for production of the Masham halfbreds. This latter activity is of considerable importance on the farms with extensive areas of limestone at a medium altitude.

The Sub-regions considered as an Agricultural Series

It has been shown that rainfall increases from east to west across the region. Since evapo-transpiration shows little variation, the intensity of leaching must increase from east to west. The soils developed under the leaching, however, show discontinuity because of the widely

differing parent materials from which they were formed. A reduction of surface tempera-
tures from east to west is known to exist and this influences the length of growing season.
Insufficient data are available to show whether there exists a similar variation in the visible
band of radiation used for photo-synthesis. Thus there are certain variations and discontinu-
ities in the physical environment. It has also been demonstrated that there are large dis-
continuities in the economic environment.

Whilst the sub-regions have very different types of agriculture, Table XI shows a tendency
for the percentage of arable land to decrease and that of grassland and rough grazing to
increase with the east–west increase of rainfall. Similarly Table XII shows a tendency for
stock production to increase in importance in the farming system from east to west, although
discontinuities in the proportion of different types of stock occur. Since it is possible to
express grazing stock in terms of 'cow grazing units', it is possible to use this term to compare
the stocking intensities of land used for grazing in the sub-regions. This comparison is made
in Table XIII and it will be seen that stocking intensities per fodder acre range from 0·49 to
0·26 and decrease from east to west with the increase in rainfall. It is, however, apparent that
the proportion of rough grazing will have a considerable bearing upon the variations in
intensity. If the arbitrary assumption is made that one acre of 'improved' land has twice the
productive potential of rough grazings, a rough comparison of how the environmental re-
sources are used in the different sub-regions can be made. At the foot of Table XIII the stocking
index per adjusted fodder acre is given. The range is from 0·35 to 0·50 'cow units' per adjusted
acre in the different divisions of the region; there is moreover much less evidence of a varia-
tion parallel to the distribution of rainfall.

The stocking intensities per unit area specified in Table XIII apply to the situation at 4 June.
They take no account of stock transfers in winter or summer from one sub-region to another
such as those considered above. They also take no account of transfers of hay and fodder roots
from the arable to the dairy and upland areas. Nevertheless, the stocking intensities per
unit of fodder area reveal a tendency for general farming intensity to decrease from east to
west. The stocking intensity per unit-adjusted fodder area, however, shows that, in summer
at least, there is not a large difference between the sub-regions in their utilisation of stocking
potential. This is quite surprising in view of the very different farming techniques used in the
different divisions.

It is recognised that in this account of the agriculture and its environment many important
matters have received either little or no attention. To be complete, an account of farm
incomes, land values and labour availability would be needed; also some of the building
problems, mineral deficiencies and disease problems of stock, together with the newer
farming techniques, have not been mentioned. The object, within the space available, has
been to show how the physical variables have influenced the economic structure. None of the
varying agricultural techniques evolved are perfect by a long way; on the other hand their
improvement is often a matter of considerable difficulty and requires resources of managerial
ability, availability of capital, labour and developmental research. In this latter connection,
the N.A.A.S. Great House Experimental Husbandry Farm (SD772204) near Haslingden,
has had a considerable impact upon two of our sub-regions, the Industrial Pennines and the

Table XIII Stocking intensity per unit area in the sub-regions

Sub-region	A	B Industrial Pennines				C	D
Item	Magnesian Limestone Foothills	(i) Leeds Bradford Wakefield	(ii) Sheffield to Huddersfield	(iii) Huddersfield to Halifax	(iv) Moorland Edge	Craven Lowland	Craven Uplands
% fodder and improved grassland	40·5	49·9	70·9	81·0	57·9	56·2	27·9
% rough grazing	1·2	2·6	14·2	14·1	40·8	43·8	72·1
% of all land used for fodder	41·7	52·5	85·1	95·1	98·7	100	100
Adjusted* % fodder area	41·1	51·2	78·0	88·1	78·3	78·1	64·0
Stock units**							
Cows and heifers	4·6	9·1	13·4	16·8	7·9	6·9	2·8
Other cattle	11·8	8·9	15·4	15·2	10·8	11·0	7·5
Ewes	2·5	0·8	2·4	1·1	5·8	10·5	10·6
Other sheep	1·7	0·6	1·5	1·0	2·6	6·1	5·5
Total stock units	20·6	19·4	32·7	34·1	27·1	34·5	26·4
Stock units per fodder acre	0·49	0·37	0·38	0·38	0·27	0·35	0·26
Stock units per adjusted fodder acre	0·50	0·38	0·42	0·39	0·35	0·44	0·41

* Calculated by assuming that 2 acres of rough grazing ≡ 1 acre improved grass.

** Stock Units; cow or heifer in milk = 1; other cattle = $\frac{1}{2}$; ewe = $\frac{1}{6}$; other sheep = $\frac{1}{12}$.

Millstone Grit Uplands. Many people consider that another station is needed to undertake adequate developmental research for the Craven Uplands.

APPENDIX

Meaning of Horizon Symbols

L = Fresh organic litter.
F = Organic litter undergoing decomposition.
H = Well decomposed organic or humus layer.
A = Mineral horizon containing organic matter and active microbiological flora.
Ap = Plough layer of arable soils.
E = Leached or eluviated horizons: 'b' indicates clay depletion.
(B) = Similar to A horizon but lighter in colour with less organic matter.
B = An illuvial horizon, enriched by constituents moving down the profile. The suffixes 't', 'h', 'Fe', 'Ca' refer to enrichments of clay, organic matter, iron compounds, and calcium carbonate respectively; they may be used in conjunction with any other horizon symbol.
C = The relatively unaltered parent material.
g = Gleying, which may also be used in conjunction with any other horizon symbol.

SELECT REFERENCES

R. Holliday and W. N. Townsend, 'Soils and Farming', in *York: A Survey, 1959*, (British Association for the Advancement of Science), (1959), 35–38.

W. H. Long, *A Survey of Yorkshire Agriculture*, (in the press), (1966a).

W. H. Long, Tables based on data supplied by the Department of Agricultural Economics, University of Leeds, (1966b).

A. Loughton, 'The effect of low temperature before forcing on the behaviour of Rhubarb', *Experimental Horticulture*, iv (1961), 13–19.

W. L. Robinson, 'Some factors influencing the Productivity of Permanent Dales Meadows', Dissertation for the post-graduate diploma in Agriculture, University of Leeds, (1954).

H. V. Taylor and E. E. Skillman, *Rhubarb*, Ministry of Agriculture Bulletin No. 113, (1949).

W. J. Thomas and R. J. Perkins, 'Land Utilisation and Agriculture' in *Manchester and its Region*, (British Association for the Advancement of Science), (1962), 156–70.

VIIA

PREHISTORIC ARCHAEOLOGY

The prehistory of this region is generally distinguished by a paucity of field monuments and artifacts, a feature characteristic of an upland zone. In contrast to the East Yorkshire Wolds, the Pennines did not receive intensive settlements of Beaker, La Tène or Anglian groups but tended to absorb these movements as a land of passage between the prosperous east coast and the Irish Sea. In two respects only does the region contribute notably to British archaeology. On low ground between the rivers Ure and Swale close to Ripon is an assemblage of six known henge monuments and at least twenty-eight round barrows; the best-known of these are the Thornborough henge-circles. On Ilkley Moor and on adjacent ridges between the rivers Aire and Nidd is a wealth of earth-fast boulders bearing cup-and-ring decoration characteristic of the early Bronze Age.

With the northward retreat of the ice cover in the Late Glacial period there is the first evidence of human penetration into this area. The major site is Victoria Cave, Settle (*1*, SD838650)*. Between 1870 and 1872 the British Association sponsored the cave's excavation by Sir W. Boyd Dawkins. Two pieces of reindeer antler worked into spearhead bases in the Magdalenian tradition were found at the cave entrance and a decorated antler point was found inside. A similar antler point at nearby Kinsey Cave (*2*, SD802657) and stray flint implements at Kelko Cave (*3*, SD808656) and Lee Moor (*4*, SE349247) might indicate occasional visits to the Pennines by Paleolithic hunters.

The greater intensity of Mesolithic settlement is suggested by the more frequent discoveries of worked microlithic flints of Sauveterrian affinities. Sites are numerous west of Marsden, especially above the 1,000 ft contour along a ridge from Blackstone Edge (*5*, SD975160) southwards to Standedge (*5*, SE020097); similar sites are known from upper Wharfedale at Barden Fell (*6*, SE075594) and Stump Cross (*7*, SE088635). These flint assemblages lie under the blanket peat bog which may have been deposited in the Boreal–Atlantic transition (Zone VIIa) or more probably later (Zone VIIb) as in the southern Pennines. Other affinities in this region are shown by the Azilian character of a stag-antler harpoon from Victoria Cave, Settle and by typically Maglemosian flint axes from Rishworth (*8*, SE048183) in Calderdale and from Blubberhouses Moor (*9*, SE128535).

---

* The figure in italics refers to the position of the site as shown in Figure 20; the letters and group of figures give the National Grid Reference.

The transition from nomadic hunting communities moving freely over the moorlands to permanent groups of Secondary Neolithic farmers settled on the limestone uplands was consequent upon a climatic amelioration. Evidence of land clearance is provided by the increase in herb pollen and the refinement of hand-axe shapes in flint and stone. There is a close connection between stone axe distribution and the introduction of Peterborough ware into this region by waterborne traffic. Under a round barrow at North Deighton (*10*, SE388512) were found the remains of a camp with discarded Peterborough ware and axe fragments of both Langdale shale and Graig Lwyd rock. This association of the products of two major axe factories is also present at Windmill Hill, West Kennet and Cairnpapple Hill in late Neolithic contexts (mid-late third millenium B.C.). A product of a third factory,

Tievebulliagh in Ulster, has been found on Blubberhouses Moor (*11*, SE156542), but understandably it was the Langdale axes which most frequently reached Yorkshire either as finished 'Cumbrian' axes or in rough-out form. Simpler pottery displaying Peterborough elements occurs in inhabited caves near Settle and at Elbolton cave, Thorpe (*12*, SE008614). Evidence of burial at this period is limited to two long cairns of the megalithic chambered type at Bradley Moor (*13*, SE009476) and Giants Grave, Pen-y-ghent Gill (*14*, SD856732).

Although the stone axe trade and the type of megalithic burial show the use of the Pennine passes for contact with the Irish Sea, the western uplands of Yorkshire remained a backward area and were scarcely affected by the Beaker phase which expanded on to the chalk soils of the Wolds and on the limestone hills. Indeed the evidence from cairns and pottery is of a prolonged late Neolithic-early Bronze Age overlap, as in the southern Pennines. The inhabitants of Wessex imported Mediterranean faience and Mycenean bronzes, but isolated Beaker burials in this region show comparative poverty in their grave furniture, as at Lea Green, Grassington (*15*, SE003649), Ferry Fryston (*16*, SE474244), and on Baildon Moor (*17*, SE136396).

The ritual significance of the Ure–Swale lowlands to the Beaker peoples is apparent from the impressive henge monuments at Thornborough. An even earlier sacred use is represented by the underlying cursus (*18*, SE285794), an avenue of two parallel ditches nearly 4,000 ft long with a rounded southern end. It closely resembles the avenues at Stonehenge, Dorchester on Thames and Scorton in Swaledale. The three henge circles at Thornborough (*19*, SE285794—centre) measure at bank crests 550-600 ft in diameter with carefully aligned opposed entrances north-west and south-east (Plate IV). The central circle had

STONE AGE	
△ ▲	Caves
◊ ◊ ◊	Finds of flint and stone
⌐	Camp under burial mound
⊼	Megalithic cairns
BRONZE AGE	
♉	Beaker burials
//// ////	Area of barrows and cairns
▭	Cursus
○	Henge monuments
⚏	Standing stones
‖‖‖‖	Area of decorated boulders
♉	Food vessel burials
▭	Coffin burials
◔	Late cairns
♉	Late Bronze Age burials
IRON AGE	
⧄⧄⧄	Area of huts and fields
⏚	Decorated stone
▲	Settlement
⌐	Burial mounds
● ◉	Hill forts
◆	Casual finds
⋯⋯	Contours
L	Leeds

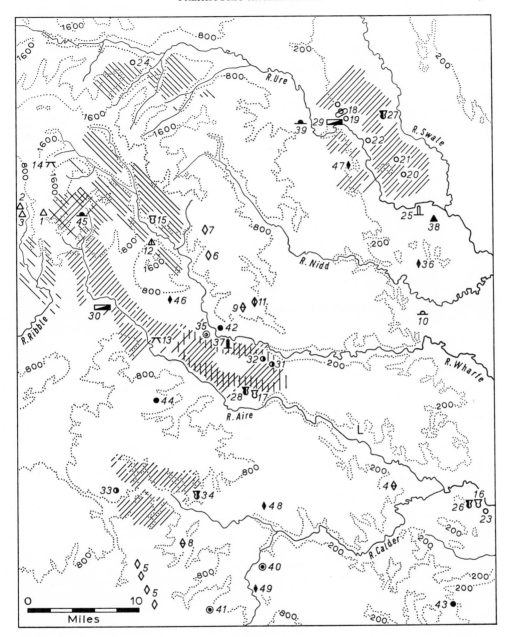

Fig. 20. Prehistoric sites

a coating of gypsum on the bank which suggested to its excavator a deliberate imitation of the glistening white newly-cut chalk banks of the Wessex henges and barrows. Two similar circles, perhaps the survivors of an alignment of three, are at Cana (20, SE361718) and Hutton Moor (21, SE353735); both have a diameter between bank crests of 570 ft and share with Thornborough a north-west to south-east alignment, but the two circles are farther apart and have entrances placed north-south. Only slightly smaller are the henges at Nunwick (22, SE323748) and Ferrybridge (23, SE474242), while Castle Dykes, Aysgarth (24, SD982873), and Yarnbury, Grassington, are much smaller henges of slightly different form. An early Bronze Age date for these henges is provided by the contents of the neighbouring, presumably associated, bowl barrows. Contemporary with all these monuments are the three massive standing stones, The Devil's Arrows, near Boroughbridge (25, SE391666) (Plate V).

The transition from Beaker burial to Food Vessel rites is well illustrated in Yorkshire, and dates to near the middle of the second millenium (c. 1600–1500 b.c.). The development of the 'Yorkshire Food Vessel' has been studied from numerous burials in eastern Yorkshire and the Peak District. In the Leeds region Food Vessel burials are few, as at Ferry Fryston (26, SE474244), Ainderby Quernhow (27, SE338804) and on Baildon Moor (28, SE142406). The tree-trunk coffin found at West Tanfield (29, SE287791) and the woollen shroud which briefly survived at Rylston in Craven (30, SD971568) both indicate affinities in burial practice with Schlesvig and Jutland.

The final and longest phase of Bronze Age burial is represented by Collared urns and later by Cordoned urns. Associated with this phase are the many small cairns, such as the appropriately-named 'Skirtful of Stones' (31, SE140446), and the stone circles, such as the equally descriptive 'Twelve Apostles' (32, SE125450). The earth circle at Blackheath Cross, Todmorden (33, SD943254) and the Pennine urns from Tower Hill, Halifax (34, SE054260) are typical of this phase in the Calder valley, marking an expansion on to the gritstone moors. Casual finds of three gold dress-fasteners at Ripon and Swinton, near Masham, illustrate the continuing use of the Aire Gap and other Pennine passes for trade from Ireland to northern Europe.

Boulders with cup-and-ring markings and with spiral decoration must be associated primarily with Food Vessel communities and their traders. The main concentration of over fifty decorated rocks lies on the northern flank of Rombalds Moor and the west-facing slopes of Baildon Moor, while a stone at Adel, possibly the capstone of a cist, had incised concentric lozenges.

The identification of Bronze Age habitations and cultivated areas presents difficulties. Circular huts and irregular field patterns continue well into the Iron Age and later, but some of the huts and fields on Malham Moor and in upper Wharfedale and some enclosures on Rombalds Moor such as Counter Hill, Addingham (35, SE048498) may well date from this period.

The conversion from a principally bronze-using society into one in which iron predominated was a very gradual process in west Yorkshire. Elements of conservatism are shown by the pottery from Ten Low Hill, Flaxby (36, SE397583) and the rock-surfaces used for carving such as the Swastika Stone (37, SE094469) with La Tène-inspired motifs. The initial phase of settlement (Iron Age 'A') previously known from Castle Hill, Scarborough and Staple Howe was represented at Grafton (*38*, SE420621) where occupation may have continued sporadically until the advent of the Romans. Pottery from a platform cairn with a wooden cist-grave at Roomer Common (*39*, SE225787) was also Secondary 'A' but with La Tène affinities.

The basic unit of settlement was the isolated round-hut group set amid rectangular fields though occasionally these huts and fields are nucleated so as to suggest villages. These sites extend over the limestone uplands from the Swale southwards to the Mid Craven Fault and sometimes spread on to the gritstone edges. No hut groups, of either thin-walled or thick-walled type, have been satisfactorily excavated; stray finds of weaving combs, loom-weights, spindlewhorls and saddle querns indicate both pastoral activities and crop-raising which the Roman occupation did not apparently interrupt.

Multivallate hill-forts, characteristic of southern Britain, occur rarely in the north. The largest, Almondbury, near Huddersfield (*40*, SE152140), revealed on excavation a long and complex history before its abandonment after the presumed withdrawal of the native leaders northwards to withstand the Romans at Stanwick. Another smaller multivallate fort, Castle Hill, Meltham (*41*, SE087101) has shown a similarly involved history. No hill-forts with a single rampart have yet been excavated but presumably all were erected by Pennine Secondary 'A' settlers. This should apply to promontory forts, such as Castleberg, Nesfield (*42*, SE092494) but may not necessarily be true of the hillslope enclosures such as Brierley Common (*43*, SE435104) and Catstones Ring (*44*, SE068380).

Some burial mounds can be assigned to this Pennine Secondary 'A' culture. Seatty Hill, Malham (*45*, SD907654), originally Bronze Age, contained thirteen subsequent interments buried with a sheep-bone flute and beads of jet, blue glass and carved limonite. Burial sites were varied in character, employing artificial cairns of stone, natural caves and cists adapted from the natural cracks in the limestone pavements.

The artistic achievement of the La Tène invaders is reflected locally in the bronze collar from Embsay (*46*, SE010550), in the mirror handle with masks of oxen found at Ingleton and in the anthropoid sword found with an inhumation burial at Clotherholme, near Ripon (*47*, SE285722). The sword could well indicate a fresh impetus of warrior bands from northern France (c. 150–100 B.C.). Resulting from such invasions, the century before the Roman conquest saw the emergence of a confederation of northern tribes, the Brigantes. They were certainly non-Belgic (in origin), though they used or received into their territory coins of the Coritani and of other tribes further south. The Lightcliffe hoard (*48*, SE143250) may have been deposited by Coritani fleeing from the Roman advance into their territory and the Honley hoard (*49*, SE142123) perhaps buried by Coritani after the subjugation of the Brigantes in A.D.71–74.

THE ROMAN PERIOD

For the Roman period archaeology both extends and fills out the framework given by written sources, and for the military history it now gives a tolerably full picture. Civilian development is less thoroughly appreciated.

The early Roman province of Britain was limited to the Midlands and South and had a frontier running from the Humber to the Welsh border. Stability of the northern part of the frontier was ensured by treaty with the powerful Brigantian confederation under Queen Cartimandua, who became a Roman client soon after the invasion. Dynastic troubles in her lands more than once led to the need for Roman intervention before matters finally came to a head in A.D. 69, when she had to relinquish her rule, control of the Brigantes falling to her former husband, Venutius, who was by then rabidly anti-Roman. From the Roman point of view this situation was intolerable and annexation of the North became inevitable. In 71, Vespasian sent Petillius Cerialis to govern Britain and to deal with the Brigantes. This he promptly did, one of the major actions almost certainly being the defeat of Venutius at Stanwick, near Catterick Bridge. But Cerialis was recalled in 74 before he had time to consolidate his position fully, and only East Yorkshire and York had been given garrisons. It was not until 79–80 that the North was cordoned with roads and police-forts by a new governor, Julius Agricola, and it was at this time that all the forts in our region were established. The general system will be clear from Figure 21. Cross-roads making use of passes through the Pennines linked the main north–south lines of communication on each side of the hills, and each was given series of forts for garrisons usually 500 strong. Attention may be drawn to some probable gaps in the series of forts; one must surely have existed, for instance, near the crossing of the Nidd on the Ilkley–Aldborough road.

Most of the forts were evacuated in the 120's, when Hadrian's Wall was built, but the evacuation was premature, since it seems clear that the hillfolk revolted about 154–5 and many forts were soon re-garrisoned, some like Bainbridge (*Virosidum*) (SD937902) or Ilkley (*Olicana?*) (SE116478) to be held right to the end of Roman rule. Full details of the later vicissitudes of the forts' histories have often still to be determined, and for some, such as Long Preston (SD838581), almost nothing is known.

Turning to civilian life, it may be said at once that the most serious gap in our knowledge is of the native sites in the Dales, which have attracted little attention from archaeologists. Life in them probably differed little from that in the Iron Age, with a strong bias towards stock-farming rather than agriculture, but we know few settlements where occupation in the

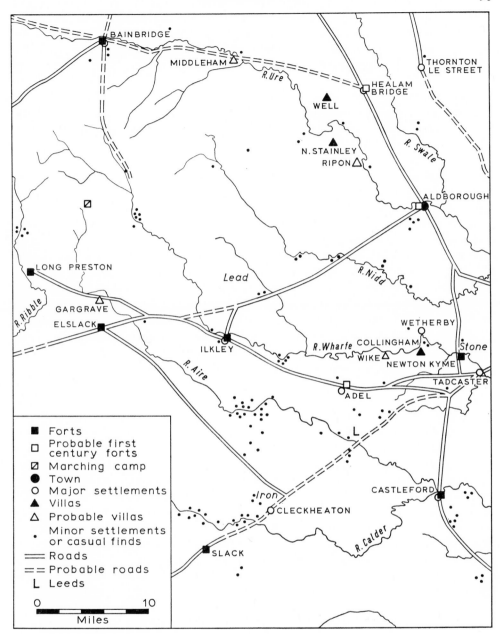

Fig. 21. Roman remains

Roman period is firmly established. Indeed it is fair to say that, apart from the road system and the Romanised settlements clustered around such forts as Ilkley, the Pennines show few signs of Rome's influence. Only at Gargrave (SD939536) near Skipton and at Middleham (SE135873) in lower Wensleydale are there probable indications of farms with fully Romanised houses (*villae*). The firm military grip kept on the area is eloquent both of the density of the Dales population and of its hostility.

East of the Pennines, on the western fringe of the Vale of York, the situation was different. Native sites with little Romanisation do occur, as at Ferry Fryston (SE465255) near Castleford, but villas are more evident, especially on the Magnesian Limestone, where sites like Castledykes at North Stainley (SE291757) rival moderately elaborate villas of southern Britain in the appointments of their houses and baths. It is not fanciful to see these as belonging to the estates of Brigantian nobles such as would serve on the town council of York or the tribal council based on Aldborough. Indeed it is clear that this section of the Brigantes was generally more amenable to Rome than the Dalesmen. The police-forts were given up early and it was here, at Aldborough (*Isurium Brigantum*) (SE405665), that the only major town of the area developed and soon became the administrative centre for the whole tribe. Not large by the standards of Roman Britain, for it only contained about 55 acres within its walls, the town seems nevertheless to have flourished, and several elaborate houses with competent mosaic floors are known. One of the latter was an ambitious attempt to portray the Muses on Mount Helicon. Earthwork defences were provided in the second century, and later brought up-to-date by adding a town wall in the third century and projecting bastions for artillery in the fourth century.

In general we have few details for the sites shown on the map as 'major settlements'. They would be described as small villages in modern terms. Much work is needed to define their social and economic levels, though it seems likely that they had greater economic importance than their sizes alone would suggest. They would have acted primarily as local markets, where the country folk could sell their produce and acquire the metal goods and pottery that even an unsophisticated existence would demand. They would be the natural centres of manufacture in the region, though details are largely lacking. Cleckheaton (SE185255) was associated with the iron industry, Adel (SE276411) probably with the manufacture of querns, and Tadcaster (SE485435) had its famous quarries. The expected tanneries, textile workshops and potteries have yet to be found, though potters' kilns may be inferred for Aldborough from the distribution of mortaria stamped with the name NATOR. The mining of lead in Nidderdale was a state monopoly and would not have affected the local economy more than marginally.

Caption to Plates VI and VII

(*VI and*   *Religious buildings of two cultures: above, the Cistercian abbey founded in 1132 in the wooded wilds*
VII)   *of Skelldale and later the centre for agricultural colonisation and commerce in wool; below, a steam-*
        train hauling coal passes the chimneys of mills on the south bank of the Aire near the railway terminus.
        R. D. Chantrell's large and ambitious church, then three years old, was one of those provided under
        the Million Act of 1818 for the workers of the populous new industrial suburbs.

Plate VIII A New and Exact Plan of the Town of Leeds, 1725 *J. Cossins*

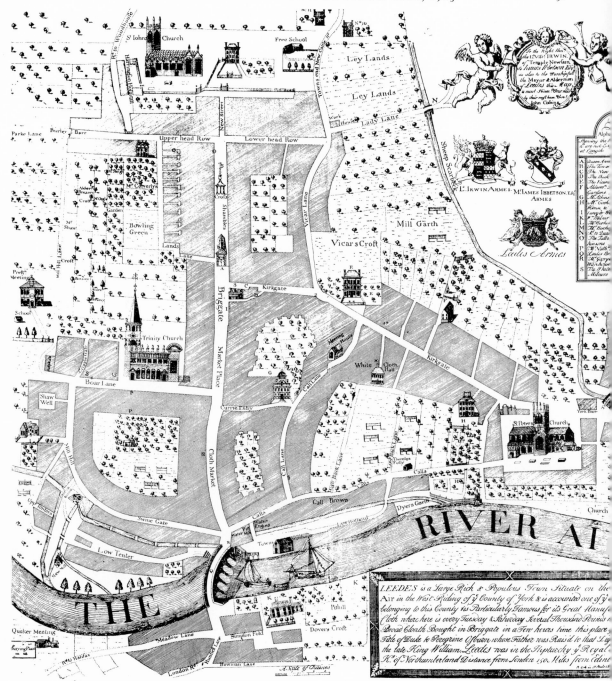

The chief contribution of Rome to the region was clearly that of a generally settled existence. The occasional rebellions of the Dalesmen do not bulk large in over 300 years of occupation. Nevertheless, it is clear that much of the region was never Romanised, and even the areas east of the Pennines soon lost their Roman veneer in the fifth century. Magnificent roads and the ruins of buildings alone remained as the Roman canton of the Brigantes split into its natural groupings once more when the politicians and policemen left.

VIIC

DARK AGE ARCHAEOLOGY

In the early fifth century the Roman armies were withdrawn, but evidence from cemeteries at Aldborough, Catterick and around York shows that Saxon *foederati* were settled around these towns. At Aldborough (SE409663)* extended burials in Anglian fashion are accompanied by grave-goods of fifth-century type and at Duel Cross, Upper Dunsforth (SE426633), urns, presumably Anglian, have been found.

The gradual penetration of this region from the east by the Angles of Deira is marked by burials at Ferry Fryston (SE474244), Womersley with a gold pendant of mid-sixth century type, and probably Pontefract. A burial in Pudding Pie Hill, Sowerby (SE437810) and finds from a disturbed burial at East Witton (SE152865) indicate the northward expansion through the Vale of York and Wensleydale. There is no satisfactory archaeological evidence for the recorded British kingdom of Elmet conquered by Edwin of Northumbria (616–632) or for that British enclave in Craven which is suggested by place-name elements.

The conversion of Northumbria to Christianity was advanced under Wilfrid, when he established a see at Ripon for the western part of Deira in 664. He built the crypt still visible below the medieval Minster (SE314711). The hermitage or priest's house on Great Close, Malham (SD897674) is probably also of seventh-century date. Wilfrid's subsequent exile illustrates the uncertain hold Latin Christianity had in the North and burials continued to be made in pagan fashion as at Occaney (SE352621), Howe Hill, Carthorpe (SE309838), and North Elmsall (SE477127).

More substantial evidence of continual unrest are the linear banks thrown up as boundaries between rival kingdoms or as defensive barriers against invaders. Grim's Ditch (SE375315) may be the response of the Britons of Elmet to Anglian pressure from the east early in the seventh century, while the more impressive complex of Becca Banks, Aberford (SE434374)

* The sites which are accompanied by a Grid Reference are marked on Figure 22.

cutting the Roman road northwards may be seen as a late seventh-century work to protect Northumbria from the advance of Mercia. Two other dykes in the region may be Dark Age: Bank Slack, Fewston (SE212543) flanks the Roman road from Aldborough to Ilkley and Tor Dyke, Kettlewell (SD986756) guards access into Coverdale from upper Wharfedale. The latter dyke may equally well be Iron Age.

During the late seventh and early eighth century Anglian Christian settlement was consolidated in Calderdale, Airedale, Wharfedale and Wensleydale, but the evidence is provided by place-names and not by archaeology. However, the invasion of Northumbria by a Danish army in 865 initiated a period of uncertainty which is soon reflected by coin hoards at Ailcey Hill, Ripon and Dunsforth beside the Ure, and at Hornington beside the Wharfe.

The sporadic campaigns were followed by permanent settlement of Danes in the east and by Norse-Irish settlement in the western Dales; both groups can be traced in place-names. The chronicles and sagas tell of the warfare and intrigue which placed a variety of Danish and Norwegian adventurers in control of the kingdom of York. The presence of the Vikings in the region may be confirmed archaeologically by scattered finds but not by excavated settlements. The coin hoard at Goldsborough (SE384561), deposited c. 925, showed by its Islamic coins the eastern contacts of the Vikings and by its Irish hack-silver the western destination of their raiding parties. The tortoise brooches accompanying a burial dug into Leeming Lane, Bedale (SE293896) and the bracelet from Rudding Park (SE331532) point to Swedish contact in the early tenth century. The continuance of heathen burial practice is seen in the sword and spear buried at Camp Hill, Carthorpe (SE312826) and the 'bauta' stone found with weapons at the burial mounds of Pippin Castle, Scargill (SE231534). The Viking burial of early tenth century date in Wensley churchyard (SE092895) and similar evidence from Kildale suggests that Christian burial practice was gradually adopted. Without excavation it is uncertain whether there is evidence of a Danish defensive work at Topcliffe: the dyke linking the Swale and the Cod Beck (SE405754) cuts off a larger peninsula than a Norman castle could effectively control. From the period of peace brought by the kings of Wessex date the stone crosses which show the diverse strands of Anglian and Scandinavian, Christian and pagan artistic traditions far more clearly than do those churches which have survived, such as Bardsey, Ledsham, and Kirk Hammerton, erected or beautified in the early eleventh century.

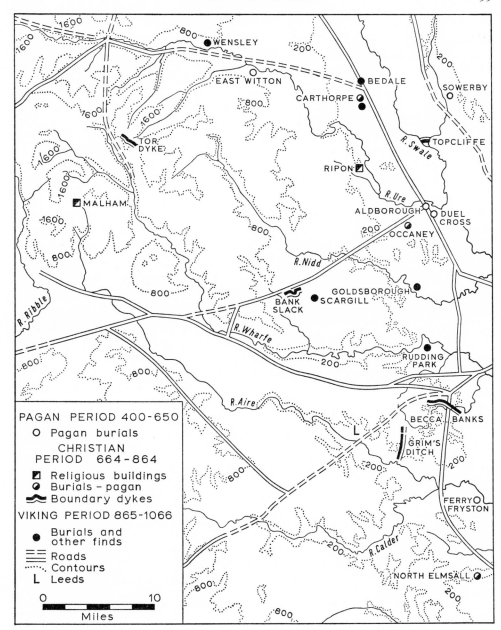

Fig. 22. Dark Age sites

SELECT REFERENCES

PREHISTORIC ARCHAEOLOGY

No comprehensive summary of the prehistoric material has been published since 1939, apart from the following:

I. H. Longworth, *Yorkshire*, (1965).

N. W. Thomas, *A Guide to Prehistoric England*, (1960), 239–55, 262.

THE ROMAN PERIOD

General *Ordnance Survey Map of Roman Britain*, (1956).

The Brigantes I. A. Richmond, 'Queen Cartimandua', *Journal of Roman Studies*, xliv (1954), 43–52.

R. Pedley, 'The Brigantes in Britain', *Transactions of the Architectural and Archaeological Society of Durham and Northumberland*, viii (1937), 1–16.

Military History S. S. Frere, *Britannia*, (1967).

B. R. Hartley, 'Some problems of the Roman military occupation of the North of England', *Northern History*, i (1966), 7–20.

Forts Bainbridge: *Proceedings of the Leeds Philosophical and Literary Society*: i (1928), 261–84; ii (1929), 77–85, 234–45; iii (1932), 16–27; vii (1952), 1–19; vii (1955), 153–63; ix (1960), 107–31.

Elslack: *Yorkshire Archaeological Journal*, xxi (1911), 113–67.

Ilkley: *Yorkshire Archaeological Journal*, xxviii (1925), 137–67;

Proceedings of the Leeds Philosophical and Literary Society, xii (1966), 23–72.

Native Sites *Yorkshire Archaeological Journal*, xxxiii (1930), 166–74; xxxv (1932), 115–50.

Villas Well: R. Gilyard-Beer, 'The Romano–British Baths at Well', (1951).

North Stainley (Castledykes): *Archaeological Journal*, xxxii (1875), 135–54.

Aldborough Eckroyd Smith, *Reliquiae Isurianae*, (1852).

Yorkshire Archaeological Journal, xl (1959), 1–77.

DARK AGE ARCHAEOLOGY

The following now need revision:

F. and H. W. Elgee, *The Archaeology of Yorkshire*, (1933).

W. G. Collingwood, *Northumbrian Crosses of pre-Norman Age*, (1927).

For the period up to A.D. 870:

Ordnance Survey Map: Britain in the Dark Ages, (1966).

VIII

THE EVIDENCE OF PLACE-NAMES

It is peculiarly appropriate to write of the place-names of the Leeds *region*, for when the name first comes to notice it is in the pages of Bede's *Ecclesiastical History*, written about 730, where there are two references (ii, 14 and iii, 24) to events occurring in the previous century *in regione (quae vocatur) Loidis*. The name, therefore, was applied originally not to a single place or settlement, but to a district, and this is confirmed by two names, Ledsham and Ledston, containing the same element. These settlement names occur ten miles east of Leeds, and likewise to the north of the river Aire. The name cannot be explained as English and is almost certainly British, belonging to the form of Celtic spoken by the inhabitants of the region before the English invasions of the sixth century; unless indeed it is pre-Celtic, in which case it would be impossible to explain it at all, as we know nothing of the languages spoken in Britain before the time of the Celts. It should be noted that in Bede's spelling *-oi-* is not intended to have the modern English value, but something like that of German -ö-, which in due course developed through a sound like French -é- to the modern pronunciation of *-ee-*. Loidis can most easily be explained as British, with the ending *-īs* corresponding to the Latin adjectival derivatives in *-ensis*, and therefore as the name of a people or tribe. The origin of the first element is less certain, but it may be noted that despite the evidence for a Celtic community on its north bank, and further evidence for Elmet discussed later, the name of the river Aire is in its medieval and modern forms distinctively Norse, and it is therefore quite probable that Bede's *Loid-* represents the Anglian pronunciation of the British name of the river, and that *Loidis* meant 'the people living by the Aire'. If this is so, and the transfer of the name of a river to a settlement on its banks, and vice versa, is not unparalleled, the river would in Celtic have the stem *Lāt* (whence we can imagine an unrecorded British Latin *Lātenses* for the people), and in British *Lōdēs* (which would have given modern Welsh *Llodwys*); the meaning of the river-name is probably 'boiling' or 'violent', to be compared with Welsh *llawd* and Irish *láth*, 'heat (in animals)', both of which imply Celtic *lāto-*.

The district of Leeds in this earliest sense seems to have lain in or been co-extensive with Elmet, also a district-name, as appears from the modern Barwick in Elmet and Sherburn in Elmet, and from the medieval use of the same suffix in a number of places in Barkston Ash wapentake, all lying east of Leeds. Bede (ii, 14) refers only to the *silva Elmete*, but from

* The asterisk indicates a reconstructed form for which there is no direct evidence.

Nennius' *Historia Brittonum* (chapter 63) we learn that Elmet was a British kingdom from which, early in the seventh century, Edwin of Northumbria expelled its king, Certic, whose name is the same as that of the British ruler Coroticus to whom in an earlier century St Patrick addressed a letter. After the extinction of this kingdom the name *Elmedsætan* was applied to the English occupants of the territory, the element *-sætan* being the same as *-set* in Dorset, and Somerset. There is some ground for thinking that the area so occupied coincided with the present wapentakes of Barkston Ash and Skyrack, and thus that both modern Leeds and the *regio Loidis* are within the bounds of this British kingdom. To Bede and his contemporaries, Elmet probably suggested the meaning 'elm wood' as it has often done since, but as the name is so certainly pre-English, it is more probable that we should identify it with the Welsh commote of Elfed in the present-day county of Carmarthen.

A second, more shadowy British area is hinted at by the name *Craven*, an area of indeterminate extent and, like Elmet, perpetuated as an affix to certain place-names that lay within its bounds, such as Skipton in Craven. Although its status as an administrative unit in pre-Conquest times is obscure it has remained the title of an archdeaconry, and in view of the well-known tendency for ecclesiastical boundaries to perpetuate old political or secular administrative ones, it is not improbable that Craven was such an area at one time. Like Elmet it has a British name, which must once have been similar in form to that of Cremona in Italy; the root means 'wild garlic' and is related to Old English *hramsa* of the same meaning, which is familiar in names like Ramsbottom, though apparently it does not occur in the West Riding. When we remember that the existence of a British kingdom of Elmet is guaranteed only by the single reference in Nennius, we need not be surprised that there is no ancient reference to a similar state of affairs in Craven, but there are sufficient similarities in the two situations to suggest that this was another British area which succumbed to English pressure in the seventh century.

In the eastern half of England the place-names given by Celtic and pre-Celtic inhabitants have survived the change of language introduced by the Anglian and Saxon settlers only when they were the names of major natural features. This generalisation is broadly true also of the western half of Yorkshire: of the major rivers the Ure (**Isura*), Nidd (**Nida*), Calder (**Caletodubros*), like the Don (*Dana*), are all Celtic and are to be compared with the French Isère, and the Welsh Nedd (anglicised Neath), and Calettwr. The Swale and Aire, and probably the Wharfe, have all acquired English or Norse names. The Ouse, though often cited as a Celtic river-name, is more probably the bearer of an English name, modified, like that of the Aire, by Norse speakers. The name of York is a well-known illustration of this process of successive modification: starting as Celtic *Eburācon* (latinised *Eburacum*), the estate of a person named *Eburos*, it underwent a change by the process known as popular etymology (in which familiar meaningful elements are substituted for meaningless ones) to the Anglo-Saxon *Eoforwic* 'boar settlement', as *eofor* 'boar' sounded almost the same as *Ebur-*, and with *wic* 'settlement' substituted for the suffix *-ac-*; the Norse settlers took over the Anglo-Saxon name, but for *eofor*, early Norse **eafur*, they substituted *jor* 'stallion', to give *Jorvik*, from which the present *York* comes. The genuineness of the Celtic form is guaranteed by medieval Welsh *Evrawc*, modern *Efrog*.

Some of the smaller rivers also have retained Celtic names, notably the Dove (*Duba* 'black'), Hodder (*Sadodubro-* 'quiet water'), Laver (*Labara* 'noisy'), and Rother (*Rodubro-* 'great water'), and in a few cases even small streams, as Cray Beck and Crimple Beck, have done so.

There are few Roman and Romanised British names recorded for the region but most of these have survived: *Eburacum* is York (see above); *Danum* provides the first syllable of Doncaster; *Olicana* is Ilkley; and *Isurium Brigantum* (Aldborough) is perpetuated in the name of the river Ure. *Calcaria* (Tadcaster) was still known in Anglo-Saxon as *Kælcacaestir* (Bede, iv, 23); both the Latin and English names refer to the local limestone. The names *Legiolum* (Castleford) and *Cambodunum* (Slack, near Huddersfield) have disappeared.

The remains of the pre-English nomenclature, though numerically insignificant, are nonetheless unmistakable.

The Angles, already established in the East Riding in the sixth century, seem to have penetrated to the West Riding late in that century or early in the seventh, and to have colonised it fairly fully during the seventh, if we may take the distribution of names in -ton (Anglo-Saxon *tūn*, 'enclosure, farmstead, village') as an index of the extent of their settlement. Such names are to be found fairly evenly distributed over the whole Riding except on the higher ground along the western and northern boundaries, and in the marshy ground east of the river Don and south of the river Ouse in the extreme eastern tip of the Riding. Not that this Anglian expansion entirely annihilated the British population, for just as district-names like Elmet and Craven point to British areas existing from before the Anglian invasion, and for a time co-existing with the invaders before losing their political independence, so the existence of names of English origin referring to British settlements shows that the process of assimilation was a protracted one. Such names are those containing *walh* 'alien', which, in the mouths of the English can have referred only to the Britons: instances are Walton (near Wakefield), another of the same name (near Boston Spa), and Walton Head (near Kirkby Overblow). Wales (south-east of Sheffield, near the Derbyshire border) is a further example, and the same point may be made by the existence of some names in which *eccles-* (from the British form of Latin *ecclesia* 'church') occurs, implying a British Christian community with its own place of worship. *Eccles* sometimes occurs in combination with English place-name elements, as at Ecclesall and Ecclesfield (south-west and north of Sheffield respectively), and Eccleshill (west of Leeds). Even accepting Professor Smith's suggestion that *eccles* may have been borrowed into Anglo-Saxon in the sense of 'a British church', there remains evidence that at some period, whether co-existing with the Anglian settlers or not, there had been British communities centred about these places. That *walh* in Anglo-Saxon also means 'serf' indicates the relationship between the two races.

The possibility that some of these British communities may have survived throughout the Anglian settlement period is suggested by the presence of names in the next stratum, the Norse one, containing the element *bret-*, which was certainly applied by the Norsemen to the Welsh of Wales, and may have been applied to British communities elsewhere, though one cannot exclude the possibility that they refer to groups introduced by slave-raiding or other forms of migration, or even to Norsemen who, having spent a period in Wales or being of mixed Welsh and Norse ancestry, were nicknamed *Bretar* 'Welshmen'. Such names are Monk Bretton (in Barnsley) and West Bretton (Wakefield), as well as less obvious forms like Birkby Hill (earlier *Bretby*), north-east of Leeds, and Burton Salmon (earlier *Bretton*), just to the east of Ledsham and Ledston. As these last two were undoubtedly in Elmet, and as the distinction between later Anglo-Saxon *Walas* and *Brettas* may have been that between enslaved and free Britons, it might be concluded that these names show the survival of an independent British community in Elmet, not only under the Angles, as the English *Bretta-tūn*, i.e. Bretton, suggests, but still recognisably so under the Norsemen, as the Norse name *Breta-by*, i.e. *Bretby*, implies. It is, however, more probable that these free Britons were incomers from the north-west, from Cumberland (the land of the *Kymry*, the name by which the Welsh still call themselves) and from North Lancashire, at a rather later date than the period of the Anglian settlement.

A great many of the more common Anglo-Saxon place-name elements used in this area are still current today as common nouns, and their meaning presents little or no difficulty. Such are *brook*, *bridge* (often in the northern dialect form *brigg*), *dale*, *ford* (also in the local form *forth*), *green*, *hall*, *head*, *house*, *hill*, *lane*, *mere*, *marsh*, *moor*, *mill*, *pit*, *row*, *swine* (also shortened in compounds to *swin-*), *tree* (and as a suffix *-try*), *thorn* (tree), *wall*, *water*, *well* (which is very common) and *wood*. Others are in various ways changed in meaning or use, or have ceased to be common nouns at all: such are *borough* (and *-burgh*, *brough-*) 'a fortified settlement'; *cliff*, a precipitous slope inland as well as by the sea; *clough* 'a dell, ravine, or inlet to a river'; *cot* (and *-cote*, *-coat*) 'shed, cottage'; *croft* 'a small enclosure', which is extremely common in field-names; *dene* (and *dean*) 'valley', sometimes later ousted by Norse (and English) *dale*; *dike*, which can also be Norse, 'a dike or ditch'; *down* (only in compounds as *-don*, *-den*) 'hill'; *edge* 'an escarpment'; *fall* 'a place where trees have been felled'; *field*, originally 'open country', then 'open common land' as well as the modern sense; *yard* 'enclosure'; *gate* 'gate or opening' (for another sense see the Norse elements below); *goit* 'a water-channel', with the *-oi-* that is the typical development of short *o* in an open syllable in the West Riding south of the Wharfe, as in *coil* 'coal'; *greave* 'a copse'; *hay* or *hey* 'enclosure'; *hall*, *-all* (distinct from modern *hall* above) ' a nook or corner of land'; *law* and *low(e)* 'mound, hill'; *hole* (sometimes *hoyl-*, as with *goit* above) 'hollow'; *hurst* and *hirst* 'a copse or wooded hill'; *land* in a more general sense of 'district', or in a more restricted one 'a strip of land'; *lee* or *lea*, and especially the suffix *-ley*, which is enormously common, 'clearing in a wood'; *moss* 'a bog or swamp', which can also be Norse; *pighel* or *pightel*, often *pickle*, 'a croft'; *royd* 'a clearing', also extremely common; *ridding*, *redding* 'a clearing'; *shaw* 'a copse'; *sike*, *syke* 'a ditch', which may also be of Norse origin; *slade* 'a valley'; *stain*, the local form of *stone*, and also of Norse *steinn*; *stead* 'place, site, farm'; *stye* 'narrow road'; *stock* 'stump' and *stocking* 'a clearing', and similarly *stub* and *stubbing*; *street* (also *sturt-*, *stirt-*) 'paved road (sometimes Roman)'; *town*, usually *-ton*, originally 'enclosure', then 'farmstead, village', an extremely common element; *wike*, *-wick* 'dwelling-place, dairy-farm'; and *worth* 'enclosure'. That so many of these commoner elements should relate to clearings and woodland is significant for the early topography and the nature of the English settlement. As we should expect there is a large range of tree-names represented in the place-names, including *oak, ash, elm, alder, beech, birch, hazel, hawthorn, holly, yew, rowan* and *willow*.

The next stratum of place-name material is drawn from a variety of Norse sources, and is the result of the Norse raiding and subsequent settlement over much of the North and the East Midlands, from the later ninth century on. This was just one aspect of the widespread Scandinavian expansion of this period. Opinions differ as to the numbers of settlers involved, their relations with the English, and the consequent settlement pattern, but it is evident that they have left their mark unmistakably on the place-names of this region. Their speech is responsible, as was pointed out above, for the name of York, and hence of the county; for the term Riding, by misdivision from *thridding* 'a third', and for the term *wapentake* which replaces the usual term *hundred* as the unit of administration below the Riding. Of the eleven separate wapentake names (there are fourteen wapentakes, but Strafforth and Claro are used with 'upper' and 'lower', and Staincliffe with 'east' and 'west') only two, Strafforth and Morley, are pure English, while five (Staincross, Osgoldcross, Claro, Staincliffe and Ewcross) are pure Norse; the other four are either mixed or could be either Norse or English, two of them (Agbrigg and Barkston Ash) containing Norse personal names, and three (Agbrigg, Skyrack and Ainsty) showing signs of Norse pronunciation. Yet while these bigger administrative units have largely Norse names, the thirty or so townships surrounding Leeds, from Shipley in the west to Swillington in the east, and from Bramhope in the north to Dewsbury in the south, almost without exception bear names purely English in origin; and as almost all of them occur in the Domesday Survey of 1086 they can hardly be the result of a resurgence of English at the expense of Norse in the centuries following the Conquest. Similarly the seventeen ancient parishes in Skyrack wapentake all have names of English origin (except Leeds and Ilkley which go back to an earlier stratum still), and all but three are mentioned in Domesday Book or earlier. Even in the north–west of the Riding where Norse elements are frequent in the minor place-names, by far the majority of the parish and township names of West Staincliffe and Ewcross wapentakes are English in origin and recorded in Domesday. These facts suggest that, though the Norsemen imposed their authority and form of local government in the area, the land had already been fully taken up by the Anglian settlers before the ninth century, and that there was no large area remaining unsettled. The density of the settlement is, of course, quite another matter.

There is, however, one important qualification to be made in connection with this linguistic evidence for the nationality of those who gave these pre-Conquest place-names: Norse and English at that time were still very alike in many ways and had a large vocabulary in common. The language of the Danelaw from shortly after the Norse settlement must have become a mixture of English and Norse in varying proportions according to the ancestry and environment of the speaker. This mixed language is not on record as such until some time after the Norman Conquest, but when it does appear as the northern dialect of Middle English, continued to a large extent in the modern dialects of the area, the vocabulary is an amalgam of the two languages, with the pronunciation in some respects favouring the Norse rather than the English type. The result of this mingling of the two languages before the

Norman Conquest, is that there are many hybrid names, in which it seems likely that one or the other English element has been replaced by its Norse equivalent, and even pure Norse names may be no more than translations of an earlier English name. Professor Smith points out how odd it is that in a series of settlements on the north bank of the Wharfe between Ilkley and Otley, all should have English names except Askwith (which in English would be Ashwood); it can hardly mean that this particular village was a new Norse settlement, but rather that in this instance the Norse synonym and not the English one, has survived. Even the presence of Norse personal names in place-names is hardly incontrovertible evidence of the place being a Norse settlement, for, in such a linguistic situation, names from the one linguistic community would be very likely to be adopted by the other as a consequence of intermarriage. On the other hand, the place-name evidence (whether the names are origi-nally Norse or transposed from English), taken together with the large proportion of Norse words found in the general vocabulary at a later date, is sufficient to show that a very sub-stantial number of Danes must have been concerned in the Norse settlement, substantial, that is, in relation to the number of the English-speaking inhabitants. Despite the existence of a few names of the Denby, Denton, Normanby, Normanton type, marking villages of Danes and Norwegians respectively, the later linguistic situation suggests that they cannot long have remained separated from the English in this fashion. As Professor A. H. Smith puts it

> The numerous substitutions of Scandinavian forms, words and personal names in place-names of English origin would indicate that the Vikings, whilst retaining many elements of their vocabulary and features of their pronunciation, soon adopted Old English as their basic language, and from the nature of the substitutions they would appear to have spoken their English with a Norse accent. The formation of an early English dialect so rich in Scandinavian elements of this kind and so poor in the structural features of Old Scandinavian points to the almost complete and early integration of the English and Viking folk in the West Riding.

While the Norse raiding and subsequent settlement on the eastern coastline of England was carried out by a predominantly Danish population, the western coasts were attacked and settled chiefly by the Norwegians; and whereas the Danes came more or less directly to England, the Norwegians often made a number of calls on the way, in the Orkneys and Shetlands where their language persisted into the eighteenth century, and in the Hebrides, Man, and Ireland. In the latter places there were also extensive settlements, and Norse earldoms and kingdoms were set up. In these settlements the Norsemen came to live along-side the Gaelic-speaking inhabitants, intermarrying with them, adopting Gaelic names and using the Gaelic language as well as their own (the languages were too dissimilar for there to be any possibility of a blending of the two such as occurred between English and Norse), and becoming in some way a separate people, neither purely Norse nor purely Irish, but having some of the characteristics of both. These Norse–Irish settled also among the British population of Cumberland and north Lancashire, and from there overflowed to a slight extent through the Pennine gaps into the West Riding. Hence the otherwise unexpected and inexplicable presence of Irish terms and especially personal names in this area.

The Norsemen in York introduced a few of these Irish names, such as *Divlinstones*, with its allusion to the equally Norse city of Dublin, and Patrick's Pool, named directly or indirectly from the Irish saint. Most of the instances are personal names combined with other elements to form relatively minor place-names, and in some cases field-names. Some are the names of saints, as Patrick, Colman, Colm, and Fiach, probably implying at least one Christian parent, while others are the names of Irish kings and heroes, such as Brian, Eoghan, and Niall. Names of this kind are found very thinly scattered over almost the whole West Riding. There are also a few terms typical of Norse–Irish areas, such as *ergh* 'mountain pasture, shieling', and *capple* 'nag', the latter also occurring as a common noun in Middle English. Examples of the former, naturally confined to hill country, are Cawder and Winder and Moser Hill, in all of which, as in most of the examples, *-gh* is lost. Apart from Golcar on the west side of Huddersfield, all the examples are in the north–west of the Riding in the wapentakes of Ewcross and the two Staincliffes. As this is also the area in which Norse–Irish personal names occur most frequently, there is a clear implication that their penetration took place through the Pennine passes in that direction.

The commoner Norse place-name elements also survive, in part, in the modern dialects of the West Riding but are for the most part strangers to the standard language. Only *bank* and *gap* are standard; others are *beck* 'stream'; *-by* 'farm, village', the Norse equivalent of *-ton*; *ing* 'a (water) meadow, pasture'; *flat* 'a level piece of ground or division of the common field'; *garth* 'enclosure', related to English *yard*; *gate* 'road, cattlewalk', and frequent in the older street-names; *gill, ghyll* 'a ravine'; *howe, hawe* 'mound, hill'; *laithe* 'barn'; *holm(e)* 'water-meadow'; *keld* 'spring, well'; *kirk* 'church', sometimes displacing the English form; *carr* 'marsh, wet land overgrown with brushwood'; *mire* 'bog'; *rein* 'a boundary strip', which may also sometimes be English; *scale* 'hut, shieling'; *skew, -scow, -scoe* 'wood'; *slack* 'hollow, small valley'; *toft* 'enclosure'; *thorp(e)* 'a secondary or outlying settlement'; *thwaite* 'clearing, meadow', an extremely common element; *wath* 'a ford'; *with* 'a wood', sometimes displacing the English word; and *wray, ray, roe* 'nook, corner of land'.

The Norman Conquest did little to disturb the place-names of England despite the wholesale transfer of possession of landed property. Only to a small extent did the Normans bestow new names to supplement or displace the old ones, so that the French element in our local place-names is quite small, apart from personal names used as part of place-names. Among the commoner elements are *castle* (occasionally replacing Old English *caster*, as at Castleford), *chapel, close, forest, friar, grange, lodge, market, park, pasture, pye* (i.e. magpie), and *rail* (i.e. railing, fence); none of these now strikes us as being as foreign as most of the commoner Norse elements, an indication of the extent to which the language of England became penetrated by French in the centuries immediately following the Conquest.

There are a few cases in which the Normans created new names for their residences or for the new monastic foundations they patronised: such are *Beaumont* and *Belmont* (twice) 'fair hill'; *Fountains* Abbey on account of its springs; *Peel* Hill and Bolton *Peel*, places fortified with a palisade; *Roche* Abbey from a rocky bank in the vicinity; *Malsis* Hall 'bad seat', *Malpas* Hill 'bad passage', and *Mavis* 'bad view'; and, notwithstanding its Latinised form, *Pontefract*, or more nearly in its original form, *Pomfret*, 'broken bridge'; an interesting situation linguistically, for its English name had been an older form of the modern Tanshelf, and Symeon of Durham tells us that it was also known by the Norse name of Kirkby.

Apart from such new names the other innovation of the post-Conquest period is the introduction of feudal affixes to the names of properties, especially as a means of distinguishing similarly named places or places in close proximity, by adding the personal or family name of an owner or tenant. The earliest examples seem to date from the twelfth century but in many cases the first record of such additions is very much later, as late as the fifteenth or sixteenth century, though the case of Bolton Percy, first recorded in the fourteenth century but noted as Percy property in Domesday Book, warns us not to lay too much stress on precise dating. These were not new settlements, for the older part of the name is almost invariably English or otherwise certainly pre-Conquest. The non-English origin of such affixes is also shown by their generally following the earlier name, like French adjectives, though there are a few examples of the qualifying element coming first as in *Bank* Newton and *Walden* Stubbs. Examples of these feudal affixes are Askham *Bryan* and Askham *Richard*, Hirst *Courtney*, Newton *Kyme*, Thorp *Arch*, Thorpe *Audlin*, Thorpe *Salvin*, Thorpe *Stapleton* and Thorpe *Willoughby*.

Somewhat similar in nature and date is the use of affixes to denote that estates have ecclesiastical proprietors, e.g., Acaster *Selby* and *Monk* Fryston, because they were owned by the monks of Selby Abbey; *Bishop*thorpe, *Bishop* Monkton and *Bishop* Thornton, all belonging to the archbishop of York; *Temple* Hirst and *Temple* Newsam, as belonging to the Knights of the Temple. This group may have been popularly bestowed rather than imposed from above, for in most cases the qualifying element accords with English usage and comes first. The earliest form of Bishop Thornton is *Thornton Episcopi*, but this use of Latin affixes has not persisted in Yorkshire.

Name-giving in more recent times has not been called for on any appreciable scale, and even the Industrial Revolution did no more than elevate the importance of some previously minor names. Such new creations as Aireborough and Spenborough (both Urban Districts) are based on the analogy of existing place-names and composed of intelligible elements.

SUGGESTIONS FOR FURTHER READING

The definitive work on the place-names of the area is A. H. Smith, *The Place-names of the West Riding of Yorkshire*, i–viii (1961–3), upon which the foregoing is entirely dependent. For the early period see K. H. Jackson, *Language and History in Early Britain* (1955), especially chapter vi, and R. L. Thomson, 'Celtic Place-names in Yorkshire', *Transactions of the Yorkshire Dialect Society*, xi (1965), 41–55. For the Scandinavian expansion see Johannes Brøndsted, *The Vikings*, (1965).

IX

DIALECTS

The population of the city of Leeds is drawn from such a variety of areas and social back-grounds that it is not certain that the first person met on arrival in the city could be cited as a typical Leeds dialect speaker. Indeed, for a variety of reasons, it may be difficult to find such a one at all. The city is a conglomeration of village areas, in which native dialect speakers would use local speech forms. Each village area could have its own characteristics and these might well vary slightly, but recognisably, from one area to the next. The investigation of the dialect of a city presents great problems because of the size, numbers and shifting of popula-tion, and the detailed investigation of small community variants has yet to be effectively planned and carried out.

There is no doubt, however, that someone newly come to the city from a distance will find in the majority of people a kind of spoken English which will immediately have an impact upon him. He will hear certain features throughout the local speech which will strike him as Northern, Yorkshire, or West Riding, depending upon the kind of contact he has previously had with the area. This gradual limitation of definition is one which local people can continue to the point of distinguishing people who are native to the Hunslet area of the city to the south of the river Aire from those born in Woodhouse, which is to the north of the river.

This capacity for distinguishing finer varieties would be limited to those for long resident in the area, and only when listening to people of, perhaps, fifty-five years or older, who had not moved away and who were not attempting any kind of refinement of their local accent. But more of this later.

The general effect of a local accent based upon some wider regional pattern is unmistak-able through most generations and types of locally born inhabitants, and does not vary so much according to family background as according to the immediate social circumstances in which the speaker finds himself or herself. Women in particular, in some social groups, are quite capable of speaking at all times in public in a very acceptable form of Standard English, yet in completely unguarded moments about the home may produce a type of speech much more closely related to that of the region.

After a general view of this regional background we can attempt to define limits which will help us to understand the local speech. Astonishing though it may seem to those who live in any place, new arrivals are often overwhelmed for a time by the unexpected variants in sounds, words and grammatical forms. Perhaps we might begin by retailing some of the features by which the visitor immediately sums up the local Leeds language as being Northern, and then indicate those de-limitations already known to the more sophisticated and which give more accurate identification.

Probably the first items which impress are the use of sounds that are typical of the Northern and Northern Midland areas; firstly, the peculiar sound used in words of the *come*, *sun*, *love*, type. This last word will be very important for it is heard on all sides as a general form of address comparable with, *mate*, *my dear*, and many other regional variants from other parts of the country such as *duck*, *honey*, *chum*, and so on. *Love* in many contexts is not in Leeds a term of endearment, and is not even reserved for use between the sexes and between women, but can be used from man to man, often without any reservation imposed by age or class. The pronunciation of the vowel of this word, *love*, may well be spelt by writers with *oo*, most often written as in *oop fert' Coop*(= up in London for the Cup Final). Spellings in the ordinary type available from a printer are often not adequate to show pronunciation, and the *oo* spelling can be very misleading. The sound is probably most accurately described, though inadequately, as that still used in Standard English in such words as *pull*, *bush*, and *bull*. There may be variations in pronunciation but it may generally be said that the main vowel in *butcher* is the same as the vowel in *brush*. A local speaker playing golf will *putt* with the pronunciation of *put*.

The second readily distinguishable feature will be the use of the short sound in words like *last*, *path* and *shaft*. The vowel is essentially the same as that in local *hat* or *black*. This sound is itself not used in Standard English and while capable of being accurately described in phonetic terms has only the vague general description in Standard English as being a 'broad' vowel. This is also true of the local pronunciation of words such as *head*, *leg* and *red*. These do not normally cause confusion once they are used in context, but a single word *head* could well appear to a southern Englishman to be the pronunciation of *had*. A contrast between the vowels of the south and the north of England occurs in words of the *dog*, *cot* group, and also in certain long vowel sounds. *Yorkshire* itself is often given a pronunciation by a speaker of Southern English which they feel is described best by the spelling *Yarkshire*. Both this spelling and pronunciation seem inaccurate to the local speaker.

Less immediately noticeable perhaps, but most certainly used, are pronunciations possibly identifiable when written as *dahn*, *abaht*, *rahnd*, for *down*, *about*, *round*, and the rarer but still frequent occurrence of *sooin*, *mooin*, *spooin* for *soon*, *moon*, *spoon*. The existence of a pronunciation, usually written *eea*, in words such as *dream*, and *steam* may also be noted, but this is not generally applied to words spelt with *ee* like *green*.

Within the space available it is not possible to give a complete description of the variations of the sound-system in the region. These sounds are not the only ones that are different from Standard English and mention should be made of the use of *coil* for *coal* and *coit* for *coat*. giving intriguing titles like *coil-oil* (= coal-hole) to the fuel store in a Leeds cellar. It should be clear from what has been said that certain rules of substitution can be formulated. Whilst these may not always work in all instances because of other factors that this chapter cannot hope to cover, at least the usages may appear reasonable and consistent.

Since it is by listening to the quality of the vowel sounds that most people determine the origin of a speaker, we might here consider what the Leeds sounds are not, for it is of importance in distinguishing different areas of the North. Firstly, the quality of long vowel sounds which are followed by an *r* and another consonant is unaffected by the *r*; as in such words as *turn*, *heard*, *hard*, *port*. The northern industrial areas of Lancashire and Yorkshire are divided into some districts where an *r* sound of a rather significant kind is overlaid on the long vowel and some where it is not. The division is often said to be the Lancashire–Yorkshire boundary, and most Yorkshiremen in the Leeds area would agree. In fact, the dividing line is on the Yorkshire side of the boundary and many Pennine suburbs of Huddersfield, for instance, show the overlaid *r* sound in use.

Probably the most important feature is the line easily shown on a map that divides what the specialist calls the Northern from the North Midland type of English dialects. So far, the term 'Northern' has been used in the ordinary man's general sense of the term when he thinks about accent, but in fact the area of truly Northern dialect begins at a line north of Leeds itself, following very roughly the line of the river Wharfe, and is most easily defined by reference to the occurrence of the word for a house as *hoose*. By observing the evidence from various sources, principally that from the *Survey of English Dialects*, augmented by subsidiary information collected at various times, we can suggest a line dividing the Northern pronunciation from other types classified as North Midland. Figure 23 shows the settlements where inquiries were made for the local pronunciation of *house*. North of line YZ a *hoose* pronunciation is generally heard from representative local dialect speakers. South of the line some very different form is heard. An approximately standard *house* pronunciation is one kind, but in Leeds, Bradford and district it might best be rendered *hahse* but in Huddersfield and Halifax *heyas*. This YZ boundary is important in the study of the history of the language. The line on the map appears very definite but it must be acknowledged that at certain points it is not so clear cut. There is in some places an overlap where both the Northern and the North Midland form would be heard. To draw a boundary line is, however, extremely easy at other places, and in demonstration of this a visit to the upper Washburn valley might be instanced.

I was introduced to a farming family whose home was due to be evacuated because of the opening of a new reservoir completed in 1966. Certain Northern tendencies in their speech prompted me to ask whether they had spent their whole lives in the Washburn valley. It appeared that they had not, but the major move had only been from a farm a few fields distant in the next parish, but significantly within the watershed area of the river Nidd, which is north of the Washburn.

The market centre for the Nidd area is at Pateley Bridge, a township where Northern speech is used, whereas the Washburn, a tributary of the Wharfe, looks towards Otley as its market town and the North Midland speech is commonly that of native speakers.

Because of its importance as a farmer's market, a visit to Otley is of great interest. Here farmers from diverse areas mingle, and the accents of those from north of our border area can easily be distinguished from those of farmers coming from the south.

A feature of the speech of the whole of Yorkshire that is worthy of very close examination is the use of the small word—*the*. Usage of the definite article has been the subject of intensive inquiry, and further work with the use of modern sound analysing equipment is likely to provide interesting results. The situation so far as Leeds dialect is concerned is generally presented in writing by the use of an apostrophe after *t*, as in *on t'bottom, on t'end* (= on the bottom, on the end). The quality of the *t'* sound in various positions varies a good deal and the reproduction by a visitor attempting local speech will not satisfy a native if there is no subtler variation of the *t*, corresponding to differences in the type of sound which follows. We might in one context find a glottal stop being used, particularly such a phrase as *at the end*, which I might try in print as *a' 'end*—again a detailed phonetic script would be of much greater use. The range of possibilities of the *t'* sound also depends on the type of sound which precedes it, and the length of the *t'* sound is subject to variation which is clearly known to local speakers but which they cannot begin to explain. Nor can one begin to explain it without demonstration and example. Visitors to Leeds may well find sufficient of this around them and, having had their attention drawn to the facts, might begin to see the problems and set about their own descriptive analysis.

The line AB on Figure 23 represents the boundary between an eastern area, where *the* in all positions exists as a form of *t'*, and a south–western part where, before a vowel, *the* occurs as a sound best printed as *th'*—as in *th' end* (= the end); *th'* is only breathed and not voiced. Mr. W. E. Jones, now at the University of Edinburgh's Department of Phonetics, made a detailed survey of this particular feature to assess the variants throughout Yorkshire (1952). Only those places that are important for the drawing of this particular boundary line have been shown on the map. This line, too, is only an arbitrary division between the areas investigated. In such a built-up area, with a complex pattern of settlement, more information would certainly make necessary some modification. In the area between Bradford and Halifax, on the basis of my own additional investigations, I have been able to delimit the boundary with confidence, but I feel sure that local people in the area to the west of Keighley could suggest some revision by one or two miles.

It is unlikely that a visitor to Leeds will find himself addressed with the *thee* and *thou* form of singular personal pronoun. If, however, he should be able to listen to a conversation between two older male residents of the right type he will hear plenty of examples. *Does t'want?* (=do you want?); *Weear ta bahn?* (=where are you bound?) showing a usage that is not only commonplace but subject to a rigid set of rules of syntax. Not only is the *thou* form preserved always for the singular use, but the person addressed is only given that particular address if he is either equal to or junior to the speaker. Equals are workmates and people who obviously by their dress or group activity (e.g. at a fair, club or supermarket) share in the activity of the speaker; and people within the family unit, particularly husband and wife. *Thee* and *thou* will not be used to a stranger who is apparently from a different environment.

Any attempt to describe by written word the sounds of a dialect will inevitably fall far short of its objective because of the inadequacy of the alphabet to show slight differences. I have picked only a few very significant features and deliberately avoided others which might be heard clearly but are difficult to interpret in print or from print.

Differences in vocabulary are easier to instance and a visitor will soon hear *small cakes* at tea being described as *buns*, he will find *crockery* described locally as *pots*, and, in the season, a *fair* is known as a *feast*. Many words heard only rarely nowadays would be common enough to the older generation, many of them words of Scandinavian origin such as *addle* (= earn),

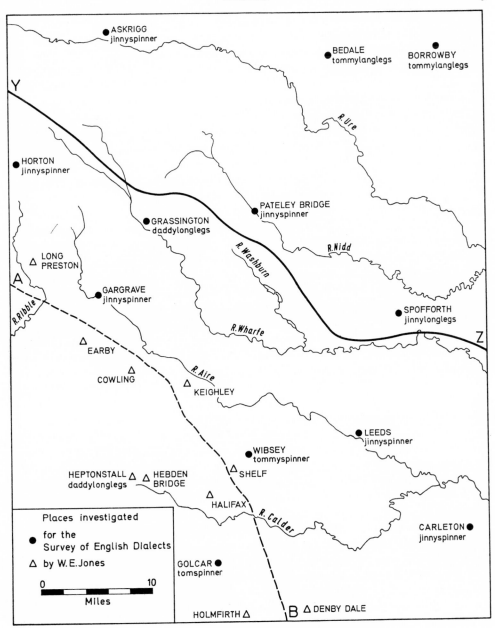

Fig. 23.   Dialect distributions

laik (= play) and *lop* (= flea). An interesting pattern of words for the *daddylonglegs*, culled from the material collected for the *Survey of English Dialects*, is presented on Figure 23. All the places within the area of the map which were investigated for the *Survey* are shown, together with the answer gathered at that place from a carefully chosen native speaker. The University of Leeds financed the collection of material by the Department of English Language. A detailed questionnaire prepared by Professor Harold Orton and the late Professor Eugen Dieth of Zurich, was used for the purpose. Under Professor Orton's direction a team of field-workers and editorial assistants are publishing the material for the whole of England. The basic material for Figure 23 was published in 1962 and 1963.

The use of the word *jinnyspinner* and *tommyspinner* will be noted as being among the more amusing names for this insect known to most people as a *daddylonglegs*. Various compounds incorporating portions of these words can be seen.

Other features of life in Leeds are also affected by the local dialect. Let the shopper at the butcher's ask for *silverside* or *topside* and he will be offered *taildraft* or *round*, yet in Bradford the terms will be *outlift* and *inlift*. The significant boundary between a *ginnel* and a *snicket* (= an alley) is an extremely complex one, for in parts of the West Riding both are used but do not mean the same thing: in other parts one is used and not the other, and the definition of the word varies. It is with this kind of information that a local person with intimate knowledge and experience can begin to define the provenance of a speaker. *Turning a somersault* has local variations of description that are limited to speakers from particular areas and, whilst information on the matter is from far complete, it is possible to give several forms of words for Leeds and district. These include *tipple over tails* for Hunslet, *tipple over* in York Road, but *tipple your tegs* in Guiseley and Yeadon. In parts of Bradford people say *tipple your tiptails*.

The capacity of small, inward-looking communities to develop their own varieties of vocabulary is demonstrated in other ways than in local dialects. Families may develop their own words; schools and professions are obvious examples of similar activity in language or jargon and this is probably a good explanation to advance for the variants such as these last. We cannot accept this as a simple and uncomplicated process however. We find nothing in local speech outside place-names to link us with the earlier Celtic kingdom. The basis of the everyday vocabulary and syntax is Germanic, virtually unaffected by any Roman influence in the area. Possibly the most significant effect upon the traditional speech of Leeds has been population movement from the North Midlands dialect area, which includes Lancashire, and the everyday contacts of commerce with these adjoining industrial districts. The dialect differences, roughly indicated by the *house/hoose* boundary on the map, probably reflect these, for it virtually divides the basically industrial region from the rural part of the county. The very activities and tools in daily use are different across the dialect boundary and this has probably continued to reinforce the division.

Immigration into the region and settlement, which are still taking place, cannot be placed in neat historical categories. Such a task would be even more formidable for the city with its half a million inhabitants. The presence of foreign immigrant groups, including East European Jews during the nineteenth century, and West Indian, Pakistan and Indian groups in recent decades, causes numerous complications. Yiddish terms are, for example, known to, and used by, businessmen, Jews and non-Jews, in some of their transactions. Observation in school playgrounds and in the parks gives innumerable examples of coloured boys and girls using the same dialectal vowels and terms as the Yorkshire-speaking white children with whom they play. The opportunities for language research into this situation are already being exploited by various bodies. A pilot survey was made by Professor Charles Houck, of Ball State University, Iowa, a Fulbright Research Fellow in 1965–6, working at the Leeds University Institute of Dialect and Folk Life Studies. Professor Houck has recorded, on tape, material obtained from a representative sample of Leeds households determined in such a way that every inhabitant of the city had a theoretical chance of appearing as an informant. The analysis Professor Houck is currently making in the United States by electronic and computing methods should give an important body of information that will have a bearing on our view of the social implications of the use, or non-use, of dialectal or regional pronunciations. For instance, preliminary observations show a relationship between regional pronunciation and income group. There is a tendency to modify vowel sounds away from dialectal forms among those who stayed at school longer, or who married partners from a distance, and so on. It also appears that in Leeds there are important modifications of the regional pattern peculiar to younger people. Such facts may not surprise those who live in any large English city outside London, but the modifications are not necessarily in the same proportion for every city and town, nor is the situation at all matched by that in other countries. Social standing and the pressures of linguistic conformity vary a great deal from one country to another.

It is of course quite possible that those with whom a visitor will come into closest daily contact may themselves represent nothing of the local speech background as it has been described. However, it will be quite impossible for anyone who travels by public transport, or visits shops and various places of entertainment in the city, not to hear ample evidence of the particular regional flavour of speech. Whether the visitor is pleased by the sounds is not really a matter under consideration here. Very many factors operate upon us when we listen to an unusual kind of speech. We may find it unpleasant and describe it as harsh or grating, and we may even be affected by other things we have heard about the locality and think of it as representing in some way the character of the people. These are subjective judgements which are individual and unhelpful. The proportion of rogues to honest men has not so far been equated with the distribution of dialect speech, nor is the possession of the famed Yorkshire grit and determination limited to those who use the broadest local vowels.

SELECT REFERENCES

H. Orton and W. J. Halliday (eds.), *The Survey of English Dialects: The Six Northern Counties and the Isle of Man*, (1962–3).
W. E. Jones, 'The Definite Article in Living Yorkshire Dialect', *Leeds Studies in English and Kindred Languages*, (1952), 81–91.

PART TWO

THE EMERGENCE OF LEEDS
IN ITS REGION

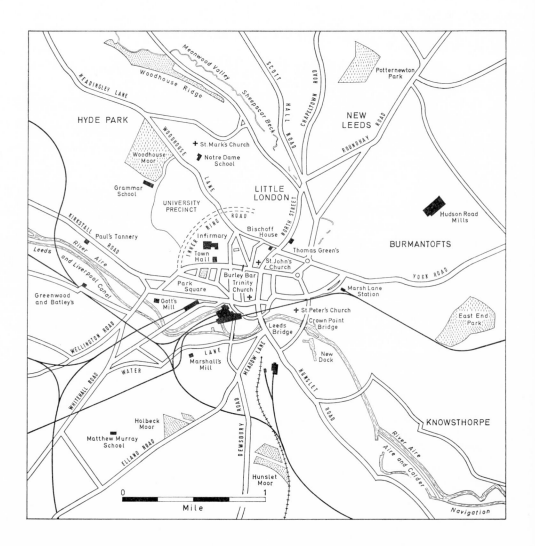

Fig. 24.   Location of most places within Leeds mentioned in this volume

X

TO THE BUILDING OF
KIRKSTALL ABBEY

. . . a church was built at the royal country-seat of Campodunum; but this, together with all the other buildings, was burned by the pagans who killed King Edwin, and later kings replaced this seat by another in the regio *of Loidis. The stone altar of this church survived the fire, and is preserved in the monastery that lies in Elmete Wood . . . (Bede, c. 730).*

Through these words, from a famous passage by Bede, the *regio* of Loidis, the Leeds of later centuries, enters the pages of written history. The same passage hints at a geographical situation which played no mean part in the later emergence of Leeds to primacy within its region. The royal township of Campodunum, whose destruction Bede recorded, lay in 'the countryside of the Don' (Smith, 1962), probably at Conisbrough, and therefore near the north–south Permian outcrop of Magnesian Limestone (Fig. 2). This outcrop, followed as it was by a Roman road (Fig. 21), provided an avenue of easy movement for invaders. On this occasion, the invaders were pagan Mercians and their North Welsh allies who, perhaps entering the district from the south–west via the Roman road through Slack, had crossed the limestone to defeat the Northumbrians at Hatfield in 632. The site of the new royal seat is not known but it lay somewhere within the *regio* of Loidis which at the very least embraced Ledston and Ledsham on the elevated causeway of Magnesian Limestone and, some ten miles to the west, Leeds itself (Fig. 1). If the eastward-facing defences of Grim's Ditch are to be attributed to the period before about 617, when Edwin of Northumbria expelled Certic, ruler of the British kingdom of Elmet, then Leeds, in the shelter of these defences, was probably the last independent capital of Elmet (Fig. 22).

Near the modern parish church of Leeds the valley of the Aire widens appreciably but in this locality marshy conditions in the past were much less widespread than further downstream. Here, moreover, the burden of silt deposited by the confluent Hol and Sheepscar becks facilitated the fording of the main river (Fig. 26). In all probability, therefore, it was in this locality that the Aire was crossed by the Roman road which, though it can no longer be traced, undoubtedly once linked Slack (and hence Chester) with Tadcaster and York (Fig. 21).

The church of St. Peter at Leeds, which stands on a slightly elevated bank between the Aire and Sheepscar Beck, may go back to the seventh century if not beyond. Certainly the survival near the church of numerous early grave monuments suggests an old-established centre of some sanctity which some have claimed was 'the monastery that lies in Elmete Wood' (Collingwood, 1915).

By about 800, as Nennius records, Elmet had been constricted to a small area near Leeds (*prope Leodes*) but earlier, apparently, it had covered a much wider area. Elmet as an affix in place-names occurs most frequently on the fertile and well-drained soils developed on the Magnesian Limestone between the rivers Aire and Wharfe. But it also occurs on the same limestone formation at High Melton, near Conisbrough, and, nearer Leeds, on the Coal Measures at South Kirkby. It is likely therefore that Elmet originally extended from the 'countryside of the Don' to the Ripon district, where the names Markingfield and Markington denote early Anglian settlements of boundary dwellers. Nor was Elmet inchoate as a political unit, for Welsh verse of the sixth century describes its ruler as the *ygnat*, the 'magistrate' or 'judge' of his people (Foster, 1965). The *regio* of Loidis was probably a recognised administrative subdivision of this kingdom. Within the *regio* Leeds itself, on the woodland frontier of the Pennine foothills, was well placed to benefit from further colonisation.

Conquest in the early seventh century had opened this whole Pennine fringe to Northumbrian settlement and, after the victory at Hatfield, to Mercian colonisation. To judge from place-names this Mercian advance had followed the Roman road north–eastwards from Slack, (Smith, 1962) and, as dialects suggest, it extended to the Wharfe (Fig. 23). These events also opened the way for sustained English advance north–westwards along that easiest of trans-Pennine thoroughfares which is provided by the valleys of the middle Wharfe, the upper Aire and the upper Ribble, the route now followed for part of its course by the Leeds and Liverpool Canal. From the ninth century onwards this same Aire Gap routeway through Craven was followed by Norse–Irish settlers from the west, who mingled further east with Danish frontiersmen from the Vale of York. It was thus that Leeds acquired a frontier role of the kind recorded in an eleventh century life of St. Cadroe. About 940 this Pictish saint, having visited the king of British Cumbria, was conducted by him to 'the city of Loidis which is the boundary of the Northmen and the Cumbrians' (Skene, 1867). There he was received by a nobleman who accompanied him to York, then the seat of a Norwegian monarch. As a place where an honoured guest was handed over for safe conduct to a neighbouring kingdom, Leeds was clearly a settlement of some consequence (Le Patourel, 1957). Numerous substantial fragments of carved stone crosses, found in the fabric of the old church when it was demolished for rebuilding in the nineteenth century, testify to the importance of the church from the very beginning of the ninth century. Later pieces, including those assembled into the great cross now standing in the chancel, reveal in their elaborately carved Christian and pagan decoration a mingling of the artistic traditions of Celts, Angles and Scandinavians appropriate for a border settlement (Collingwood, 1915).

A similar mingling of elements over a British sub-stratum provides the key to the earliest recorded pattern of settlement in the vicinity of Leeds. This is the pattern of the eleventh century, as recorded in Domesday Book, for although Roman and Byzantine coins, prehistoric implements, and even traces of early camps have been found within the limits of the modern municipality, their relationship to early settlement remains obscure.

In this district the manor, although a unit of property and jurisdiction, frequently embraced more than one significant centre of settlement. The typical manor comprised a number of berewicks or outlying estates and also a number of sokelands subject to the jurisdiction of the central settlement. In short, the manorial structure was often discrete. Thus, in 1086, the huge manor of Kippax – Ledston included the berewick (Barwick) in Elmet, the sokelands of Austhorpe, Manston and Colton in Whitkirk parish, and those of Skelton, Coldcotes and Gipton in Leeds parish (Fig. 25). Part of Gipton, moreover, was a separate manor having part of Colton as its berewick. Likewise 'Watecroft' near Roundhay was a berewick of the manor of Birkby which lay just beyond the modern municipal boundary. South of the Aire (Fig. 26), Farnley was a sokeland of distant Wakefield. The remaining manors were usually treated in Domesday Book as units in 1086. In 1066, however, Beeston, Seacroft, Headingley and Leeds, among others, had consisted of more than one manor and it is likely therefore that each of them comprised several hamlets.

Leeds itself was treated as a unit in 1086 but had been held in 1066 by seven thegns, or lesser landlords, as seven manors. When surveyed in later centuries the manor of Leeds consisted of a central settlement and a number of outlying hamlets. The headquarters, or capital messuage, of this discrete unit lay on Castle Hill (later Mill Hill) near the park in the western part of the in-township of Leeds (Figs 25, 32, 33 and 35). Further afield within this same township were the hamlets inhabited by bondmen at Knowsthorpe, Hillhouse, Buslingthorpe and Great Woodhouse. The latter stood on the flank of the ridge in the north–west corner of the in-township; since its name was derived from 'the houses in the wood' (Smith, 1961), it had probably developed in association with an upland retreat near the capital messuage later recorded for this locality (Thoresby, 1715). Between Great Woodhouse and the parish church was the manor of North Hall, possibly a sub-tenancy of the manor of Leeds, but likely to have been one of the seven manors of 1066. Like Leeds itself this was a discrete unit with outliers at the two Sheepscars. In addition there was a church manor comprising a hamlet around the parish church and, as its name Kirkgate implies, a westward extension along the street of that name (Figs 33 and 35). All the foregoing settlements lay north of the Aire but, significantly, part of the same in-township of Leeds extended south of the river. Here it abutted on the out-township of Holbeck, which consisted in the main of an outlier of Kirkgate manor but also contained, in the sub-manor of Cat Beeston, an outlier of the secular manor of Leeds (Fig. 25).

The church manor of Kirkgate-cum-Holbeck was probably old-established. The church of St. Peter in Leeds, unlike many a church already in being before 1086, was actually recorded in Domesday Book. Shortly afterwards, between 1090 and 1100, the Priory of Holy Trinity, York, received from Ralph Paynel, lord of the manor of Leeds, the church of St. Peter, the tithes of his demesne, and some lands. But Paynel's charter refers also to other lands which *before* had belonged to the church of Leeds (Clay, 1939). By the late twelfth century, a papal confirmation of this grant also records that a chapel in Holbeck, with all its appurtenances, had been granted to the same Priory. The township of Holbeck includes an outlier of medieval cultivation on the Moor Flatt, while an outlier of Hunslet almost severs Holbeck from the sub-manor of Cat Beeston (Fig. 25). Hunslet in turn was a medieval sokeland of the main

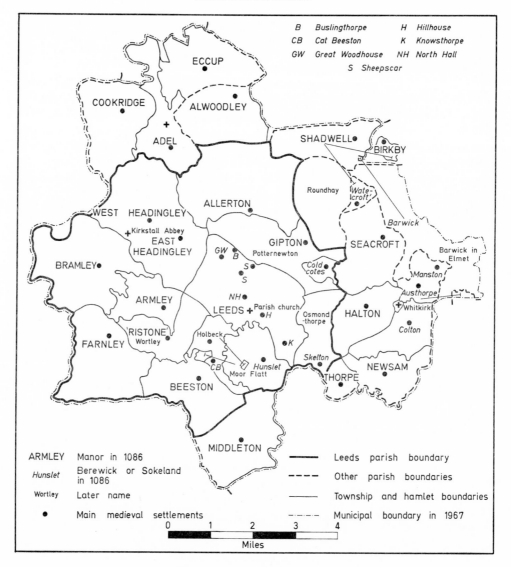

Fig. 25. Boundaries of the constituent medieval townships and hamlets within the present County Borough of Leeds

The parish of Leeds contained the in-township of Leeds and ten out-townships. Outliers like that of Holbeck in Hunslet, or Birkby (which lies outside the present County Borough), suggest that the whole area was once part of a single estate. The shape of Roundhay was determined by the layout of a medieval hunting enclosure. Note the pioneering position of Kirkstall Abbey in the former wooded boundary zone between two townships.

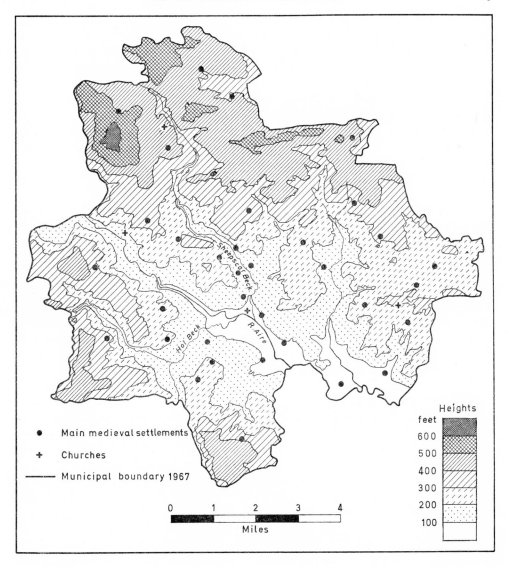

Fig. 26.   Relief of Leeds

The main medieval settlements shown are those named on the map opposite. Most of these occupy sites on the flanks of ridges. In due course the small side valleys converging on Leeds were peopled with mills employing water power for grinding corn and fulling cloth.

manor of Beeston. In an earlier era, therefore, it is not unlikely that a territory co-extensive with the medieval parish of Leeds had formed one large British estate. Served as it was by one mother church, this area of some thirty-four square miles became that parish of Leeds which 'from time immemorial had included an extensive area' (Hamilton Thompson, 1927). Presumably in order to accommodate English, and later, Scandinavian victors, this area in due course was subdivided into lesser estates many of which emerged as small medieval manors. But that, earlier, the parish was a unitary estate is suggested by the curious convolutions of the boundaries of its constituent townships; while the inclusion of some of these townships, along with Barwick *in Elmet*, in the discrete manor of Kippax–*Ledston* provides a hint that Leeds, like the parishes on its eastern border, had once formed part of an administrative subdivision of Elmet, probably named *Loidis*.

This tentative interpretation finds some warrant in the discrete organisation of the earliest known Welsh estates which likewise reveal a division of function between hamlets (Jones, 1964). Further supporting evidence is supplied, nearer Leeds, by the manor of Kirkby Overblow, which in 1086 embraced a berewick at Tidover and a sokeland at Walton Head. This Walton, as its name in *walh* reveals, was so named by the English because of its Welsh, or British, inhabitants, whereas Tidover was named after an Englishman. But according to an account written in the eighth century, both Tidover and Walton Head had housed British families in the late seventh century (Colgrave, 1927), and the same was probably true of Kirkby Overblow where a holy well, dedicated to St. Helen, suggests Romano-British associations. Since all three settlements occupied well drained, elevated sites which were almost identical, down to details of soil quality, with that of Birkby (or *Bretby*) manor, it may be inferred that the latter, as its name in *bretar* implies, was originally a British settlement. In this event, the same is probably true of its berewick 'Watecroft', on some of the best soils in Leeds, where Roman coins have been found. Likewise Adel, an upland township with a discrete settlement pattern, and having within its limits a Roman fort, an extra-mural settlement, and a Helen's well, had probably survived into the post-Roman period as a British settlement. Place-names testify however that some British settlements were also located on well-drained lowland sites. It is not unlikely therefore that the church hamlet of Leeds and its early chapelry of Holbeck were British settlements, for *Loidis* after all is a British name, while Holbeck had a Helen's chapel. As the instance of Tidover suggests, the naming of townships or hamlets after individuals, in the way that Gipton was named after the English *Gypa*, or Knowsthorpe named after the Scandinavian *Knut*, does not necessarily mean that these individuals were the first settlers. Equally well, these subdivisions of the parish of Leeds could have been so named when, as going concerns, they were alienated to these individuals.

By 1086 some of these places were perhaps villages but by far the most frequent unit of settlement was the smaller hamlet adjoined by a small patch of cultivated land in open-field which, in turn, was encompassed by an expanse of common pasture or wood. Such was the hamlet of Thorpe (Fig. 25) which, with a total area of slightly under 300 acres, was occupied by only five families in 1086. Since its lands extended from a well-drained and fertile river terrace to the rich alluvial flats of the Aire, this was an especially productive hamlet.

Unfortunately for its inhabitants it was heavily assessed for tax at '4 carucates for geld' (namely four of the medieval units of taxation based on the land tilled by a plough team) whereas in fact there was land for only two ploughs and, by 1086, there were only two ploughs at work on the cultivated lands.

Although Leeds in-township, with Holbeck, contained over ten times the area of Thorpe, its recorded population in 1086 was only thirty-five families and a priest, and some of these were probably housed in the outlying hamlets. This discrete pattern probably explains the relatively low assessment of Leeds at 10¾ carucates for, of these hamlets, only Leeds and Knowsthorpe on the edge of the Aire valley alluvium, and Holbeck on a river terrace, occupied favourable sites. The two upland manors of Headingley contained virtually the same area as Leeds and Holbeck, but were assessed even lower at only 7 carucates and contained land for only three and a half ploughs. Similarly the upland hamlets of Birkby and 'Watecroft', though they together embraced a slightly larger area than Thorpe, and were underlain by fertile soils, were nevertheless assessed at only half the level of the riverside hamlet.

When the valuations given locally for Domesday units in 1066 are reduced to a uniform areal basis, as in Figure 27, some noteworthy contrasts emerge. The richest units, that is the top 25 per cent, or those in the upper quartile, are confined to the fertile soils on the Magnesian Limestone. The only exceptions are a few places like Leeds in favourable situations on the banks of major rivers which provided valley thoroughfares leading towards the impoverished western uplands. Thus Thorpe, with an exclusively riparian situation on a fertile river terrace, emerges as one of the six richest units in the whole region.

All the hamlets had been sited with care. Thus Hunslet was well placed on the outer edge of a terrace to avoid the adjoining carr or marsh which survived into recent centuries as the 'dancing pogs'. Away from the lowlands the lower slopes of ridges were frequently chosen. Such was the site of 'Ristone' (SE276321), a hamlet hitherto attributed to Holbeck, but recently identified with a lost settlement at Reestones in Wortley. Although the ridge which overlooked 'Ristone' was low, it was composed of barren sandstones and therefore remained as pasturable woodland until, with the continued effects of clearance and grazing over the centuries, it became the bare common pasture of the township. Such commons were even more chacteristic of the western and northern borders of Leeds where sterile sandstone summits gradually emerged as the dry heathlands on the Moors of Woodhouse, Headingley, Allerton and Adel. But, to cite one instance, the latter in 1086 was still well wooded, for here high relief, steep slopes, and a plastering of glacial drift, combined to hinder agrarian development; thus this township, whose name means 'the filthy place' (Smith, 1961), was one of the poorest in the region and was so to remain for several centuries.

Shortly after the Norman conquest, Adel, along with one out of every four of the Domesday units recorded for the West Riding, became wholly 'waste'. Where used to describe units wholly waste, or the equally numerous units which were partly waste, this term seems to imply an absence, or a decline in the number, of either men or beasts to exploit the land and, as a result, a decline in value (Darby and Maxwell, 1962). This wasting was in the main the consequence of King William's punitive expeditions against the rebellious Northerners during the winter of 1069–70, but in the north–west it possibly owed something also to the well-timed raids of the Scots. Some have argued that the wasting of upland settlements was the result not of direct ravaging but of their abandonment as part of a planned re-colonisation of more accessible lowland units, and notably those on the Magnesian Limestone, which had been directly ravaged. But, whatever the cause, the marks of a terrible devastation were evident over large parts of the Leeds region in 1086. Figure 28 shows the 1066 value of Domesday units by means of circles of various sizes and also the value, if any, of the same units in 1086. The values of 1066 had been re-attained or surpassed much more frequently on the Magnesian Limestone than elsewhere, and, in the west, even partial recovery was confined to places on valley routeways. Outstanding among these places was Leeds itself, the richest of all the units which had exceeded their earlier value.

The value of Leeds had increased from £6 in 1066 to £7 in 1086. Since all the adjacent townships had experienced a sharp decline in value, this rise in the case of Leeds can hardly be explained in terms of immunity from devastation. It is perhaps best viewed as an expression of Norman military arrangements at an important river crossing for, shortly before 1086, Leeds had passed into the hands of Ilbert de Lacy, lord of a compact estate of some 500 square miles in south-west Yorkshire, which came to be known as the Honour of Pontefract. This complex, with its great military base at Pontefract, had been deliberately created to control all land routes to the North and also to help in the restoration of order (Wightman, 1966). Its creation gave an opportunity for a reorganisation of small manors, similar to those within and without Leeds, in the interests of agricultural or administrative convenience. The two adjacent manors of Gipton and Allerton were 'waste' in 1086, while Headingley had regained but little of its earlier value. It is possible therefore that the ploughs of these de Lacy manors were concentrated at Leeds, thus accounting for the fourteen plough teams available there in 1086 for the six ploughlands of the in-township. De Lacy had increased the importance of the in-township. It retained much of this importance even after he had granted the greater part of the manor to Ralph Paynel, another wealthy Norman, to be held as a sub-tenancy of the Honour.

The Norman conquest had brought the frontier settlement of Leeds into a wider European orbit, and not only in a secular sense, for the alien victors soon made gifts of land to continental religious houses. Thus the granting of the church of Leeds to the Priory of Holy Trinity soon brought the in-township into relationship with the parent Benedictine abbey of Marmoutier near Tours. By 1185 the cosmopolitan crusading Military Order of the Knights Templar, through purchase and gift, had acquired at Newsam and the eastern borders of Leeds extensive properties which later formed part of the manor of Whitkirk. Of all the external contacts affecting the development of the Leeds district the most potent, however, were those established by the monks of the Cistercian Order. Appealing to the puritan and offering austerity with hard work, they, unlike the Benedictines, established their houses in the wildest and most solitary districts. The uplands of Yorkshire offered an obvious field for

---

Caption to Fig. 27

    Wealth is measured in terms of the values recorded in Domesday Book. The richest areas were those in the east, on the Magnesian Limestone, where conditions were favourable for arable farming, but there was an extension of prosperity westwards along the Aire valley as far as Leeds (L); (cp. Figs 15 and 29).

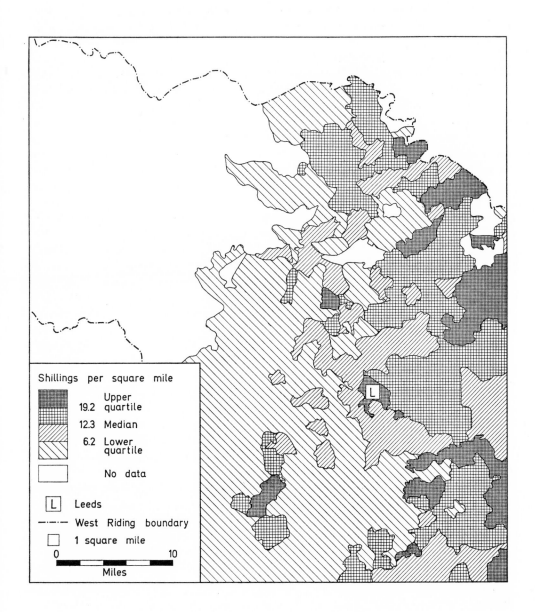

Fig. 27.   Variation of wealth in the region, 1066

their activities, especially as Norman barons were not unwilling to part with their wasted holdings (Fig. 28). Fountains Abbey had been founded in 1132 and thence, in 1147, the nucleus of a new community set off to establish a daughter house at Barnoldswick on lands offered, not without duplicity, by Henry, grandson of Ilbert de Lacy. Excessive zeal had led to the acceptance of an unsuitable upland site and the Abbot therefore sought an alternative. This he found in Airedale, at a settlement that sounds suspiciously like a survival of the Celtic monasteries of an earlier day (Le Patourel, 1952) and stood, significantly, on the wooded boundary between the townships of Bramley and Headingley. After this site had been secured from a sub-tenant of de Lacy, the community transferred there in 1152, and built the monastery 'of Headingley', soon to be known as Kirkstall Abbey. At a time when elaborate decoration was lavished by builders of churches serving even poor townships, as in the sumptuous southern doorway of the Norman church at Adel, the Cistercians deliberately sought simplicity. Kirkstall, erected when the Order was at the height of its fame, was, and in large part remains, a perfect example of the Cistercian ideal of unadorned beauty (Frontispiece).

Near Kirkstall the monks also felled the woods, reduced the thick bush and cultivated the niggardly soil. Thanks to the system whereby each mother house retained a kind of responsibility for its offspring, knowledge was readily diffused among the Cistercians, from as far afield as Burgundy; hence the skill they exhibited as agricultural pioneers. On their wooded upland endowments they promoted cattle grazing and thus woodland clearance. When, as a result, the wolf had retreated so that sheep could safely graze, they developed wool production on a large scale, thus laying the foundations for the future industrial prosperity of the region. They consolidated and enclosed land holdings in granges where they practised their advanced farming techniques. Within the parish of Leeds both waste and cultivated lands were converted into granges as, for example, at 'Watecroft' which became Roundhay Grange, and on the Moor of Headingley (Lancaster and Baildon, 1904).

These activities were not without an effect on neighbouring lay communities and the century following the foundation of Kirkstall witnessed much woodland clearance and extension of cultivation. But some localities remained relatively immune. One such area was, Meanwood, or the common wood, along the boundary of Allerton township in the narrow defile carved by the Sheepscar Beck in its middle reaches (Fig. 26). Another was centred on the deeply incised headwaters of the Wike Beck, at the *Round hay*, the round hunting enclosure which served as a store of live meat in winter for the lords of Barwick and was thus provided, as the parish boundary reveals, with a means of ingress from the east (Fig. 25). Both Meanwood and Roundhay survive as modern municipal parks but, even in their modified form, they serve as a reminder of the exclusively rural character of Leeds in the early Middle Ages.

Caption to Fig. 28

   Such were the effects of the punitive campaign of William the Conqueror in 1069-70 that most settlements had lower values in 1086 than in 1066. Leeds (L) was an important exception. No values were recorded for the settlements in Craven but most were probably waste in 1086. Fountains Abbey (F) and Kirkstall Abbey (K) were established in the following century.

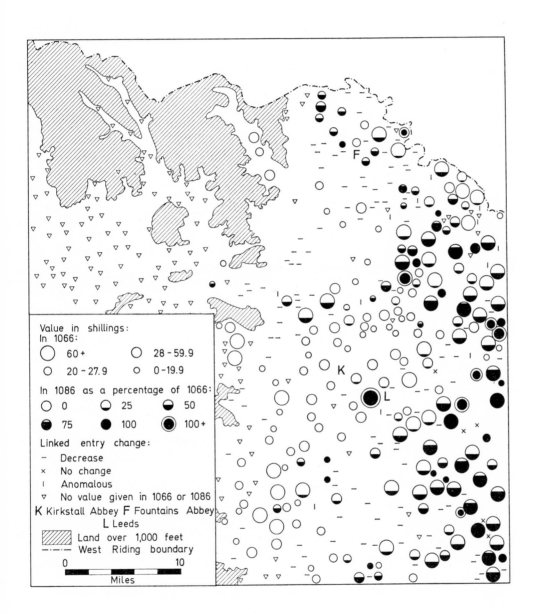

Fig. 28. Ravage and recovery in the region, 1066–86

SELECT REFERENCES

Bede, *A History of the English Church and People*, ii (c. 730), 14, ed. L. Sherley-Price, (1955), 127.

C. T. Clay (ed.), *Early Yorkshire Charters*, vi (1939), 68.

B. Colgrave (ed.), *The Life of Bishop Wilfrid by Eddius Stephanus*, (1927), 39–41.

W. G. Collingwood, 'The Early Crosses of Leeds', *Thoresby Society*, (1915), 267–338.

H. C. Darby and I. S. Maxwell, *The Domesday Geography of Northern England*, (1962), 59–71, 444–54.

I. Ll. Foster, 'The Emergence of Wales' in *Prehistoric and Early Wales*, eds. I. Ll. Foster and G. E. Daniel, (1965), 228.

G. R. J. Jones, 'The Distribution of Bond Settlements in North West Wales', *Welsh History Review*, ii (1964), 19–36.

W. T. Lancaster and W. P. Baildon (eds.), *The Coucher Book of the Cistercian Abbey of Kirkstall*, (1904), 17, 159.

J. Le Patourel, (ed.), *Documents Relating to the Manor and Borough of Leeds 1066-1400*, *Thoresby Society*, xlv (1957), xii.

J. Le Patourel, 'Medieval Leeds: Kirkstall Abbey—the Parish Church—the Medieval Borough', *Thoresby Society*, xlvi (1963), 1–21.

W. F. Skene (ed.), *Chronicles of the Picts; Chronicles of the Scots*, (1867), 116.

A. Hamilton Thompson, 'The Charters of Leeds', *Proceedings of the Leeds Philosophical and Literary Society*, i (1927), 149.

A. H. Smith, *The Place-names of the West Riding of Yorkshire*, iv (1961), vii (1962).

R. Thoresby, *Ducatus Leodiensis*, (1715), ed. T. D. Whitaker, (1816), 85–6.

W. E. Wightman, *The Lacy Family in England and Normandy, 1066-1194*, (1966), 17, 227.

Mr. Jones is indebted to Mr. J. M. Collinson, Leeds City Archivist, Mr. I. S. Maxwell, and Mr. J. Pallister for making available material for mapping.

XI

FROM THE FOUNDATION OF THE BOROUGH TO THE EVE OF THE INDUSTRIAL REVOLUTION

The borough charter of 1207 marked the beginning of Leeds as a town. Maurice Paynel, lord of the manor, gave the charter, hoping to create thereby a 'new town' within the bounds of the manor. This was a speculative undertaking at a time when innumerable lords all over Europe were embarking on similar town plantations. It was only a modest charter and a modest scheme, providing the opportunity for a town to develop by granting the essential liberties and privileges to some of those who dwelt in Leeds, or to any who might thereby be persuaded to dwell there.

Maurice's charter stipulated that the burgesses should be personally free, paying a fixed rent for their tenements (or burgages) which could be built upon, divided, bought and sold. It instituted a borough court with a more flexible procedure than that of an ordinary manorial court to cater for the needs of a trading or industrial, rather than a purely agricultural, community. Finally, it allowed the burgesses such economic facilities as the right to build workshops, to disregard a summons to the borough court if absent on business and to enjoy a very limited exemption from tolls. But the charter gave no rights of self-government, created no guilds or markets and granted no extensive trading privileges. Leeds was to be a 'manorial borough' in which the lord reserved to himself a number of customary rights, notably to exact certain financial dues, to appoint the reeve and to force the burgesses, like other tenants on the manor, to bake bread in the seignorial oven. In short, the charter simply offered 'personal freedom, free tenure and a borough court with a somewhat freer procedure . . . the lowest conditions precedent for urban growth' (Le Patourel, 1963).

Moreover, just as Leeds was not a manor transformed into a borough but a borough *within* a manor, so also it was not physically co-extensive with the manor, but consisted of a group of tenements within it, occupying only a small part of the manorial area. This new town of the early thirteenth century was laid out along the line of a street, wide enough to hold a market and later to be called Briggate. On each side of the street there were approximately thirty burgage plots, the remains of which have been convincingly identified (Woledge, 1945) with the narrow yards depicted on late-eighteenth-century maps and still partly in existence. These burgage plots were the sites on which houses and workshops were built.

Near the south end of this street there seems to have been a river crossing, and soon after-
wards there may have been a bridge, but of this there is no documentary evidence until 1384.
Thus the borough of Leeds was planted on virgin soil adjacent to the river but standing on
rising, better-drained ground. (Figs 32, 33, 35 and 38; Plate XV)

Leeds in the thirteenth century, however, was not compact but consisted of several
distinct areas of settlement and activity (Fig. 25). There was the old, substantial village around
the parish church of St. Peter. The newly founded borough lay between the village to the
east and the capital messuage, park and mills of the manor of Leeds to the west. Because of
the discrete structure of the manor the adjacent demesne was cultivated by bondmen living
in the outlying hamlets, notably Woodhouse and Knowsthorpe, where there were open
fields and commons, while each of the burgage holders had, along with a plot in Briggate,
half an acre in the fields at Burmantofts (i.e. 'borough men's tofts'). Finally, still within the
parish, were the hamlets of the out-townships. The gradual coalescing of these different
settlements forms an important strand in the subsequent history of Leeds.

Moreover the institutions of local government were equally various. The 'new town' had
its own court, but there were separate courts for the manor of Leeds (which reverted to the
de Lacys in 1248, merging in 1311 into the great Lancastrian inheritance). Since the late
eleventh century the old village had formed part of the separate manor of Kirkgate-cum-
Holbeck, a dependency of Holy Trinity Priory, York, and the out-townships were individual
centres of manorial jurisdiction. Kirkstall Abbey too had its own courts and officials for its
property. This complex organisation was not rationalised until 1626 when the whole parish
came under the jurisdiction of the new Corporation (Fig. 25).

During the rest of the Middle Ages, therefore, links between the 'new town' and the
traditional manorial organisation were necessarily strong. To some extent the townsmen
were fed on the produce of the manorial fields, for clearly the limited amount of cultivation
possible on the small holdings at Burmantofts could only marginally supplement the bur-
gesses' main income from trade or industry. No doubt the borough's craftsmen and traders
in their turn satisfied the needs of the smaller, scattered settlements. It is also probable that
bondmen took advantage of the economic opportunities and legal privileges of the borough
to secure personal freedom for themselves, so that by 1400 the conditions of less privileged
tenants had largely approximated to those of the burgesses. Above all, income from what may
broadly be termed burghal, industrial and commercial sources formed the major part of the
manorial revenues and bears witness to the importance of the 'new town' in the economy
of the wider area.

The substantial increase in these revenues between 1258 and 1341, and their stability for
another three decades (when manorial incomes elsewhere were often falling) provides solid
evidence of local development and prosperity. This is reflected too in the building of a court-
house, in the contemporary extensions to the parish church and in the erection of chapels-

---

Caption to Fig. 29

*Wealth is measured in terms of tax assessments of moveable property. Note the continued extension of prosperity
westwards from the Magnesian Limestone Foothills as far as Leeds (L); (cp. Figs 27 and 30).*

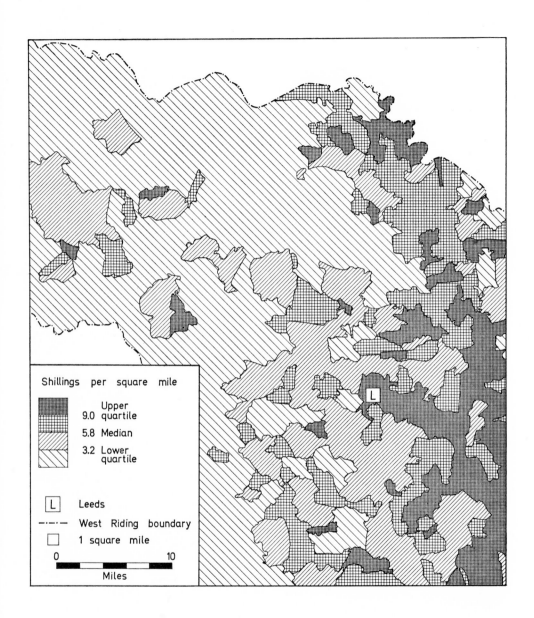

Fig. 29. Variation of wealth in the region, 1334

of-ease in certain out-townships. The poll tax of 1377 suggests that the population of the whole parish before the Black Death was about 1,000 people, of whom 350 to 400 lived in the central area, including the 'new town'. Furthermore, tax returns of 1334 and 1377 (Figs 29 and 30) show that the significant degree of relative affluence enjoyed by the villages on the Magnesian Limestone outcrop (as demonstrated for 1066 in Fig. 27) had spread along the Aire and Wharfe valleys into the Aire Gap; and that in wealth and population Leeds then ranked with these larger, richer places to the east, south and north–east, rather than with the smaller, poorer settlements of the Pennine uplands.

To some extent this prosperity was due to trade. In this connection Leeds had certain geographical advantages for it not only stood on the York to Chester road and near the Wharfedale–Skipton route through the Pennines, but it also had an important river crossing and lay at the converging point of several tracks through the hills to the west. Before 1258 the Monday market was established in the borough, presumably in Briggate; during the next 120 years the stalls multiplied and eventually there were also several shops in the market place. By 1322 Leeds had a fair and within twenty years a second fair, but there are no signs of any spectacular development in commerce, which was probably still of only local importance.

Of much greater significance was the growth of local industry, first sustained by the circumscribed liberties granted in 1207. Before 1300 there were weavers, fullers and dyers in Leeds, and the accounts of 1322-27 mention a fulling-mill, a coal-mine and a forge; the later fortunes of the industrial town were to be built on cloth, coal and iron. Records of the first three-quarters of the fourteenth century reveal further industrial development: fulling mills, tenters and dye-vats became increasingly valuable, and during this time cloth manufacturing was slowly but steadily establishing itself in the district. The prosperity of fourteenth-century Leeds can be largely attributed to this growth of industrial activity, but during the closing years of the century, like many other places, Leeds seems to have suffered a measure of economic stagnation, and even decline, which lasted until the mid-fifteenth century, after which the local economy quickly revived.

The century from c. 1450 to c. 1550 was a period of great expansion in the textile industry of the West Riding, where those engaged in cloth manufacturing enjoyed certain advantages over York and Beverley, the old centres of the Yorkshire industry: easier access to wool supplies, cheaper food and labour, opportunities for agricultural by-employment, a multiplicity of fast-flowing streams, and the absence of guild restrictions. With its local industry already well-established, if comparatively modest, Leeds was well placed to participate in this advance, although on a less spectacular scale than Halifax or Wakefield. Nevertheless, during the sixteenth century fulling mills and tenter-frames proliferated, the output of cloth, especially broadcloth, increased rapidly, and there was already some measure of specialisation in the finishing processes. Moreover, by the 1520's the growth of the textile industry had

Caption to Fig. 30

The greatest density of poll-tax occurs on the Magnesian Limestone and along the Aire valley as far west as Leeds (L); (cp. Fig. 29).

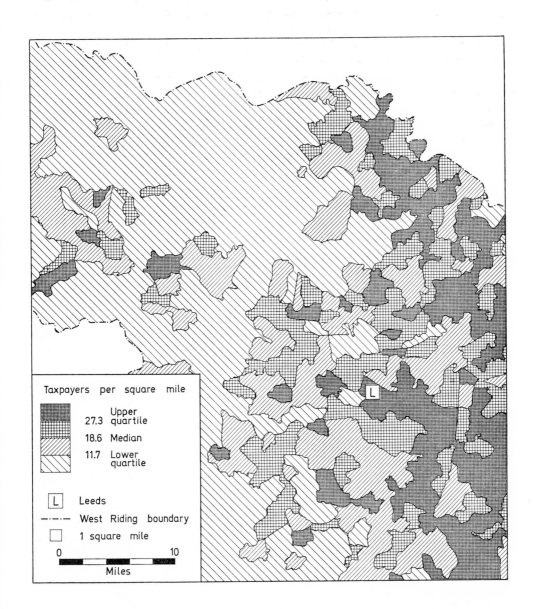

Fig. 30.   Variation of population in the region, 1377

spread wealth through the valleys and uplands west and south of Leeds, which thus no longer stood on the western periphery of a thriving agricultural district but at the junction of prosperous agricultural and textile areas: this position subsequently enhanced the commercial importance of the town (Fig. 31).

Industrial development was reflected in growing wealth and a degree of physical expansion paralleled by a rising population. By the mid-sixteenth century the whole parish probably had rather more than 3,000 inhabitants, living partly in the out-townships but mainly in the central area. During the next two generations the population seems to have doubled, a rate of increase which was probably not maintained in the early seventeenth century, partly because of sporadic outbursts of the plague. However, the resultant demand for housing and food put great pressure on available building sites in the central area and on the capacity of the manorial mills to grind the tenants' corn. Despite litigation, such as gave rise to the first plan of Leeds in 1560 (Fig. 32), private mills were erected, but it is clear that the town was rapidly outgrowing its manorial framework.

Moreover, the crude plan of 1560 shows that there was already some expansion from Briggate, the nucleus of the medieval 'new town', for by then buildings had spread into Marsh Lane, Vicar Lane, Quarry Hill and Mabgate to the east, as well as long the Headrows to the north. By this time the village round the church and the 'new town' in Briggate had coalesced. Surveys of 1612 (Fig. 33) and 1628 reveal a further stage in this development. In addition to the spread of buildings along Boar Lane, in Mill Hill, and around the bridge on both banks, the growth of the built-up area also involved the infilling of vacant land behind the facade of dwellings on each of the main streets; the resulting yard property housed much of the growing population. At this time Briggate was already 'close compacted', as the survey of 1628 (p. 188 below) put it. The multiplication of cottages and workshops in those parts of the town away from Briggate did not, however, mean that the whole central area was built up, for there were still numerous gardens, orchards and tenter-grounds (where cloth was stretched and dried on tenter-frames). There were tenters too, and woolhedges, on the common land known as Woodhouse Moor; here, and at Knowsthorpe, there were also coal-mines. No common fields survived, but the open land north and south of the town was broken up into small holdings where the cottagers engaged in farming as well as in cloth production, and numerous fulling mills stood on the lesser streams flowing into the river Aire. The only notable building was the parish church, 'a very fair church built after a cathedral structure, and having one side thereof double-aisled', but the whole town stood 'pleasantly in a fruitful and enclosed vale' (1628 Survey).

Leeds now played an important dual rôle in the West Riding textile industry: as well as manufacturing in general, finishing processes in particular were carried on in the town, cloth from the villages to the south and west being funnelled into Leeds for dressing, cropping and dyeing. The product was then marketed by increasingly wealthy local merchants, whose

---

Caption to Fig. 31

The Aire and Calder valleys, by this time important textile areas, match in the density of their taxable wealth the good farming land to the east; (cp. Figs 29 and 34).

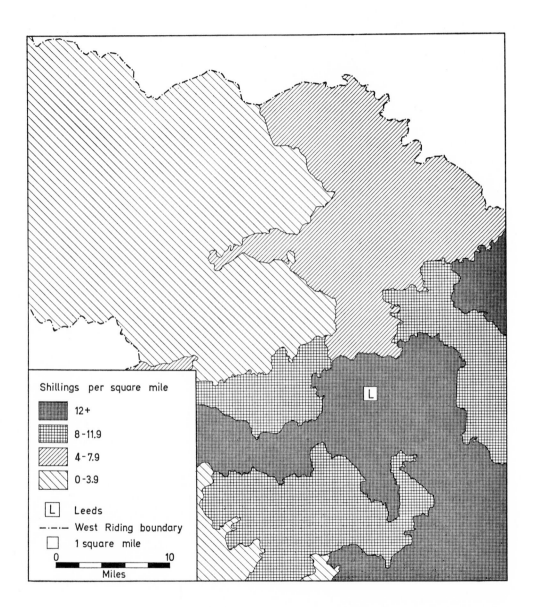

Shillings per square mile

12+
8 - 11.9
4 - 7.9
0 - 3.9

L   Leeds
—·—·—   West Riding boundary
☐   1 square mile
0   10
Miles

Fig. 31.   Variation of wealth in the region, 1524

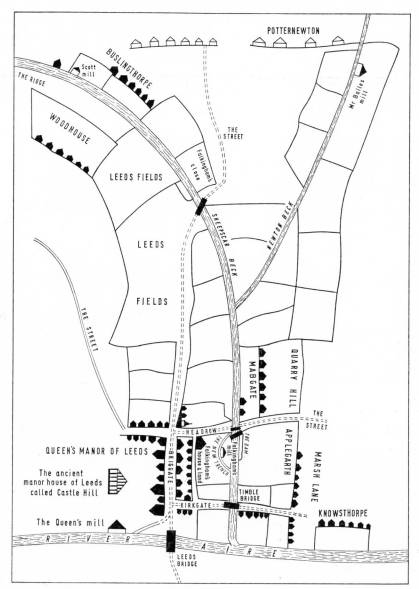

Fig. 32.   The first surviving plan of Leeds, 1560

Produced as evidence in a law-suit over mill rights, this crude plan nevertheless shows houses in the manor of Leeds (indicated here in black). These are concentrated on Briggate ('Bridge-gate' i.e. bridge street). The 'ancient manor house' stood well to the west on Castle (now Mill) Hill; (cp. Figs 33, 35 and 42). Note also the outlying hamlets of Knowsthorpe, Buslingthorpe and (Great) Woodhouse. Approximate scale along Briggate: 1 in. = 600 yards.

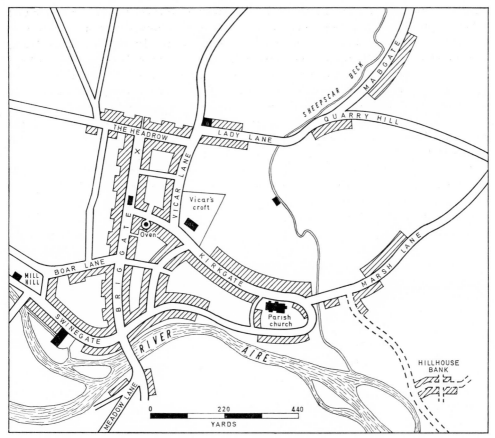

Fig. 33.   Leeds in 1612

Based on Professor D. Ward's map reconstruction of the written survey of the manor of Leeds, 1612, and other
material on the manor of Kirkgate which was centred on the parish church. This was then still the only church
in the in-township of Leeds; (cp. Fig. 25).

activities aroused complaints from the merchants of York and Hull, who found themselves
being slowly ousted from their dominating position in this lucrative trade. The clothworkers,
like those elsewhere in the Riding, carried on their craft in workshops attached to their own
homes: some were helped merely by their families, others were employers of labour with
large stocks and extensive premises. Despite trading fluctuations and abuses in manufacturing
which lowered the quality of the cloth, the industry gave the town a measure of fame and
prosperity sufficient to enable leading townsmen, with the help of influential patrons, to
secure its incorporation in 1626.

There was a remarkable ferment in the public life of Jacobean Leeds. First, its inhabitants
secured exemption from tolls throughout the realm. Then, following a dispute about the

right of presentation to the vicarage of Leeds, a body of trustees was appointed for that purpose. Thirdly, a bitter controversy about the alleged mis-management of local charities resulted in the institution of a committee for charitable uses to administer the funds. Again, in 1619, Leeds was made a staple town for wool-dealing (which proved to be only a short-lived experiment). Finally, about the same time a new moot hall was built for the transaction of public business. In all these activities a small group of men predominated, men who were in the front rank of local trade and industry and who were supported by Sir John Savile of Howley, a neighbouring landowner and courtier. They clearly wished for a more influential part in local affairs and for a more elaborate system of local government than that provided by the traditional manorial organisation which the town had outgrown.

The charter of incorporation granted to Leeds in 1626 resulted from their efforts. It gave the usual rights of exclusive self-government under a corporate body which consisted of an alderman, nine principal burgesses and twenty assistants, and which had the power to hold property, to make regulations about the manufacture of cloth, to issue and enforce bye-laws, to maintain the peace, to appoint local officers and to fill vacancies. The Corporation had jurisdiction over the entire parish of Leeds (Fig. 25), and although the manorial rights were preserved, these were purchased in the 1630's by a group of local men who subsequently put the major part of them in trust for the Corporation. Men prominent in the earlier public activities, notably eight of the twelve charity commissioners, were numbered among the first members of the corporate body, which owed so much to their initiative. In one way, however, local hopes were disappointed, for the town was not made a parliamentary borough, and later efforts to secure representation met with no success, except in the Cromwellian parliaments of 1654 and 1656.

Moreover, opposition to the new Corporation quickly developed among the humbler clothworkers who feared, with good reason, that the dominant merchants and wealthier clothiers intended to use municipal powers for their own ends by controlling the work of the craftsmen in an attempt to raise standards of production. Agitation against the formation of guilds for this purpose continued for many years without success, guilds being founded before 1640 and re-organised in 1662. Moreover, during the latter year a company was founded by statute to regulate the methods and materials of the broadcloth workers of both Leeds and the West Riding; this was an experiment to meet the complaint of the Leeds men that they were controlled while other textile craftsmen living outside the jurisdiction of the Corporation were not, but it petered out within a generation, seemingly with little to its credit.

Despite local opposition and rivalries, no changes were made in the structure of local government in the town: the oligarchic constitution was retained in the charter of 1661 which vested authority in a new Corporation consisting of a mayor, twelve aldermen and twenty-four assistants. There was continuity of personnel between the old and new Corporations, the original powers being defined more closely and confirmed, with the addition of the right to hold quarter sessions, appoint a common clerk and levy rates. This charter remained the basis of the government of Leeds until the reforms of 1835, except for the period 1684–89, when, as part of the royal attack on borough liberties, it was superseded by a charter similar in most respects but empowering the king to nominate and remove members of the Corporation. Lists of the aldermen and assistants show that, well before 1700, membership of the municipal governing body was mainly confined to a small number of families of prosperous merchants and clothiers, who formed a closely-knit, self-perpetuating oligarchy.

Much of the work of Leeds Corporation after 1661 was humdrum and stereotyped, dealing with the co-option of new members, appointments to local office, entertainment of distinguished visitors and the issue of bye-laws on numerous matters; but it never lost an opportunity to uphold its jurisdiction or to defend the privileges of local dealers and craftsmen against the activities of outsiders. Furthermore, it demonstrated a certain civic pride in its processions and public ceremonial, its acquisition of a mace in 1694, and its decision to build a dignified new guildhall, completed in 1711 and later embellished with a statue of Queen Anne (Plate IX). Above all, members of the Corporation, by their association with the new waterworks, the Aire and Calder navigation scheme and the first cloth hall at the turn of the seventeenth and eighteenth centuries, identified themselves with the developing interests of the town.

An important element in the growing public activity which had led to the charter of 1626 was religious zeal, stimulated by the changes of the Reformation. At that time Kirkstall Abbey and the parochial chantries were dissolved without causing a stir, their lands passing chiefly to the Ramsdens, the Saviles and other local families, and, although in Elizabeth's reign Leeds stood on the edge of a strongly Romanist area in the lower Wharfe and Aire valleys, there was little recusancy in the town. But during the closing decades of the sixteenth century moderate Puritan teaching spread rapidly throughout the textile district and was embraced by many notable parishioners in Leeds. In their desire for the propagation of Puritanism some of them bought the right of presentation to the vicarage about 1588 and appointed an energetic Puritan to the living. Differing religious opinions underlay the dispute about the choice of another vicar in 1615; this resulted in the establishment of a trust, dominated by leading Puritan townsmen who thus secured an influential voice in the ecclesiastical affairs of the town. Religious differences also played a part both in the controversies about the town charities and in the violent clash between Vicar Cooke and the manorial underbailiff. Moreover the Puritan vicars were supported by a succession of Puritan curates in the chapels of the out-townships, and from time to time clergy and laymen alike were presented in the ecclesiastical courts at York for opposition to ceremonies and disaffection to the book of common prayer. In this religious ferment the building and consecration in 1634 of St. John's church takes its place. The gift of John Harrison, a prosperous merchant, St. John's with its splendid plaster- and wood-work was intended to cater for the spiritual needs of the growing population of upper Briggate and the Headrows, and its first minister was a Puritan controversialist of some repute.

The well-established Puritan tradition of Leeds made a fertile seed-bed for nonconformity after 1660. Several conventicles flourished and were visited by respected preachers like Oliver Heywood, while the Quakers too were active. The growing support for Dissent is witnessed by the building in 1674 of a Presbyterian chapel in Mill Hill, but the Congregationalists and Quakers had to wait another twenty years before they too secured permanent meeting places, in Call Lane and Meadow Lane respectively. All these places were some way from the principal streets of the town, in situations which reflect the exclusion of their supporters from the mainstream of civic life (Plate VIII).

Like the Puritans before them, nonconformists nevertheless played an important part in the town's business and industrial activities which fully shared in the general economic expansion of Restoration England. Leeds then had to recover from the dislocations of social and economic life during the revolutionary period arising notably from the prolonged industrial depression, local fighting and the brief, successful siege by the Parliamentarians in January 1643 (almost the only occasion when the town figured in national politics), and the severe outbreak of the plague in 1645. As trade and industry revived, clothiers and merchants thronged the huge cloth market held on and near Leeds bridge and to relieve the pressure it was moved into Briggate in 1684, where its bustling activity never ceased to arouse the interest and admiration of visitors. The regional importance of Leeds as a commercial town was further enhanced by the undertaking jointly promoted in 1699 by merchants of Leeds and Wakefield to improve the navigation of the Aire and Calder, on which large sums of money were subsequently spent, in order to reduce transport costs by better communications. However, co-operation soon turned to jealousy, and by 1710 the Wakefield merchants were trying to channel cloth made in the Calder valley away from the Leeds market and into their own newly-erected cloth hall. The response of their rivals in Leeds was prompt. With the assistance of the mayor and Lord Irwin of Temple Newsam, merchants and traders quickly raised a fund for the building of 'a stately hall for white cloths', which was opened in Kirkgate in 1711. The handsome, two-storey hall, built round a quadrangle, with its pillars, arches and gilded cupola, was a much more convenient place for dealing in cloth than a busy street open to the weather, and it flourished as a cloth mart for the next forty years. Moreover the 'great multitudes' who attended Leeds market were not only interested in cloth but came to buy a variety of goods either made by numerous local craftsmen or imported by the many retailers in business in the town, some of whom—like the tobacconists, upholsterers, vintners, goldsmiths and booksellers—were catering for the increasingly ambitious needs of a prosperous community. In this way Leeds became the most important market for the whole cloth district; the relative prosperity of Leeds and this district is well shown by the Hearth Tax payments in 1672 (Fig. 34).

Growing wealth was paralleled by the multiplication of social amenities, especially for the well-to-do. The grammar school, possibly founded in the fourteenth century but re-organised in the sixteenth century, had long provided a few fortunate boys with a traditional grammar education, though perhaps without much distinction. Not the least of Harrison's benefactions was to rehouse the school on a pleasant site at Town End. There were also a number of 'petty' schools teaching elementary subjects, while in 1705 a charity school for forty poor boys and girls was founded near the grammar school. Provision for the poor also included a number of

---

Caption to Fig. 34

The taxation of households according to their number of hearths shows that Leeds still lay within the area of greatest population density but on its eastern edge: a complete reversal of the situation in Figs 27, 29 and 30.

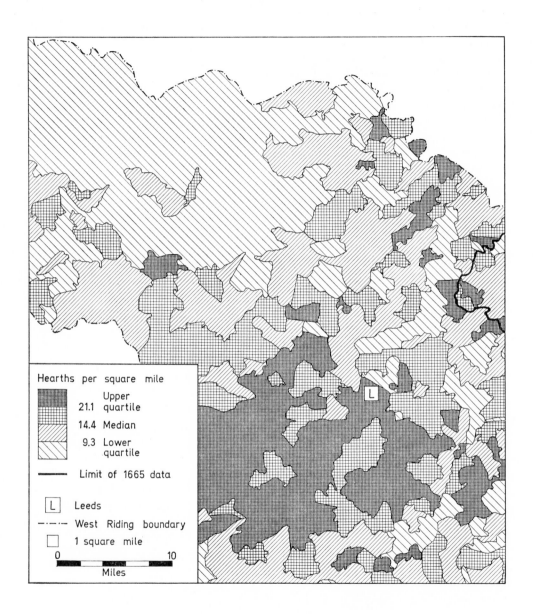

Fig. 34. Variation of population in the region, 1664–72

charities and almshouses endowed by the well-to-do, notably Harrison's hospital near St. John's church, and from 1662 the Corporation supervised parochial poor relief. The growing number of townsmen with literary habits took advantage of the library established by Alderman Lawson at the grammar school in the 1690's. Among its many readers there was the famous Ralph Thoresby, F.R.S., who gathered round him a small literary coterie and wrote a number of antiquarian and scientific works, including *Ducatus Leodiensis*, the first history of Leeds, published in 1715. Thoresby's museum of scientific and archaeological objects was unfortunately dispersed after his death. Literature of another kind was provided by a printer, John Hirst, who issued the first weekly local newspaper, the *Leeds Mercury*, in 1718. Among a variety of other sources of entertainment established in the town before 1700 were race-meetings on Chapel Allerton Moor, coffee-houses and occasional plays, not to mention the numerous inns, alehouses and athletic pastimes which helped to make life bearable for ordinary townsfolk. Finally, a different amenity of enduring importance was the waterworks, built in 1694 by George Sorocold: a water wheel pumped river water up Briggate to a reservoir whence it was distributed by gravity feed in lead pipes to consumers in the chief streets.

The number of people living in Leeds in the later seventeenth century was between seven and nine thousand, of whom about two-thirds dwelt in the central area (or in-township), the remainder in the out-townships, of which Holbeck and Hunslet were the most populous; and this figure rose above ten thousand in the early eighteenth century. The Hearth Tax returns of 1664 and 1672 provide some evidence of the distribution of wealth in the in-township. Leeds (unlike York) seems to have had few complete paupers, but about two-fifths of the householders, taxed on only one hearth, lived close to the level of bare subsistence: these were probably the humbler craftsmen and dependent labourers. A further two-fifths of the householders, taxed on two or three hearths, enjoyed greater comfort and no doubt comprised the wealthier craftsmen and shopkeepers. Only the remaining fifth—substantial clothiers, retailers, merchants, resident gentry and professional men—were assessed at a higher rate and had attained a range of wealth rising to considerable affluence.

In all parts of the town mean and good property was intermingled, for rich and poor still lived in close proximity, but at this time the poorest dwellings were mainly to be found on the eastern side, in Mabgate, Quarry Hill and Marsh Lane, and to a lesser extent in Kirkgate. Humbler dwellings also preponderated in Mill Hill, but here and south of the river there was much medium-sized building as well. The most substantial houses were largely concentrated in Briggate, the adjoining part of Kirkgate and the Headrows where there were a number of impressive residences, such as Red Hall and Wade Hall, built of timber, brick and stone in the traditional style.

Fifty years later Cossins' plan (Plate VIII) shows that Leeds remained a compact town, still centred on Briggate and Kirkgate and surrounded by open spaces for gardens, orchards and tenter-grounds. The Navigation had resulted in some development south of the bridge where a few of those with commercial interests now chose to live near the warehouses and jetties. Above all, during the previous half-century the requirements of many wealthy merchants had already stimulated exclusive residential building on the outskirts of the existing built-up area, away from the market place and the crowded yards. Some of these splendid, dignified houses in the classical style are depicted on the plan. Thus Boar Lane was rapidly becoming a fashionable residential area for the higher ranks of society whose spiritual needs were served by Holy Trinity Church, built in the 1720's. Similar houses (one of which still survives at the junction of the present North Street and Hartley Hill), were being constructed for the 'wealthier sort' in the open country of the district around St. John's and the Town End, known by this time as 'Hightown', a name suggestive of its desirability. The residential expansion of Leeds west and north had begun.

SELECT REFERENCES

City of London Record Office: Royal Contract Estates, Survey no. 60, (1628).

J. G. Clark (ed.), *The Court Books of Leeds Corporation 1662-1705, Thoresby Society*, xxxiv (1936).

G. C. F. Forster, 'Parson and People—Troubles at Leeds Parish Church', *University of Leeds Review*, vii (1961), 241–48.

G. C. F. Forster, 'The Making of Modern Leeds', *University of Leeds Review*, ix (1965), 320–30.

H. Heaton, *The Yorkshire Woollen and Worsted Industries*, (1965).

M. A. Hornsey, 'John Harrison, the Leeds Benefactor, and his Times', *Thoresby Society*, xxxiii (1935), 103–47.

J. Le Patourel (ed.), *Documents Relating to the Manor and Borough of Leeds 1066–1400, Thoresby Society*, xlv (1957).

J. Le Patourel, 'Medieval Leeds: Kirkstall Abbey—the Parish Church—the Medieval Borough', *Thoresby Society*, xlvi (1963), 1–21.

R. Thoresby, *Ducatus Leodiensis*, (1715), ed. T. D. Whitaker (1816).

Thoresby Society Library: MS. Box V, Survey of the Manor of Leeds, (1612).

D. Ward, 'The Urban Plan of Leeds', M.A. Thesis, University of Leeds, (1960).

J. W. Wardell, *The Municipal History of the Borough of Leeds*, (1846).

Yorkshire Post, *Leeds and its History*, (1926).

Mr. Forster is indebted to Professor D. Ward, Mr. J. Sheail, Mr. J. D. Purdy and Mr. J. Pallister for providing material and maps for this section.

XII

THE INDUSTRIAL REVOLUTION

The westward extension of the North Eastern Railway Company's line from Marsh Lane Station, sanctioned by Act of Parliament in 1865, when the main force of the Industrial Revolution was complete, was carried on a series of brick arches and embankments to a new and more centrally sited station at City Square. Its construction involved the disturbance of the parish church graveyard and the placing of gravestones on the embankment as nearly as possible vertically above the relevant graves, and the destruction of the Leeds White Cloth Hall, across the middle of which the line passed, leaving only the main gateway which still stands. At its terminus, the new station was built on a magnificent set of arches over the river Aire and the terminal basin of the Leeds and Liverpool Canal, which locks into the river at this, its eastern extremity. In its short length, this railway line through the centre of Leeds is therefore peculiarly symbolic of the changes which were at the heart of the Industrial Revolution—the triumph of steam power applied to transport, at the expense of water-borne transport and also at the expense of the White Cloth Hall.

When the second Leeds White Cloth Hall was built in 1775, it represented the mercantile expression of the then domestically organised woollen industry in which, fulling apart, all operations were performed by hand power. It was the market centre in which the bulk of the undyed and unfinished woollen cloths of the West Riding were sold to merchants who then had the pieces dyed and finished in their own establishments or by commission workers. In the Hall were 1,213 separate stalls at which the clothiers, assembled from the West Riding, exhibited their products for the merchants' critical inspection. The clothiers were the producers for whom such marketing methods, evolved from the earlier open-air street market on Leeds Bridge and in Lower Briggate, were necessary, whose scale of production was too small to warrant the renting of warehouse or room but whose numbers and geographical spread necessitated the provision of a focal distributive point.

The lifetime of the White Cloth Hall spanned the development of the most important of the forces which, combined together, are labelled as the 'Industrial Revolution'. It was still necessary in 1865 for the North Eastern Railway Company to replace the White Cloth Hall, though it was, of course, doing only a fraction of the trade which it had enjoyed during the late eighteenth century. The price at which stalls changed hands had risen from thirty shillings to between six and eight guineas between 1775 and 1806. From this peak, however, the price of a stall fell to one pound by 1832. "This enormous depreciation (being due) . . . to the factory system having so far prevailed over the domestic system as to reduce the number of that valuable class of men, the clothiers attending the Leeds market, from upwards of 3,000 to about half of that number.'' This decline, however, failed to continue at such a catastrophic rate and so, on 21 July 1868, clothiers still manned their stalls in the new White Cloth Hall which the North Eastern Railway had built in King Street, though they were, it is true, vestigial representatives of a thoroughly outmoded form of industrial organisation. Similarly the Coloured Cloth Hall, built in 1758 on approximately the present site of the General Post Office, had seen the value of its stalls rise from their original three guineas to between sixteen and twenty-four pounds by the early nineteenth century and then fall down to fifty shillings over the next thirty years, though again the Coloured Cloth Hall continued to function long after this period of sharp decline.

To give pride of place to the Cloth Halls reflects first the fact that the wool textile industry for which they catered was the most important of West Riding industries in the national account and secondly the importance of Leeds during this period as a trading as well as a manufacturing town. Indeed, in the eyes of contemporaries, trade was the predominant form of economic activity in the town . . .

> Although Leeds has long been distinguished as one of the great manufacturing towns, a large portion of its opulence is derived from commerce. It is the principal mart of the woollen manufacturers of the West Riding . . . There are but few woollen manufacturers in the town, most of them residing in the outskirts or in the villages belonging to the parish of Leeds westward of the town.

This exodus of clothiers westward from Leeds in response to inducements offered by landlords such as Sir Walter Calverley and Mr. J. Graham, had been apparent during the eighteenth century and especially during the 1790's.

To enjoy pride of place as the 'mart of the woollen manufacturers of the West Riding' was to ride upon a rising tide. Eighteenth century output statistics are neither plentiful nor wholly reliable, but those relating to the production of broad and narrow woollen cloths in the West Riding suggest an annual average output of 32,000 pieces of broad cloth during the decade 1727–36 rising to 54,500 pieces, 1757–66; to 269,000 pieces, 1797–1806, and to 331,000 pieces as the average for 1817–20, the last four years for which the statistics are available. The data for narrow cloths, beginning in 1739, show that output between 1739 and 1820 rather more than doubled, from 60,000 to 130,000 pieces a year. To these rough estimates of the rising volume of production (and therefore trade) in woollens there must be added an unknown but certainly rapidly rising contribution from the worsted industry, though of course a great deal of the trade in worsteds passed through the Halifax Piece Hall and, increasingly, through the Bradford Piece Halls. Similarly, some of the trade in woollens passed through other towns—Huddersfield and Wakefield, for example, where cloth or piece halls had been erected as a master stroke in eighteenth century commercial stategy aimed at attracting trade. For two reasons, however, the lion's share passed through Leeds. Firstly, Leeds merchants commonly attended the cloth halls in other towns, so that the cloth sold in them passed eventually through Leeds, providing local employment if it had been purchased undyed and unfinished. Secondly, the situation of Leeds in relation to the trade routes of the

West Riding enhanced the town's position as the area's main trading centre, presenting opportunities for economic exploitation to which response was forthcoming.

In 1699 an Act of Parliament had been passed in order to make navigable the rivers Aire and Calder, linking both Leeds and Wakefield with the Ouse, the Humber and the sea. Leeds was at the western extremity of the Aire and Calder Navigation, an inland port serving the industrially expanding West Riding hinterland. This position was strengthened by the subsequent transport developments of the eighteenth and early nineteenth centuries, by the growth of the turnpike and canal networks and finally of railways.

The turnpike network radiating from Leeds was mainly the work of the 1740's and 1750's. Reaching westward into the clothing area, two turnpikes to link Leeds with Halifax and Elland were sanctioned in 1740. A second link with Halifax, via Bradford, was begun in 1742 with an eastward extension from Leeds to Selby. At Halifax these roads met the earlier Halifax–Rochdale turnpike of 1734. To the north–west a road from Leeds via Otley to Skipton was sanctioned in 1758, and a road north to Harrogate and Ripon had been approved in 1753. Eastwards, in addition to the Leeds–Selby road, there was the Leeds–Tadcaster–York turnpike of 1751. Both roads connected with the Great North Road, turnpiked on this section in 1740. The turnpike road south to Wakefield and thence to Barnsley and Sheffield was authorised in 1758, although none of these ventures became financially sound until after 1783.

An indication of the importance of these new roads, their improved surfaces and consequent economies to the user emerges from the preamble to the Halifax–Leeds–Selby Turnpike Act . . . .

> Whereas the highways or roads leading to Selby . . . unto the town of Halifax, being situated in a trading and populous part of the County of York are much used and frequented for the carriage and conveyance of wool, woollen manufactures, dyeing wares, corn, malt, fruit and other commodities . . . (and) are, from the nature of the soil and the narrowness thereof in several places and by reason of many heavy carriages frequently passing through the same, become so deep and ruinous in winter and rainy seasons, many parts thereof are impassable for waggons and carts and other wheeled carriages and very dangerous for travellers.

This was the first of several attempts to improve the state of travel between Leeds and Selby so that goods—and people—could be put on the barges and fly-boats plying on the Ouse and thus cut out the tortuous course of the river Aire. The next attempt in 1771, was to link the two towns by canal, the proposed route being surveyed by Brindley, but this project perished in the face of strenuous opposition by the Aire and Calder Navigation. Nothing further happened until, in 1830, an Act of Parliament was passed authorising the Leeds to Selby railway line, opened in September, 1834, not, as Clapham wrote, 'a line with no very definite objective', but one which represented the achievement of a long-standing aim to shorten the route linking Leeds with the sea.

Long before this portentous event, the arrival of the railway in Leeds, developments in water-borne transport, particularly important for the carriage of goods, had further enhanced Leeds' position. One has only to look at Priestley's *History of Inland Navigation*, to see how, by 1830, on the eve of the Railway Age, Leeds was directly linked by inland waterways with almost every part of the country. Eastward via the Aire, Ouse and Humber, there was access to the Trent Navigation and thus to the network of canals serving the Midlands and reaching to London and the south of England. Leeds, of course, had looked eastwards in the matter of water-borne trade until in 1770 the construction of the Leeds and Liverpool Canal was authorised. That this was, in plan, execution and control, a Bradford project, made no difference as far as its effects upon Leeds were concerned and, although the link with Liverpool was not complete until 1816, the canal was effective in bringing the benefits of reduced transport costs to the area along its route as each stage was completed. The effect of the canal was that Leeds, having hitherto been situated at an extremity of navigable water, now sat astride one of the main waterways crossing the industrial North. Almost at once, the canal stimulated the development of industry on its southern bank, where hitherto there had been green fields between the townships of Leeds and Holbeck (Plate XI).

The primary aim of these various transport developments was to contribute to the expansion of the West Riding's wool textile industry, though as, for example, the literature extolling the economic advantages of the proposed Leeds and Liverpool Canal makes clear, this was by no means the sole aim and it would be mistaken to think of the effects of transport developments upon the trade of Leeds in terms of wool textiles alone.

Leeds is situated upon an economic frontier, between the industrial West Riding and that solidly agricultural area which stretches north and east, a situation which had been noted by Defoe in 1727 . . .

> I had no sooner passed out of the district of Leeds . . . and passed the Wharfe at a fine stone bridge . . . at Harewood . . . but it was easy to see we were out of a manufacturing country,

and other later writers, such as Bilham in 1819 commented similarly . . .

> Not a single manufacture is to be found more than one mile east or north of Leeds.

In this situation, Leeds was not only an outlet for the manufactures of the West Riding, but an inlet through which passed the agricultural produce needed in increasing volume to supply the rapidly growing population in an area of which it was written in 1795 . . .

> the whole country westward into Lancashire does not produce grain or feed sufficient to supply one fifth of the inhabitants.

The nature of the trade of Leeds was thus a microcosmic reflection of the basis towards which the national economy was moving—the import of food and raw materials in exchange for manufactures and, as in the seaports, marketing and trades developed around the exchange and processing of the commodities handled, helping to contribute to that wide variety of industrial pursuits which still characterises the city's economy. Grains, wool, imported dyestuffs and oil, locally grown and imported flax—all passed through Leeds into the West Riding. Hides came not only from the beasts slaughtered for consumption in Leeds, but increasingly from the carcases of those which fed the population west of the town, while oak bark and tannin were available from the woodlands to the east. Leeds thus developed first as an important market for hides and then as a major tanning centre, so that by the 1850's it was the country's major centre for processing sheepskins and its second most important tanning town. The growing of flax locally to the east of Leeds was less important for the development of the town as the major linen manufacturing centre than the fact that north-eastern Europe was the main source of supply for the imported raw material, Hull the obvious port through which it should arrive, and Leeds an increasingly obvious place for its manufacture once the industry had adopted steam power. Earlier, during the eighteenth century, Leeds had possessed no noticeable advantage as a linen manufacturing centre over Knaresborough or the quiet valleys of the upper Nidd and Washburn where good supplies of running water provided power, helping to offset a remote situation.

Inevitably, against this background of trade the merchants of Leeds played a prominent role in the town's development during the Industrial Revolution. It was they who were behind the road and canal developments which were so important and whose initiative was responsible for the creation of the White and Coloured Cloth Halls. They were prominent in the composition of the Leeds Corporation

> an oligarchy consisting of the principal merchant families and their satellites.

As members of the Committee of Pious Uses they acted after 1660 as Trustees of the Grammar School. The merchants were additionally important as obvious points at which capital could accumulate from the profits of trade for possible investment in productive equipment, once the process of mechanising industry was under way. The early development of banking in Leeds began with the town's merchants. Beckett's Bank, a forerunner of the present Westminster Bank, had its origins in the mercantile activities of the Beckett family who, as woollen merchants . . .

> persuaded business friends to join them in chartering a vessel to export local goods to Portugal and to import the produce of Portugal, chiefly wine. Success attended this new venture and other business was done abroad in this way, some of the participators leaving their profits on deposit to be dealt with by the Becketts in further undertakings. The interchange of goods with foreign countries necessarily involved cash transactions and the negotiation of bills of exchange. Gradually the actual merchanting of goods was abandoned to others and the Becketts confined themselves to the business of banking pure and simple in about 1770-4.

They took over what was known as the Old Bank, the first bank in Leeds, founded by Lodge and Arthington, the former a merchant, the latter a linen draper. Similarly, the Leeds Commercial Bank of 1792 and Nicholson, Brown & Company's Union Bank, founded in 1813, had their origins in cloth merchanting. The first agent of the Bank of England which opened its Leeds office in 1827 was, appropriately, Thomas Bischoff of the Leeds merchanting family, whose house is still visible next door to the Dispensary.

Similarly, there are famous examples of mercantile capital finding its way into industrial investment. Benjamin Gott began his career as apprentice in 1780 to the Leeds woollen merchants, Wormald and Fountaine, the business passing into his hands in 1790. Two years later, merchant capital was being invested in the beginnings of the Bean Ing factory, one of the industrial wonders of the world of its day, where factory conditions of employment were introduced into the woollen industry.

John Marshall, inheriting in 1787 the fortune of £9,000 which his father had made in the drapery business, resolved at once to apply it to flax spinning . . .

My attention was accidentally turned to the spinning of flax by machinery, it being a thing much
wished for by the linen manufacturers. The immense profits which had been made by cotton
spinning had attracted general attention to mechanical improvements and it might be hoped
that flax spinning, if practicable, would be equally advantageous.

Later expansion of the business was financed from, amongst other sources, a substantial con-
tribution by James Armitage, cloth merchant, and on a large overdraft from Beckett's,
merchants turned bankers.

To the advantages of position which Leeds enjoyed on the fringe of the industrial Pennines
must be added the town's good fortune in being on the edge of the West Riding's coal
deposits and the other deposits occurring in association with coal: ironstone, fireclay and
the building stone which was an important item in the traffic of the Leeds and Liverpool
Canal on its way from Bramley Fall Quarries to pave the streets of London.

Coal, above all, was abundantly available once the rise of the fire- and then the steam-
engine made possible the application to industry of tireless power. The known deposits of
the period might run out just east of Leeds at Seacroft and Temple Newsam, but just to the
south were the Middleton Collieries with, of course, other smaller pits in outlying townships
such as Beeston and Holbeck. It was not simply a question of availability, but of price,
thanks to an agreement concluded between the Brandlings of Middleton Colliery and the
Mayor and Corporation of Leeds. This, embodied first in an Act of 1758, empowered Charles
Brandling to construct a waggon way from Middleton down to the River Aire in Leeds
(Plate VII). In return for this privilege, Brandling promised to deliver into Leeds 23,000 tons
of coal yearly at 4s. 8$\frac{3}{10}$d. per ton over the next sixty years. The Act was subsequently
amended and the amount of coal to be supplied and its price revised, but it would seem that
the result of the arrangement was that the price of coal in Leeds township, as supplied by
Middleton Colliery was, after allowance for delivery charges, between eight and nine per
cent cheaper than it could have been supplied by other local collieries. Cheap coal, readily
available, encouraged the growth of those industries which were large coal consumers and
in which coal costs were therefore a significant part of total costs, such as chemical works,
glassworks, potteries, brickworks and iron founding. It was a further factor helping the ex-
pansion of the town's cloth-dyeing industry which had developed around the activities of the
merchants. As Sir George Head observed in 1835 . . .

There is no manufacturing town in England, I should imagine, where more coal is consumed
in proportion to its extent than Leeds. The sun himself is obscured by smoke as by a natural
mist and no sooner does he descend below the horizon than streams of brilliant gas burst
forth from thousands of illuminated windows.

There was, of course, the danger that the supply of cheap coal from Middleton might run
out under the influence of this exclusive agreement which geared the colliery's output to
the town's growth, but by the time that the demands of Leeds were beginning to outstrip
the pit's ability to supply them, alternative sources of supply were beginning to arrive, first
by river and then by rail.

The development of Leeds upon such a broad commercial and industrial front provided
scope also for the growth of industries such as engineering, which were at first ancillary and

of which the most spectacular early example was the pioneering of new flax spinning and processing machinery by Matthew Murray, who subsequently turned over to locomotive engineering.

Trade, transport and technology determined the pace at which Leeds grew. From an estimated population of 16,380 in 1771, the township's population almost doubled to 30,669 by 1801, and more than doubled during the next thirty years (Table XVIII, p. 189). By this time, Leeds in-township was beginning to lose its physical identity. The nearer out-townships of Hunslet and Holbeck were linked to Leeds by continuous development along Water Lane and Hunslet Lane. In 1781, the physical extent of Leeds lay almost completely on the north side of the river (p. 190 below). By 1830, three main developments had occurred. Firstly, a marked eastward expansion over the ground now covered by Quarry Hill Flats and up North Street to about Skinner Lane—a vast warren of congested yards and streets which made it more sensible for the terminus of the York and North Midland Railway to be at Marsh Lane than may be apparent today. Secondly, to the westward, the development of the old manorial park, with designs for elegant squares and terraces, had been succeeded by houses on the hill-slopes of Little Woodhouse that were the habitations of the wealthy (p. 192 below). Thirdly, and south of the river, in-filling was beginning to take place between Meadow Lane and Hunslet Lane and increasingly along Water Lane leading to Holbeck, but development here was still inhibited by the limited number of bridges. Wellington Bridge had, of course, been added and building plots were being developed south of the river past Gott's Mill in the 1820's. Otherwise there was only Leeds Bridge, and the full and rapid development of south Leeds had to wait until after the erection of Monk Bridge (1827), Crown Point Bridge (1832) and Victoria Bridge (1837).

The compactness of residential and commercial Leeds meant that the town still bore a recognisable relationship to what it had been seventy years before. There were other tangible reminders for Leeds citizens of an earlier age, despite the rapid increase of population, the physical evidence of the impact of industrialisation, the smoke pall and the multiplying mills housing new machines, which testified to achievement and the promise of apparently bound-less possibilities. But the Corporation of Leeds remained unreformed in 1830 and the town, in spite of its growing size and importance, was still not a Parliamentary Borough though an unsuccessful attempt had been made in 1821 to transfer to the town the franchise of Gram-pound. The inhabitants who lived within the manor of Leeds, with the exception of those whose property formed part of the possessions of the Knights Templar in the manor of Whitkirk (Fig. 35), were bound to grind their own corn and malt at the soke mills and were only freed from this obligation in 1839 by a special Act of Parliament by which the tenant of the mills, Edward Hudson, received £13,000 compensation.

The Grammar School embodied the clash between the requirements of the emerging society and the legacies of the old. In 1777 the Trustees had wished to appoint two additional masters, one to teach mathematics and accounts, the other to teach modern languages. Their suggestion was rejected and the school remained obstinately wedded to a curriculum of Latin and Greek. The matter was again raised in 1791 and rejected by the headmaster. Between 1795 and 1805 the dispute was the subject of a suit in Chancery, the costs of both sides being met out of the school funds. Judgement was finally made by the Lord Chancellor, that the school's endowments allowed no extension of the curriculum:

> It is a scheme to promote the benefits of the Merchants of Leeds . . . the Clerks and Riders of the merchants are to be taught French and German to carry on a trade. I fear the effect would be to turn out the poor Latin and Greek scholars altogether.

In fact, the teaching of arithmetic was introduced into the school in 1818 but the school's examination papers in 1854 show little advance beyond this point. A paper on history and

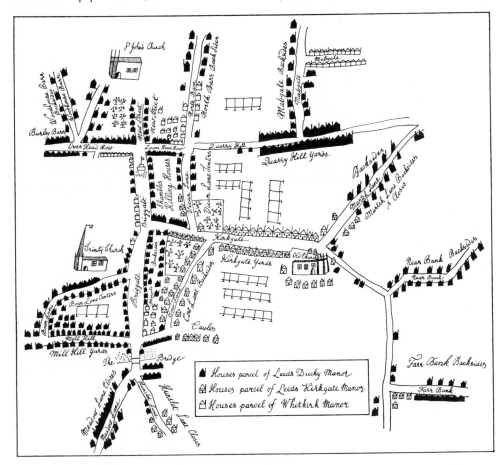

Fig. 35. Intermingled manorial properties in central Leeds, mid-eighteenth century

This newly discovered plan from the Leeds City Archives was made because houses lying in the former Templar manor of Whitkirk were exempt from grinding their corn at the mills of the manor of Leeds. Houses in the church-manor of Leeds Kirkgate were also shown; (cp. Figs 32 and 33). Approximate scale along Briggate: 1 in. = 275 yards.)

geography had been added, but out of sixteen questions, eleven were concerned with ancient history and one of the remainder asked . . .

> Give the dates of the battles of Aegropotamus, Issus, Cynocephalae, Pynda, Minda, Actium, Bannockburn, Crecy, Bosworth and Marston Moor

. . . a question with strong overtones of the pre-Railway Age.

The economic development of Leeds during the Industrial Revolution had seen it emerge as a regional capital—by far the biggest town in the West Riding clothing district, and as such it offered some amenities. The Whig *Leeds Mercury* and the Tory *Intelligencer*, creations of the early eighteenth century, might still in 1830 have weekly circulations of only 5,000 and 1,500 respectively, but they catered for a wider area than Leeds and contributed to its culture not least by spattering each other with abuse. Thus the *Intelligencer* on Baines of the *Mercury* in 1827:

> the portly proprietor of the Mercury—the sexagenarian dandy of Briggate—the Solon of Leeds workhouse . . . the Demosthenes of Hunslet—is still the same poverty stricken adventurer that he was thirty years ago when he wandered into Leeds . . . his head as empty of ideas as his back was bare of clothes.

For the sick in body there was the Infirmary, founded in 1767, and the House of Recovery, opened in 1802. For those wishing to bathe, a Public Baths for ladies and gentlemen was opened in 1820. The affairs of the spirit were catered for by the older churches, the Parish Church, St. John's and Holy Trinity, Boar Lane, but these were increasingly inadequate for the rapidly rising population. St. Paul's of Park Square served the wealthy of the West End after 1793 and an auxiliary chapel, St. James, was built in York Street in 1801. Otherwise, the only new Anglican churches to appear in Leeds during the Industrial Revolution were those financed by the Parliamentary grant of 1818. St. Mark's at Woodhouse, St. Mary's at Quarry Hill, and Christ Church in Meadow Lane (Plate VII), all opened in 1823. To some extent the gap was filled by the nonconformist sects. Failing spiritual refreshment there was, if one could afford the subscription, enlightenment available at the Leeds Library, founded in 1768, and the Philosophical Society, founded in 1820. For those who could afford to patronise neither institution, but who had perhaps acquired a taste for knowledge at the Bell and Lancasterian schools set up in 1811 and 1812, a Mechanics' Institute had been founded in 1827 with Gott and Marshall as president and vice-president. The more frivolously inclined could attend the Music Hall in Albion Place. For the better-off inhabitants of Leeds, life had thus begun to offer wider prospects, but for those beyond the reach of such ameliorating influences, it remained short on the average and it may be doubted if those affected by the rising death rate of the 1820's and 1830's found much to enliven the round of bed and work, save in the inns. After the 1830 Beerhouses Act, a large number of beerhouses which sprang into being and doubled the number of retail outlets for the sale of drink in the town, catered especially for the working classes and suggest by the speed of their emergence, the existence of a great unfilled gap in social provision for the masses whose contribution to the industrial growth of Leeds remains implicit and anonymous.

SELECT REFERENCES

T. Allen, *A New and Complete History of the County of York*, (1828).

F. Beckwith, 'The Population of Leeds during the Industrial Revolution', *Thoresby Society*, xli (1948), 118–96.

W. B. Crump (ed.), *The Leeds Woollen Industry 1780–1820*, *Thoresby Society*, xxxii (1931).

H. Heaton, 'Benjamin Gott and the Industrial Revolution in Yorkshire', *Economic History Review*, iii (1931), 45–66.

H. Heaton, 'The Leeds White Cloth Hall', *Thoresby Society*, xxii (1915), 131–71.

H. Heaton, *The Yorkshire Woollen and Worsted Industries*, (1965).

W. G. Rimmer, 'Middleton Colliery, near Leeds, 1770–1830', *Yorkshire Bulletin of Economic and Social Research*, vii (1955), 41–57.

W. G. Rimmer, *Marshalls of Leeds, Flax Spinners, 1788–1886*, (1960).

W. G. Rimmer, 'Leeds Leather Industry in the Nineteenth Century', *Thoresby Society*, xlvi (1960), 118–64.

W. G. Rimmer, 'Working Men's Cottages in Leeds, 1770–1840', *idem*, 165–99.

R. G. Wilson, 'Leeds Woollen Merchants, 1700–1830', Ph.D. Thesis, University of Leeds, (1964).

XIII

LATER PHASES OF INDUSTRIALISATION, TO 1918

It is our distinct impression that the role of Leeds in the national economy during the important years of industrial growth and change after 1850, a period of prosperity followed by the patchier performance of the final quarter of the century, has been relatively neglected in economic literature. In this chapter a brief examination will be made of the extent to which economic change was mirrored in a diversified economy within the boundaries of Leeds, and a glance taken at the extent of the contribution made by Leeds to the national economic effort.

A list of the chief Leeds occupations compiled in 1876 by Mr. Rickards, the Sub-Inspector of Factories for the Leeds Area reveals how Leeds entrepreneurs, by their diverse interests, had early ensured the town's relative freedom from the heavy unemployment which was to afflict more specialised areas after the First World War (Factories and Workshops, 1876). As Mr. Beckworth, President of the Leeds Chamber of Commerce, told another Government inquiry, 'We have a very diversified trade.' (Labour Commission, 1892).

It is also clear that Leeds capital was mobile and moved readily from declining lines of manufacture into those offering new opportunities. A major instance of this was the flax spinning and weaving which had once been the pride of Leeds. Enjoying the advantages of location close to good and cheap supplies of both labour and flax, the Irish industry was competing strongly against that of Leeds by 1850 (Rimmer, 1954). This, coupled with an enormous increase in the number of spindles on the Continent, ensured the decline of the Leeds industry.

Table XIV. Leeds Flaxworkers, 1841–81

Year	Male	Female	Total
1841	3,087	1,656	4,743
1851	6,150	2,464	8,614
1861	5,898	2,351	8,249
1871	4,018	1,963	5,981
1881	2,709	792	3,501

Source: Collet, 1899.

In 1886 Marshall and Co., the largest of the five major Leeds flax firms, in which 1,200 hands had been employed at 40,000 spindles in the 1840's, had closed their famous mill. In 1899, only 1,500 flax workers remained in Leeds and wages had fallen to a maximum of ten shillings per week and, by 1911, a mere 700 hands were sufficient to man the surviving remnant of the industry (Collet, 1899).

The staple trade of Leeds was the manufacture of woollen cloths, and it provides an interesting example of adaptation to the changing environment of production and marketing. At first, the essential change from hand- to power-loom weaving was only slowly effected. In 1835, three years after their introduction to the town, only 213 of the new looms were in use.

The evidence suggests that this slow rate of adaptation was due to resistance on the part of labour rather than to lack of perception of opportunity by mill-masters. Nor did reluctance stem from fear of unemployment or lower wages since demand for labour was high in 1835 and, whilst Benjamin Gott's female cloth hands earned nine shillings per week, the average wage of Leeds working women was only seven shillings per week. Slow recruitment was due, rather, to the dislike felt by skilled operatives for the factory system and for factory hands who were often drawn from the lowest ranks of society, or from the workhouse. Good wages were earned in the flax mills of Leeds at this time so that there was little incentive to move. In 1860, an observer also noted that,

it seems strange that men should not have engaged in this occupation in greater numbers

and, in fact, power-loom weaving in Leeds was, by 1870, entirely women's work (Jubb, 1860).

Small-scale cloth manufacture under domestic conditions thus survived in the Leeds area until the rather late year of 1857, and in a most interesting form. Groups of small-scale cloth makers would come together in a system of partial integration and jointly carry out the processes of cleaning, dyeing, carding, spinning, and finishing, whilst warp and weft were worked up on the looms of the individual makers.

By 1870, power had triumphed, but in the process of change, the industry was affected by forces inducing some decline. The application of foreign tariffs after 1870 reduced over-seas demand, whilst the increasing popularity of worsteds, which did not become well established in Leeds, left Bradford in a dominant position in the trade. At the same time, a rapid development of heavy woollen cloth manufacture occurred in centres to the south of Leeds, so that the town lost its central situation in the cloth trade (Rimmer, 1959). Employment fell from 14,894 males and females in 1851 to 11,722 in 1901 (Poor Law, 1909).

In 1909, a national newspaper (Daily Mail, 1909) noted that:

a remarkable feature in connection with the growth of Leeds has been the extinction of the once all-powerful cloth merchant.

Before 1850, the merchanting of cloths was already moving to Bradford and, in the organis-ation of the trade in Leeds, the merchant was being steadily by-passed because the largest users purchased more of their supplies directly from the mills. By the turn of the century, the new form of organisation was dominant and

> modern conditions of trading had left no room for the once-indispensable cloth merchant
> (Ibid.).

The Leeds Cloth Halls, historic markets and social centres of the merchant class, disappeared as the nineteenth century waned.

In step with these changes, the Leeds dyeing industry declined rapidly. Of great local importance as an adjunct of the Leeds cloth industry, it was affected, not only by the loss of the town's leadership in cloth manufacture, but by that rapid substitution of synthetic dyestuffs for the older natural materials, such as indigo and madder, which occurred in the second half of the nineteenth century. There seems to have been insufficient incentive for the Leeds dyers to transfer to the more complex forms of organisation implied in this major technological change and, from a peak of sixty-three firms in 1863, the number declined to a mere twenty-two by 1913 (Sigsworth, 1955).

Within its reduced framework, however, the cloth industry developed in new directions. Productivity increased rapidly in the period 1850 to 1914 and a new range of cheap, but tasteful, cloths was produced in the early twentieth century both for the home market and for export in the form of cheap ready-made clothing. Important innovations in Leeds textiles included unshrinkable flannels, widely used in sports clothing, and underwear for which, as incomes increased, there was an increasing demand. Specialisation in such goods became a notable feature, and vertical integration began when some cloth manufacturers utilised their own output in producing caps and jackets on their own account. From 1875 to 1914, Leeds retained its important, if reduced, woollen textile industry. Its annual turnover was £7,000,000, a large but, nevertheless, lower figure than that of a century before.

The introduction of shoddy cloths gave rise to a new 'rag trade' at which 500 women worked in 1890, sorting rags by hand. Supplies were readily available in the form of clippings from the nearby tailoring factories, and the workers, mainly married Irishwomen with 'unsatisfactory husbands', earned about one shilling and sixpence for a day of twelve hours, which began at 6 a.m.

The filthy condition of the Leeds rag shops was not disguised by their euphemistic designation as 'cloth warehouses', but an observer noted,

> Dirty as the work is, it would be affectation for the Irish to object to it very strongly on that ground (Collet, 1889).

Undoubtedly, the senior relative of Leeds textiles was Leeds ready-made clothing, in which another immigrant group, the Jews, was prominent. The pioneer work of Barran and Friend who, at the opening of this period, began to move men's garment making from the craftsman's board to the large factory, is well known. The precise course of development, however, remains obscure owing to lack of access to business records.

Other centres of wholesale manufacture of clothing were important, including Glasgow, London, Gloucester, and Hebden Bridge, so that the early attainment of pre-eminence by

Leeds still requires adequate explanation. None of the locational advantages usually cited were uniquely available to Leeds; many towns were close to textile mills, machine makers and repairers, and a good labour supply. Moreover, the employment of outworkers and home-workers was widespread, and Jewish operatives, to whose functions in these capacities the fast growth of the industry in Leeds was often ascribed (Landa, 1906), were present in the garment industries of London, Glasgow, Manchester, Liverpool, and Birmingham (House of Lords, 1890).

What seems clear is that, at the critical moment, the fortuitous decline in the flax and other Leeds textile works set up a movement of dexterous female labour to the wholesale clothing sector, assisting its expansion in an increasingly buoyant market. Demand for cheap but well-made suits of woollen cloth remained so heavy during the final quarter of the nineteenth century that capacity appears to have been persistently deficient despite frequent extensions by existing firms, and the entry of newcomers. There was also a migration of wholesale tailors from other centres, the chief example being the transfer of their tailoring interests from Glasgow to Leeds by Messrs. Arthur and Company, a firm with a wide range of manufacturing and trading activities. In face of the potential difficulty in supplying the market at home and abroad, Leeds tailors had further good fortune when, in 1881, Tsar Alexander II was assassinated. In the ensuing disorders, a stream of Jewish refugees arrived in Leeds ready to set up small shops and to supplement at low cost the output of the great clothing ware-houses. This stream was to continue to flow until 1914 and beyond, although the Alien Act of 1905 did something to reduce it.

Leeds tailoring provides an outstanding example of speedy growth, response to the challenge of changing tastes, ability to cater for very distant markets, and readiness to innovate both in the techniques of production and of management. By 1884, the large Leeds works were industrial wonders of the age, and an observant reporter from a Glasgow commercial journal noted the features which marked off Leeds tailoring from that of other towns.

As to size, the works of Messrs. J. Rhodes and Company (the firm which later took over the famous Egyptian temple mill vacated by Marshall), situated in Oxford Row, was six storeys high

> being Corinthian classic to the fifth storey and topped with Queen Anne gables (Mercantile Age, 1884).

It housed 250 machines and 600 hands and carried a stock of 30,000 garments. In the cutting room of this firm:

> three immense circular knives are busily employed, and cut the cloth with human-like pre-cision according to the pattern cut by the experienced cutter who rules the department. One hundred suits can be cut at once by one of these machines (Ibid.).

At the Wellington Street works of Joseph Hepworth and Sons it appeared to the observer that:

> . . . each girl seems to be a specialist, if we may so use the word, constantly working upon one thing . . . for it takes, we believe, from twenty-five to thirty hands to complete a suit of clothes (Ibid.).

In the sewing room, hard work had been replaced by:

> . . . the best productions of Messrs. Singer, Thomas Beecroft, and Wheeler and Wilson. The former were represented by their new oscillating-shuttle machine . . . We have seen this machine repeatedly driven under complete control up to two thousand stitches per minute (Ibid.).

The need for brawny pressers had been eliminated and pressing was done by patent machines:

> . . . the irons being heated by an admixture of air and gas . . .

and they were so delicately balanced that

> a girl can work them with as much ease as a Samson could (Ibid.).

Working conditions were excellent, contrasting favourably with those in other towns:

> When we compare the numerous comforts, healthy work rooms, and excellent wages that the Yorkshire girls have, with their sisters north of the Tweed, we are disposed to think that the former should be well satisfied with their very superior position . . . There is practically no controversion betwixt the firm and their employees (Ibid.).

Thus the characteristics of Leeds tailoring were a large scale, a high level of mechanisation, an extreme division of labour, and good working conditions. It is unlikely, however, that an annual output of 5,000,000 garments (Ransome, 1890) could have been maintained without the co-operation of the Jewish tailors of Leeds, whose working conditions were very far from ideal (Lancet, 1888).

By 1901, clothing, including footwear, absorbed a slightly higher proportion of the Leeds labour force than engineering, the town's major industry (Poor Law, 1909), and, before 1914, a shortage of labour was being felt. The pace of innovation hardly slackened up to the Great War and, in addition to consistent applications of new technology, Leeds tailors were responsible for two major changes in organisation which were to affect the industry at the national level.

The first of these was the manufacture of garments for sale in their own retail shops, a departure made by Joseph Hepworth and Sons about the year 1883. It was done on the basis of very large sales at low prices and its success signalled the end of the 'old, worn out, conservative credit trade' (Mercantile Age, 1884). The second change was in the introduction of bespoke, made-to-measure clothing produced in wholesale quantities. This development is closely associated with the name of Montague Burton, whose Hudson Road Mills grew by 1921 to be the world's largest single clothing plant, but this organisation was not pre-eminent by 1914 (Thomas, 1954).

The wholesale bespoke development consummated the triumph of the Leeds tailors who, as the great social investigator, Charles Booth, testified in 1888, had been unable to compete with London tailors in the bespoke trade for the middle and working classes, despite their superiority in cheap ready-made clothes (House of Lords, 1888).

Throughout this period, most Leeds men worked in engineering, a description which conceals diversity and, in fact, a wide range of employment was open to the Leeds apprentice. The inventor-entrepreneur was often prominent, imparting to the trade its feeling for latest ideas and insuring the industry against decline induced by over-specialisation in obsolescent technologies.

An excellent example is that of George Bray who, in an age of gas lighting, improved the quality of life generally by his non-corrosive burner which:

> increased the lighting value of gas to the public in the United Kingdom by about £500,000 per annum without any material increase in the price of burners (Leeds Express, 1883b).

Bray captured 75 per cent of the home market and exported an equal number, his two-penny burner being pronounced superior to those selling at eighteen shillings, in a test carried out in 1878 by the British Association. Competition from electricity forced Bray to search for the best method of utilising his burners, and this resulted in an improved street lantern, first exhibited in front of Leeds Town Hall in 1879, and soon installed in the streets of Edinburgh, Manchester, Birmingham, Belfast and Nottingham:

> In fifteen months, a revolution was achieved in street lighting (Leeds Express, 1883b).

Another Leeds contributor to the quality of civilisation was Thomas Green, who purchased a site in North Street in 1848. A few years later, he produced the ironwork for the cattle market which was established directly opposite his works and which is now a public park. On his 1½ acres, Green operated foundries for brass, malleable and cast iron, as well as shops for boilers, engines, and machine tools. Green's vertical steam engines combined with boilers were to be found

> . . . on Indian tea plantations, Brazil coffee plantations, in Australia, New Zealand, Van Diemen's Land, and many Continental cities (Leeds Express, 1883d).

An important addition was made to the firm's varied output when it acquired the Yorkshire rights in the Wilkinson Patent Tramway Engine in the early 1880's. This was in demand in many large towns as it was said to be explosion-free, economical, and durable. At the domestic level, the firm was already famous for its lawn mowers of which it sold 6,000 each year by 1883 and, for kitchen use, a 'sausage-chopping machine' was in production.

Not all Leeds productions were of a benign type and, rightly or wrongly, incomes in Leeds were increased by a response to world demand for ever-costlier armaments. The major Leeds firm supplying this market was Messrs. Greenwood and Batley at whose Armley Road works

> a lot of Government work is done and murderous implements and appliances manufactured (Yorkshire Factory Times, 1896a).

The firm supplied the war departments of Britain, Germany, Russia, Switzerland, Italy, China, Japan, and India with naval-defence guns, machinery for rifle and bullet making, shells for big guns and

> bullets which, when a handle is turned on the gun, as on an organ, can fire at 500 per minute (Leeds Express, 1883e).

But the firm's contributions to the arts of peace were also formidable. From its 'wilderness of machinery' there came 'machinery and machine tools in infinite variety and great numbers', including the band-knife cutting machine without which the mass production of men's clothing would have been impossible.

L

Other giant metal concerns in Leeds were those of Messrs. Kitson and Company whose Monk Bridge Works

> made the finest stationary engines, locomotives, boilers, girders, and c. in the world,

and the Wellington Foundry

> where they make the most delicate of machinery (Yorkshire Factory Times, 1896a).

That Leeds engineers retained their ability to move with the times is amply shown in some of their advertising of 1905 which offered locomotives for any gauge, traction engines for threshing, steam-ploughing machinery 'for all lands, crops, and climates,' steam, hydraulic, and electrical pumping machinery, and loading and unloading machinery 'for handling all materials' (Times, 1905).

Such giants determined the industrial tone of Leeds and widely influenced the level of wages but, in this period, there were other manufactures ranking as 'chief occupations', some of which have hitherto received scant attention.

In the late nineteenth century, when conditions in the lucifer-match industry of London were a national scandal, Leeds match workers enjoyed ideal factory surroundings in the Newtown district, where production was on a very large scale. In Leeds, even the making of match boxes was a machine process and the sweated handwork employed in this line in the East End of London, was unknown.

Candle manufacture in Leeds suffered from competing improvements in lighting technology and, by 1884, the industry was concentrated in Mr. J. Grisdale's Tallow and Wax Candle Manufactory in Dewsbury Road, where candles continued to be made for collieries, rural areas, and the dining rooms of the best clubs and hotels.

As we have seen, the hat and cap trade was, in part, the outcome of diversification in the cloth trade. It was also encouraged by the entry of small-scale Jewish producers and, by 1883, it had attained major rank because of:

> the tendency of this, as of many other trades . . . to centralise in the hands of the greatest capitalists (Leeds Express, 1883a).

The firm of Messrs. Gaunt and Hudson produced 20,000 garments per week, paid its machinists the highest wages in the Leeds clothing trade, and exported all over the world.

One of the main determinants of the high level of employment in Leeds during this period was the town's wide participation in every important branch of clothing manufacture. National income was rising and this dictated better standards in dress for the majority of people. By 1909, 26 per cent of the total active labour force of Leeds was engaged either in the production of garments or of materials used in their production.

In footwear, as well as in headgear and men's outer clothing, Leeds could claim a very important place. It is, in fact, probable that by 1870 Leeds was the first town in the kingdom for leather output. By this time, thirty-four tanneries were at work in Leeds plus sixty curriers, seven hundred 'shoemakers', and one hundred shoe manufacturers, giving work to some 5,000 hands. In 1893, the number employed in the industry was stated to be 11,500 hands (Labour Commission, 1892).

The footwear manufacturers quickly employed machinery wherever possible and, in the 1850's, the tanners did their glazing, splitting, and polishing mechanically. In the 1880's, a local reporter visited the tannery of William Paul in Kirkstall Road and noted that

> . . . the odours call up no sweet fancies about spices of Araby,

but also recorded that machinery was in wide use there. Much of it was the invention of Paul himself or was locally supplied by Messrs. Haley and Company of Bramley (Leeds Express, 1883c).

Demand remained high because the need for shoe leather was supplemented by the need for the special harness leathers in wide use before the triumph of the automobile. Increasing leisure for many people meant more time to indulge in pastimes such as football, which brought an important new branch to Leeds, known as 'the football-hide trade'. By 1890, this was extensive and football manufacturers ordered their hides in quantities of 500 at one time. There was some decline in the final thirty years of the period, however, as modernisation passed by a number of Leeds firms. In 1903, tanning was a more highly concentrated industry in the hands of only nineteen firms.

In footwear, Leeds specialised to a large extent in heavy work boots and, by 1890, output was 100,000 pairs per week. Despite the presence of large firms such as Messrs. Stead and Simpson, which employed 1,200 hands, the number of small firms increased after 1870. The widest application of machinery was not achieved until the end of the nineteenth century and the change to complete factory production was made only in the twentieth. Hence, most Leeds shoe workers were employed in small factories of an average size of one hundred hands, and homeworkers were widely employed. At the industry's peak in 1890, some 50 per cent of its labour force worked in their own homes on the finishing processes. Thereafter, as in tanning, there was a decline, though both trades remained important. Over-specialisation in certain lines for long periods had made it difficult for some footwear makers in Leeds to adopt new methods when, for the first time, it became possible to mechanise all processes. The Great War produced a temporary revival owing to the demand for army boots, and for meat, the latter bringing in its wake an increased supply of cheap hides.

By 1896, an observer could write

> Leeds is a vast business place. When one enters the city from either station huge ware-houses, large shops, big public houses, and signs of active business meet one's view. Leeds is a miniature London, and Boar Lane and Briggate is nearly as busy as London Bridge (Yorkshire Factory Times, 1896a).

In the final link in the economic chain, that of retailing goods to the public, the contribution of Leeds to national development was also outstanding. Around 1850, the retail pattern clearly divided the upper from the lower classes. For the former, goods were made by small craftsmen who sold direct to their clients. There were also 'high-class' small shopkeepers who sold British or imported goods, as well as itinerant merchants who often traded by auction. For the lower 'orders' there were the open stalls of the markets for food, and the dealer in second-hand clothing for the wardrobe.

Leeds introduced processes which did much to 'democratise' the two worlds of retailing, and to permit the offer of better quality goods at prices within working-class capacity. In view was a wider market than had hitherto been conceived.

We have already noted the pioneer contribution of Hepworth of Leeds to garment retailing. This was an important factor in reducing the working-man's reliance on the 'old-clothes man'. Multiple shops selling food, clothing and furniture grew very quickly in Leeds working-class suburbs, and in 1902 one firm alone had set up fourteen branches. Meanwhile, the large department store catered for middle-class tastes and pockets in palatial surroundings. In the twentieth century, the concept of the multiple department store was perfected and it was in Leeds that two great pioneers, Marks and Spencer, began trading in a small way with their 'Penny Bazaar'.

The classic effort to improve the conditions of working-class retail trading was, of course, that of the Co-operative Movement. It was extremely strong in the Leeds area and, by the end of the nineteenth century, the Leeds Co-operative Society had grown into a highly integrated concern of great size. In 1896, an observer noted:

> . . . the Leeds Co-operative Society is the largest on earth (Yorkshire Factory Times, 1896b).

It had over 33,000 members, and turnover for the period 31 July 1891 to 30 June 1896 was £4,305,170,

> a sum too vast to comprehend by ordinary mortal (sic) who only see copper and silver (Ibid.).

The huge Albion Street store was opened in 1884 and extended ten years later, but seventy smaller branches traded in the Leeds area before 1900, retailing a wide range of goods, many of which came from the Society's own farm or from its boot and shoe, flour, clothing, and brush works.

It is probable that, in this critical period for British manufacturing industry, trends in Leeds differed somewhat from national ones. In the long period of falling prices, slower exports, and adverse terms of trade, which began in the mid-70's, new industries in Leeds quickly filled the gaps left by older industries which were on the decline, or were disappearing. The outstanding case was that of wholesale clothing, which grew as flax manufacture diminished.

This factor, along with a ready acceptance of new technologies on the part of established and thriving industries, ensured the relative buoyancy of the economy of Leeds and its comparative prosperity in this period of 'Great Depression'. Though Leeds suffered severely in all the short-term depressions, there was no long-term decline in the level of manufacturing activity in the town.

For the nation, then, as now, worried about its export performance, the Leeds effort was significant. In 1914, F. W. Hirst, the editor of *The Economist*, stated that the export trade of Leeds was enormous, and he gave the following figures:

Table XV Percentage of Leeds output exported, 1914

Engineering and machinery	75 per cent
Locomotives	95 per cent
Traction engines	80 per cent
Textile machinery	50 per cent
Ready-made clothing	33 per cent

Source: Chamber of Commerce, 1914.

At a time when complaints about foreign competition were being increasingly heard, the tailors of Leeds swept competitors aside and captured most of the tariff-free markets of the world. As is clear from the table, the exports of their colleagues in heavy industry were also at impressive levels at the end of this period.

It would, however, be too much to say that all economic opportunities were readily and firmly grasped in Leeds. The student of manufacturing industry in this region cannot fail to agree with a local press comment that

> . . . considering its eminence as an engineering centre, the part played by Leeds in the manufacture of motor cars has been curiously insignificant (Yorkshire Post, 1908).

At this early date, it was by no means too late for entry to this great industry of the future, given the local skills, experience, and resources. Yet, apart from some curious experiments in the 1890's, serious car manufacture passed Leeds by.

SELECT REFERENCES

C. Collet, 'Women's Work in Leeds', *Economic Journal*, i (1899), 460–73.
Daily Mail, 1 May 1909. 'Industrial Leeds'.
Factories and Workshops. *Report of the Commissioners appointed to inquire into the working of the Factory and Workshops Acts*, i (C. 443 of 1876).
House of Lords, 1*st Report of the Select Committee on the Sweating System* (1888 (361), xx).
House of Lords, 5*th Report of the Select Committee on the Sweating System* (1890 (169), xvii).
S. Jubb, *History of the Shoddy Trade in Batley*, (1860).
Labour Commission, Evidence of C. Beckworth. (C. 6795–VI of 1892).
Lancet, i (1888), 'The Sweating System in Leeds'.
M. J. Landa, 'The Economic Aspects of Alien Labour', *Economic Review*, xvi (1906).
Leeds Chamber of Commerce, Minutes of a Special General Meeting, 6 January 1914.
Leeds Express, 6 January 1883, 'Leeds Works—Gaunt and Hudson', (1883a).
Leeds Express, 20 January 1883, 'Leeds Works—George Bray', (1883b).
Leeds Express, 3 March 1883, 'Leeds Works—William Paul', (1883c).
Leeds Express, 14 July 1883, 'Leeds Works—Thomas Green', (1883d).
Leeds Express, 6 August 1883, 'Leeds Works—Greenwood and Batley', (1883e).
Mercantile Age, vii (1884), 'British Industries'.

Poor Law, *Royal Commission on the Poor Laws and Relief of Distress* (Cd. 4690 of 1909).

C. Ransome, *British Association Handbook of Leeds and Airedale*, (1890).

W. G. Rimmer, 'Leeds and its Industrial Growth, 5: the Flax Industry', *Leeds Journal*, xxv (1954), 175–8.

W. G. Rimmer, 'The Woollen Industry in the Nineteenth Century', *Leeds Journal*, xxx (1959), 7–11.

E. K. Scott (ed.), *Matthew Murray Records from 1765 to 1826*, (1928).

E. M. Sigsworth, 'Leeds and its Industrial Growth, 9: the Development of Dyeing', *Leeds Journal*, xxvi (1955), 3–5.

J. Thomas, 'Leeds and its Industrial Growth, 6: Early History of the Clothing Industry', *Leeds Journal*, xxv (1954), 259–62.

J. Thomas, 'Leeds and its Industrial Growth, 7: Later Development in the Clothing Industry', *Leeds Journal*, xxv (1954), 337–40.

'Times' Engineering Supplement, 29 March 1905.

Yorkshire Factory Times, 11 December 1896. 'Business and Business Places', (1896a).

Yorkshire Factory Times, 25 December 1896. 'Co-operators, Co-ops and c', (1896b)

Yorkshire Post, 28 March 1908, 'Motor Cars'.

XIV

PASSENGER TRANSPORT DEVELOPMENTS

Leeds, like most other major cities in Britain, has had some form of urban passenger transport system for roughly a century and a quarter, and a well-developed and intensively used one for rather more than half that period. The main purpose of this short account is to describe the stages through which that system evolved and in particular to indicate how far it was able to affect the developing physical and social patterns of the city and the area immediately around it. Studies of this kind, of 'applied' rather than 'pure' transport history, are not particularly frequent in British literature and unfortunately most of those which do exist relate to the unique, rail-dominated conditions of London. A subsidiary purpose in this account, therefore, is to emphasise the extent to which typical metropolitan-type aspects of the relationship between transport and city growth are modified and even obliterated in the context of a smaller, provincial city.

Around Leeds a well-integrated network of stage-coach services was providing a useful and efficient system of inter-urban and regional passenger transport from the late eighteenth century onwards, but the first really serious attempt to institute urban transport, operating at more intensive frequencies over shorter distances and at relatively cheaper fares, does not appear until the establishment of a horse-bus service to Far Headingley some time between 1837 and 1839. Five return trips daily at a single fare of sixpence was the service offered on this pioneer route and it was soon joined by other similar services to Chapeltown, Kirkstall (via Burley Road) and Hunslet, establishing an initial route network which persisted more or less unchanged until about 1870. The vehicles which plied on these services were, of course, the direct forerunners of our modern buses, but it is important to emphasise that at this early date their traffic was probably derived to a very great extent from *occasional* use by a largely *middle-class* clientele. Regular or daily use would be inhibited by the fairly high fares, e.g. the original fare of sixpence, and the fact that the starting times of the first buses precluded their use for commuting by all save the managerial classes; but occasional patronage was feasible enough and on the more predominantly middle-class routes to Headingley and Chapeltown, the services eventually increased to about fifteen trips daily. For middle-class families not yet able to afford their own transport, the horse-bus opened up new opportunities for suburban living, and the building during the mid-nineteenth century of substantial terrace houses in areas such as that around the present University or in New Leeds, east of Chapeltown Road, must surely be connected with the utilisation of this new facility.

This rather static situation, which characterised the early years of urban passenger transport in Leeds, was ended by a series of important developments shortly after 1870. Foremost amongst these was the construction, by a private company, of five horse-tramway routes to Far Headingley, Chapeltown, Hunslet, Kirkstall (via Kirkstall Road) and Marsh Lane, all being opened between 1871 and 1874. The interesting point here is that whilst the first two routes were traditional middle-class ones the last three served dominantly artisan areas, from which presumably the company hoped for a substantial traffic. Incidental evidence supports this idea. The chairman, for example, rather optimistically hoped that the working man would see that there was a 'real economy in the saving of time to make a more general use of the tramway cars', even though his company normally charged twopenny 'short' fares, demanded a further penny to complete the journey, and ignored the clause in its Order requiring it to run early-morning workmen's cars at halfpenny-a-mile fares (penny minimum). Fare structures like these cannot have stimulated frequent use of the cars by the urban masses but despite this there are indications that the habit of tramway-travelling was spreading quite widely throughout the population. Frequent services (about quarter-hourly) were now the rule on all routes; two new lines were opened in 1878–9 to serve more working-class districts (Meanwood Road and Wortley) and more modest as well as substantial terrace-houses began to appear some distance from the city along the middle-class routes, e.g. at Far Headingley. From the 1880's steam-trams were used, not altogether successfully, to carry some of this increasing traffic.

Expansion of routes and traffic during the post-1870 period was not confined solely to the tramways. By the early '70's, hourly or half-hourly horse-bus routes had spread to outlying villages such as Armley and Roundhay as well as into the newly developing areas at Beeston Hill and along Dewsbury Road, and in the '80's and early '90's many new routes developed to serve inner residential areas such as Little London and Burmantofts. Routes in this last category were often to working-class areas where building was well advanced before services were established, but by the mid-'90's improved living standards and decreased fares (penny fares were normal on such routes by this time) encouraged their extension into these areas.

The climax to this twenty-year period of almost continual expansion of urban passenger transport in Leeds came in 1894 when the tramways were taken over by the Corporation and subsequently electrified. In this latter field Leeds had already seen pioneer work with the electrification of the Roundhay line in 1891, using the overhead trolley system (the first public tramway to be so operated in Britain), and the continued conversion of the other routes after the take-over saw the elimination of horse-trams in the city by 1901 and steam-trams by 1902. More important than electrification, however, was the attitude of the new owners to services and fares. Workmen's fares and early services seem to have been introduced shortly after the take-over, half-penny fares appeared in 1905, and between 1894 and 1906 a penny stage increased (on average) from 1,563 yards to two miles. There was no better way of filling the more frequent services which were needed to provide economic working after electrification, than by this cheap transport policy, and it seems likely that in Leeds really large-scale use of urban transport by the masses probably dates from around the turn of the century during the early period of Corporation tramway ownership.

Another major factor which greatly increased tramway patronage at this time was the construction of further important extensions to the system, both in the inner areas on old bus routes, e.g. along Woodhouse Street (1898) and Accommodation Road (1902), and also to outlying villages and towns. Between 1900 and 1911 the routes which were opened to Morley, Stanningley, Pudsey, Horsforth, Guiseley, Rothwell and Wakefield offered not only urban transport but inter-urban transport, and with the usual very reasonable fares these services heralded the onset of modern conurbation conditions characterised by considerable daily passenger movements over distances of several miles. Tramlines were indeed the very skeleton of most of Britain's conurbations and it is worth remembering in this context that the Leeds routes were merely one end of a system which ultimately extended to Liverpool and Blackburn, broken only by an eight-mile gap from Hebden Bridge to Summit, near Littleborough.

If the pre-1914 picture is one of municipal trams giving good services on a close mesh of routes at prices that all could afford, how far did this influence the physical and social structure of the city? In the broadest sense, of course, the answer must be that it completely transformed it, the marked physical spread of the city merely reflecting the increased feasibility of most of its citizens living at some distance from their work. Yet, looked at in another way, simply because transport facilities were so widespread they were rarely able to influence the pattern of house-building in detail. So long as the network was sparse and fares high, new suburban development would be likely to be found largely on land adjacent to routes running between established middle-class traffic sources, such as Headingley and Chapeltown, and the city; after 1870 as routes increased and fares cheapened there was so much of this 'new' land available that factors other than transport, e.g. the willingness of an owner to sell or develop his land, were more likely to dominate the result. The common American practice of tramway construction into undeveloped areas specifically to encourage building has no widespread parallel either in Britain generally or around Leeds in particular, though the Corporation did try its hand at this a little, and the extensions to Halton Dial, from West Park to Lawnswood, and from Moortown to Roundhay ran through practically undeveloped areas at the time of opening.

The horse-bus was not the only form of potential urban transport which had arrived in Leeds during the 1830's. The year 1834 also saw the opening of Leeds' first passenger-carrying railway, and since new lines were continuously being added to the network throughout the nineteenth century, readers may be wondering why no mention has yet been made of them in this account. The explanation is quite simple. Broadly speaking, and for reasons partly general and partly particular, the railways played a relatively small role in the shaping of Leeds and its region. In London the great attraction which the railways had to offer over other forms of city transport was speed, but in Leeds, which was only about four miles across in 1908, this advantage was reduced to a negligible differential easily whittled away by inconvenient route alignments or stations. Unfortunately, within and around Leeds, the terrain was sufficiently troublesome to ensure a fair share of both inconveniences, and by far the most serious consequence of this was found in north Leeds, where no railway enters the city through a great arc from north–west to east, the very sector which contains all the traditional residential suburbs. Hilly terrain, and in particular the great east–west scarp forming the southern side of Wharfedale eight miles to the north, forced the early rail link northward (1849), to take a circuitous north-westerly alignment, and since the much later Wetherby line (1876) also took a very easterly course the 'good' suburbs of Leeds were never served by rail. To make matters worse, short-distance middle-class commuting was not likely to develop on other railways which approached the city, since they usually did so through the less attractive industrialised districts. There was one exception however; to the east the Selby line soon passed into pleasant open country and from about the late 1890's there developed around the rural station of Cross Gates, four miles out, what must surely have been a small rail-commuting community. If the surviving terrace-houses are any indication it must have been a rather lower-middle class community but nevertheless there was established a rail-commuting tradition which persisted even after the city engulfed the early development, and buses and trams arrived as well. Backed by good services and sensible fares, Cross Gates became, and has long continued to be, Leeds' busiest suburban station.

With regard to longer-distance rail commuting, nineteenth-century Leeds was rather more normal. The tendency of the upper middle-class to utilise the railway to enable them to live at a considerable distance from the city is found well-developed here as elsewhere and has its most noticeable manifestations in the late-Victorian stone villas and terraces of Menston, Burley, Ben Rhydding, Ilkley and, to some extent at least, Harrogate. Both Ilkley and Harrogate had been places of seasonal resort for wealthy Leeds and Bradford people, even in the stage-coach era, and this characteristic merely became full-time and permanent after the coming of the railway. Slightly later, just after the turn of the century, smaller amounts of good-class terrace or semi-detached housing began to appear also at Pool-in-Wharfedale and around Weeton and Scholes stations, but these complete the list of localities near Leeds where obvious rail-based commuter housing occurred in any quantity before 1914. With no history of extraordinarily cheap workmen's fares as in London, a niggardly fare policy for longer journeys (penny-per-mile with rarely a reduction for return fares) and effective tramway competition for shorter ones, the railways around Leeds were not likely to play a part in daily passenger movements remotely comparable to their role in London. If they ever were to do so they needed a powerful stimulus to prod them into a more realistic attitude; they got it after the First World War with the rapid development of motor-bus services.

The history of urban passenger transport in many regions is punctuated by events of enormous importance which usher in new phases of development. In London the Parliamentary enforcement of workmen's trains, the 'municipalisation' of the tramways and the electrification of underground and surface railways all had such an effect; in the Leeds region only the second of these occurs but it is joined by another factor far less important in the Metropolis, the sudden development of bus services after 1920.

Ironically enough the initial impact of the bus within the city was probably less marked than elsewhere for tram services at reasonable fares were already established on a close route-network which the Corporation was quite prepared to extend if necessary. Amongst others a spectacular three-mile extension was built to serve the isolated large Corporation housing estate at Middleton, but it was soon obvious that bus services could perform the same function more cheaply, and bus routes were ultimately developed to serve most of the Corporation estates which were built behind or between the tramway radials, e.g. at Osmondthorpe, Halton and Gipton. In these cases Corporation bus routes simply followed Corporation houses; rather more significant from the standpoint of the relationship between transport and city growth were a few routes which originally ran to rather insignificant rural termini, such as Cookridge and Alwoodley, and the new round-the-city routes, e.g. the early Osmondthorpe–Headingley–Stanningley service. The former group ultimately facilitated considerable amounts of private development at the terminus and along the routes themselves whilst the latter made for easier journeys in the more complex structure of a growing city.

In Leeds itself, however, several years had to elapse before the buses were carrying the lion's share of the traffic and not until 1959 were the trams eliminated completely; outside the city the bus established its dominant position much more rapidly. For a very brief period early routes tended to act as tramway-feeders, e.g. Castleford–Rothwell, Castleford–Halton, and Otley–Lawnswood, but, after this, the services quickly developed into a complete network in their own right, public transport was brought to areas never previously served, the inter-urban tramway routes were converted to bus operation and passengers were abstracted from the railway services on a considerable scale. Even in 1923 there were fifteen buses daily from Leeds to Otley with fares at 1s 1d single and 1s 9d return against 1s 6d and 3s (third class) by rail: to Harrogate five buses daily competed with twenty-nine trains but again at lower fares, 2s and 3s 9d by bus, 2s 3d and 4s 6d by rail and the bus service frequencies did not stay at this low level for long.

This was competition which the railways could ill afford to ignore and their reply could take one of two forms—better services or cheaper fares. Unlike the metropolis where faster and more frequent electrified services were a major rejoinder to competition, the West Riding was more suited to the second course and in the summer of 1925 cheap rail fares, undercutting those on the buses, were introduced on many routes around Leeds. As the table below shows, the basis of these was a cheap day return ticket for approximately single fare after 10 a.m., but this was probably too pernickety a basis for real competition and by October 1925, cheap rail fares were being offered to Harrogate, for example, by *any* train, at 1s 6d single, 2s 3d return, just half the 4s 6d return of two years earlier.

Table XVI   Old and new rail fares from Leeds, 1925

	Old Rail Return		New Rail Return		Bus Return	
	s	d	s	d	s	d
To						
Castleford	2	3	1	3	1	6
Ardsley	1	1		7	1	2
Pudsey	1	0		6		10
Wakefield	2	3	1	2	1	9

At various times between 1925 and 1935 these unrestricted cheap day return fares, competitive with and often under-cutting the bus fares, came to be the norm on railways around Leeds. In not a few cases the services were increased as well and nowhere was this 'new look' on the railways more apparent than in the coalfield south-east of Leeds. From Castleford (L.N.E.R.) to Leeds is a twenty-eight mile return journey by rail; in 1923 the return fare was 2s 3d and there were only 15 trains per day, three leaving before 8.20 a.m.; by 1938 the cheap day return fare was down to 9d (the bus fare was 1s 3d) and there were twenty-four trains per day of which seven left before 8.20 a.m. It was not surprising that with improved facilities of this kind many Castleford people, women in particular, began to commute daily to Leeds, seeking in its shops, offices and factories employment that the coalfield could not offer in quantity (Table XVII).

Competition at this time, however, was not solely confined to that between road and rail. Within the bus services themselves, at first, fierce rivalries between many small operators assured both frequent services and cheap fares, and this competitive spirit was not entirely removed after conditions were regulated by the Road Traffic Act, 1930, though after that date larger companies began to emerge by take-over and amalgamation. With the possible exception of those companies where the railways had acquired substantial holdings, these bigger entities were rather better equipped than the smaller ones to reply to the railways' 'new policy', and did so with remarkably cheap monthly contracts and twelve-journey tickets. From Ardsley to Leeds in 1938, the ordinary bus return fare was 1s 2d, but a monthly bus contract cost only 19s (say 9½d per day plus free 'local' rides in the evenings and at weekends), competing quite effectively with a cheap day return fare of 6d from the rather inconvenient station.

This new system of widespread and cheap public transport which allowed the increasing population of the industrial areas to find extended employment opportunities in Leeds offered a rather different kind of opportunity to the people of that city—the possibility of keeping their job but moving out to live in the country. On the more attractive side of Leeds, where the rail network was sparsest, miles of new bus-route-side land became available for development, and 'semis' rapidly appeared in sporadic or ribbon fashion along many roads, the ineffectual Town and Country Planning Act of 1932 being quite unable to prevent development of this sort. A classic example of ribbon development around Leeds is found along the A65 to Burley-in-Wharfedale, based on trams to Guiseley (1909), trolley-buses thence to Burley (1915) and later buses all the way to Ilkley. The quite railwayless area along the Leeds–Otley road showed a rather tidier pattern with building at Adel, Bramhope and Old Pool Bank; so too did the Leeds–Wetherby road at Wellington Hill, Scarcroft, Bardsey and Collingham, the new building at the last two places supplementing smaller amounts of earlier rail-commuting development. In contrast the Harrogate road, which ran largely through land forming part of the Harewood estate, remained almost completely undeveloped for miles beyond the city boundary.

There is therefore no simple key to the distribution of commuter-development in and around Leeds. Existing settlement, land availability, transport availability and fare structures all affect the result but, in total, the new building implied a much increased and more complex linkage between Leeds and the area around it than had existed in 1920. Fortunately the censuses of 1921 and 1951 allow some quantitative assessment of these changes to be made, at least for areas outside the City, and figures for sample areas are given in Table XVII. The most striking facts revealed there are the very significant increase in commuting totals since 1920 and the well-marked sectoral differences which emerge, but it is important to set these figures in their full context. Leeds is not quite the small metropolitan-type centre which these new regional links suggest and even in 1951 out of 265,000 jobs in the City only 34,000 (13 per cent) were filled by workers from beyond the City boundary; significantly the figure for the much larger and more metropolitan Manchester–Salford–Stretford unit (a combination necessary to remove the influence of arbitrary divisions within the city), was 25 per cent.

Table XVII Comparison of persons working in Leeds County Borough, but living in sample districts outside the boundary, 1921 and 1951.

1951 Unit	'Textile' Sector		In-crease %	Women 1951 %	1951 Unit	'Coalfield' Sector		In-crease %	Women 1951 %
	1921 Total	1951 Total				1921 Total	1951 Total		
Horsforth U.D.	1,858	3,158	70	29	Rothwell U.D.	2,487	3,822	54	52
Pudsey M.B.	2,075	3,269	58	26	Stanley U.D.	163	568	250	60
Morley M.B.	1,134	3,197	132	32	Castleford M.B.	200*	1,845	823*	60
Aireborough U.D.	670*	1,237	95*	25	Featherstone U.D.	15	128	1,015	52
Bradford C.B.	847	1,521	80	16	Normanton U.D.	245	437	78	53
Dewsbury C.B.	161	537	235	30	Wakefield C.B.	203	574	182	34
					'Rural' Sector				
Wharfedale R.D.	300*	605	102*	23	Ilkley U.D.	451*	541	20*	21
Wetherby R.D.	683	1,597	134	32	Harrogate M.B.	647	1,114	72	16
Otley U.D.	89	283	218	22					

* Small degree of estimation included to offset effects of boundary changes.

One further interesting comment may be made on the relationship between transport and suburban and 'ex-urban' development around Leeds. It is very noticeable that in several of the new developments the earliest houses are of relatively small size and cheap construction compared with those added later, suggesting that one of the functions of the new transport services was that they offered to the less wealthy an opportunity to emulate fashionable trends, provided that they did so in areas which were as yet undeveloped and hence unaffected by fashionable land prices. Once established however, the advantages of these new localities were soon more widely appreciated, and the formerly pioneer developments almost inevitably tended to move up the social scale. Tinshill, Lawnswood, Austhorpe and Old Pool Bank all show early development (usually bungalows) of this cheaper sort; mention has already been made of Cross Gates' quite modest beginnings and the same trend is found very markedly in the ex-urban villages. The unpretentious terraces and scarcely more pretentious semi-detached dwellings which once housed rail and bus commuters in villages such as Thorner, Bardsey, East Keswick and Collingham, are now being surrounded by some of the most expensive housing in the area, and less affluent would-be ex-urbanites must break new ground in villages such as Bramham and Sherburn in Elmet where there is no such tradition as yet.

These new and expensive 'two-car' rural houses form perhaps the most striking aspect of the rather different relationship between transport and regional development which has emerged since 1950 and in which the major new restrictive factors of effective planning legislation and the Green Belt must be set against greater affluence and greater mobility based on private transport. Indeed so changed has the situation become that a major problem in present-day conditions is to decide just what part public transport can and should continue to play in the regional picture.

SELECT REFERENCES

G. C. Dickinson, 'The Development of Suburban Road Passenger Transport in Leeds 1840–95', *Journal of Transport History*, iv (1960), 214–23.

Reports of the Steering Group and Working Group appointed by the Minister of Transport (The Buchanan Report), *Traffic in Towns*, (1963).

XV

URBAN RENEWAL, 1918–1966

Leeds, with an acreage of 40,615 and a population of 510,676 (1961), is, outside London, the third largest city in area in the United Kingdom and the fifth largest in population. It became a city in 1893 and though it is not the county town of the West Riding, it has become the chief financial, commercial, social and administrative centre for a large part of the Riding and beyond.

In 1777 when its population was about 17,000, Jefferys' street plan shows that Leeds consisted of a small developed area of about eighty acres. Since that time there has been remarkable expansion (Fig. 36). By 1861 after the first Ordnance Survey had been completed, the centrally built-up area had increased to 1,120 acres and the borough had a population of 207,000. Thereafter the mushroom growth of the early nineteenth century continued and the built-up area spread outwards along the radial road system and across the intervening districts, especially those north of the river Aire. The areal spread since 1918 has continued at a faster rate than in earlier decades with new housing estates sprawling into the fields on every side.

As the town spread in the last century, there was a re-assessment of site values, and the main land-use zones, as they exist in essence today, began to take shape (Fig. 37). The area covered by the late-eighteenth century town, with its rectangular street pattern, gradually emerged as a compact shopping and market area. Industry concentrated mainly in three areas: (a) heavy engineering factories predominated along the banks of the river and canal and near the railways, from Kirkstall in the west to Stourton in the east; the low-lying land further eastwards and north of the river was avoided at first but now a large modern power station and sewage works are sited there; (b) in the Meanwood valley, tanneries, dyeworks and wholesale clothing factories developed; and (c) heavy and light engineering establishments sprang up in Hunslet and Holbeck, and engineering and textiles mills in Armley and Wortley. Finally, working class housing spread westwards through Burley and Kirkstall, eastwards into Sheepscar, Burmantofts, Meanwood, Harehills and along the York Road, and southwards into numerous scattered areas in south Leeds. In contrast, better class residential areas tended to spread more on the higher ground to the north, for example, in Headingley, Chapeltown and Roundhay, that is away from the industrial belt along the river Aire. Later suburban growth completed the encirclement of districts of old neighbouring villages.

Until the first Town Planning Act of 1909, which gave the local authority power to plan areas of unbuilt land, there was no official control over the siting of houses built to accommodate the new population. The result was that Leeds was left a legacy of many squalid housing areas often interwoven with factories and warehouses especially along the Meanwood valley and in south Leeds. Characteristic of such areas were back-to-back houses crowded some 80-90 to the acre (Plate XIII). These were economical to build since a single row was made up of two lines of dwellings, one facing in one direction one in the other. The worst type of back-to-back house consisted only of two rooms, a living-cum-kitchen room and one bedroom; later types often had two rooms on each floor. Such a house has no possibility of through ventilation since the only external exit and all its windows face in the same direction. Invariably sanitary arrangements were poor, and shared privies, later converted into water closets, were built in multiple units to cater for about a dozen dwellings. Before 1844 some 30,000 back-to-backs were built, 28,000 between 1844 and 1874 and another 12,000 by 1909. Within a radius of about two and a half miles from the centre of the city, there still remain extensive housing areas more than eighty years old. Old age in itself does not necessarily make an area a slum, but in many of these older areas, the population density is invariably high. For example, the Harehills ward in 1961 had the dubious distinction of having the highest density figure for the West Riding, sixty-eight persons per acre.

The magnitude of the problem of redevelopment which faced the civic authorities after 1918 is apparent. Equally obvious is that since extensive areas have had to be cleared of outdated premises there has been ample scope for imaginative planning of urban land use. The intensity of effort in clearing land has varied locally but much has been accomplished already in re-housing population, in providing new sites for industry and in redeveloping the Central Area in an effort to modernise its general character and to alleviate traffic congestion. It is these varied aspects of urban renewal which will be reviewed.

In the early inter-war period, there was an urgent need to provide for a general housing shortage, and council housing estates began to be developed in Meanwood, Middleton and elsewhere. The replacement of extensive areas of crowded buildings had to wait, but between 1934 and 1939 a bold slum clearance scheme was set in motion and 30,000 of the poorest type of houses were scheduled for demolition. The clearance of a large area east of the Markets, extending along York Road into Burmantofts, was begun and the displaced householders rehoused in Middleton and Gipton. The scheme culminated in the building of Quarry Hill Flats, a revolutionary high density scheme, on the cleared area. There, in blocks ranging from four to eight storeys high, 938 dwellings, together with a shopping parade, communal laundry and other amenities, were built on twenty-three acres and 82 per cent of the area was left as open space. Other schemes were started nearby in Marsh Lane and also in Sweet

---

Caption to Plates IX and X

(IX and   *Town Halls of three periods: above, 'a convenient moote hall and chambre rooms', first erected in the*
X)   *middle of the market street in 1598. By the Improvement Act of 1824 this* Middle Row *of 'Buildings, Erections and Tenements' was demolished, leaving Leeds with no Town Hall until (below) Brodrick's towered building, with its facade of ten giant Corinthian columns, was opened by Queen Victoria in 1858. This housed law-courts, concerts and public meetings; municipal offices were erected (right) from 1876, but subsequent expansion of municipal services made necessary a new Civic Hall (top centre) whose architect also tried to bring classical Greece to modern Leeds.*

Plate IX

The Moot Hall in Briggate, 1816

Plate X   Leeds Town Hall (1858) and Civic Hall (1933)   *C. H. Wood (Bradford) Ltd.*

Plate XI

Aire and Calder Navigation Warehouse (1827-28)

Plate XII

Leeds Inner Ring Road and Westgate Roundabout

Street, Holbeck. However, due to the changed conditions after the war, most of the Holbeck site was re-zoned for industrial purposes; the Marsh Lane site was replanned and Saxton Gardens, with 448 dwellings, came into existence.

It was estimated in 1948 that Leeds still possessed 90,000 houses, out of a total of about 154,000, which were sub-standard and fit only for demolition; the 90,000 included 56,000 back-to-back houses of which about 16,000 were pre-1844. The problem of replacing this slum property was aggravated by the general housing shortage and to meet this overwhelming demand, major building developments have taken place on cleared land near the city centre and in the outer ring. In the latter areas, council estates were sited in Spen Hill, Moor Grange, Armley Heights, Tinshill, Brackenwood and Cross Gates; and large-scale private building began in Cookridge, Adel, Alwoodley Park and Moortown. Extensions were also made to some earlier council estates such as Belle Isle and Seacroft, and many blocks of flats have been added to increase the low density of some of those estates on the outskirts.

The most ambitious post-war housing development has taken place in the Seacroft area which, embracing the Seacroft, Swarcliffe and Whinmoor estates, has now an estimated population of 80,000–85,000. It is practically a town in itself with its own industrial estate; the Seacroft Town Centre, opened by Her Majesty the Queen in October, 1965, has an extensive pedestrian shopping centre, with four multiple stores and seventy shops, six banks, post office, open air market, public library, clinic and underground car park (Plate XIV).

Nearer the city centre, slum clearance has progressed and the land made available is being redeveloped in various ways. For example, in the York Road district, a fifty-acre neighbourhood site, appropriately renamed Ebor Gardens, has more than 1,150 dwellings of various types together with schools, shops, a church and other social amenities. Adjacent to this is the Lincoln Green Centre with a variety of houses and flats, a shopping centre designed as a pedestrian precinct, occupying about forty acres in the old Burmantofts area of Lincoln Road, Beckett Street, York Road and Mabgate.

In these redeveloped areas, the phenomenal change in the landscape is welcomed, although the reshaped environment often accentuates the drabness of the immediately surrounding older areas. This is inevitable since in parts the clearance rate far outpaces the redevelopment rate, with the result that weed-strewn empty spaces, criss-crossed with paved streets, remain an eyesore for many years and so often expose to view surviving ramshackle industrial premises. Such is the character of many areas in Leeds today and very typical of this changing scene is a large area of some 260 acres bounded by Woodhouse Lane, Meanwood Road and North Street. Much of it is already cleared of older housing, and development, begun in New Carlton, will give rise to the Woodhouse Street–Camp Road neighbourhood

---

Caption to Plates XI and XII

(*XI and*   *Transport in two ages; above, the seven-storied warehouse at Leeds Bridge built in 1827-28 near the*
XII)   *junction of the canalised Aire and the Leeds and Liverpool Canal; below, the curving 'expressway',*
the Inner Ring Road (opened in 1967), which was designed to relieve traffic congestion in central
Leeds. The unity of the educational precinct, with the new University buildings (left) and the central
colleges and teaching hospital (right) has been preserved by sinking and covering the expressway.

M

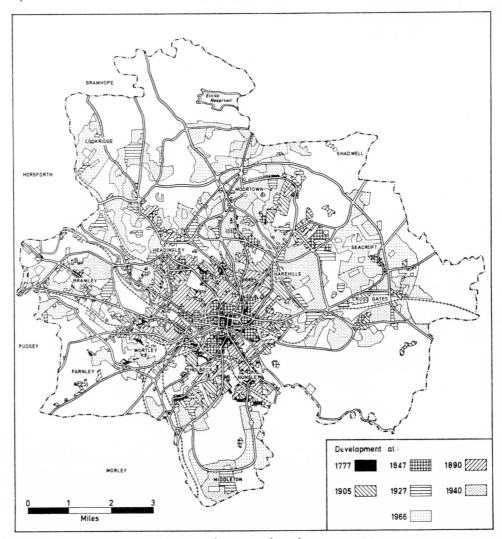

Fig. 36.   Development of Leeds, 1777–1966

Most of the nineteenth-century and later growth took place around pre-industrial nuclei; their sites, in many cases, have now become the shopping centres of these districts.

providing homes for 18,000 people, new schools, churches, playing fields and shopping areas. This is by far the largest redevelopment scheme near to the city centre.

Examples of some of the larger and more spectacular projects have been cited. In addition, redevelopment of several smaller local centres is being undertaken, for example, at Armley

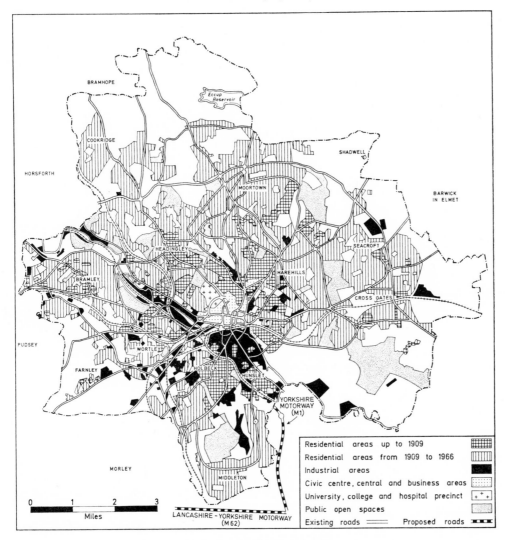

Fig. 37. Land use in Leeds

The intermixture of many types of land-use is very evident south of the river Aire.

and Headingley. Looking at the city in its entirety, it is seen that the rate and nature of slum clearance has surpassed that of any city in the country. The limit to the present rate of slum clearance, about 2,300 houses a year, is set solely by the availability of new replacement housing. The authorities are coming to terms with housing needs and, in the process, familiar skylines and vistas are undergoing great changes.

The urban revolution is not confined to rehousing the population. Leeds is very important industrially and of about 270,000 people employed in the city, about 140,000 are engaged in manufacturing industries which took root in the nineteenth century and which have remained substantially on the same sites. Many old premises, especially textile mills in south-west Leeds, are still used but not always for their original purpose; in other areas, blocks of houses have been converted for small-scale manufacturing. In all too many cases the external appearance of many industrial premises is dirty and dilapidated and although internal modifications may have enabled the buildings to function satisfactorily, they can only be described as industrial slums. Their clearance rate is slow and the civic authority has little power to remove them except where they occupy sites required for major redevelopment schemes. Fortunately the factory areas are less widespread than housing but intermixed as they are, the problems of redevelopment are somewhat overwhelming. Nevertheless, the future industrial pattern of the city is laid down in the Development Plan which aims to make adequate provision in terms of land, services and general facilities to keep existing industry prosperous and encourage such new industry as will keep the industrial structure up to date and replace fading industries as far as national policy permits.

In the future the major industrial zones are likely to be perpetuated and consolidated. In these zones, as for example along Kirkstall Road, in Hunslet and Holbeck, the clearance of houses gives ample space for new factories and depots, some of which may accommodate firms having to leave areas sheduled for residential use or for major roads. Also sizeable patches of land left derelict as a result of former coal and iron mining or clay quarrying remain to be reclaimed, especially in south Leeds. Alternative accommodation for some displaced factories or new ventures is also being made available in light industrial estates in open land such as that along Dewsbury Road, Gelderd Road or at Seacroft. In Seacroft, industry has space and pleasant surroundings and is readily accessible to workers living on new estates. The total area of these 'green-field' sites is only small compared with that of existing industry and it will not be increased significantly because the civic authorities wish to avoid the necessity of taking up too much of the open, often good, agricultural land which remains. With the same aim, industrialists erecting new factories are asked to consider buildings of at least three storeys where the kind of industry will permit.

Finally turning attention to the Central Area of Leeds (Plate XV and Fig. 38) it will be seen that it now extends from the Civic Hall to the Central Bus Station in one direction and from the Merrion Centre to the City Station in the other. Within it the central shopping area is crowded into a compact fifty acres, roughly bounded by Boar Lane, Park Row, the

---

Caption to Plates XIII and XIV

(XIII and   Urban renewal: above, a group of late Victorian back-to-backs, built in a block of eight with yard
(XIV)   privies, later w.c.'s (right), to conform with by-laws. Attics and cellars made these better homes for
artisans than the Industrial Revolution housing (Fig. 43). Below, and a century later, modern municipal
housing takes the form of low-density traditional dwellings and multi-storey flats. In the foreground
is the compact Centre of this new suburban community, and in the background the edge of the Green
Belt.

C. H. Wood (Bradford) Ltd.

Central area of Leeds, 1963

Plate XV

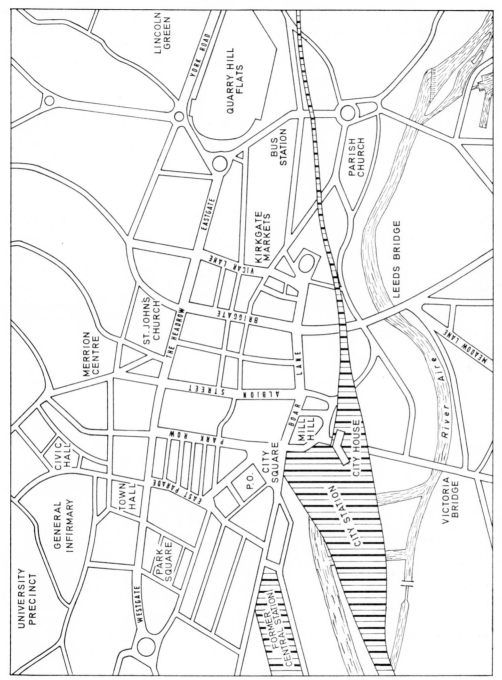

Fig. 38.   Index map to Plate XV showing the Central Area of Leeds in 1963

Merrion Centre, the Headrow, Vicar Lane and the Markets. Situated on its western side is another compact area of similar size with office and commercial premises; the banks and insurance offices are conveniently clustered around Park Row and East Parade, that is nearest to the shopping area. The Civic Centre lies to the north. Along the eastern and southern periphery of the shopping area there is an elongated zone of mixed industry and commerce; the railway and the river make a very abrupt southern boundary to the Central Area.

It is this Central Area on which attacks have been and are still being made in an effort to make a more dignified civic centre, to promote better and more easily accessible shopping and business areas and to alleviate intra-city traffic congestion.

The Town Hall, opened in 1858, and the adjacent Art Gallery, Libraries and Museum, all face on to Victoria Square. Twentieth-century office needs of local government led to the opening of the Civic Hall in 1933 (Plate X); empty land behind, now used as a car park, remains available for its further extension. Near the Civic Hall are the multi-storey Colleges of Technology and Commerce, the Brotherton Wing and Out-Patients Department of the General Infirmary, to the north-west of which lies one of the largest single comprehensive development areas in Leeds. Though this area lies outside the Central Area as usually defined, it is convenient to make reference to it at this juncture. The area in question embraces the University and the General Infirmary and with the necessary closure of several existing streets it will become a traffic-free pedestrian precinct housing new hospital blocks, Medical School and residential and departmental accommodation for the University. A section of the new Inner Ring Road crosses the area and what originally appeared to be the inevitable physical separation of the University from the centre of the city was avoided by a far-sighted decision to contain part of the Inner Ring Road in an underpass. When the scheme is complete, the direct approach from the city centre to the heart of the University precinct will be via Calverley Street (Plates XII and XV).

Leeds possesses the finest shopping centre in the region and every effort is being made to maintain this superiority. In the inter-war years a few new stores, several cinemas and the Queens Hotel, incorporating the entrance to the City Station from City Square, made their appearance. The most significant transformation began in 1924 with the construction of the Headrow, by widening the Upper and Lower Head Rows, to link Eastgate with Westgate and so create a new east–west route through the centre of the city. Previously all traffic in this direction had to pass through Boar Lane and City Square, and in the early twenties the congestion was already becoming serious. The electric tramways began to be superseded by buses and to meet their needs the Central Bus Station was built on cleared land adjacent to the markets.

The post-war demand for more shops and office space has been met by building higher blocks and everywhere evidence of this new growth is apparent (Plate XV). Visitors by rail arriving at the City Station, now completely re-built, make their exit from beneath City House which towers above the station and are then confronted by new multi-storey blocks in City Square, one of which, the twenty-storey Royal Exchange Building, is the highest block in the centre. In the spring of 1967, British Rail closed Leeds Central Station and the truly central City Station now serves all main-line routes. On the western side of the Square, plans are well advanced for another high block to accommodate the Post Office and other government offices. On the northern side of the shopping area and to the north of the Headrow, the largest commercial redevelopment project ever carried out in Leeds can be seen. Here on seven acres of land, the site of former housing and an old brewery, has arisen the Merrion Centre which comprises an office block, a luxury cinema, ballroom, hotel, bowling alley, supermarket and numerous shops. This project saw the first serious attempt to segregate traffic from pedestrians and a moving pavement intended to carry shoppers from street level to the shopping precinct level. Another traffic-free shopping precinct is now projected on a five-acre site bounded by Boar Lane, Albion Street and Commercial Street. Several firms are joining in the enterprise which will involve a re-arrangement of the street pattern and the making of a landscaped square for pedestrians near a focal point at the junction of what are described as shopping 'malls'. In the Kirkgate markets, improvements have also been carried out: a new butchers' row and open market have been made. The wholesale market has recently been removed to a new twenty-three acre site at Knowsthorpe in east Leeds and this will permit further expansion of the Kirkgate retail market. Thus in many ways in different places the future social and commercial needs are being met.

Central Leeds, like other city centres, still has a big traffic congestion problem despite schemes, such as the Headrow, already completed. Also, the construction of an outer ring road, begun in 1922, had enabled some through traffic to avoid the centre as well as giving easy communications between new outer suburbs. Moreover, the eventual displacement of the electric tramways by buses permitted one-way traffic systems especially along some of the main north–south routes, e.g. Briggate, Vicar Lane and Park Row. However, marked congestion of pedestrian and vehicular traffic remains at rush hours and the ultimate solution to this problem may involve the separation of the two at different levels. In the meantime, the Inner Ring Road is proceeding; built to motorway standard, separated from other traffic at intersections, limited to the movement of motor vehicles and with no frontage access, its main function will be to serve as an east–west by-pass to the Central Area (Fig. 39). One section between Westgate and a point near the existing Woodhouse Lane was formally opened in January 1967. Its other function will be as a distributor road to several radial roads all of which will be linked with the national motorway system to the south of the city. The Yorkshire Motorway (M1) now being constructed will end at Stourton on the City boundary and only a few miles away the M1 will be crossed by the Lancashire–Yorkshire Motorway (M62). The South–East Motorway will link the M1 to the city; the North–East Motorway reaching towards Harehills will give outlets to the main routes to York, to Wetherby and the A1 routeway to the north of England; the South–West Motorway will connect with the M62 at Gildersome (Morley M.B.). To complete the network around the Central Area, several existing roads will be converted to 'expressways'. These are planned as multiple carriageways to take a tidal flow of traffic, inwards in the morning and outwards in the evening peak hours. Coupled with this road development, car parking facilities in and on the fringe of the Central Area are projected.

Within the next few years, Leeds will thus find itself almost at the cross roads of a national motorway system and, with easy access to it, the city will reap the benefits, so long denied, of quicker communication to Humberside, Merseyside, the Midlands and London. In addition the benefits of a modern airport in its vicinity are just beginning. The Leeds–Bradford airport was developed at Yeadon on land acquired by the two corporations in 1930. Very recently, with the active participation of the West Riding County Council, new terminal

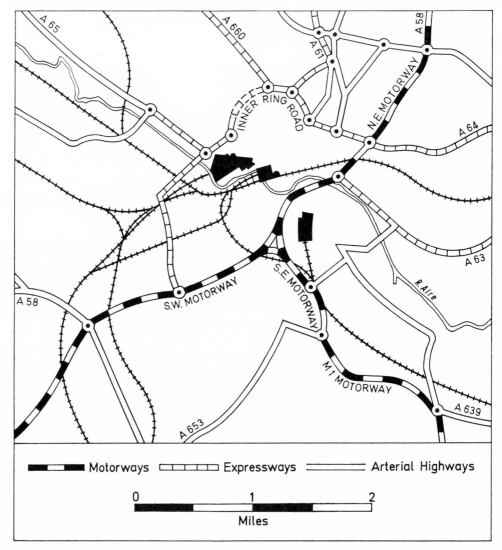

Fig. 39.   Proposed road network in central Leeds and the immediate vicinity

The shape of the proposed network of urban 'expressways' will enable arterial traffic to avoid the Central Area. It will give easy access to and from the radial roads and national motorways (M 1 and M 62).

buildings and an extended runway of 5,000 ft are being provided to open the airport to more and larger passenger and cargo aircraft.

The urban character and the functions of Leeds are being modified and improved. The redeveloped Central Area will become more accessible and aesthetically more pleasing, the industrial areas more modern and efficient, and the residential areas will provide modern amenities in healthier environments for its half a million inhabitants. In accomplishing these feats of urban renewal the civic authorities have clung tenaciously to their open spaces such as Roundhay Park, Meanwood Park, and Temple Newsam, and Leeds will still retain about twelve and a quarter square miles of open land in a green belt most of which lies along its northern outskirts which merge imperceptibly into the delightful rural surroundings of Wharfedale and the more northerly Yorkshire Dales.

SELECT REFERENCES

Leeds City Council, *Development Plan, 1955.*
Approved by the Leeds City Council: *A Guide to the City of Leeds.*
Leeds Philosophical and Literary Society, *The Leeds Magazine*, no. 1, (1949), 3–20.
Reports of the Steering Group and Working Group appointed by the Minister of Transport (The Buchanan Report), *Traffic in Towns*, (1963), 80–111.
Teaching Hospital and Medical School, Leeds, *Planning Report, 1965.*
University of Leeds, *Development Plan* (1960), and *Development Plan Review*, (1963).
Yorkshire and Humberside Economic Planning Council, *A Review of Yorkshire and Humberside*, (1966).

XVI

PROSPERITY STREET AND OTHERS:
AN ESSAY IN VISIBLE URBAN HISTORY

This chapter is a short essay in certain visibles: it indicates a few evidences by which the
eye may catch for a moment something of those former ways of life in Leeds indicated by
previous chapters. The visible or visual records of the history of Leeds are one of many
categories of evidence on which a historical curiosity may feed, and no category is self-
sufficient, whether document, map, newspaper cutting, Blue Book, biography or building.
The prominence given here to visuals necessarily rests a little on the author's enthusiasms
but it has two other claims: the inquiring visitor is likely to begin with what he sees, and to
ask questions about the visible remnants of the past before he asks questions about less
tangible things; and the visible evidence is perhaps more easily assimilated by the non-spec-
ialist reader, and even professional historians may learn, for an appreciation of visibles has
not always formed part of their training.

It is sometimes the architectural form of a building that speaks of its place in the society of
its day: this is true of buildings such as Holy Trinity Church, Leeds Town Hall, the fragments
of the Cloth Hall and the Assembly Rooms, and the small number of workingmen's cottages
that survive from the early days of factory industry. It is sometimes the siting of a building
or a street which is historically significant. Mr. Forster's chapter has indicated how the
addition of borough to manor created the isolation of Leeds parish church (St. Peter's, in
Kirkgate) (Woledge, 1945). It is distant alike from the main shopping street (Briggate) and
from the banking and insurance offices (in Park Row and adjoining streets), an isolation which
gives many visitors to Leeds the idea that the parish church of Leeds is in fact St. John's
in New Briggate or Holy Trinity in Boar Lane.

Sometimes it is the name of a building or a street which may suddenly catch the attention
and take the mind to the time and circumstances of its first naming. The swine of the
medieval village have long ceased to be driven along Swinegate, the way from the bridge to
the manor house on Mill Hill; and the town mill has long ceased to turn. The marsh of Marsh
Lane is dry but it remained long enough to deter good quality housing from that area, making
it the centre of the old East End of Leeds. The *mabels* or whores have gone from Mabgate but
their houses there, just outside the north-east edge of the town, made it the Southwark, if
not the South Bank, of Leeds in the time of the first Elizabeth as it comes momentarily to
light in the plan of 1560 (Fig. 32). New Briggate follows the line of *New Street*, new at the

time when St. John's church was built there in 1632–4, just beyond the north or *head* Row of the borough. This new street and church indicate expanding population in that area just as surely as the new churches of the nineteenth century suburbs, such as Christ Church (1823–6, Plate VII) or St. George's (1836–8). If it recalls a popular feeling or a public hero, a name may indicate the date of a feature. Thus there are Wellington Bridge (1817–9) and Victoria Bridge, begun in 1837, the first year of the queen's reign.

Barrack Street leads to the remarkable fragments of the Cavalry Barracks. In 1822 Baines describes them as 'a spacious building of ominous aspect'. When they were newly erected, this would certainly have been true, for was it not only three years since Peterloo? The remnants are now petty workshops and garages: the horse and its rider are departed.

Later names of historical significance are Tramway Street and Education Street, and neither could belong to any other decade than their own. There is also the evocative Prosperity Street, a name to match *Hard Times*, the other side of the Victorian picture, the Leeds workhouse at South Lodge. Prosperity Street consists of artisans' houses, the first erected in 1874 when the street was named. By the slump of 1879 one in every twelve building workers was unemployed, and with only ten houses built, building halted until prosperity should come again. Ten more houses were built in the boom of 1882, but the slump of 1886, the boom of 1890 and the slump of 1894 were to pass before there was a complete Prosperity Street (1898–1901) (Beresford, 1961). Leeds has no Crisis Street, but it must have been a near thing.

The first of Baines' *Directories of Leeds*, published in 1817 just after the end of the war with Napoleon, has a curious statement in its historical introduction:

> Since the riot of June 1753, no event of sufficient importance for the notice of History has occurred in the town.

Napoleon, it is true, had not sailed up the Aire, but Leeds had seen those world-shaking changes in transport, commerce and industry which Dr. Sigsworth has described in an earlier chapter, and in the period 1753 to 1817 the town's physical appearance had undergone crucial changes, some of which are displayed below. Thus, History may slip by undetected.

The product of the past, historical evidence, may also be passed by undetected when it takes the form of surviving buildings, sometimes set singly (as in the first railway passenger terminus at Marsh Lane) or in groups (as in the Georgian terraces of Park Place and Park Square). The physical remains of the very distant past acquire a glamour like that which haunts the ruins of Kirkstall Abbey or the still-used Norman fabric of Adel Church, and no special effort is needed to draw them to the attention of visitors or historically-minded residents. The less distant past, of great importance to the history of the town and region, can easily slip into oblivion through neglect and destruction of its buildings, lying as they do in a limbo between 'antiquated' and 'antique': old enough to be the attention of developers, and yet not old enough to have the romantic glamour of Fountains (Plate VI) or Roman Aldborough. Thus Leeds has tolerated the remains of Marshall's pioneer flax mill being weed-grown by Adel Beck, and allowed Gott's Mill at Bean Ing to be levelled for a car park. The most important single monument of the Industrial Revolution in Leeds was obliterated in a week.

Not even the most zealous preservationist would wish that the wooden houses of a medieval village still lined Kirkgate, for it is unlikely that medieval Leeds was very different from any other market village or petty borough of its day. Its individuality began in that local and regional expansion of wool textiles which Mr. Forster has already described. Since its individuality and its important place in the history of industrial society rested on its marketing, its merchants, its manufactures and its transport facilities, it is proper to look principally for visible remains of this type of activity, and for other tangible signs of commercial and industrial society in the eighteenth and nineteenth century: domestic houses of merchants, manufacturers and their workpeople; and the places of their social congregation—their churches, chapels, hospitals, almshouses, schools, libraries, assembly rooms, court houses, prisons and town hall.

Past ages have been as destructive as our own, and some buildings, such as the Moot Hall that almost blocked Briggate (Plate IX) have gone for ever; so have the first Infirmary and the first Cloth Hall. The medieval parish church was destroyed in the act of enlarging it, and only a street name behind the Grand Theatre indicates that until 1859 it was the site of John Harrison's Free (Grammar) School. The vicar's tithe barn in Kirkgate was pulled down in 1812 to build the National Schools. Surviving engravings of the Market Building on the corner of Duncan Street and Vicar Lane make one regret its replacement by Edwardian shops but the Market Building itself replaced what was then the Post Office but in origin a fine early eighteenth-century merchant's house, shown as 'Alderman Atkinson's house' in Cossins' plan of Leeds in 1725. Nor was the Alderman's house the first occupant of this valuable site: its baroque facade, as drawn by Cossins, shows that it was erected in the late seventeenth century, and on this valuable central site near the junction of village and borough it would certainly have had medieval predecessors in timber, the type of house that seemed 'ancient, meane and low built' to those sophisticated London aldermen who came north in 1628 to survey Leeds when Charles I was about to pawn the manor to the City of London. What they saw in Briggate was a commercial and manufacturing community still living in houses appropriate to an agricultural market village:

> the houses on both sides thereof are verie thicke and close compacted together, being ancient, meane, and low built; and generallie all of Tymber; though they have stone quarries frequent in the Towne, and about it; only some fewe of the richer sort of the Inhabitants have theire houses more large and capacious, yett all lowe and straitened on theire backsides.

A century later, in 1725, Cossins' plan shows one half-timbered building, the White Swan Inn at the corner of Kirkgate and Briggate, looking as if it has strayed from Stratford-on-Avon. Other inns, shops and private houses in Briggate would certainly have still been timber-built, for there had been no Great Fire as there had been in wooden London, and an early nineteenth century engraving of the Moot Hall (Plate IX) depicts, facing it on the west side of Briggate, houses that have characteristic protruding timbers on their first floor. One such building still survives on the east side of Lower Briggate in Lambert's Yard, and it is possible that others are hidden beneath stucco facades elsewhere.

The merchants of 1725, it will be noticed, did not spurn a residence in the very heart of the town. The new and elaborate town-houses depicted in the margin of Cossins's plan

were nearly all in central streets, and they had their warehouses and counting houses at the
rear. For a merchant, his home and the place of work still coincided, as they did on a lesser
scale for the retail butchers of the Shambles or for a family weaving-enterprise with the looms
in the upper chamber. There were no factories and office blocks deserted by night.

When Sheepshanks House was replaced by the Ritz Cinema, the last of the stone merchant-
houses depicted by Cossins passed from sight, although its appearance was captured by the
camera. However, at the foot of Hartley Hill in North Street there is a nearly identical house
of the same period, still (for the moment) intact. This is Bischoff House. A quirk of non- or
pre-planning has allowed one-storey shops to be built in its garden, and many passers-by
are probably ignorant of its existence. But there is a fine, uninterrupted view of its facade from
the junction of New York Street and New Briggate, and the traffic lights give motorists
frequent opportunity to meditate on the historical significance of its size, style and location,
for it was one of the first merchant houses to reject the town centre in favour of a slightly
detached site. It still combined a home and a counting house, but it was separated from its
neighbours and from Old Leeds by an open space and an ornamental garden.

For the less well-off it was still necessary to live in the central streets, where room for the
expanding population was found by building both residential and commercial accommodation
in what had been gardens or *backsides* (Plate VIII) of the long, narrow thirteenth-century
burgage plots, access being obtained by tunnels such as those which lead to some of the inn-
yards that occupy these plots to-day. Surviving deeds make it clear that *ancient burgages* ran
the full length from Briggate to Lands Lane. By the mid-nineteenth century these yards had
become notorious for overcrowding and a high-death rate (Beckwith, 1948). Sanitary re-
formers of the mid-nineteenth century gave national publicity to these crowded tenement
yards, and conditions in the Boot and Shoe Yard (near the Market in Kirkgate) were
often cited. In 1795 this Yard contained twenty-two cottages, but in 1839 there were thirty-
four, sheltering 340 persons (Rimmer, 1961). Figure 40 shows pressure building up equally
behind the houses of the Upper Head Row.

Table XVIII   Population of Leeds in-township, 1740–1901

1740	10,000*	1801	31,000	1851	101,000
1754	14,000*	1811	36,000	1861	118,000
1771	16,380*	1821	49,000	1871	140,000
1775	17,121*	1831	72,000	1881	160,000
1790	22,000*	1839	82,000	1891	179,000
		1841	88,000	1901	196,000

Source: Beckwith, 1948; Rimmer, 1961; (* *estimates*). *Census reports, rounded.*

Table XVIII indicates the population pressing on building and housing resources. The real
fruits of economic growth in Leeds did not begin to be gathered before 1783 and perhaps not
until 1786 (Wilson, 1966). Certainly Jefferys' plan of 1770 shows very little more building in
the centre of the town than Cossins' plan in 1725. But the Leeds merchants earned their

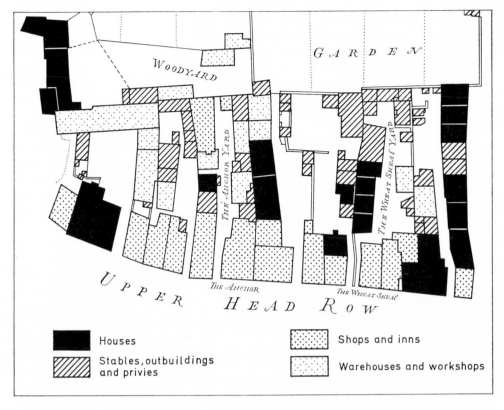

Fig. 40.   Crowded building in the gardens and yards of the older streets, 1793

The 'Pious Uses' plan in the Leeds City Archives shows the area on the north side of the Head Row, between Woodhouse Lane and New Briggate. Here, on the northern edge of the town, one garden (top right) was intact, but another (top left) had become a woodyard. Piecemeal building is clearly indicated in the former gardens behind the houses, inns and shops on the main street frontage. Approximate scale: 1 in. = 25 yards.

prosperity by hard work, and they were not tempted to fly away to idle in green pastures and rural mansions. They still wished to live at or near their place of work. Thus the centre of gravity of Leeds throughout the Industrial Revolution was never far from the junction of road, river and canals near Leeds Bridge (Plate XI).

It was unlikely that good-class residential building would move east, for that way lay the mills of Sheepscar Beck, the riverside wharves and the marsh, while towards Quarry Hill and Richmond Hill the sprawl of working class cottages had already begun. Westwards the prospect was brighter. By 1725 two roads westwards were already built up: Swinegate, near the river bank, with less elegant properties; and Boar Lane, fit for houses of aldermen, whose gardens Cossins showed running back to join the grounds of Red Hall on the Head Row, making a green belt that came as far as the very western edge of the burgage plots in Briggate. This green belt remained intact until Albion Street was cut through in 1792, and the first development of fashionable new streets in the mode of Bath, Bristol and Bloomsbury took place a little further west. Here the Wilson family had been busily accumulating an estate since the late seventeenth century, much of it the former park of the medieval manor house, which had become the site of their Mansion. Richard Wilson, Recorder of Leeds, had allowed a piece of this land to be taken in 1757 for the new Coloured Cloth Hall, and his son, also a Richard and a Recorder, released a plot for the new Infirmary in 1768. In 1767 the first 'new erected messuage' in Park Row appears among the family deeds, and the east side of the street was complete by 1781. Sixty-year building leases were taken up in South Parade (from 1776), and in East Parade (from 1785) thus completing a large open Square with the Cloth Hall and Infirmary on the south side (Fig. 41). Park Place (begun in 1778) was of another pattern, a long row of houses with large front gardens and a vista south to the Aire meadows and the Park ings. All then seemed set fair for the creation of a second Square on the Wilson lands, that is, Park Square where building leases survive from 1788 onwards.

Leeds has been extremely unfortunate in the attempts to develop good-class open residential squares. The first, bounded by Park Row, East Parade and South Parade, was sacrificed under the pressure of land-values, and its green interior began to be built over, the first intruder being the new Magistrates' Court House of 1811. Further north, Queen's Square was begun in 1806 but never completed to the original design; Hanover Square (projected in 1827), Woodhouse Square (1830) and Blenheim Square (c. 1831) suffered the same fate. Blenheim Terrace took eight years, from 1831 to 1839, for completion. St. Peter's Square, in the East End, did achieve completion (before 1815) but it was ill-placed, degenerated into slums, and has long since been obliterated.

Two types of ill-fortune dogged such enterprises as squares and terraces, more ambitious than single house-building. They might be ill-timed, coinciding with slack periods of trade such as were to thwart Prosperity Street itself; or they might be ill-placed and their situation soon cease to be elegant. Mills arrived on their doorstep, and the southward vista became quite unlike what it had been when the windows of Park Place and South Parade were first curtained. The arrival of industry, and eventually of industrial streets, in what might otherwise have been the West End of Leeds, is of crucial significance in the nineteenth century and—ironically enough—it was the Wilsons who made the fatal step. On the western edge of their estate was a smaller dyer's establishment known as Drony Laith. Its hand-processes were quite innoxious as well as quite distant from Mill Hill. In 1792, however, the Wilsons sold a plot of land adjoining Drony Laith to the cloth manufacturers, Wormald and Gott, who then built Bean Ing mill. This proved far from innoxious; it was not a watermill on a river-goit but a mill with a steam-engine and chimneys and, eventually, a gasworks of its own.

The workshops of the industrial belt of Leeds had always emitted some smoke, but they did not use coal on the scale of a steam-engine, and they were located east and south of the town, so that the prevailing winds coming from the south-west took the smoke away from Briggate and the properties west of it. Gott's mill had a new technology but also a new position, west of the best residences of the day, and in a democratic fashion it spilled its smoke on their very doorsteps. As Gott's machines multiplied, the exodus began. In the *Directory*

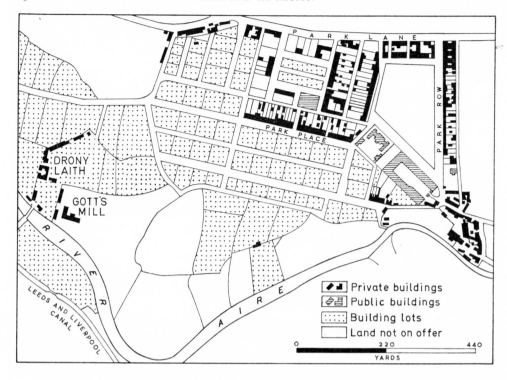

Fig. 41.   The West End of Leeds in 1806

Detail from Teal's plan of the Wilson estate 'divided into Lots as the same is intended to be sold'. Note the substantial but incomplete development of the squares, begun a generation earlier. On the west is Gott's new mill whose smoke inhibited the development of the square and rows. The public buildings are, from west to east: St. Paul's Church, the Infirmary, the Cloth Hall and Mill Hill Chapel.

of 1798 eleven of the thirty-eight members of the unreformed Corporation had addresses in the streets of the Park estate, seven of them in East Parade. In directories after 1815 their names are more likely to be found in Headingley or Potternewton or at the detached villas which they had built in the fields of Woodhouse, on a hill-slope and safely to the north. Surviving houses of this exodus are *Claremont* in Clarendon Road, *Belmont* near St. George's, and *Beech Grove* in the University precinct, where it houses the Department of Education.

With the exodus, some building plots in Park estate remained empty. Park Square has the best remaining Georgian houses in Leeds but they do not form a complete unit. Except for the River Authority offices, standing on the site of St. Paul's church (1792), the later buildings are not replacements of good Georgian buildings: they obligingly fill the gaps left by the failure of the Georgian enterprise.

The remainder of the estate met a worse fate. In Fowler's plan of 1821 the area is still marked optimistically as *Building Ground*, but when building did begin it was of a very different quality. In 1824, when the inhabitants of Park Square unsuccessfully attempted to sue Gott for smoke nuisance, these new houses were described as

> houses built as cheaply as possible for labouring people. Two or three of them were partly blown down during the winter (of 1823).

Not only was the area packed with narrow streets, housing Gott's workers, but other new mill building was permitted, even nearer to Park Square than Gott's (Fig. 42). A few of these houses were set around courtyards, imitating the built-up yards of the old town, but the majority were back-to-backs. Back-to-back houses were a response to the need for cheap housing. They are found in a limited number of nineteenth century northern industrial towns, a distribution pattern not yet satisfactorily explained. Thirty thousand were built in Leeds by 1844 (p. 176, above). Fig. 43 shows the price paid for this type of development. The cholera deaths are those shown on Robert Baker's *Sanitary Map* presented to a House of Lords inquiry in 1842, and it will be seen that the death rate was highest, not in the older houses but in houses no more than twenty years old, and in many cases less than a decade old.

This contrast between life in the 1840's south of Park Lane and that in the villas to the north should not surprise us: for this was the industrial society which shocked the young Disraeli, and the two sides of Park Lane were, in a sense, his Two Nations.

Some space has been given to the circumstances in which this particular block of working-class housing developed, for it is unusually well documented; south of the river in Holbeck and Hunslet it was matched in quality and exceeded in quantity, and by the time of the first large-scale Ordnance Survey plan (1847), streets of this sort had proliferated. They were found not only in the older area of working-class housing east of the town on Richmond Hill and Quarry Hill but along North Street and Camp Road almost as far as Sheepscar and Woodhouse Carr. Significantly, the same march of narrow streets and back-to-backs accompanied the multiplication of mills and engineering works on the north bank of the river immediately west of the Park estate, along what is now Kirkstall Road and Burley Road.

This westward extension of industry and working-class housing must have been a principal factor in limiting the period of time during which a villa in Little Woodhouse or Carlton Hill provided a sufficient refuge from distasteful sights, smells and neighbours. It was a remarkably short period before the owners sold off their villas and the surrounding fields to speculative builders and themselves took refuge in the out-townships, on Woodhouse Ridge or in Headingley, Meanwood or Chapel Allerton.

As they retreated, the *Building Grounds* and the streets of artisan housing spread themselves. The first signal of this retreat came in 1830 when Newman Cash, the banker, sold off the eastern grounds of his villa, Springfield House, to make room for Springfield Place, the first street in this once-exclusive area to have houses facing each other across very small front gardens, and forced by covenants to mirror each other in architectural style. Thereafter the fields were in perpetual retreat, especially when Mrs. Lyddon's large estate, which had been in Chancery since 1828, was sold off in 1845 for division between the contending heirs. By the 1860's, the new streets had reached Woodhouse Moor, and by the 1880's they surrounded it. Thus, the social pattern of Leeds housing had been radically transformed. A Park Estate

N

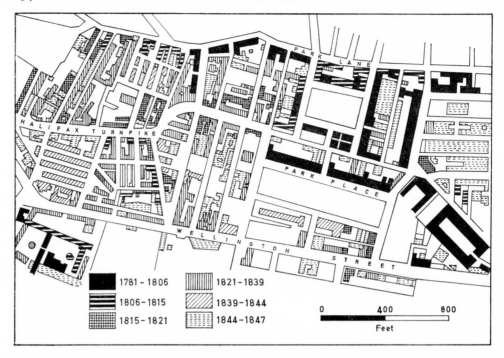

Fig. 42.   The Invasion of the West End of Leeds, 1806–47

Despite the sale-plan of 1806, development did not take place until after 1821, when working-class streets of back-to-back houses intermingled with mills (cp. Figs. 41 and 43). The open square based on Park Row was sacrificed to commercial and institutional building. Gott's mill was extended.

sale plan of 1817 displays a last hope that Leeds might polarise into an industrial and artisan East End and a wealthy residential West End. These hopes were destroyed, and (like England itself) the divisions between the Nations in Leeds became one between North and South. The better residential properties became concentrated on the northern heights and along the turnpike roads that came in from Otley via Headingley, from Meanwood and from Harrogate. On the other hand the fields served by Kirkstall Road, Burley Road and York Road were covered with a very different style of brickwork: and, of course, south of the river, industrial building and working-class housing went in every direction.

At first glance these developments may seem narrow matters, of interest primarily to historians and architects and geographers. But they are ghosts that haunt us from their grave. They have had a sharp impact on the lives of our contemporaries; whether those who had to use these houses of the 1830's and 1840's as their homes in the 1940's and the 1950's; or those who contributed through their rates and taxes to the task of slum clearance and replacement described in Dr. Fowler's chapter. And the ghosts will walk for many years after the last of the 78,000 back-to-backs has been reduced to rubble, for the distribution of building

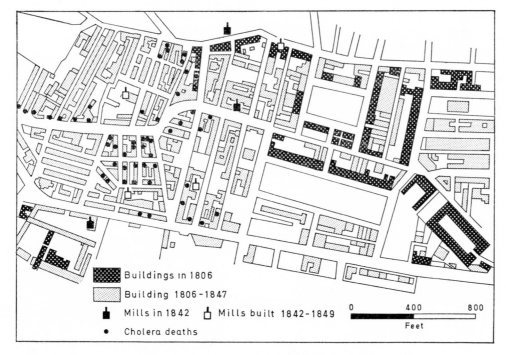

Buildings in 1806

Building 1806-1847

Mills in 1842   Mills built 1842-1849

Cholera deaths

0   400   800

Feet

Fig. 43. The Two Nations of the West End

Robert Baker's 'Cholera Map' of 1842 plotted the distribution of cholera deaths to show the connection with poor housing and sanitation. There were no deaths in the 'good class' houses of Park Square, Park Row and Park Place, yet many in the newer but inferior properties to the west.

for the different social classes of Victorian Leeds has helped to determine the pattern of Leeds society in our own day. The leafiness of the approach roads through Headingley, Meanwood or Chapel Allerton is in striking contrast to the scenery along those approach roads that succumbed to the builders of the 1830's and 1840's. Leeds has zones of middle-class housing and zones of working-class housing, zones which are not lessened when the working-class housing is re-housing. It is not only the door-to-door salesmen, the cast-off clothes dealers and the social workers who have to pay regard to this zoning, but also those who have to draw boundaries for the catchment areas of Leeds schools in such a way that comprehensives are socially comprehensive.

The antecedent, and indeed the economic basis, of the bricks and mortar of Victorian housing was the multiplication of other buildings, the workplaces: the mills, foundries, engineering workshops, tanneries, warehouses and offices of Victorian Leeds. Oddly enough, despite the developers, there are more examples of this type of building still standing (and in use) than there are houses contemporary with them. In particular, Water Lane, Meadow Lane and Hunslet Lane are still a largely unexplored paradise for the industrial archaeologist, and there is still a good deal of original factory building along the riverside and the Leeds and Liverpool Canal. Fire has recently condemned the magnificent warehouse of the Aire and Calder Navigation (Plate XI), but the terminal buildings of the Leeds and Liverpool canal are well preserved in the shadow of the City Station for those who have the patience to find the entrance, and at Armley the canal bank passes by another of Gott's mills as well as along the edge of the park, now a golf course, that surrounded his mansion. A full survey of these relics of pioneer industrialisation is still awaited; and the ancillary buildings of wholesale distribution and of commerce should not be neglected. The extravagances of Victoriana are coming back into fashion, and nothing was more extravagant than the looting of architectural ideas from many centuries and many countries that is expressed in the Victorian buildings of central Leeds. The factories outside the town centre were usually more utilitarian but there are magnificent fantasies such as Marshall's Mill in Water Lane.

From the 1850's onwards the streets of the old town centre began to be rebuilt piecemeal very much in the same way that yet another rebuilding is taking place under our own eyes. The Victorian rebuilding pulled down the residences, shops and counting houses of seventeenth- and eighteenth-century Leeds and replaced them, sometimes by restrained quasi-classical buildings such as the Bank of England (1862–64), but more commonly by fantasticks such as the Church Institute (1866–68, but imitating the early 1300's); by the insurance companies' quasi-cathedrals in Park Row; and by the various municipal buildings near the Town Hall (Plate X).

The building of Brodrick's Town Hall (1853–58) is the subject of an essay by Asa Briggs that admirably demonstrates how building history is economic and social history, and not just architectural history. A similar treatment could be given to the various Infirmary Buildings, perhaps contrasting them with St. James' Hospital; to Marsh Lane, Holbeck and Central Stations as well as derelict cinemas, tram depots and chapels; to the General Cemetery, encompassed by the University precinct; and to the buildings that house the educational institutions of Mr. Taylor's chapter. Nothing is sacred, and nothing is safe from the attentions of History as present merges into past.

SELECT REFERENCES

F. Beckwith, 'The Population of Leeds during the Industrial Revolution', *Thoresby Society*, xli (1948), 118–96.
M. W. Beresford, *Time and Place*, (1961).
K. J. Bonser and H. Nicholls, *Printed Maps and Plans of Leeds*, *1711–1900*, *Thoresby Society*, xlvii (1960).
Asa Briggs, 'The Building of Leeds Town Hall', *Thoresby Society*, xlvi (1963), 275–302.
Asa Briggs, 'Leeds: a study in Civic Pride', in *Victorian Cities*, (1963).
N. Pevsner, *The Buildings of England. Yorkshire: the West Riding*, (1959), 307–351.
W. G. Rimmer, *Marshalls of Leeds, Flax Spinners, 1788–1886*, (1960).

W. G. Rimmer, 'Working Men's Cottages in Leeds, 1770–1840', *Thoresby Society*, xlvi (1961), 165–99.

G. W. Rhodes, 'Housing Development in Leeds', M.A. Thesis, University of Leeds, (1954).

R. G. Wilson, 'Transport Dues as Indices of Economic Growth, 1775–1820', *Economic History Review*, xix (1966), 110–23.

R. G. Wilson, 'Leeds Woollen Merchants, 1700–1830', Ph.D. Thesis, University of Leeds, (1964).

G. Woledge, 'The Medieval Borough of Leeds', *Thoresby Society*, xxxvii (1945), 280–309.

Professor Beresford wishes to acknowledge the help of Mr. J. M. Collinson, Leeds City Archivist, and Mrs. Mary Forster, in the collection of material.

PART THREE

THE PRESENT ECONOMY OF LEEDS
AND ITS REGION

XVII

WHAT IS THE LEEDS REGION?

The term 'region' is a highly versatile one. In its origin—and in many current uses—the word signifies the political or administrative sphere of some 'rule' or authority. But since the major general-purpose political divisions of this and other countries have acquired other names—counties, provinces, states—'region' has remained available for use on the one hand by *ad hoc* authorities, from the B.B.C. to British Rail, and on the other hand by scholars, both of which groups have employed it with confusing liberality.

Ad hoc authorities naturally design their administrative regions according to criteria that arise from, and differ with, the nature of their activities. River Catchment Boards are presumably rather strictly governed in their choice of boundaries by the lie of the land; most other authorities have in principle a wider choice, in which physical constraints have to be taken into account along with administrative ones (such as those related to the 'span of control'), and often along with associations and attitudes inherited from earlier epochs. The regional organisation of British Railways probably owed something to the pattern of independent companies before the grouping of 1921.

It is thus not easy to generalise about the regional divisions of *ad hoc* authorities; a detailed study—both historical, of how they came about, and analytical, of how near they are to being functionally optimal—would no doubt be interesting in many separate cases. Their actual form is, however, of considerable importance in determining the location of administrative centres, and so the general geographical pattern of economic life.

The senses in which scholars have used the concept of a region for purposes of analysis lend themselves better to useful general discussion. Broadly, for analytical purposes, a region is one of two things; it is either an area that is in some relevant respect, or in a number of respects, roughly homogeneous—that is to say, its parts are related by similarity; or it is an area whose parts are bound together by having more to do with each other than they have to do with outside areas—which often means that they are complementary.

In either case, there is often understood to be a further requirement: that the component areas of a region should be contiguous. To many people it would seem odd to refer to the coalfields of Great Britain, collectively, as a single region, and on the grand or supra-national scale, the European Free Trade Association would not answer to everyone's idea of a region. But by any analytical standard, contiguity seems to be a less than essential criterion in defining economic or cultural regions, except in so far as physical closeness assists in tightening economic and cultural association. It becomes important only when the purpose of the definition is to throw light on the proper division of the earth's surface for purposes of military defence, or policing, or maintenance of surface communications, or other activities that have a bearing on neighbouring areas simply because of proximity. Because some of these considerations are, or were, important for them, general purpose administrative areas tend to be all in one piece, though their physical continuity is now often (as with many English administrative counties, not least the West Riding) that of a colander rather than a raincoat. But for analytical purposes it seems proper to demand spatial continuity in a region only when it is shown to be called for by the purpose of the analysis—and that will not be always.

For analytical purposes, therefore, we are left with two kinds of essential criterion of regionhood: homogeneity and complementarity. Since they are likely to clash, which should one adopt? The answer must depend, of course, like all matters connected with classification, on the purpose for which a classification is undertaken and one must suppose that classification, like all serious activity, always has a purpose of some sort. But from the outset it would probably be useful to make the distinction between these two classes of criterion quite clear by distinguishing between 'regions of homogeneity' and 'regions of complementarity'. Something may be said about each of them.

For the economist, the homogeneous regions that are worth distinguishing are those marked by a common economic character of some importance, which may be either the basis for applying a particular policy to them, or the ground for treating them as units in an analysis of the working of the larger economy. Areas with high unemployment are worth distinguishing because (as in the Local Employment Act of 1960) the government wants to assist their development. They are also worth distinguishing analytically because, for instance, one may want to investigate what they have in common that might give a clue to the cause and cure of their unemployment. Areas that depend on a particular industry are worth distinguishing because it may be important to know the geographical impact of a rise or a fall in the demand for that industry's products, or (where political questions are also under consideration) in order to help explain the attitudes of the people of the area towards measures of commercial or fiscal policy that bear particularly upon the industry in question. For these reasons, too, one may sometimes want to distinguish as a single region the parts of the country that export most of their products, or the parts that produce mainly for the home market in the face of foreign competition. Or, at the second remove, the areas that sell mainly to the exporting areas, and so on. And, of course, the areas where employment is growing fast, or those where it is declining, or those with an acute housing shortage, or those with acute slum clearance problems may require to be distinguished for reasons either of analysis or of policy.

There are thus very many different qualities with respect to which one may want to define homogeneous areas in the course of economic analysis or the formulation of economic policy. It sometimes happens that there is a significant degree of coincidence between regions defined according to different criteria of homogeneity in this way. This, when it occurs, may well be of analytical importance as suggesting that there are syndromes in the economic life of communities—indeed, as was suggested in the last paragraph, looking for such syndromes plays an important part in analysing (or checking a theoretical analysis of) basic economic processes and relationships. But they cannot always be found.

What about regions of complementarity? The notion of them is useful, again, both for primarily analytical and more directly practical purposes. A region of complementarity is one that makes some approach towards the analytical ideal of a closed economic system— one whose connections with the outside world can be regarded as negligible in comparison with what goes on inside it. The consequences of any change affecting such a system— or such a region—can be analysed and understood without taking into account repercussions between it and the outside world. Some national economies—that of the United States, for instance— can usefully be treated in this way for many purposes. Regional economies (especially within so compact a country as the United Kingdom) are, of course, very much more 'open'. Even so, however, their 'openness' must vary widely. An area within which the occupied population is nearly all resident (not coming in daily to work), and within which the residents do nearly all their shopping and find nearly all their entertainment, raises much more interesting analytical questions than, say, an area producing goods mainly for export, and relying either for its labour supply or for its shopping and entertainment largely on a city outside its boundaries. There are stronger and more numerous relations of interdependence between its various activities.

This consideration bears upon practical questions. Because economic decisions have consequences throughout the economy (indeed, throughout the world economy, strictly speaking), and because these reflect back to the immediate subject of the decision in an end-less series, the planning and co-ordination of decisions ought, strictly speaking, to be on a universal basis. This, however, is technically impossible, because of lack of knowledge and the impracticability, even in the computer age, of handling more than a certain amount of it. It is also impossible politically because beyond a point people will not submit to remote, 'foreign' control—this is true inter-regionally as well as internationally—and administratively, because large centralised systems incur penalties of inflexibility and cost which become unacceptable. Planning and administrative systems have, therefore, even within the national economy, to be decentralised to various extents, and the question is, where should the boundaries be drawn? The obvious answer, in principle, is that they should be so drawn that the external effects of decisions in any one planning or administrative unit are minimised. In this way, the penalties of imperfect co-ordination between the units are made as small as possible. It is, therefore, for purposes of economic planning, and (probably on a different scale) of economic administration that the 'region of complementarity'—the region making some approach to economic self-efficiency—becomes important.

It is, then, with some such notions as these about the purpose for which regions are defined that one may look at what is meant by the economic 'region' (or 'regions') of Leeds.

First, to what 'regions of homogeneity' does it belong? Most notably to the Pennine textile area, which bears the common marks of three things: of a basic industry with pre-factory origins; of mainly nineteenth-century growth based on access to coal for power and largely to expanding overseas markets for sales; and of its bleaker fortune in the twentieth century, varying from disaster in Lancashire to stagnation in Yorkshire.

But although the whole Pennine textile area has much in common, there are also important differences between the two sides of the watershed. The cotton area to the west has suffered in the last fifty years perhaps the most cruel shrinkage of traditional markets that any major industrial area in the world has known; employment in the cotton industry fell by two-thirds. Accordingly, the rate of growth in total employment in that area has been very slow, and its industrial structure has been greatly diversified. The wool textile area to the east has experienced nothing so drastic. The reliance on export markets, though heavy, was never so overwhelming as with the cotton industry in its heyday, and the same is true of the shrinkage of those markets; production of wool textiles has accordingly managed to show only a gently falling trend since the eve of the first world war, with a larger, but still relatively gentle fall in employment. The change in the industrial structure of the traditionally wool textile area has thus also been gentler, though continuous.

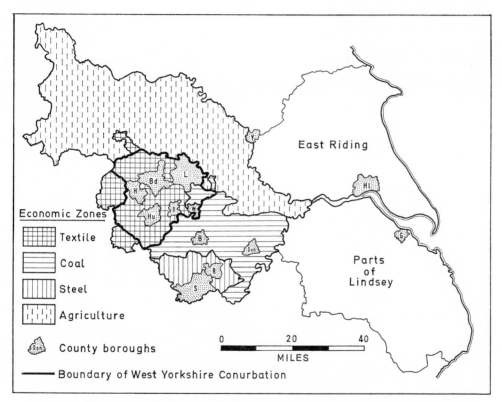

Fig. 44. Yorkshire and Humberside Region showing county boroughs, the West Yorkshire Conurbation, and Economic Zones of the West Riding

L, Leeds; Bd, Bradford; D, Dewsbury; H, Halifax; Hu, Huddersfield; W, Wakefield; B, Barnsley: Don, Doncaster; R, Rotherham; S, Sheffield; Hl, Hull; G, Grimsby.

The Yorkshire (predominantly wool) textile area to which Leeds may be more usefully related, is conveniently identified in the West Riding County Council Development Plan (1966) as a rough wedge-shape, its base running up the county's western boundary from Saddleworth to Keighley and up the Aire valley to Skipton; its irregular tip consisting of Leeds and Wakefield, though the coal-mining districts between the two cities, around Ardsley and Lofthouse, are excluded (Fig. 44). It is not very different from, though a little larger than, the West Yorkshire Conurbation, as defined by the Registrar-General.*

It has a population of about 1·76 million, of whom 846,000 are insured employees. The first test that may be applied to its claim to be considered a region of homogeneity is whether it differs markedly from surrounding areas. On this point, there can be little doubt. To the north, the industrial area ends with remarkable sharpness, and is succeeded by open country-side—in the words of one prominent Leeds citizen, 'the first decent view you get coming north from London'. This portion of the county up to the boundaries with the North and East Ridings and the City of York, is distinguished in the West Riding County Council's study as 'the Agriculture Zone' of the Riding.

On the south, the transition in the landscape is less sharp, but that in the structure of employment is clear enough. The zone that borders the textile area here—the area centred on Barnsley and Doncaster—is heavily dependent on coal-mining. To the south of this, again, lies the Steel Zone, centred on Sheffield and Rotherham.

The division of insured employees between the twenty-four Industrial Orders for each of these zones, as well as for the whole (geographical) West Riding, the Yorkshire and Humberside Economic Planning Region, and for Great Britain, is set out in Table XIX. From this, it is possible to construct a very simple measurement of the difference in employment structure between the various areas referred to. For any two areas (say the Textile and Agriculture zones), this measurement consists simply of the minimum percentage of the employees in either zone who would have to change their industry in order to make the industrial structures of the two zones alike**.

The sharpness of the contrast between the Textile Zone and its neighbours can now be quantified. The measures of difference between it and the Agriculture, Coal, and Steel zones prove to be 38 per cent, 41 per cent, and nearly 35 per cent respectively, whereas the similar measure of its difference from Great Britain as a whole is only 23 per cent. The differences between the three remaining zones are equally big; indeed, that between the Agriculture and Coal zones is somewhat bigger.

* The *Textile Zone* as here defined includes the following areas which are outside the Conurbation: Skipton Urban District, Silsden U.D., Hebden Royd U.D., Saddleworth U.D., Todmorden Municipal Borough and Hepton Rural District. It excludes, however, the mainly coal-mining Urban Districts of Stanley and Rothwell which form part of the Conurbation.

**It is calculated by subtracting the percentage of the Textile Zone's employees who are in each industry from the corresponding percentages for the Agriculture Zone, and then adding up either the positive or the negative numbers resulting.

Table XIX Percentage distribution of insured employees between industries, 1964

Industrial Orders	Zones of the West Riding					Yorkshire and Humberside Region	Great Britain
	Textile	Agriculture	Coal	Steel	West Riding		
1. Agriculture, Forestry, Fishing	0·6	5·1	1·2	0·2	1·0	2·1	2·3
2. Mining and Quarrying	1·5	0·3	33·5	2·9	7·7	6·4	2·9
3. Food, Drink and Tobacco	2·4	12·0	2·2	3·7	3·5	4·0	3·5
4. Chemicals and Allied Industries	1·9	2·1	1·7	1·2	1·7	2·3	2·2
5. Metal Manufacture	1·4	—	3·1	21·3	5·8	6·1	2·7
6. Engineering and Electrical Goods	10·7	3·0	3·9	9·8	8·5	7·7	9·5
7. Shipbuilding & Marine Engineering	—	0·7	0·1	—	0·1	0·4	0·9
8. Vehicles	2·2	3·4	2·5	1·3	2·2	2·3	3·8
9. Metal Goods n.e.s.	2·2	0·2	2·2	11·6	4·0	3·6	2·5
10. Textiles	21·3	1·7	2·0	0·1	11·5	9·7	3·4
11. Leather, Leather Goods and Fur.	0·5	0·2	—	—	0·3	0·3	0·3
12. Clothing and Footwear	5·6	0·9	2·2	0·2	3·4	2·9	2·3
13. Bricks, Pottery, Glass, Cement, etc.	0·8	1·1	5·3	1·8	1·9	1·8	1·5
14. Timber, Furniture, etc.	1·3	0·9	0·7	1·0	1·1	1·2	1·3
15. Paper, Printing and Publishing	2·4	3·0	1·1	0·9	1·9	1·8	2·7
16. Other Manufacturing Industries	0·7	1·0	0·4	0·2	0·6	0·6	1·4
17. Construction	6·0	9·0	6·9	6·6	6·5	6·6	7·2
18. Gas, Electricity and Water	2·3	1·6	1·5	2·1	2·0	1·9	1·8
19. Transport and Communication	4·0	9·2	4·9	4·4	4·7	5·5	7·3
20. Distributive Trades	11·0	11·7	7·7	11·1	10·4	11·0	12·8
21. Insurance, Banking and Finance	2·0	2·1	0·9	1·6	1·7	1·7	2·7
22. Professional and Scientific Services	8·7	13·1	7·2	9·5	9·0	9·1	10·0
23. Miscellaneous Services	7·1	12·4	5·6	6·0	7·1	7·5	9·4
24. Public Administration and Defence	3·2	5·1	3·0	2·5	3·2	3·4	5·6
Total	100	100	100	100	100	100	100
Total employment (thousands)	846	144	306	348	1,644	1,997	

Source: West Riding County Council, *A Growth Policy for the North* (*County Development Plan, Second Review, February 1966*), (1966).

The second test, which is needed to complement the first, is whether the Textile Zone is homogeneous within itself. Here, as elsewhere in applying such tests, discretion is necessary. By selecting small areas, it would certainly be easy to demonstrate differences—up to the 100 per cent difference one could easily get by selecting two areas each containing nothing but one industrial establishment, the two establishments happening to be in different industries. The test becomes nonsensical unless applied between fair-sized communities.

It should, however, make sense to apply it to communities as big as the county boroughs of the textile area. If this is done (using in this case the Industry Tables of the 1961 Census of Population, which yield distributions differing only a little from those of the employment data hitherto drawn upon (Table XX)), it emerges at once that within the Conurbation, Leeds is very much the odd city out. The difference in industrial structure (measured as before) proves to be nearly 29 per cent between Leeds and Bradford, 30 per cent between Leeds and Halifax, 33 per cent between Leeds and Dewsbury, and nearly 36 per cent between Leeds and Huddersfield. These differences are similar to that between Leeds and Sheffield. The difference between Bradford and any of the other textile towns just mentioned (except, of course, Leeds) is only about half as big—15 to 18 per cent.

In industrial structure, indeed, Leeds is not really one of the textile towns; the proportion of its active population engaged in the textile industry (2·5 per cent) is below the national average, and far below the 20 per cent or more which is usual in the textile towns proper. Classification can, however, make a difference to such judgements. If one thinks in terms, not of industrial processes but of end products, it becomes reasonable to classify textile and clothing manufacture together, and while the degree of Leeds' specialisation on clothing is much smaller than that of, say, Bradford or Huddersfield on textiles, adding the two industries' employees together considerably diminishes the difference, and strengthens the impression of homogeneity of Leeds with the textile area. The structural differences between Leeds and the textile towns come down, on such a calculation, to about 20 per cent; that between Leeds and Bradford to 17 per cent, which is slightly less than the similarly-measured difference between Bradford and either Halifax or Dewsbury. The structural differences between the whole textile area and its surroundings, or between specific towns in it and (say) Sheffield are almost, or wholly, unaffected by thus lumping textiles and clothing together.

On the other hand, if one were to divide up rather than to combine the items in the industrial classification, the appearance of homogeneity within the textile area (even excluding Leeds) would begin to melt away. Precise data are not available for this purpose, since the Minimum List classifies the wool textile industries as a single unit, and there is little in the area that falls under other textile headings. It is known from less precise information on numbers of firms, however, that Bradford, for instance, specialises heavily upon combing and worsted spinning and weaving but Morley, Dewsbury, Batley and Leeds itself (to the extent that it is involved in textile manufacture) largely on woollens. Huddersfield and Halifax are rather more evenly divided between the woollen and worsted sides of the industry but have their own specialities within them, such as Huddersfield's high quality trades. The specialisation of Bradford on wholesale dealing in wool and intermediate products of wool is also

Table XX Percentage distribution of economically active population between industries, 1961

	Bradford	Leeds	Halifax	Huddersfield	Dewsbury	West Riding	Sheffield
1. Agriculture, Forestry, Fishing	0·2	0·1	0·7	0·4	0·7	1·6	0·2
2. Mining and Quarrying	—	0·4	0·2	0·4	5·5	7·3	0·6
3. Food, Drink and Tobacco	1·9	2·3	7·9	1·3	0·4	3·0	3·3
4. Chemicals and Allied Industries	0·6	1·6	0·5	8·3	1·2	1·5	0·6
5. Metal Manufacture	1·1	3·0	1·8	1·2	—	5·7	17·7
6. Engineering and Electrical Goods	11·4	8·4	13·7	16·2	3·7	7·9	10·8
7. Shipbuilding & Marine Engineering	—	—	—	—	—	—	—
8. Vehicles	1·2	2·0	1·0	0·3	0·2	2·0	1·6
9. Metal Goods n.e.s.	1·0	2·2	4·8	0·6	0·4	3·7	13·9
10. Textiles	27·5	2·4	18·6	23·3	25·1	11·0	0·1
11. Leather, Leather Goods and Fur	—	0·7	0·4	0·1	0·3	0·3	—
12. Clothing and Footwear	2·0	13·7	3·6	1·0	1·2	3·3	0·3
13. Bricks, Pottery, Glass, Cement, etc.	0·3	1·0	0·4	—	0·3	1·6	1·1
14. Timber, Furniture, etc.	1·5	1·8	1·6	1·2	0·4	1·2	1·0
15. Paper, Printing and Publishing	2·8	4·0	1·5	1·3	1·1	1·9	1·2
16. Other Manufacturing Industries	0·2	0·4	0·3	0·5	0·3	0·5	0·4
17. Construction	4·5	6·3	3·9	4·8	5·7	5·6	6·4
18. Gas, Electricity and Water	1·8	2·0	1·4	2·2	3·9	1·7	1·8
19. Transport and Communication	5·1	6·3	4·3	4·5	7·3	5·6	5·7
20. Distributive Trades	17·1	16·7	12·5	12·4	17·0	13·2	13·7
21. Insurance, Banking and Finance	1·8	2·9	1·9	1·9	1·7	1·7	1·5
22. Professional and Scientific Services	7·4	8·7	8·1	7·8	8·6	7·8	8·2
23. Miscellaneous Services	7·7	8·8	6·6	7·0	9·4	7·6	7·0
24. Public Administration and Defence	2·6	4·0	3·9	3·1	5·1	3·9	2·8

Source: Census of Population, 1961.

marked; this was presumably responsible in the main for no less than 2·5 per cent of its occupied population being engaged in distribution of 'industrial materials and machinery', against only 0·8 per cent in Leeds.

It emerges, then, that, so far as industrial structure is concerned, Leeds belongs to what is traditionally distinguished as the West Yorkshire Textile Area by virtue of its concern with textile products. But this concern does not spring from similarity—from its performing the same processes as the rest of the area—so much as from a complementarity; mainly the further processing in Leeds of textiles which the rest of the area produces. The relations between other towns within the area, on inspection, also prove to be largely relations of complementarity rather than of similarity. The whole area forms, to a large extent, an 'industrial complex' concerned with wool textiles and the products made from them, and this means that its internal relations involve not only a great deal of mutual competition between establishments and between places, but also a great deal of mutual dependence and transactions.

How 'closed' and 'self-sufficient' is the industrial complex of West Yorkshire? In one respect, it is not closed at all. Its biggest industry, wool textiles, is exceptionally dependent upon overseas imports (£48 per £100 of its gross output in 1954, as compared with, for instance, less than £11 for the motor industry). A high proportion of this particular industry's output, moreover, is directly or indirectly exported (39 per cent in 1954, as compared with 18 per cent of the total national output of goods and services). The Leeds clothing industry, while dependent mainly upon the British market, sells only a small part of its products to consumers in the West Yorkshire textile area. The other main manufacturing industries of the area, such as engineering (the substantial textile engineering section being a partial exception) probably also depend overwhelmingly on markets outside the area.

On the other hand, the internal connections within the textile industry, and between it and the Leeds clothing industry, are exceptionally close. The average establishment in the woollen and worsted industries purchases about three-eighths of its inputs of goods and services from establishments classified as being in the same industry—this seems to be the highest ratio of this sort for any British industry except cotton and man-made fibres (taken together). Because of the high degree of concentration of the wool textile industry in the West Riding, it seems safe to say that the average establishment in it must take something approaching this proportion of its purchases of inputs from other establishments in the Yorkshire textile area. When one adds in other local inputs (including labour), it seems likely that something like 60 per cent of the total inputs of the typical establishment are locally purchased. The Leeds clothing industry is mainly, though of course by no means entirely, dependent upon West Riding cloth, and the locally bought proportion of the inputs of a typical establishment is probably even higher than for the wool textile industry, though the extent to which establishments 'take in each others' washing' is very much smaller than in wool textiles. The dependence of the rest of the textile area on sales to Leeds is also very marked; the proportion of the West Riding output of worsted tissues, in particular, that finds its way to Leeds clothing factories must be substantial. With regard, therefore, to the textile and clothing industries, which employ half of its manufacturing population, the West

Yorkshire Conurbation can lay a reasonable claim to be bound together by chains of complementarity.

When one comes to look at the functions of Leeds as an urban centre (as opposed to a manufacturing city), the situation is more than usually complicated, since these functions are to some extent spread over the towns of the conurbation. Leeds is the biggest wholesale distributing centre for finished goods in the West Riding. The investigations carried out nearly forty years ago by Professor R. E. Dickinson (as he now is) are probably still valid: Leeds was then the chief wholesale supplying centre for an area corresponding roughly to a quadrilateral with corners at Pateley Bridge, York, a little north of Doncaster, and a little south of Huddersfield. To the south and east of this area, Sheffield and Hull respectively were more important supply centres; to the north and north-east, however, there was an area running to the east coast between Flamborough and somewhere north of Whitby, within which Leeds was the wholesale supply centre for some trades. Bradford was the supply centre for a smaller area; cutting a little into the western side of the Leeds quadrilateral, and extending (with some Leeds competition) up the Aire and Wharfe valleys to the neighbourhood of Skipton.

The areas served by retail shops in Leeds and Bradford for other than day-to-day needs, as set out by Professor Dickinson (1930), were rather similar to the zones of wholesale distribution from these two centres, except that the area from which seasonal shoppers came to Leeds was more extensive than that depending on occasional wholesale supplies from Leeds—it extended west up Wharfedale, Nidderdale, and Wensleydale to the Pennine watershed. But all the county boroughs of the West Yorkshire Conurbation are considerable local shopping centres. A recent survey of shoppers in a large Leeds department store throws some light upon this. It suggests that, for some places lying up to fifteen or twenty miles from Leeds, the proportion of the inhabitants who shop in Leeds falls only very slowly with increase of distance. These places include Pontefract, Dewsbury, Wakefield, Harrogate, and probably many others within twenty miles of the city to the north, east, or south. On the other hand, the proportions of inhabitants of Bradford, Huddersfield, and Halifax who shop in Leeds are, on this evidence, only from a fifth to a tenth of those in places of the first group lying at corresponding distances. These three towns are shopping centres of sufficient importance to keep their own—or each other's—shoppers away from Leeds to a large extent.

This is broadly consistent with Professor Dickinson's findings as to the area for which Leeds was an important shopping centre. That it is still such a centre is confirmed by the evidence of the 1961 Census of Population, which shows 11·7 per cent of its employed population to be in retail distribution, against only 9·9 per cent for the whole West Riding—though it is in this respect only a trifle ahead of Bradford (11·5 per cent). The differences in function of Leeds and Bradford, and their complementary role in the West Yorkshire Conurbation are illustrated by Leeds' very high proportion of employed population in wholesale distribution —3·6 per cent against 2·3 per cent in Bradford and 1·8 in the whole West Riding—and by Bradford's high proportion, already referred to, in 'distribution of industrial materials and machinery' (mostly, in fact, in the wool trade); 2·5 per cent against 0·8 for Leeds and 0·9 for the whole Riding.

o

Indeed, Leeds and Bradford share the 'metropolitan' functions of the Conurbation in a number of respects. While Bradford, as noted, is the undisputed commercial centre of the wool textile industry, Leeds has the Wool Textile Research Association—possibly because its forerunner, the West Riding Research Committee, was formed under Sir Michael Sadler's chairmanship. While Leeds has now become the equally undisputed centre of regional government and planning functions, with the Regional Economic Planning Board and the regional offices of the appropriate ministries housed there, Bradford (because of its heavy involvement in international trade) retains the greater number of foreign consular offices. Leeds has been (since 1879) the seat of a Roman Catholic bishop, but Bradford (since 1920) of an Anglican one. Leeds, with its University (now the fifth largest in the country); its proportionately slightly greater, and absolutely twice as great, employment of occupied persons in entertainment; its triennial musical festival; and its Test cricket ground, may claim to be the larger cultural and entertainment centre, but Bradford, despite its nearness in distance, has never been completely overshadowed in any of these respects. The University of Bradford, which received its charter in 1966, provides yet another instance of this general truth.

The fact is that the West Yorkshire cities combine a high degree of industrial interdependence with an unusual degree of traditional separatism. The relations between Leeds and Bradford in particular have often been symbolised by the situation of a former generation when the tram-tracks between them changed gauge at Stanningley as uncompromisingly as ever did the railways at the Russian border. All this is changing; but the persistence of attitudes dating, no doubt, from the origin of these towns as separate smallish valley communities with high land between them, has intensified the barriers that geography still imposes against centralisation of services and cultural activities over the whole Conurbation. The physical barriers are still considerable. Although the main routes between the West Yorkshire towns run through what are technically 'built-up areas' for much of their length, these towns still form, essentially, a ring with an empty centre. The urban geographers might well call it, 'Randstad West Yorkshire'. The centre is empty because in parts it is high, in parts undermined by old collieries; because the growth of population and industry has not been sufficient to fill it; and also because the most attractive areas for residential expansion have long been outside the ring, especially in the unspoiled country to the north and east rather than the characteristically rolling, austere, half-industrial landscape that fills most of the space between the Calder and the Aire.

The separatism of the West Yorkshire towns is reflected in the extent to which they constitute separate labour markets. The Conurbation as a whole contained at the 1961 census some 788,000 economically active residents, of whom nearly three-quarters lived in the six county boroughs. Since some 44,000 came in daily to work and 18,000 went out, the daytime working population was about 814,000. Of these, less than a quarter (including those who came in from outside) crossed a local authority boundary on their way to work. The greater part of those who did so—120,000—went to work in one or other of the county boroughs. Yet only 13,000—just over 2 per cent of the total labour force in the county boroughs—came from another county borough in the conurbation, notwithstanding that every one of the six is within eight or nine miles (between city centres) of at least two others.

Leeds and Bradford, less than nine miles apart, had a total daily movement between them (in both directions together) of only 4,600 commuters—1·1 per cent of their labour force and only just over 6 per cent of the total number of commuters they drew from outside their boundaries.

In comparison, the seven county boroughs of the S.E. Lancashire Conurbation exchanged some 61,000 commuters with each other; even excluding the special cases of Manchester and Salford the number was still 32,000—over 4 per cent of the labour force of the county boroughs. Manchester and Stockport are about as far apart as Leeds and Bradford, but they exchange over 19,000 commuters or 3·8 per cent of their labour force.

The shortness of the average journey to work within the West Riding Conurbation might mean either that those who change jobs between the main towns within it also generally move house, or that the changing of jobs between the main towns is infrequent. The 1961 Census suggests (though the suggestion is a somewhat indirect one) that something like 8 per thousand of households moved between one and another of the six county boroughs in the twelve months ending in April, 1961—this being something like a thirteenth of all changes of address by inhabitants of the conurbation, and equal to not much more than half of the number who moved out from it. House-moving was a little more frequent than in the Manchester or Merseyside conurbations. It seems likely, nevertheless, that most people in the six county boroughs do not readily regard the towns on the other side of the hills as lying within their work-seeking range. The low level of unemployment and the slow rate of industrial change in the Conurbation must strengthen this tendency.

Excluding a few commuters from outside the West Riding, Leeds draws in some 40,000 daily travellers to work, of whom, in round figures, 15,000 come from the textile area to the west and south–west, another 15,000 from the residential and agricultural areas to the north and north–east, and 10,000 from the coalfield to the south–east. The last mentioned movement—from the coalfield—is in some ways the most noteworthy; it arises partly from the gradual decline of employment in coal-mining, but largely from the absence of jobs for women in the coal-mining area, and some of it is quite long-range by West Riding standards—Castleford, over ten miles away, sends in some 1,500 commuters, of whom the majority are women, and there is some daily movement from much farther afield. From this area, Leeds is (in total) a large net daily importer of labour, though for the nearest part of it—Rothwell—it happens that Leeds provides a main dormitory, so that in a heavy exchange of commuters, a slight majority moves from Leeds to Rothwell each day.

Leeds has a substantial net outward balance of daily movements to Bradford and, on a smaller scale, to Wakefield, but the net result of the exchange with most of the rest of the textile area is the other way. In this area, it is fairly easy to trace the line between the places where daily movements are mostly to Leeds and those where movements to one of the other county boroughs predominates. Broadly, it is a line of equal distance. Aireborough is decidedly in the Bradford sphere, Pudsey marginally so. Horsforth and Morley are strongly bound to Leeds; Batley to Dewsbury.

The northern and eastern fringes, outside the Conurbation boundary, are the classic commuting country of the executive and professional workers who choose and can afford to live relatively far from their work. Their range of movement is, on average, greater than that of daily travellers from the textile zone, and the homes of commuters to Leeds and Bradford mingle over a wide area, but, again, the tendency to commute to the nearer city is strong, except that Otley, though nearer to Bradford, is decisively on the Leeds side of the divide. To the north and east, there are, of course, no places of work of comparable size with Leeds or Bradford for a long way, and the commuting areas of these two cities have no definite boundary; a couple of hundred people come to work in Leeds from York (and more than half as many make the reverse journey). But the majority of commuters from this direction—over 7,000—come to Leeds from the Ilkley, Harrogate, Wetherby and Tadcaster districts, all of which lie up to sixteen miles away. From further afield, the number is relatively very small. It is small, too, in relation to the populations of the areas concerned. At the Leeds city boundary, there are areas like Horsforth, two-thirds of whose economically active population work elsewhere (mainly in Leeds); Ilkley, with nearly half its active population travelling out, is also very much a commuter town. The proportion is still about a quarter for the rural districts of Wetherby and Tadcaster, but beyond that, not only does the proportion of outward travellers in the population fall, but York (or, further to the north-west, Harrogate) begins to take a substantial proportion of them. In Harrogate itself, though the absolute number of daily outward travellers is substantial (3,400), they constitute less than a seventh of the active residents. Less than 6 per cent of its active population works in Leeds. Commuters to Leeds making up the major group of earners—bigger than, say, the local distributive trades—is a phenomenon not likely to be found in places north of the Wharfe.

If one tries to decide to what larger region of complementarity Leeds belongs—larger than the commuting area, or the shopping area or the wholesale distributing area of which it is the centre—one finds a great lack of relevant information. There are certain limited, *ad hoc* complementarities that are at once visible. Leeds gathers its water from tributaries of the Wharfe and the Ure. How well it treats its effluents helps to govern the purity (or otherwise) of the Aire down to the Humber. Its week-end motorists and holiday makers are affected by, and themselves affect, the amenities of the Yorkshire Dales (especially up to the heads of Wharfedale and Nidderdale), the North Yorkshire Moors, and both the east and west coasts —though perhaps especially the former; Leodensians do not appear to share in equal measure the traditional Bradfordian devotion to Morecambe. But where the strongest trade connections run, outside the Conurbation and the distributing area, statistics do not reveal. The road goods-traffic survey of 1962 suggests that the long-distance road connections of the West Riding are more strongly with Lancashire and the North Midlands than with the East Riding. For Leeds itself, these trade links outside the Conurbation are probably very widely spread, leading rather more to the main population centres of the United Kingdom and rather less to the ports than is the case, say, with Bradford.

One is, however, brought back to the fundamental question: for what purpose is the region in question being defined? If the object is to identify an area with a roughly uniform level of prosperity, so that it may appropriately be treated as a unit in regard to the amount of stimulation or restraint applied to it, then Leeds hangs together reasonably well with the rest of the wool textile district, and with the adjoining fringe of the agricultural zone, where the basic industry is, in fact, provision of residence and services for part of the Conurbation's working population. It is basically true of this area that it is slow growing but fully employed. The coal-mining zone and the more distant parts of the agricultural zone have different problems, arising from the shrinking demand for labour in their main industry. This particular pattern of prosperity is not necessarily permanent; if the wool textile industry, for instance, were to suffer (say in its export markets) a depression not extending to the home clothing trade, then the policy that was right for the rest of the wool textile area would not be the right one for Leeds.

If the object of defining a 'region' is to form a new local government area designed to benefit the same population that it taxes, the 'region' would presumably have to be delimited so as to include the commuting fringe with the urban area, though this would not be inconsistent with the separation of Leeds (plus its commuting area) from the rest of the Conurbation. This financial objective, however, could hardly be the sole desideratum in local boundary reform, and, as was mentioned earlier, the various services for which local authorities are responsible tend to suggest different territorial divisions, according to their physical relations to the lie of the land, and to the economies and diseconomies of scale involved in their operation, administration, and political control. Any economically rational delimitation of general purpose local government areas would have to take account of, and to compromise between, the various indications arising from the different services.

Thirdly, if the object of the definition of regions is large-scale and long-term regional planning, it is not enough (though it is, of course, necessary) to look at the existing pattern of economic activities. The object of planning is to guide and facilitate changes in that pattern over a long period. The aim must then be to define a region in such a way that it embraces those areas whose courses of development bear most strongly upon each other. Regional boundaries should not, if it can be avoided, cut across major streams of migration or daily movement of labour or of provision of public services, nor should they cut more than is unavoidable across local economies whose component geographical parts are closely inter-dependent, either at present or prospectively.

When one comes to apply these criteria to Leeds' regional connections, lack of information becomes painfully apparent. There is, for instance, room for doubt as to whether the South Yorkshire steel area has stronger economic affinities with the parts to the north than with those to the south of it. On the strength of known existing connections, too, the grouping of the East Riding and, still more, of North Lincolnshire with West Yorkshire would be controversial, though for the East Riding it could certainly be argued that its economic links do not run more strongly in any other direction. But the ground on which the present delimitation of the Yorkshire and Humberside Economic Planning Region would have to be defended—and could be strongly defended in general terms—is one connected with development potentialities rather than existing connections. The idea that, somewhere between (say) the Great North Road and the mouth of the Humber there are one or more areas suitable for development to take the population overspill of the textile and steel areas of the West Riding and the displaced or under-utilised labour of the coalfield, and even to become a major counter-attraction to the Midlands and the South East, is an attractive one. It may serve also to illustrate the extent to which a planning region is an *ad hoc* tool of thought, a means to an end. The shape it assumes depends not only on the facts of today, but also on one's hopes and expectations of the future.

SELECT REFERENCES

R. E. Dickinson, *City, Region* and *Regionalism*, (1960).

R. E. Dickinson, 'The Regional Function and Zones of Influence of Leeds and Bradford', *Geography*, xv (1930).

G. F. Rainnie (ed.), *The Woollen and Worsted Industry: An Economic Analysis*, (1965).

West Riding County Council, *County Development Plan, Second Review, Interim Statement*, (1966).

XVIII

THE ECONOMIC STRUCTURE

So far, economists in this country have not given much attention to economic analysis of regions or cities but they have, of course, written a great deal about the national economy, by which they mean the system by which people get and enjoy their livings; and about what kind of standard of living they enjoy in the country as a whole. It is obvious that the same techniques may be applied at a sub-national level.

In this paper we are concerned with the economy of Leeds. This might seem to imply an obligation to define a Leeds region, in some way designed to be economically meaningful. The difficulties and ambiguities of this concept have been discussed by Professor Brown, however, and we shall confine our discussion to the economy of the area within the city boundaries, which have fortunately not been changed during the recent period that we have to survey.

It will be useful in describing the characteristics and trends of the Leeds economy to draw comparisons with the corresponding facts about the economy of the Yorkshire and Humberside Region, of which Leeds forms a part, and with the United Kingdom economy as a whole.

We begin with the size and structure of the population.

Population

Table XXI shows the present size of the population and the changes which have taken place during the last 30 years.

Table XXI   Leeds population trends, 1931–61

	Civilian Population		Population Change		
	Start of Period	End of Period	Natural change	Net Migration	Total change
1931–39	482,900	497,000	+ 5,600	+ 8,500	+ 14,100
1939–51	497,000	502,700	+ 21,600	− 15,900	+ 5,700
1951–56	502,700	508,400	+ 8,900	− 3,200	+ 5,700
1956–61	508,400	511,600	+ 11,500	− 8,300	+ 3,200

Source: City Engineer.

Changes in population occur as a result of: firstly, natural increase (the balance of births over deaths); and secondly, net migration (the balance of those leaving the area over those joining it). It is clear from the above data that the balance between these forces governing the population of Leeds was markedly different before and after 1939. In the earlier period most of the population increase stemmed from the net movement of people into the area. During the next twelve years that movement was reversed, but the outflow was more than offset by natural increase, which (as in the rest of the country) was twice the size of the net inflow of the earlier period. Between 1951 and 1961 this situation continued although both natural increase and net emigration fell.

Table XXII compares recent trends in population in Leeds with those in the Textile Zone of the West Riding, the Yorkshire and Humberside Region and England and Wales. Clearly the population expansion in the City, in the Textile Zone and in the Region is well below the 8·2 per cent recorded for England and Wales. In rate of natural increase, however, Leeds is almost identical with the Region and England and Wales as a whole; but it is the City's net loss by migration that is much heavier than any of the other areas with which we are concerned. Neither the Textile Zone nor, still less, the Yorkshire and Humberside Region was so strongly affected proportionately as was Leeds by short distance migration over their boundaries into more distant suburbs, while in 1961–64 especially, other places in the zone and the Region (notably Bradford) gained many more immigrants from overseas than Leeds did. At all events, Leeds, which between 1951 and 1961 was the fastest growing borough in the zone, has more recently experienced a fall in population. Preoccupation with *net* movements of population should not be allowed to blind us to the fact that these net aggregates tell only part of the story of gross population movements into and out of the City. In particular it is worth noting that Leeds in common with most large cities in England has experienced an influx of overseas immigrants, though (as just mentioned) less massive than that into Bradford. At the 1961 Census 2·7 per cent of the population of Leeds originated from overseas countries; about half this contingent were Commonwealth citizens. The bulk of these immigrants arrived during the late 1950's and settled in restricted localities just outside the centre of the city thus offsetting some of the population drift out of these areas.

Movement of population within the City boundaries in recent years also deserves some comment. As a result of rising prosperity and mobility (at least over short distances), together with slum clearance and re-housing, there has been a pronounced movement away from the crowded and congested city centre towards new suburban housing estates, particularly on the northern and eastern sectors of the perimeter. While hardly on the scale of the Exploding Metropolis, this movement has all the characteristics of suburban dispersal which has been one of the great changes experienced by large cities throughout the world during the recent past. The basic feature of this sprawl is the decline of the city core and the growth of a loose pattern of more or less self-sufficient communities on, or near, the suburban ring. Thus in Leeds, central neighbourhood units such as Armley and Woodhouse lost about 30 per cent of their inhabitants between 1949 and 1961. Municipal developments particularly in the Seacroft area and at Beckett Park have absorbed some of this movement, but it is apparent also that private building, catering especially for new household formation, has attracted heavy

Table XXII Population trends, 1951–64

| Area | Period | Civilian Population | | Population Change | | | | | |
		Start of Period	End of Period	Natural Change	%	Net Migration	%	Total Change	%
Yorks. & Humberside Region	1951–61	4,484,050	4,603,190	+ 194,382	+ 4·3	− 75,242	− 1·7	+ 119,140	+ 2·6
	1961–64	4,603,190	4,685,200	+ 82,814	+ 1·8	− 804	− 0·0	+ 82,010	+ 1·8
	1951–64	4,484,050	4,685,200	+ 277,196	+ 6·2	− 76,046	− 1·7	+ 201,150	+ 4·5
England & Wales	1951–61	43,800,000	46,166,000	+ 1,952,609	+ 4·5	+ 413,591	+ 0·9	+ 2,366,200	+ 5·4
	1961–64	46,166,000	47,401,300	+ 861,772	+ 1·9	+ 373,528	+ 0·8	+ 1,235,300	+ 2·7
	1951–64	43,800,000	47,401,300	+ 2,814,381	+ 6·4	+ 786,919	+ 1·8	+ 3,601,300	+ 8·2
Textile Zone of W. Riding	1951–61	1,725,776	1,742,920	+ 42,062	+ 2·4	− 24,918	− 1·4	+ 17,144	+ 1·0
	1961–64	1,742,920	1,758,120	+ 24,464	+ 1·4	− 9,264	− 0·5	+ 15,200	+ 0·9
	1951–64	1,725,776	1,758,120	+ 66,526	+ 3·9	− 34,182	− 2·0	+ 32,344	+ 1·9
Leeds	1951–61	503,030	511,650	+ 21,732	+ 4·3	− 13,112	− 2·6	+ 8,620	+ 1·7
	1961–64	511,650	508,790	+ 9,611	+ 1·9	− 12,471	− 2·4	+ 2,860	− 0·5
	1951–64	503,030	508,790	+ 31,343	+ 6·2	− 25,583	− 5·1	+ 5,760	+ 1·1

Source: West Riding County Council, *A Growth Policy for the North (1966).*

immigration to the Cookridge and Oakwood areas. It is also clear that Leeds conforms to this general pattern of changing urban layout in another respect. While losses at the centre and gains on the periphery have been pronounced in a comparatively short period, the intermediate areas such as Hawksworth, Chapeltown and Gipton have remained virtually static. These internal shifts in population are of the utmost significance in their implications for the journey to work, for the siting of industrial and service industries, and not least for the demands for transport and communication facilities which they are likely to generate. These are problems to which we shall return later.

That the age and sex structure of the population follows closely that of the Region and the country as a whole is probably not very surprising. The chief difference is that the number of females in the higher age groups tends to be greater in Leeds than in the United Kingdom.

Table XXIII   Percentage age structure of the population

	United Kingdom		Leeds	
	1951	1961	1951	1961
Children, 0–14	20·4	23·1	21·8	23·0
Working Population, 15–64	68·6	65·6	65·2	62·7
Retired Persons, 65 and over	11·0	11·3	13·0	14·3
Total	100·0	100·0	100·0	100·0

Source: Census of Population, 1961.

This influences the percentages of total population in that age group so that, as can be seen from the summary data in Table XXIII, Leeds has a slightly smaller percentage of persons of working age than the United Kingdom. Moreover, although the sex ratio has approached unity in recent years there is still a slight excess of females. At the 1961 Census there were 1,087 females per 1,000 males in Leeds as against 1,067 in England and Wales. Because of the greater longevity of women the expectation must be that the Leeds population will continue to age slightly faster than the population of the United Kingdom.

The Structure of Employment and Industry

In the last section we noted, among other things, that the proportion of inhabitants of working age had declined and that this decline was likely to continue. This section looks in more detail at this group, and in particular shows the proportion who are actively working, or registered as available for work, and what jobs they actually do.

Table XXIV gives the broad answer to the first question and offers a comparison with the West Riding and with England and Wales.

Table XXIV   Industry and status

	England & Wales	West Riding	Leeds County Borough
Total Population, 15 and over	40,582,000	2,826,700	394,950
Total Economically Active	21,694,080	1,753,630	256,500
Married Women (included above) ..	3,572,900	320,430	53,960
Self Employed without employees ..	934,830	65,010	9,350
Self Employed with employees	620,830	42,580	4,940
Large Establishments	4,250	280	50
Small Establishments	616,580	42,300	4,890
Managers	1,208,670	83,800	13,270
Large Establishments	593,730	43,020	6,250
Small Establishments	614,940	40,780	7,020
Foremen and Supervisors	793,580	69,390	8,510
Manual	531,150	52,220	5,780
Non-Manual	262,430	17,170	2,730
Apprentices, Articled Clerks and Formal Trainees	752,310	69,560	10,050
Professional Employees	427,910	24,780	3,920
Other Employees	16,384,200	1,355,220	199,900
Part-time Workers ⎫ included above	1,936,110	181,490	30,380
Family Workers ⎭	157,220	12,770	1,490
Total in Employment	21,122,330	1,710,340	249,940

Source: Census of Population 1961, Ten Per cent Sample.

In these very broad terms the structure of the Leeds economy does not look markedly different from that of the West Riding or of England and Wales. There are one or two dissimilarities, however, that are worthy of brief consideration and the chief of these is that the percentage of the population of 'normal' working age which is economically active is greater, both in Leeds (64·8) and the West Riding (60·6) than in England and Wales (53·4). One obvious explanation is that the proportion of married women who not only work in their own homes but also make themselves available for paid work is greater in the West Riding and the County Borough of Leeds than in the country as a whole. The reasons for this high activity rate among women, both married and single, and some of its implications, we shall discuss later. Meantime two other points to note in Table XXIV are: first, that the proportion of people between fifteen and sixty-four who are self-employed is marginally smaller in Leeds (and the West Riding) than in the country as a whole; second, a smaller proportion earn their livings as managers, supervisors and foremen; and finally, it appears that in Leeds a slightly higher proportion of the economically active population in 1961 was undergoing some kind of formal training or apprenticeship.

So far we have got some idea of the answer to the first part of our question but we have still to ascertain what jobs are actually done by the quarter million or so people in Leeds who are engaged in industry, commerce, and the professions. To attempt such a classification in detail would take us well beyond the scope of this section but by drawing on the various classifications made in the Census and other primary sources we can go some way, and also indicate some of the changes in the working population in recent years.

Although changes in statistical sources make it difficult to compare pre-war years with more recent ones, Tables XXV and XXVI give some indication of the growth in the number of insured employees during recent years. The post-war increase (since 1949) is of the order of 4 per cent compared with approximately 11 per cent in Great Britain. Of course, much of this faster growth in the economy as a whole is accounted for by the very rapid expansion in the Midlands and the South East. The slower growth in Leeds is more akin to that of the West Riding and other areas in the North.

But, if the rate of growth of employment has not been marked, the changes in the sources of employment for the inhabitants of the Leeds economy have been considerable. The decline in primary production (agriculture, mining, etc.) is a phenomenon experienced by the whole economy, stemming from mechanisation in agriculture combined with the decline in demand for coal after 1957. On the other hand, the decline of some 15 per cent in the numbers engaged locally in manufacturing industry has to be contrasted with a growth in employment in this group in the economy of Great Britain. Clearly there has been a shift in employment in Leeds from manufacturing industries, such as clothing and textiles, into the service group of industries and trades. But this is not the sole explanation. This broad kind of shift has been taking place throughout Great Britain but, at the same time, employment in manufacturing industry has grown. In Leeds, however, the decline in older industries has not been counter-balanced by the growth of new expanding manufacture in engineering, paper, printing, publishing, or vehicle manufacture.

It is also apparent that the decline in employment in manufacturing industry and the expansion in service industry have been particularly marked during the last decade. The contrast with the national trend, an increased percentage of total employment in manufacture, seems very important. The national trend is associated with an increase of manufactured exports in relation to Gross Domestic Product, but it may be that Leeds is essentially a city manufacturing for the home market. (For clothing it certainly is.)

Tables XXV and XXVI give more detail of the particular industries in which people find employment, how this pattern of employment has changed during recent years, and how it compares with the distribution of employment in the Yorkshire and Humberside Region and in Great Britain. Evidently a large part of the decline in the importance of manufacturing industry stems from the smaller number of Leeds people who now work at the manufacture of clothing, vehicles, textiles and leather. Similarly, the increase in service employment can be traced chiefly to the increased number who provide professional, scientific and miscellaneous

Table XXV The changing pattern of employment in Leeds, 1949 and 1964

Industrial Orders	June 1949	June 1964	Change 1949–1964	
			No.	%
Agriculture, Forestry, Fishing ..	1,244	741	— 503	— 40·4
Mining and Quarrying	1,986	1,256	— 730	— 36·7
Sub Total	3,230	1,997	— 1,233	— 38·2
Food, Drink and Tobacco	8,117	7,134	— 983	— 12·1
Chemicals and Allied Industries ..	5,375	5,785	+ 410	+ 7·6
Metal Manufacture	9,260	5,902	— 3,358	— 36·3
Engineering, Electrical Goods, Ship-building and Marine Engineering ..	26,053	25,120	— 933	— 3·6
Vehicles	11,663	6,513	— 5,150	— 44·2
Metal Goods n.e.s.	6,805	7,007	+ 202	+ 3·0
Textiles..	15,056	10,891	— 4,165	— 27·7
Leather, Leather Goods and Fur ..	2,568	1,951	— 617	— 24·0
Clothing and Footwear	45,766	37,299	— 8,467	— 18·5
Bricks, Pottery, Glass, Cement, etc. ..	2,650	2,575	— 75	— 2·8
Timber, Furniture, etc.	3,626	4,358	+ 732	+ 20·2
Paper, Printing and Publishing	10,354	9,971	— 383	— 3·7
Other Manufacturing Industries ..	1,035	986	— 49	— 4·7
Sub Total	148,328	125,492	—22,836	— 15·4
Construction	14,395	19,323	+ 4,928	+ 34·2
Gas, Electricity and Water	4,489	8,311	+ 3,822	+ 85·1
Transport and Communication ..	17,969	13,036	— 4,933	— 27·5
Distributive Trades	32,104	40,269	+ 8,165	+ 25·4
Insurance, Banking and Finance ..	5,460	8,680	+ 3,220	+ 59·0
Professional and Scientific Services ..	16,411	26,194	+ 9,783	+ 59·6
Miscellaneous Services	16,769	25,521	+ 8,752	+ 52·2
Public Administration and Defence ..	8,389	8,839	+ 450	+ 5·4
Ex-Service, not classified	150	9	— 141	— 94·0
Sub Total	116,136	150,182	+34,046	+ 29·3
Total All Groups	267,694	277,671	+ 9,977	+ 3·7

Source: Ministry of Labour Local Office.

Table XXVI   Distribution of employment

Industrial Orders	Leeds (1964)* Total	%	Yorkshire & Humberside (1965) %	Great Britain (1965) %
Agriculture, Forestry, Fishing	741	0·3	1·8	2·1
Mining and Quarrying	1,256	0·5	5·9	2·7
Total Primary Industry	1,997	0·8	7·7	4·8
Food, Drink and Tobacco	7,134	2·6	3·8	3·5
Chemicals and Allied Industries ..	5,785	2·1	2·2	2·2
Metal Manufacture	5,902	2·1	5·9	2·7
Engineering, Electrical Goods, and Metal Goods n.e.s.	32,127	11·6	11·1	12·3
Shipbuilding and Marine Engineering ..	—	—	0·4	0·9
Vehicles	6,513	2·3	2·3	3·7
Textiles..	10,891	3·9	8·9	3·3
Leather, Leather Goods and Fur ..	1,951	0·7	0·3	0·3
Clothing and Footwear	37,299	13·4	2·8	2·3
Bricks, Pottery, Glass, Cement, etc. ..	2,575	0·9	1·7	1·5
Timber, Furniture, etc.	4,358	1·6	1·3	1·3
Paper, Printing and Publishing	9,971	3·6	1·8	2·7
Other Manufacturing Industries ..	986	0·4	0·6	1·4
Total Manufacturing Industry	125,492	45·2	43·1	38·1
Construction	19,323	7·0	6·7	7·2
Gas, Electricity and Water	8,311	3·0	1·8	1·8
Transport and Communication ..	13,036	4·7	6·0	7·0
Distributive Trades	40,269	14·5	11·9	12·8
Insurance, Banking and Finance ..	8,680	3·1	1·8	2·8
Professional and Scientific Services ..	26,194	9·4	9·3	10·4
Miscellaneous Services	25,521	9·2	7·6	9·4
Public Administration and Defence ..	8,839	3·2	4·1	5·6
Total Service Industry	150,173	54·1	49·2	57·0
Grand Total	277,662	100·0	100·0	100·0

* Leeds, Horsforth and Stanningley Employment Exchanges.

Source: Ministry of Labour Local Office.

services, and work in the distributive trades, both wholesale and retail. The construction industry is also providing an increasing number of livelihoods and the expansion of the public sector industries, gas, water and electricity supply, has provided additional jobs for some 4,000 citizens.

But, although the clothing industry has lost some of its former power to provide employment, it is still, from this point of view, the most important manufacturing industry in the Leeds economy. In fact, as Table XXVI shows*, it is five times more important in Leeds than in either the Yorkshire and Humberside Region or the national economy. Two other groups also emerge as important providers of employment. The first is the large amorphous group of general engineering and the production of metals and electrical goods. The concentration is almost as great as that in clothing but, on the other hand, it is not quite as high as it is in the economy as a whole. The second is the service industry of wholesale and retail distribution which provides more employment than any other kind of economic activity in Leeds, and the proportion of the Leeds population (aged 15 and over) working in warehouses and shops is slightly greater than that in Great Britain or the Yorkshire and Humberside Region.

Among the manufacturing industries, paper, printing and publishing, timber, and furniture manufacture also provide a higher proportion of jobs in the Leeds economy than in the Region or in Great Britain, but this total is small; much smaller, for example, than in some of the expanding services such as those concerned with science and the professions, although these provide a marginally smaller proportion of jobs or careers in Leeds than in the national economy. Of all the service occupations, however, transport and communications is probably most weakly represented in Leeds compared with the country at large.

The general impression which consideration of these aggregated industrial data leaves is of a fairly diverse economy where people earn their livings in ways not very different from those of the country as a whole except for their markedly greater dependence on clothing manufacture. Its changing employment opportunities tend to grow with its population but not in recent years as fast as they have grown in the national economy. If now we wish to see the picture in more detail we really need a larger scale map of this industrial structure of Leeds. Apart from the broad Industry categories we still do not know what is produced or by which means. We would like to know whether the industrial and commercial activity is large scale or small; whether the firms are large public companies or small companies and partnerships; and it would be useful if we could give some indication of the direction and rate of change, if any, in the structure. We turn now to a consideration of some of these aspects of the main manufacturing industries.

Manufacturing Industry

As we have hinted, one of the disadvantages of the broad Industry categories of the Standard Industrial Classification is that they usually encompass at least two or three quite

* Table XXVI combines clothing and footwear, but a breakdown would show that only a small percentage was employed in the production of footwear.

distinct 'industries' if we think in terms of the final product rather than the raw materials used or the processes to which the materials are subjected. Clothing manufacture, for example, provides such separate end-products as men's and boys' tailored outerwear, women's and girls' tailored outerwear, hats and general millinery, shirts, dresses and underwear as well as the considerable and still growing range of knitwear. Almost all of these articles are produced in Leeds, but in 1961 about three-quarters of all those working in the clothing industry were producing men's and boys' outerwear. A large number of firms within the city are engaged in this form of production but the majority are small general clothing manufacturers or specialist producers of trousers, shoulder pads, etc., often on a contract basis. However, although the majority of firms are small, two groups of medium or large-size firms can be distinguished. The first is the small group of large multiple bespoke tailors who integrate clothing manufacture with retailing. As a result largely of amalgamations which took place in the 1950's, four major combines account for a significant part of the total output of men's and boys' outerwear and an even greater share of the middle quality range of these garments. The largest of the firms in this group is Montague Burton Ltd., employing some 6,000 people and one of the 300 leading industrial organisations in the United Kingdom. Others, such as Hepworths Ltd., John Collier or Alexandre Ltd., are household names made familiar by the presence of their retail establishments in all the main shopping centres of the country and more recently by their television advertising. The second and smaller group consists of the half dozen or so firms such as May, Simon and Sumrie which now dominate the upper-quality end of the bespoke tailoring trade. These are smaller firms without any retail outlets of their own who sell their products to the independent retailers of higher quality men's wear.

The very diverse group of engineering, electrical and metal goods firms provides more employment in Great Britain and in the Region than any other group of manufacturing industries. In Leeds it is surpassed only by the clothing and footwear group, and, if recent trends continue, could, in the near future, outgrow it. The range, however, both of final products and of size of firms, is considerable. There are one or two large units, such as Yorkshire Imperial Metals Ltd., makers of a variety of brass and copper rods, tubes and other fittings and employing over 8,000 workers, and a group of medium-to-large concerns producing textile machinery, printing machinery, wrapping machinery, electrical machinery, drop forgings, heavy castings, cranes and gas appliances. There are also locomotive engineers and old-established firms producing pistons, pumps, motor radiators, surgical appliances and precision instruments, as well as a large number of small general engineering shops.

Printing is another old-established industry which today accounts for a higher proportion of employment in the City than in the country as a whole. The only really large firm lies just beyond the southern boundary of the City but there are some half dozen medium-sized firms within its perimeter and many more small ones in Leeds or its immediate vicinity.

Of the remaining manufacturing units the most important are to be found in food and drink processing and in leather, chemicals and glass manufacture. None of these is large, however. In fact, few firms in Leeds are large by national standards. Most are small or medium-sized concerns and a high proportion have remained what they were initially—small family businesses or partnerships.

It is also apparent that in its geographic distribution Leeds manufacturing industry has not shown any marked changes. Traditionally it has been concentrated largely in an area south of the centre of the city flanking both banks of the river Aire; another grouping could be found in the lower Meanwood valley while smaller concentrations developed in the south and west with Seacroft almost the only new industrial pocket in the northern and eastern parts of the city. Developments over the years have effected only slight changes in this pattern.

Employment and Growth

Here we shall consider the employment from the point of view of security and stability both in the short and in the longer run. In other words, are livings threatened with short period interruptions for one reason or another? Or is there a threat of final cessation because of a steady decline in the demand for the skills and services which local people have to offer?

Table XXVII and the graph (Fig. 45) both show that over the period 1959–65 the level of economic activity in Leeds remained high; the broad impression of the Leeds employment structure is of a fairly diverse economy which, even in periods of marked recession in the general level of activity, is likely to suffer less through unemployment than most other places in the country.

But, if the present structure appears to be a fairly stable one in the short run, what are the longer term prospects? Has Leeds employment opportunities in industrial and commercial activities which have been, and are likely to go on experiencing a rising demand for their products and services; or is the balance the other way?

Over the last decade or so, the broad groups of manufacturing industries which have recorded the highest percentage increases in output and employment in the United Kingdom have been the engineering, electrical and metal goods group, the chemical and allied group, vehicles, and food, drink and tobacco. Assuming that these trends were to continue it would not appear at first sight that Leeds would fare markedly worse than the United Kingdom since their proportionate representation in the Leeds economy is only slightly smaller than in the United Kingdom. But, as we have already seen, most of Leeds employment in the engineering group is concentrated in the older, heavy end of the industry making basic producers' goods typical of an earlier period of technological development. Domestic electrical appliances, electronic equipment and a whole range of new consumers' durables are poorly represented or wholly absent. Yet these are the products experiencing the most rapid increases in demand; this is the section of the industry whose rising demand for labour masks the sluggishness of the others.

This is true also of the fastest growing group in the whole economy. The producers of plastics, refined oil and pharmaceutical products have increased their output, though not always their employment, over the last decade some four or five times faster than the average for manufacturing industry, but in this field Leeds has only two or three firms, the largest of which is quite modest by national standards. Another group which, in the economy as a

P

Table XXVII   Unemployment rates

Date	Leeds			Yorkshire and Humberside			Great Britain		
	Rate	Seasonal Variation	Annual Variation	Rate	Seasonal Variation	Annual Variation	Rate	Seasonal Variation	Annual Variation
Jan. 1959	2·3			2·6			2·8		
		—1·0			—0·9			—0·9	
June ,,	1·3		—1·0	1·7		—1·0	1·9		—0·7
		0·0			—0·1			+0·2	
Jan. 1960	1·3			1·6			2·1		
		—0·5			—0·6			—0·7	
June ,,	0·8		—0·4	1·0		—0·5	1·4		—0·2
		+0·1			+0·1			+0·5	
Jan. 1961	0·9			1·1			1·9		
		—0·3			—0·3			—0·7	
June ,,	0·6		+0·2	0·8		+0·4	1·2		+0·1
		+0·5			+0·7			+0·8	
Jan. 1962	1·1			1·5			2·0		
		—0·1			—0·1			—0·2	
June ,,	1·0		+1·5	1·4		+1·4	1·8		+1·6
		+1·6			+1·5			+1·8	
Jan. 1963	2·6			2·9			3·6		
		—1·3			—1·2			—1·5	
June ,,	1·3		—1·2	1·7		—1·2	2·1		—1·4
		+0·1			0·0			+0·1	
Jan. 1964	1·4			1·7			2·2		
		—0·6			—0·6			—0·8	
June ,,	0·8		+0·5	1·1		—0·4	1·4		—0·6
		+0·1			+0·2			+0·2	
Jan. 1965	0·9			1·3			1·6		
		—0·1			—0·4			—0·4	
June ,,	0·8			0·9			1·2		

Source: Ministry of Labour Local Office.

whole, has enjoyed higher than average growth in terms both of output and employment, because of the boost given to demand by the vast increase in the use of containers and wrappings, are the firms engaged in paper manufacture, printing and publishing. Once again, however, it is the manufacturers of paper and board which have benefited most from this expansion and it is primarily in printing that most of the activity in Leeds is concentrated.

So much for the groups which have shown the most dynamic qualities in the national economy. If we consider now the prospects for the industry in which Leeds has the biggest stake at present, we find that the rate of growth of total demand for clothing has been

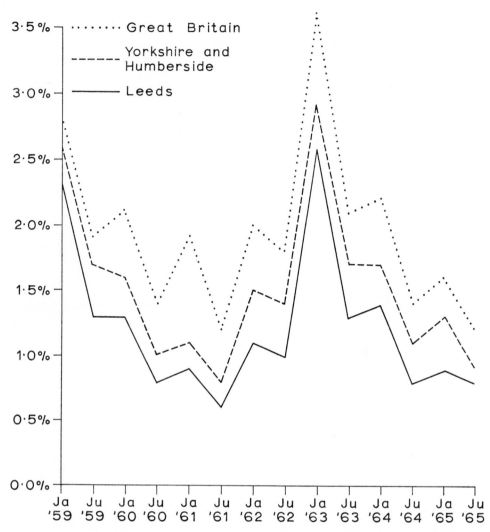

Fig. 45. Unemployment Rates, January 1959 to June 1965, from Leeds, Yorkshire and Humberside, and Great Britain

Source: Ministry of Labour Local Office; Ministry of Labour Gazette.

disappointingly low and that within this total the demand for men's and boys' outerwear has been most sluggish. On the other hand although the rate of growth in demand has been very low compared with most manufacturing industries, clothing manufacturers generally have experienced a chronic shortage of labour. Employment in the industry has fallen progressively and this loss has been almost entirely female. For the producers of the medium quality garments this loss may be, and to some extent has been, offset by the substitution of machinery

Table XXVIII Female employees as a percentage of all employees, June 1964

Industrial Orders	Leeds			Yorkshire and Humberside			Great Britain		
	Total	Female	%	Total	Female	%	Total	Female	%
Clothing and Footwear	37,299	26,141	70·8	58,285	43,863	75·2	541,370	397,020	73·3
Textiles	10,891	5,856	53·7	193,242	93,746	48·5	785,190	414,580	52·7
Food, Drink and Tobacco	7,134	3,622	50·7	80,047	39,574	49·4	813,090	347,180	42·6
Paper, Printing & Publishing	9,971	3,750	37·6	35,959	13,912	38·6	625,690	215,210	34·3
Distributive Trades ..	40,269	17,821	44·2	220,005	115,701	52·5	2,962,120	1,558,890	52·6
Professional and Scientific Services	26,194	17,279	65·9	180,763	125,208	69·2	2,310,500	1,529,560	66·2
Miscellaneous Services	25,521	13,284	52·0	149,523	86,889	58·1	2,185,770	1,243,380	56·8
Insurance, Banking and Finance	8,680	4,049	46·6	33,331	15,513	46·5	627,410	281,310	44·8
Total Manufactures	125,431	49,976	39·8	893,050	300,964	33·7	8,796,160	2,812,230	31·9
Grand Total ..	278,606	108,812	39·1	1,997,071	694,528	34·8	23,120,000	8,290,000	35·9

Source: Ministry of Labour Local Office.

for labour. But for the producers of garments in the higher quality ranges such substitution is not possible; the quality and distinction of their products depend on a great deal of personal skill, especially in the finishing stages of production. In the longer run their continued existence may depend on the extent to which, by rationalisation and amalgamation, they are able to deploy more effectively the diminished labour supply. Thus an industry which is likely to be confronted with only a slow rise in demand is further inhibited because in conditions of generally low unemployment, potential employees (and particularly young women) find it unattractive compared with many of the service industries.

Moreover, it does not seem that this is a situation which is likely to be alleviated in the foreseeable future. As Tables XXVIII and XXIX show, some 40 per cent of the total Leeds labour force is female, compared with 35 per cent in the Yorkshire and Humberside Region, and about the same proportion in Great Britain. Leeds has one of the highest female activity rates in the country and a higher proportion of married women in both full time and part time employment than most other cities and conurbations. There is thus very little reserve of female labour to draw upon, and if the service industries continue to expand or any significant employer of female labour becomes established in the city, the clothing industry's difficulties will be multiplied.

Table XXIX Percentage distribution of female employment, June 1964

Industrial Orders	Leeds	Yorkshire & Humberside	Great Britain
Clothing and Footwear	24·0	6·3	4·8
Textiles	5·4	13·5	5·0
Food, Drink and Tobacco	3·3	5·7	4·2
Engineering and Electrical Goods	3·9	4·9	7·3
Paper, Printing and Publishing	3·4	2·0	2·6
All Manufacturing Industry	45·8	43·3	33·9
Distributive Trades	16·4	16·7	18·8
Professional and Scientific Services	15·8	18·0	18·4
Miscellaneous Services	12·2	12·5	15·0
All Service Industry..	53·6	55·4	64·7

One obvious threat to recruitment in the clothing industry is office employment. As Table XXX shows, although Leeds had some 43,000 people in office employment in 1961, of whom over a half were women, the proportions both of total, and of female, employment in offices are smaller than for England and Wales as a whole or for any of the other selected county boroughs. This makes it the more likely that this proportion will increase. (Offices may be part of manufacturing firms as well as separate professional and commercial establishments).

Table XXX   Numbers in office and other occupations, 1961

Main Office Centres	Office Occupations thousands			Total Employed thousands			Office Employment as % of Total Employment		
	Male	Female	Total	Male	Female	Total	Male	Female	Total
Leeds	20	23	43	157	93	250	12·4	24·3	16·9
Birmingham	39	57	96	354	201	555	11·0	28·2	17·3
Bristol	21	19	40	133	63	196	15·9	30·5	20·6
Cardiff	12	12	24	75	35	110	15·6	35·0	21·7
Liverpool	26	33	59	210	121	331	12·4	27·3	17·8
Manchester	26	34	60	200	122	322	12·9	28·3	18·7
Newcastle	12	13	25	80	40	120	15·2	32·1	20·9
Glasgow	35	49	84	304	164	468	11·7	29·7	18·0
G.L.C. Area	512	575	1,087	2,476	1,472	3,948	20·7	39·0	27·5
South East (excluding G.L.C.)	474	407	882	3,004	1,314	4,318	15·7	30·9	20·4
England & Wales Average							14·0	28·0	20·0
Selected County Boroughs Average							13·0	28·0	18·0

Source: Department of Economic Affairs, *Office Development Outside the South East*, (1965).

That the absolute number, if not the proportion, of white collar workers in Leeds is likely to increase in the near future is clear from the figures of new office floor space under construction or approved at the end of 1964. Whether these workers are drawn out of existing employment in the city or from surrounding residential areas, the problem of female labour shortage confronting the clothing and other industries is bound to be intensified.

Leeds is an important shopping centre and the nationwide expansion of distributive employment has, therefore, had a very big impact on the city's economy. About one third of the total turnover in retail trading is generated in the large multiples and Co-operative stores which are a feature of the central shopping area. But Leeds, like other large cities, has also witnessed the growth of supermarkets and self-service units in what were once old village shopping areas several miles from the city centre. Some of this development is clearly a response to the changing residential pattern which we noted earlier and none of it has yet reached the scale of American out-of-town supermarket growth. Most of it is still confined to the distribution of food which is the main activity of half the retail establishments in Leeds, in the planning region, and in the whole economy.

Rising levels of affluence and shifts in the distribution of population are also making their effect apparent on the system of transport and communications. Like a good deal of the social capital of Leeds the rail system is substantial but fairly obsolete. Passenger transport within Leeds has dwindled to negligible proportions. Only two suburban stations (Cross Gates and Horsforth) are used to any significant extent. On the other hand, as Table XXXI shows, a number of places up to twenty miles from Leeds remain regular and important sources of rail travellers to the city.

Table XXXI Principal sources of daily rail passenger traffic to Leeds, 1963.

Daily average number of passengers

Bradford	2,300	Barnsley	350
Huddersfield	1,100	Dewsbury	200
York	800	Ilkley	160
Harrogate	680	Skipton	140
Wakefield	350	Knaresborough	30

Source: British Rail, North East Region.

On the freight side of rail operations the heavy industries and the power stations still find the rail system essential for a large part of their shipments.

In the near future, however, the rationalisation plans of British Rail propose considerable changes in the existing system. Central Station, one of the two main termini, is now closed and its facilities transferred to City Station which already handled two-thirds of the central passenger traffic. The remaining, fast decaying suburban stations will be closed and, with one or two exceptions, all lines within the city will become non-stop, thus strengthening, by provision of faster service, the rail links with other towns in the Conurbation and Region.

Table XXXII Growth in vehicle registration, 1960–64

	Numbers 1960		Numbers 1964		% Change 1960–64	
	Cars	All Vehicles	Cars	All Vehicles	Cars	All Vehicles
Leeds	42,974	74,069	61,690	9,070	143·5	125·6
Bradford	25,153	44,289	38,780	61,310	154·1	138·4
Sheffield	50,048	81,484	69,610	99,690	139·0	122·3
West Riding	318,576	560,444	474,190	729,730	148·8	129·2
Yorkshire and Humberside ..	427,198	780,563	634,820	1,012,220	148·6	129·6
Great Britain	5,525,828	9,383,817	8,247,000	12,305,600	149·2	131·1

Source: West Riding County Council, A Growth Policy for the North, (1966).

Reorganisation of freight traffic follows broadly the national pattern of closure of small goods yards and the development of the long-delayed liner train service. It is intended, for example, that an interchange depot at Stourton, for general freight on the container system, would serve Leeds and the surrounding area.

These changes are almost bound to accentuate the decline in employment in public transport apparent in Leeds and in the nation as a whole, the main cause of which has been the rapid growth of private car ownership. In Leeds, as Table XXXII shows, the rate of increase of vehicle registration has been rapid although it is still lower than that of the region or the country at large. Moreover, the distribution of ownership throughout Leeds is very uneven. Studies show that the present density of ownership varies from 180 cars per thousand population in the north and west to 50 per thousand in some central and southern areas, and the authors of the Buchanan report have suggested that ownership could reach 640 per thousand in high density areas and an average of 400 per thousand by the year 2010. Even if, as some critics have suggested, these projections are exaggerated, the implications for worktrips throughout the city of the future are considerable. In 1961 the central area of the city, consisting of a business district and a broader industrial belt, provided employment for some 140,000 workers. The great majority of these people travelled to and from the area in public transport but a large and growing number used private cars, so that even in 1961 the journey to and from work produced sharp traffic peaks and severe congestion.

Various policies, including severe restriction of all-day parking in the central area have recently been formulated, and Leeds has an agreement with the Ministry of Transport whereby it is to serve as an area of special investigation and experiment in regard to traffic problems. It will certainly be able to produce problems enough.

The Standard of Living and the Public Services

We are ill-equipped to comment on the general happiness and satisfaction of the Leeds population and shall resort, as economists are wont to do, to the more manageable idea of material welfare: in other words, to assess how comfortable, in terms of the goods and services available, the people in Leeds are compared with some other areas. Even in this much more limited task, however, we shall find ourselves restricted by lack of data.

One basis of comparison, available only between regions and not between cities, is the Ministry of Labour's sample of average earnings of male manual workers in manufacturing and certain other industries (Table XXXIII).

Supposing that there exists to some extent a regional labour market, we may conclude that the level of earnings in particular industries and occupations in Leeds will not be markedly different from those in the Yorkshire and Lincolnshire region generally. On this assumption Leeds has a distinctly lower material standard than some other places in the country and falls some four per cent below the national average. This view is further supported by the information collected by the Ministry of Labour in their Family Expenditure Surveys in 1961, 1962 and 1963, wherein the East and West Ridings are still some four per cent below the national average. Since the number of persons per household in the region is also some four

Table XXXIII   Regional earnings in manufacturing and certain other industries,
April 1962

Average weekly earnings:

London and South Eastern	331s	6d	North Western	304s	4d
Eastern and Southern	317s	5d	Northern	302s	8d
South Western	291s	6d	Scotland	285s	11d
Midlands	326s	10d	Wales	315s	8d
Yorkshire and Lincolnshire	301s	9d	Northern Ireland	247s	6d
		United Kingdom	312s	10d	

Source: *Abstract of Regional Statistics No. 1, (1965).*

per cent below the national average, income per person is very close to the national average. Inland Revenue data on per capita personal incomes support this conclusion. Moreover, they give information specifically about the West Yorkshire Conurbation showing that its average total income per head was slightly above that for the region as a whole and within one per cent of the United Kingdom average. But that, of course, still means that it is lower than in the South East or the Midlands.

Unfortunately we cannot say how far the deficiency of money income in the Leeds area in comparison with the Midlands and the South East is offset by lower prices of goods and services. In general any offsetting advantage is probably small, though in regard to housing it is certainly substantial. We have, however, rather more information about family expenditure patterns.

In the East and West Ridings families spend about the same proportion of their incomes on food as the average in the United Kingdom. The rest of the expenditure patterns, however, show some interesting variations. For example, they are typically Northern (or Midland and Northern) in the higher proportion of family weekly income which is disbursed on beer and cigarettes. On the other hand, housing makes a proportionately smaller claim on their expenditure than it does in the more congested parts of the South—largely a reflection of the lower rents and prices. It is also clear that if the rest of the country had the same attitude as Leeds to the purchase of clothing, the largest local manufacture would be less prosperous than it is. But perhaps the most interesting features are the differences in percentage expenditure on durable household goods, transport and services. In all these directions, outlay is lower than the average for the United Kingdom, with the notable exception of disbursement on radio and television licences and rentals.

Besides the goods and services that the citizens of Leeds buy individually, one must consider those that are provided communally by the City Corporation. The pattern of the Leeds civic budget is very much like that of any other large city. On the revenue side just over one-third of the total is provided from Government grants to which the citizens of Leeds have made a contribution through general taxation. Something like another third is provided from rates and the remainder from charges and fees such as housing rents and market fees. Of the total revenue from rates, owners and occupiers of domestic property contribute about two fifths, while about the same amount comes from the rating of industrial and commercial under-takings.

The main items of expenditure are Education, Housing and Health, and Recreation in that order. Unlike the National Budget, civic expenditure cannot be thought of as playing a major role in the determination of the level of activity in the economy of the city. Our main reason for referring to the civic accounts is that municipal action has had, and continues to have, a major effect on real living standards and on the quality of the environment. In regard to housing in particular, this effect has been outstandingly important.

One effect of rapid industrialisation during the nineteenth century in Leeds (as in many other industrial cities) was the accumulation of a large stock of working class houses of inferior quality. These were typically built back-to-back, and with shared privies outside. With the increased demand for cheap housing in the twentieth century, a good deal of housing originally built for the lower strata of the middle income groups became converted to working-class accommodation. The local authority showed an awareness of the slum problem early in the present century, but the big effort at improvement dates from the 1930's, when Leeds earned the reputation of a pioneer in this field. In 1933–34 the Leeds City Council drew up a great slum clearance scheme in which the initial target was to demolish some 30,000 unfit back-to-back dwellings. By 1939 about 14,000 houses had been demolished; by 1962 a further 8,500 had gone, and at the time of writing (August 1966) the programme has just been completed. But the slum problem is not a static one, and Leeds still possesses a large slum problem. The local authority's estimate in the first quarter of 1965 placed the number of unfit houses at 17,220 which amounts to about 10 per cent of the total housing stock. On absolute numbers of unfit houses, Leeds ranks sixth in the order of local authorities. In absolute terms also Leeds contains the largest number of slum dwellings in the West Riding Conurbation, though in percentage terms the situation of small towns such as Denholme, Batley, Brighouse, Elland and Heckmondwike, all with 20 per cent or more of the dwellings considered unfit, is much worse. For England and Wales as a whole the total of unfit dwellings was 823,858 which amounted to 5·5 per cent of the total stock*.

Between 1945 and 1964, 28,414 dwellings were provided by the Corporation. As we have noted elsewhere, this meant the redistribution of the population and consequently involved the whole range of town planning problems. In common with the prevailing fashion many of the dwellings provided were in the form of tower-blocks. Of the 11,427 dwellings produced for the Corporation between 1958 and 1964, 4,543 were multi-storey flats. The effects of the slum clearance programme and the building of multi-storey flats are prominent and, with the increase in office building and building for the retail trade, has produced the first major change for three-quarters of a century or more in the general architectural character of the city. What the economic and social effects of this type of housing are on their inhabitants remains to be seen.

The discussion above concerned houses declared unfit. Leeds, of course, has its share of the 2,000,000 or so 'twilight houses' which are often structurally sounder and capable of longer

* Ministry of Housing and Local Government, *Our Older Homes: A Call for Action*, (1966), 56.

use. Leeds has pioneered the idea of the improvement of such dwellings*, and since 1955 some sixty-one improvement areas comprising 10,998 houses have been designated. Clearly such schemes have much to contribute to solving the housing problems of Leeds and other cities in this situation, but it is only a partial, and temporary, substitute for rebuilding.

Like other county boroughs and counties Leeds has not a great deal of scope for variation in its provision of educational services since standards are determined nationally and only very general judgements can be made on what is provided. If Leeds is anything like the rest of the East and West Ridings of Yorkshire, the proportion of young people who pursue full-time education beyond the minimum age is probably below the national average and the pupil/teacher ratio probably tends to be higher.**According to *The School Building Survey, 1962* moreover, much expenditure is required to bring the physical quality of schools in the region up to acceptable standards.***

Expenditure on health and recreation is little more than a quarter of the outlay on education but, as with the latter, a considerable proportion of the total goes to provide inescapable basic services such as refuse and sewage disposal, various clinics and ambulance services, the effectiveness of which presumably conforms to national standards. It is hard, also, to make a comparative assessment of the outlay on such recreational facilities as parks, baths and pleasure grounds. Leeds has green open spaces within its boundaries in fairly generous measure, even if they are unevenly distributed, and present plans include significant additions to the athletic and recreational amenities.

One of the worst drawbacks of Leeds as a place to live in has been its heavy soot deposit—one of the heaviest in the country. This is now declining rapidly; three-quarters of the rate of soot-fall in the central area has gone in the last decade, with striking effects on visibility as well as dirt; though the sulphuric dioxide concentration has, alas! gone down comparatively little. Given the general atmospheric and housing conditions there is little doubt that much more will have to be done to improve the general image and to make the Leeds of the future an attractive place in which to live as well as work.

We have considered in varying degrees of detail a number of the more important features of the Leeds economy and it is now necessary to draw together some of the strands in order to see what sort of general picture emerges.

On the whole, Leeds shares many of the basic economic characteristics of the Yorkshire and Humberside Region. The main feature of both economies is the slow rate of change. There is not the problem of redundant and unused resources which confronts other northern cities and regions; nor has congestion reached the inhibiting and costly scale of, say, that in the Greater London Area. The present level of prosperity or affluence, although perhaps marginally below the average for the United Kingdom, is still high. The problem is that Leeds cannot be regarded as contributing a growth point to the national economy.

We have seen that the mixture of industries which constitute the Leeds industrial structure is generally not growing so fast as that in some other parts of the country. By and large, Leeds

---

* *Ibid.*, App. 4.
** *Statistics of Education, Part 1: 1963*, (1964), Tables 3 and 5.
*** *School Building Survey, 1962*, (1965), Table 5.

does not produce the goods for which the demand is expanding fastest; in an uncomfortably large proportion of Leeds industries the value of net output per person employed (and therefore the income generated) is low compared with that in the country as a whole, though this may be due to their basically labour-intensive character. Demand, technological know-how, industrial organisation and communications have changed, and Leeds has not wholly kept pace with the changes.

It may have been that the industrialists who could have effected this adjustment to a changing market situation were deterred by the paucity of labour reserves available within the city. Certainly, in the recent past, the labour available without drawing more heavily on neighbouring areas or encroaching on employment in existing industries was less than in many other places in the United Kingdom. Moreover, recourse to either of these possible sources of labour would create problems in the short run. Encroachment on the labour supply of some existing industries would immediately create the kind of production problem which would threaten their continued existence. Of course, some may take the view that this kind of short term unemployment and the transfer of resources to growth industries would have been a relatively small price to pay to ensure a more dynamic future. Leeds has in fact drawn quite heavily on the labour available in the surrounding region, and could, of course, have done so to a larger extent only at the cost of adding further to the traffic and parking problem.

However strong the deterrent effect of limited labour resources, it is certainly clear that the policy on the distribution of the industrial labour force pursued by the Government since the 1930's has not been one which would have assisted Leeds towards the necessary adjustments. As part of the general machinery for implementing this policy the Board of Trade has had the power to refuse permission to a firm to build more than 5,000 square feet of factory space. This power was given to the Board to discourage development in areas of low unemployment and general congestion as a complementary stick to the carrot of inducements offered to firms to move to areas where unemployment was high and persistent. By either of these criteria Leeds (like the wider region) was a 'no problem' area. It is not surprising therefore that the Industrial Development Certificates granted for new factory space in Leeds have made only a marginal contribution to new industrial development. Between 1957 and 1961 certificates for the construction of no more than 4–5,000,000 square feet of industrial floor space were issued*; the amount of proposed and rejected new development from firms established within the city or from others wishing to move in is not known. One may be reasonably confident, however, that unless there is a significant change in regional policy the prospects of the Leeds industrial structure becoming adjusted to the new economic circumstances are not good.

But, even if national policy were changed in such a way as to give more encouragement to industrial development in Leeds, and given that the necessary labour force was available, the question might still be asked, 'Is Leeds an attractive place for new industrial development?' Such a question is very relevant in a period during which the general amenities, or infrastructure, of a region play an increasingly important part in deciding the location of particular

---

* Most of these were granted to metal manufacturers or wholesale distributors.

industrial activity and the subsequent growth and development of regions. The general quality of housing, schools, hospitals, communications and cultural and recreational facilities in Leeds may be no worse than most, and better than some large cities. Nevertheless, it may well be that it is by general improvement in these spheres that most can be done to promote higher, and faster growing, prosperity in the Leeds of the future.

PART FOUR

THE ADVANCEMENT OF SCIENCE
AND EDUCATION IN LEEDS

XIX

EARLY MEDICAL EDUCATION IN LEEDS

One of the founders of the British Association for the Advancement of Science was William West, F.R.S. (1793–1851) (Stiles, 1965). He was born in Wandsworth and at the age of 23, having completed his pupilage, established himself as a druggist at 13, Briggate, Leeds. The business, now that of Messrs. Reynolds & Branson, has continued on that site. West wrote papers on chemical subjects, Pompeii, steam-engines, the intellectual capacity of the negro, railway-tunnels, modern languages and on many other matters (*The Chemist and Druggist*, 1960). He lectured on chemistry at the Leeds School of Medicine which he had helped to found in 1831.

Before this time there was no organised medical training in Leeds and the career of William Hey, F.R.S. (1736–1819) illustrates what the usual education of a surgeon had been. At the age of fourteen years he was apprenticed to Mr. Dawson, surgeon and apothecary at Leeds, for seven years (Pearson, 1822). Part of the indenture dated 24 June 1750, states:

> During all of which term, the said Apprentice, his said Master well and faithfully shall serve, his Secrets shall keep, his lawful commands shall do, Fornication or Adultery shall not commit, . . . Taverns or Ale-Houses he shall not Haunt or Frequent, unless it be about his Master's Business there to be done: at Dice, Cards, Tables, Bowls, or any other unlawful Games he shall not Play; . . . Matrimony with any Woman within the Term shall not contract. . . .

Thirty pounds of 'Good and lawful Money of Great Britain' was paid to William Dawson for the apprenticeship.

In 1757 Hey went to London to complete his education by 'walking the wards' at St. George's Hospital and he returned to Leeds in April 1759 to commence practice. He had a struggle to earn a living, partly because his chief skill, that of performing 'capital operations' could, in the absence of a hospital in the town, rarely be exercised, and partly because, being a Methodist, he deprived himself of patients from the upper layers of local society (Rimmer, 1961). However, his reputation as a surgeon gradually increased and when the General Infirmary at Leeds was founded in 1767, an event in which Hey took a leading part, and the surgeons were being chosen, Richard Wilson, the Recorder of Leeds, said to the meeting: 'As for Mr. Hey we cannot do without him'. Hey was a close friend of Dr. Joseph Priestley, F.R.S., the Unitarian Minister at Mill Hill Chapel, Leeds, for some years.

Those contemporaries of Hey who became apothecaries were similarly apprenticed but did not usually seek hospital experience in their training. To practice as a physician it was necessary to become a Doctor of Medicine. The first physicians at the Infirmary at Leeds were graduates of either the Universities of Edinburgh or Leyden at which were the leading medical faculties of the time.

After the foundation of the Infirmary occasional courses in anatomy were held in the institution and in 1773 there was a reference in the minute books of the Weekly Board to 'the Expenses incurred by the Procurement of the Body from York lately dissected at this Infirmary'. In 1800 William Hey gave twelve anatomical demonstrations in the Infirmary and the first eleven were on the body of another criminal executed at York. The twelfth was on the eye, and to this ladies were admitted. The profits, £26 6s od, went to the Infirmary, the tickets having cost half a guinea each.

Hey gave further courses in 1803, 1805 and 1809 once more using the bodies of criminals executed at York. On the last occasion it was that of Mary Bateman, 'the Yorkshire witch', who was indicted for the wilful murder of Rebecca Perigo by means of a poisoned pudding. Thomas Chorley, an Infirmary surgeon, gave evidence that on analysis of the remains of the pudding he found corrosive sublimate (*The New Newgate Calendar*, 1960). She was convicted, pleaded pregnancy, found 'not enceinte', and executed. Her 'anatomization' must have been well attended as the profits were £80 14s od. At the lecture on the eye in the second course there were no less than fifty ladies.

These sporadic courses, valuable as they must have been, were too infrequent to be of use to many students who were obliged to go elsewhere for instruction in anatomy and physiology. There seems little doubt that the training of medical students in general was neglected. Dissatisfaction was widespread and some was ventilated in correspondence in the *Lancet* of 1824. It was thought that the surgeons, who accepted large fees from their pupils, were not carrying out their obligation of instructing them. Robert Baker (1827), in his *Remarks on the Abuses in the Infirmary at Leeds* mentions 'the heavy apprentice fees'.

The Apothecaries Act became law in 1815 and in August of that year the Court of Examiners of the Worshipful Society of Apothecaries laid down the first detailed regulations. Candidates were expected to possess a competent knowledge of Latin in order to understand prescriptions; to produce certificates of having attended two courses of lectures on anatomy and physiology, two on the theory and practice of medicine, and one on chemistry and one on *materia medica*; of six months' attendance on the practice of a public hospital, infirmary or dispensary; and of five years' apprenticeship to an apothecary. The examination intended after this curriculum was by *viva voce* only, as was customary at that time (Newman, 1957a). The candidate was not admitted unless twenty-one years of age.

From 1800 the usual qualification for a surgeon was Membership of the Royal College of Surgeons, the English college requiring as evidence of education for this examination no more than certificates of attendance at one course on anatomy and one on surgery. In 1813 the College added a year's attendance on the surgical practice in a hospital which meant 'walking the surgical wards' and attending operations. There was no need in London for a surgeon to learn any medicine. A general practitioner should have passed the examination of the Apothecaries' Hall, and between 1818 and 1841 there were seven ex-assistant apothecaries (or resident officers) of the Leeds Infirmary who went into practice with this qualification. This was not, however, essential and a surgical diploma, obtained without learning any medicine,

Q

could be used as a qualification for general practice (Newman, 1957b). Several of the Infirmary apothecaries and assistant apothecaries from 1804 but not later than 1854 obtained only the M.R.C.S. as qualification.

The regulations of the Royal College of Surgeons of England and the Apothecaries Act stimulated the formation of schools of anatomy in London and the provinces. The first attempt at regular instruction in anatomy in Leeds was made by Charles Turner Thackrah (1795–1833), an apothecary surgeon in the town who published *The Effects of Arts, Trades and Professions . . . on Health and Longevity* in 1831. It was the first British work on industrial medicine. He restricted his teaching at first to his six apprentices but early in 1826 established a private school of anatomy at 9, South Parade, Leeds. He hoped that attendance at his lectures and the practice of dissection in his school would be accepted by the Royal College of Surgeons, but the Court of Examiners refused his application in 1826 and others made until 1831 (Meiklejohn, 1957).

Unfortunately during the early years of his private school there was much friction between Thackrah and his supporters, mainly other apothecaries, and the senior members of the Infirmary staff. Each side bombarded the other with offensive letters in the local press. There was a crisis in 1827 at a teaching in the Infirmary given by Mr. Samuel Smith, who was appointed surgeon in 1819. An altercation arose between the supporters of the two parties. One of Thackrah's pupils, Richard George Horton (later a general practitioner in Leeds), produced a horse-whip with which he thrashed William Cryer, the senior assistant apothecary. He was prosecuted and fined £20.

A number of schools of anatomy and surgery similar to Thackrah's appeared in the provinces during the first three decades of the nineteenth century, but they must be distinguished from the schools of medicine which gave comprehensive teaching to cover the curriculum laid down by the Society of Apothecaries in 1815 after the Apothecaries Act became law. At least ten such schools were opened in the provinces between 1824 and 1834 (Anning, 1966a).

Among the medical profession in Leeds the opinion was growing strong that there should be a medical school in the town. Thackrah was most active in prosecuting the idea as it appeared that his school of anatomy would never become recognised by the College of Surgeons. Moreover, he and Mr. Smith appear to have become reconciled and with an equally enthusiastic group of other medical men founded the Leeds School of Medicine in 1831. The president of the Council, set up on 6 June 1831, was Dr. James Williamson, a physician on the staff of the Infirmary, and the secretary was Thomas Pridgin Teale (later F.R.S.), a surgeon. The other founders were William Hey (the third), a surgical colleague of Teale at the Infirmary, Dr. Disney Thorpe and Dr. Adam Hunter, both physicians at the Infirmary, Joseph Prince Garlick, a surgeon at the Public Dispensary, and William West.

The first session started in the old Dispensary in Templar Street on 25 October 1831, but the school was moved in February 1834 to a more permanent building, 1 East Parade having been bought for £2,000. This house was next door to the old Infirmary. When it was decided in 1862 to build a new Infirmary on its present site it was agreed that the Medical School should move to be near it. A building, especially designed as a medical school by

George Corson, a Leeds architect, was erected in Park Street (now the offices of Messrs. Chas. F. Thackray Ltd.) and was opened in 1865 by Mr. (later Sir) James Paget, F.R.S., surgeon to St. Bartholomew's Hospital. It soon became inadequate and another medical school, the present one, was built even closer to the new Infirmary on a site (Mount Pleasant) belonging to the Infirmary. It was opened in 1894 by their Royal Highnesses the Duke and Duchess of York (later King George V and Queen Mary).

The course advertised for the opening session in 1831 included anatomy and physiology, chemistry, botany, *materia medica* and therapeutics, pathology, the theory and practice of surgery, midwifery and the diseases of women and children (Anon., 1931). Most of the lecturers were heavily engaged in hospital and private practice and so would arrange to lecture either early or late in the day. Samuel Smith and William Hey (the third) lectured on operative surgery, and Dr. Hunter on *materia medica* at 7 p.m., and William West on chemistry and Dr. Williamson on the principles and practice of physic at 8 p.m. For thirty-five years from 1831, Samuel Smith always gave his lectures on midwifery and the diseases of women and children at 7 a.m. There were, of course, other lectures and demonstrations during the rest of the day. Clinical lectures at the Infirmary were on Wednesday and Saturday evenings from 8 p.m.

The school appears to have flourished in its first few decades but in the 1860's the state of medical education in many of the provincial schools was not entirely satisfactory and several previously active schools were closed about this time: Exeter in 1858, York in 1862 and Hull in 1869. One important reason was the rapid advance of science and technology in the Victorian period which made it increasingly difficult for the part-time teachers at the provincial schools to give adequate instruction in the fundamental sciences. Professor J. B. Hellier, who entered the Leeds school in the early 1870's, wrote 'the local teaching . . . was very defective in many points, especially in the early subjects and in physiology' (Hellier, 1921).

There was, moreover, concern in other quarters, particularly on account of a trade depression and keen competition from the Continent (Shimmin, 1954). The need for scientific institutes of teaching was appreciated in several of the larger industrial cities of the provinces. In Leeds a scheme for a college of science was ready by 1872 and its implementation owed much to Richard Reynolds, a pharmacist in West's old firm, and to Dr. John Deakin Heaton, an Infirmary physician, who became the first chairman of the Council of the Yorkshire College which was opened in 1874. The mutual advantages to be derived from the affiliation of the new provincial colleges of science with the medical schools was appreciated (Anning, 1966b) and in Leeds the School of Medicine and the Yorkshire College became amalgamated in 1884, but it was not until 1910 that the clinical teaching at the Infirmary was transferred to the control of the University which had developed from the College. In the same year, but a few months earlier, the Infirmary Board agreed to admit women students to the practice of the hospital.

The main achievements of the Leeds school have been in the field of surgery. For example, the first prostatectomy was carried out here by A. F. McGill in March 1887 with Moynihan present as a dresser. In medicine perhaps the outstanding event in Leeds was the invention of the clinical thermometer by Dr. (later Sir) Clifford Allbutt in 1867, three years after he had been appointed physician at the Infirmary. Previous thermometers were about a foot in length and required twenty-five minutes in the mouth or axilla. Allbutt's thermometer, which was like those we use today, was made by Messrs. Harvey & Reynolds, the descendants of the firm founded by William West.

SELECT REFERENCES

S. T. Anning, 'Provincial medical schools in the Nineteenth Century' in *The Evolution of Medical Education in Britain*, ed., F. N. L. Poynter, (1966a) 121.

S. T. Anning, *op. cit.*, 131 (1966b).

Anonymous, *The University of Leeds: Centenary of the School of Medicine, 1831-1931*, (1931), 28.

R. Baker, *Remarks on the Abuses in the Infirmary*, (1827), 8.

Chemist and Druggist, 'A Fellow of the Royal Society: William West and the Pharmaceutical Business he founded', (1960), 71–2.

J. B. Hellier, *On the History of Medical Education in Leeds: an Address to Students*, (1921), (Unpublished).

A. Meiklejohn, *The Life, Work and Times of Charles Turner Thackrah*, (1957), 17.

C. Newman, *The Evolution of Medical Education in the Nineteenth Century*, (1957a), 74.

C. Newman, *op. cit.*, (1957b), 18.

New Newgate Calendar, ed. Lord Birkett, (1960), 41.

J. Pearson, *The Life of William Hey, Esq., F.R.S.*, (1822), 6.

W. G. Rimmer, 'William Hey of Leeds, surgeon (1736–1819): a reappraisal', *Proceedings of the Leeds Philosophical and Literary Society*, ix (1961), 200–1.

A. N. Shimmin, *The University of Leeds: The first half-century*, (1954), 11.

M. Stiles, 'The Quakers in Pharmacy', in *The Evolution of Pharmacy in Britain*, ed. F. N. L. Poynter, (1965), 124.

XX

THE BIOLOGICAL SCIENCES

In considering the great contribution made in Leeds to advancing frontiers in the biological sciences, both pure and applied, it is necessary to remember on the one hand the long tradition of medical education here, and on the other hand the close proximity of fine country, unspoilt and agriculturally productive, on two sides (east and north) of a city which at first sight might seem wholly industrial, but which nevertheless harbours an active University School of Agriculture. Industry does indeed play a large part in current Leeds activities and there are some important applied sciences with biological connections, notably in the University departments of Textiles, and of Food and Leather Industries, and in the laboratory at Torridon run by the Wool Industries Research Association for the direct benefit of the industry. Interest in nature is however widespread among all walks of life and there are few towns of comparable size in which amateur societies such as the Yorkshire Naturalists' Union or the Northern Horticultural Society (to name only two among many) are better supported by local citizens at all levels of income. Indeed the central position of Leeds, midway between the east and west coasts in a relatively narrow part of England, is valued not only by ramblers, plant lovers and bird watchers, for whom the Dales and moorlands of the Pennines make favoured hunting grounds, but also by marine biologists. For the latter, greatly increased scope has recently been provided by the newly modernised and re-equipped marine laboratory at Robin Hood's Bay run by the University of Leeds.

It is not possible to review in detail all the fields of significant biological work developed in Leeds since the last visit of the British Association in 1927. Some idea of the range of current activities will however be given by grouping selected topics under the four headings listed below. At the end will be found a brief list of publications of a general character from which further information on some of the topics mentioned can be obtained.

ECOLOGY AND KINDRED TOPICS*

Many ecological types of activity are represented within the University but population studies of various kinds are perhaps the most suitable to introduce this part of the chapter. Studies in the dynamics of animal populations are directly relevant to assessment of many aspects of the human population problem and cognate studies of plant populations directly affect general problems of natural and agricultural productivity. The first of these

*(including pollen analysis, palaeobotany, population studies, marine biology, micro-ecology, genecology)

fields is represented by Dr. Broadhead's work (Zoology Department)* on the mechanism of control of natural populations of barklice (*Psocoptera*) on the surfaces of larch twigs. A numerical survey of two related species (and two parasites on them) in successive years has shown that, while population sizes vary widely from year to year, the continued co-existence of the two species in the same habitat and sharing a common food source (the green alga *Protococcus*) is possible because each species controls its own numbers by means of a rigorous intraspecific competition for oviposition sites. In addition these barklice are important grazers on a microscale and changes in the amount of *Protococcus*, as measured from week to week during the grazing season (March to October), have been shown to be closely dependent on the size of the total grazing populations of the two animals.

The effects of natural selection in a different context but again operating at the intraspecific level have been studied by Mr. Harberd (Agricultural Botany) and collaborators in a survey of the distribution of genetical variation in the wild plants of over 200 natural pastures. A large number of genetical variants among common species such as *Potentilla erecta* and the grasses have been shown to exist and to be significantly linked with environmental factors. For example, genetically larger specimens of *P. erecta* tend to occur with *Agrostis canina* rather than with *A. tenuis* and with the diploid form of *Festuca ovina* rather than the tetraploid. Furthermore, sites yielding genetically larger plants of one species tend also to yield genetically larger plants of other species. Certain individual plants, spreading vegetatively (e.g. *Festuca rubra*), can develop clones at least 1,000 years old, to judge by rate of spread versus area occupied. If these are common phenomena, local vegetation must be a product of genotypic competition rather than species competition.

Selection pressures of other kinds are shown by the effects of grazing in changing the genotypic composition of pastures (Mr. Harberd) and by Dr. Holliday's studies (Agriculture) on the effects of plant density on crop yield. He has found that competition for light during the growth phase between flower initiation and flowering can be a major factor limiting grain yields in cereal crops.

Cognate marine topics are associated with the laboratory at Robin Hood's Bay. Dr. Lewis (Zoology) studies the factors controlling the distribution and abundance of the organisms on rocky shores and his results have been assembled in book form (Lewis, 1964) in a manner which commends itself to general readers not least by its wealth of pictures. Dr. Gray (Zoology), working on sandy marine beaches has found that interstitial animals are often localised in relation to the distribution and numbers of available types of bacteria occurring in the sand. There are indications that the planktonic larvae of many interstitial animals settle in relation to the distribution of these bacteria.

The fungi provide innumerable problems for ecological study both on the macro and micro levels. Leaf surfaces as a micro-environment for fungal spores is a field of interest being developed by Mr. Preece (Agricultural Botany) in special relation to the spores of fungal pathogens. The prevalence, at least in certain diseases such as apple scab, of penetration by fungal hyphae not through the outer walls of epidermal cells, as is usually supposed, but through the leaf cuticle at the point over the junction of two epidermal cells of the leaf is a finding

* References are to Departments of the University of Leeds.

which has many potentially important implications. Another aspect of this work has been the development of an immunological technique using specific antisera labelled with fluorescent dyes. This permits the detection and identification of the fungal microflora of entire leaves.

The study of other aspects of plant and animal behaviour in relation to ecology includes the distribution of parasites of wild birds and freshwater fish in northern England (Dr. Owen, Zoology); flocking behaviour in birds with special reference to the curlew in the Malham Tarn area of Yorkshire (Miss Werth, Zoology); problems of insect morphology, natural history and metamorphosis, Dr. Henson (Zoology), who has also carried out a special study of the morphological variability of earwigs in relation to growth rate.

Palaeo-ecology in relation to fossils of various ages is an active interest in several departments of the University (Botany, Geology, Geography, among others). There is space only to mention Mr. Wesley's work (Botany) on the Jurassic Flora of Italy which has yielded much information concerning the vegetation on the coasts of the former Tethys Sea. This flora is preserved in the foothills of the Venetian Alps and it has been shown to contain many species and genera (mainly of Gymnosperms) not known elsewhere. The flora thus constitutes valuable additional evidence for the existence of regional variation in vegetation and climate in Mesozoic times, a topic to which an increasing amount of attention is currently being paid by geologists, geophysicists and others dealing with former states of the earth's surface.

Genecology with special reference to ferns has been pursued for many years by staff and students in the Botany Department on a scale representing plant geography rather than ecology as such. Findings may be exemplified by the work on *Polypodium* in which three cytotypes (diploid on calcareous and mediterranean habitats, tetraploid widespread in Europe, and hexaploid tending to prefer the Atlantic coasts) have been shown to be present in Britain and in Europe but not beyond. *Polypodium* populations in north America are related to but not identical with those of Europe and an extension of the enquiry to eastern Asia is currently in progress with material from Japan. Comparable studies of numerous complexes of *Asplenium* (Dr. Lovis), *Dryopteris*, *Polystichum*, *Scolopendrium*, etc. have yielded many examples of newly recognised, sometimes partially relict, ancestral types. The story, which has to be pieced together separately in each case, as to how the more modern and commoner descendants have arisen, and become distributed as we find them today, has given exciting new insight into the evolution of floras in the northern hemisphere.

Some of this work has had difficult taxonomic implications and a major field of activity of a somewhat unusual kind is the series of papers on the taxonomy of the ferns of Ceylon. This was begun in relation to the Ceylon expedition of 1950 referred to in the next section, but it has subsequently involved extensive travels and collections by Dr. Sledge (Botany) who has had to work out the situation for genus after genus by normal taxonomic procedures, guided however by the field work and cytological findings. Taxonomic work of a different and even more unusual sort has been carried out by Dr. Nelson (Pharmacology) whose splendid personal collection of old botanical and medical books has been the basis of much important work on the precise nature of drugs formerly used but now (sometimes unwisely) discarded.

CYTOLOGY AND FINE STRUCTURE

Classical cytology, involving light microscopy, often in conjunction with other methods of study of living material, is well established in many parts of the University. In the Zoology Department, Dr. Kerr's work on the cytology and histochemistry of the pituitary gland in lower vertebrates has now reached the stage at which each different type of cell can be separately followed and its activity assessed. In the Botany Department, a method for assessing activity on a per cell basis was worked out in the early 1950's by R. Brown (now Professor at Edinburgh) and collaborators, for the growing cells of root tips, and this type of approach to cell division and cell activity is now a basic technique in many laboratories.

Chromosome cytology, especially among lower plants from ferns downwards, has been a major activity of the Botany Department since 1950. In that year three members of staff, with help from Kew and the Royal Society, visited Ceylon in order to extend to the tropics cytotaxonomic methods worked out for and previously applied only in Europe. This field of investigation has since been extended to other tropical countries notably Malaya, tropical Africa and Jamaica and has been taken up by investigators in many countries notably U.S.A., India, Japan, New Zealand, eastern Europe. The results are important in relation to large problems of phylogeny and of the evolutionary mechanisms operating under tropical conditions, which are far less well known than those of temperate countries. More recently, chromosome cytology of Euglenoid flagellates, carried out with living and fixed material by Dr. Leedale (Botany), who gave the Darwin Lecture at the British Association meeting at Cambridge in 1965, has clarified a most controversial subject. Demonstration of sex chromosomes among members of the British Laminariales by Dr. Evans (Botany) is another recent development of potential importance.

New methods of microscopy, notably phase contrast, anoptral contrast, interference, ultraviolet electron microscopy and electron and X-ray diffraction, have been applied to biological materials in Leeds on a scale unique among British universities. Landmarks include the early studies on fibrous proteins by the late Professor Astbury, at first in the Department of Textile Industries and later in the Department of Biomolecular Structure, now reconstituted as the Astbury Department of Biophysics, thus incidentally demonstrating the indivisibility of pure and applied science as carried out in universities. Plant cell walls, studied first by R. D. Preston in the Botany Department and now in the Astbury Department, are another major field which has entirely changed understanding of many aspects of tissue differentiation and growth. All of this is basic to the modern subject of molecular biology.

Electron microscopy was first used in 1944–5 by Professor Astbury (then Reader in Textile Physics) and Dr. R. Reed on a relatively primitive American machine supplied during the second world war as part of 'lease-lend'. It was on this microscope that cellulose microfibrils, now known to be ubiquitous among higher plants, were first demonstrated. The Botany Department received its own Philips microscope in 1950, using it for cell wall studies (Preston) and studies on plant flagella (Manton). Demonstration of the fundamental 9 + 2 fibre pattern and of its uniformity among plant flagella was completed by 1952 (Manton and

*(including histochemistry, cytochemistry, chromosome studies, electron microscopy, genetics, etc.)

Clarke), preceding by a couple of years the equivalent demonstration for animals (Fawcett and Porter, 1954) in America. Other applications of electron microscopy in active progress in Leeds in 1967 include the study of marine and freshwater plankton flagellates, in collaboration with the Plymouth and Windermere laboratories (Botany); study of the fine structure of textile fibres (Dr. Sikorski, Textile Industries); studies on insect proteins and animal chitin (Dr. Rudall and others in the Astbury Department); study of the fine structure of the thyroid gland of *Xenopus* tadpoles during normal and drug influenced activity (Professor Dodd, Dr. Evennett, Zoology); of normal and pathological conditions in the human placenta (Miss Lister, Gynaecology); of the structure and function of the hypothalamo-hypophysial system (Professor Holmes, Department of Anatomy) and of lymphoid cells in tissue culture (Dr. Sharp, Anatomy); of fine structure of food and leather (Dr. Reed, Food and Leather Science) and several other topics in different departments of the Medical School.

Lastly the structure of the gene, as deduced by a combination of biochemical and genetical procedures, has been intensively studied by the new Professor of Genetics (Fincham) whose department in Leeds has recently been founded (1966) to receive him.

PHYSIOLOGY AND BIOCHEMISTRY OF ANIMALS, PLANTS, MICRO-ORGANISMS AND MAN

The range of physiological topics of importance to medicine, agriculture and the biologies generally is enormous, and many different University departments are occupied with them. Bacterial enzymes are one such field. Understanding of the comparative biochemistry of sulphur and halophilic bacteria and of the enzymes they contain have been greatly advanced by the work of Professor Happold (Biochemistry), while Professor Dagley (Biochemistry) gave much attention to the sequence of enzyme-catalysed reactions by which bacteria, notably those from soil, convert chemical compounds into cell constituents. Perhaps the most interesting aspect of this work is that concerned with the bacterial metabolism of aromatic compounds. Plants lock up carbon atoms as benzene rings, and soil bacteria release these atoms again as the plants decay. Moreover, many herbicides, pesticides and certain hormones and their analogues used in cattle breeding are also aromatic compounds containing benzene rings, and the excessive accumulation of these in soil is prevented by the biochemical activities of microbes that are able to utilise them as nutrients. From work in the Department of Biochemistry in recent years it has been possible to construct general schemes of metabolism showing how soil microbes convert particular benzenoid compounds into metabolites of the tricarboxylic acid and thence into cellular constituents.

Comparative endocrine physiology is being intensively studied in the Zoology Department under Professor Dodd. Endocrine aspects of reproduction in a range of animals including lamprey, spotted dogfish (Dodd and Evennett) and quail (Dr. Follett), have thrown light on the evolution of hormones, endocrine organs and their target structures in lower vertebrates and on photoperiodic control of ovulation in birds. Studies on the prolactine-like hormone in lower vertebrates (Dr. Chadwick) and on the hormones of the *pars nervosa*, especially in fish

(Follett), demonstrate clearly the existence of evolutionary sequences not only in the chemical composition of the hormones but also in their biological functions.

The physiology of amphibian metamorphosis is also an important topic in the programme of the Zoology Department. It has been known for some time (Gudernatsch, 1912) that frog tadpoles metamorphose precociously if they are fed on horse thyroid tissue. Dodd and Dodd, using two radio-active isotopes of iodine and sensitive bio-assay techniques for measuring thyroid hormones and thyroid-stimulating hormones, have shown that the thyroid gland in tadpoles remains active during metamorphosis and that the activity actually increases. This finding raises a problem since, at the metamorphic climax, the skin thickens, the gills shrink, the animal stops feeding and, as a consequence, iodine no longer enters the body freely. Iodine starvation in the later stages of metamorphosis is however, prevented by means of a store of iodine in a precisely localised region of the fore-gut. This site suffers breakdown and reorganisation with the rest of the gut, releasing the stored iodine to be incorporated into new hormone.

Study of the site and sequence of digestive processes on various worms carried out by Dr. J. B. Jennings (Zoology) has made it possible to consider nutritional aspects of prey/predator and host/parasite relationships in a new way. Moreover certain worms (notably platyhelminths and *Rhynchocoela*) show interesting correlations in habit, diet and digestive processes which provide material for speculation both on the original of the parasitic habit and on the evolution of the alimentary system. Dragon-fly nymphs on the other hand are being studied by Dr. Hill (Zoology) with reference to neurophysiological aspects of respiration.

Studies of the nutritional metabolism of seaweeds and of the algal components of lichens (Dr. Drew, Botany) have revealed an unexpected prevalence of sugar-alcohols in the former and the great speed with which the products of photosynthesis pass out of the algal cell into the colourless partner in the latter, thereby settling a biological dispute of long standing. On a different but related topic, some seaweeds have been found to be exceptional among plants in synthesising polysaccharides other than cellulose as the main skeletal wall component (Frei and Preston, Astbury Department). These findings are significant both in the taxonomy of seaweeds and also in assessing the factors involved in plant cell growth in general.

In the Physiology Department of the Medical School a main interest over many years has been in the regulation of blood circulation (Professor Hemingway). The reflex control of blood flow and breathing through nerve endings located in blood vessels and in chemo-sensitive structures was investigated by Dr. Neil (now Professor at the Middlesex Hospital Medical School). Studies on the effects of these reflexes on the action of the heart have been continued by Dr. Linden and colleagues. This work helps in understanding how the body makes adjustments to muscular activity and reacts to various types of stress.

Part of the research in the Physiology Department (Dr. Kidd) is concerned with elucidating the pathways and regroupings of nerve impulses in the brain stem; some fundamental problems in brain physiology are therefore also being explored. In other neurological work, Drs. Newman and Paul have traced, by means of electrophysiological techniques, the course of nerve impulses from the abdominal viscera into various regions of the brain, including the cerebellum, and have shown that these interact with impulses from other parts of the body.

Study of drugs and their effects on the autonomic nervous system carried out in the Department of Pharmacology under Professor Wood should also be mentioned here. The properties of xylocholine for example, the forerunner of present-day treatment of high blood pressure, first detected by Dr. Exley and studied intensively by the former Professor Bain and colleagues, have excited further work in this field. Thus by using substances synthesised by Dr. Clark, evidence has been obtained about the nature of the reaction of acetylcholine-like substances with receptors in living tissue. In a related field Dr. Mackay, having formulated a general theory of drug action (1963–66), has investigated the interactions of drugs and cells, studying especially the diffusion kinetics of drugs which paralyse skeletal muscle.

Many of the medical sciences are concerned with problems of the maintenance of the salt: water balance in cells, tissues and the human body. Dr. Fourman (Anatomy) and Dr. O'Connor (Physiology) have shown that the kidney can conserve water and excrete salt and vice versa according to circumstances, and in the Department of Anatomy the latest optical techniques, including electron microscopy, are employed in the study of neurosecretion, the process by which endocrine glands, some of which affect the kidneys, are controlled by the nervous system. Other aspects of endocrine studies in animals (Professor Dodd and colleagues in the Zoology Department) have already been referred to (p. 249).

There are many studies on the uptake of solutes by bacterial, plant and animals cells but there is space only to quote the work of Dr. D. H. Jennings (Botany). He is using a wide variety of plants, notably fungi (including marine fungi), and has shown that many ideas currently held about the significance of the relative proportions of nutrients supplied in solution to a growing plant are in need of revision. Earlier findings on the interactions of similar chemical substances (e.g. sodium with potassium or glucose with fructose) during their uptake by a living cell are summarised in his book (Jennings, 1963). Subsequent work has however shown that the uptake of nutrients by plant cells can involve mutual interactions between ions and molecules of very diverse nature and size (e.g. large organic molecules with small ions) to an extent previously unsuspected.

Finally growth, a major field of enquiry in relation to animals, plants, micro-organisms and man, is necessarily studied in many departments. Some of the physiological problems of root growth and of the root/shoot relationship are being investigated by Miss Wren (Agricultural Botany) using both isolated roots and intact plants grown in sterile culture. Growth processes at the cellular level in roots have been studied by Mrs. Harrison (Botany) who has shown that the biochemical changes which occur during development of a meristematic cell to maturity support the hypothesis that cell growth is associated with the development of particular enzyme complexes. Other growth topics currently under active study in Leeds include the mechanism by which gibberelin can break dormancy in seeds (Dr. Pinfield, Botany), studies in the synthesis of vitamins by germinating seedlings (Dr. Scott, Biochemistry) and of the biosynthesis of other natural products in fungi, bacteria and insects (Drs. Packer, Wild and Kilby, Biochemistry Department).

SPECIAL APPLICATIONS TO HUMAN AFFAIRS

While many of the topics enumerated already have practical applications, some of which have been briefly indicated, there are others for which the human interest is so great as to justify treatment under a separate heading. The value to wood technology of Professor Preston's work on plant cell walls is one of these. By demonstrating the relationship between variability in the strength of timber and variability in the fine structure of the walls of its constituent cells he has opened the way to the scientific selection of wood for desired properties and even of the selection of suitable stands to grow for strength, on the basis of easily recognisable features. Properties of wall ultrastructure relevant to the passage of water through cells also have important applications in methods of timber preservation. The nature and location of submicroscopic wall capillaries have not only been shown to be correlated with the sites of deposition of metal crystals after injection with metallic wood-preservatives but also to be the primary sites of penetration by fungal agents of wood rot. This type of knowledge is clearly an essential prerequisite for the scientific further development of protective treatments.

Protection of metal surfaces from corrosion at sea is so closely dependent on knowledge of the biology of the fouling organisms that the existence of a paint research institute run privately by the industry and located at Ripon may be of interest here. Some of the purely biological work has been done in collaboration with members of the University Biology departments and though the practical applications cannot be enumerated in detail, the longevity of a great many submerged maritime surfaces (on ships, cooling ducts and the like) has been very greatly extended by the work of this group since the end of the war.

With the undesired after-effects of pest control by means of toxic chemicals a matter of current public anxiety, it may interest members of the British Association to know that, in the Agriculture Department, Mr. Wolf, Dr. Gibson and co-workers are studying bacterial diseases of insects because in certain cases these can be made the basis of alternative, biological, types of pest control. It has been known for some time that a widely investigated organism *Bacillus thuringiensis* can be lethal by ingestion to a wide range of insects, especially lepidopterous caterpillars, but is apparently harmless to vertebrates. Some manufacturers of proprietary insecticides in the U.S.A. and on the Continent are already exploiting this fact. The work in Leeds has concentrated on developing methods of bioassay, using various species of caterpillars, including those of the large cabbage white butterfly, as test objects. The influence of environmental and biotic factors on pathogenicity is being investigated, and temperature, humidity, age of the host and the presence in the gut of normally non-pathogenic bacteria have all been shown to exert an important influence on the mortality produced by *Bacillus thuringiensis*. Three groups of toxins are elaborated by this organism and it has been confirmed that, of these, one (a crystalline protein) is primarily responsible for death in cabbage white caterpillars. The chemical nature of this protein is being investigated by Dr. Stainsby (Food and Leather Science).

The pathogenicity of fungi is of concern to many different applied scientists. The biochemists (Dr. Chattaway) have studied biochemical factors determining the pathogenicity of yeasts and other fungi to man, and the susceptibility of particular patients to these organisms. Some of the biochemical aspects of the action of antibiotics on bacteria and other micro-organisms are also being studied in this department. Dr. Mogey's work (Pharmacology) on the other hand has led to the preparation of substances similar to an active principle of the 'fly agaric', *Amanita muscaria*, which causes a peculiar state of insensibility in the house-fly. Fungus-induced diseases of crop plants are of great importance to agriculture and Professor Western (Agricultural Botany) is particularly interested in diseases of cereals and pasture plants. In association with Mr. Preece, he is currently studying the early stages of infection of clover leaves by various fungi. The cycle of events leading to the first penetration of the host by the parasite, with which the micro-ecology of the leaf surface is also involved, provides hitherto unknown features with respect to which selection for resistance can be carried out. The recent practice of broadcasting 'disease weather-warnings' in some of the local programmes of the B.B.C. is also influenced by these findings. The longevity of fungal propagules in soil is another important practical aspect of Professor Western's work. In the case of sclerotia of *Sclerotinia* and related genera it has been found that a contributory factor associated with the considerable variation in longevity is the ability of some, notably those of the clover rot fungus (*Sclerotinia trifoliorum*), to regenerate by budding without the intervention of a free-living mycelial phase.

In the complex field of medicine, co-operative studies between experts in different disciplines are peculiarly important. As an example may be quoted the far-reaching synthesis of ideas which has been collectively worked out by Dr. Burwell (Anatomy and Surgery, bone transplantation studies), Dr. Sharp (Anatomy, lymphoid tissue culture), Dr. Rowell (Medicine, clinical studies of autoimmune and dermatological disorders), Dr. de Dombal (Surgery, clinical and serological studies of ulcerative colitis), Dr. Taverner (Medicine, clinical and electrophysiological studies of peripheral neuropathies), Professor Jackson (School of Dentistry, epidemiological surveys of dental disease) and Dr. Burch (Medical Physics, theoretical analyses of the sex- and age-distributions, immunology and genetics of disease in man). These joint studies give powerful support to Dr. Burwell's key proposal (1963) that the primary and intrinsic function of the complicated lymphoid system is that of growth control. They also illuminate the molecular and genetical basis of tissue differentiation, the classical immune response, and the pathogenesis of autoimmune and malignant diseases. Errors originating in stem cells of the lymphoid growth control system lead to autoimmune disease, while disturbances in the mitotic control apparatus in target tissue cells lead to neoplastic and malignant disease. These post–1962 studies link up, in an intellectually satisfying way, with certain aspects of Professor Green's immunological theory of cancer (Department of Cancer Research), first propounded in 1954.

The application of physics to medicine has been as important as in the purely biological subjects. Radioisotopes are indispensable to many kinds of metabolic studies some of which are currently being carried out in relation to clinical problems in the departments of Medical Physics and Nuclear Medicine (Dr. Hayter, Mr. Reed, Dr. Burkinshaw). A highly sensitive and versatile technique of spectral analysis developed by Dr. Dawson enables metabolic investigations to be made with non-radioactive materials. The first measurement in this country (the second in the world) of the natural radioactivity of man was made by Dr. Burch and Professor Spiers (Department of Medical Physics) in 1950 and their present apparatus (1967) can measure the very weak γ-ray emission from potassium in the body with an error of less than $\pm$ 2 per cent. Similar equipment is being used by Mr. Boaz (Department of Agriculture) for the measurement of body potassium in pigs as a means of assessing lean-body mass.

Applications of chemistry to medicine are too numerous to quote but a useful further example of co-operative attack on a field of major biological and clinical interest by several groups of workers is that done in Leeds on calcification of bone and other tissues. The groups concerned include the Astbury Department of Biophysics (Dr. Pautard), the Biological Research Laboratory in the Dental School under Professor Weidmann, and the units of Mineral Metabolism (Dr. Nordin) and Clinical Investigation (Professor Fourman) in the Medical School. Some of the work sponsored by Professor Weidman's group concerns the role of fluoride in bone and of ageing in bone (Dr. Atkinson) while Dr. Nordin's unit is mainly concerned with the problems of renal stone and of the effects of hormones on bones of different ages in relation to osteoporosis. Other metabolic studies include the role of vitamin D in patients, experimental animals and, at the tissue level, in relation to possible effects on the transport of phosphate. Of related interest is the development in the Pharmacy division of the Department of Pharmacology of a new method for measuring the rate of separation of emulsions. Demonstrated at the Physical Society's 1965 exhibition this apparatus aroused great interest and is now in commercial production.

The striking advances made in Leeds by some of the clinical departments in evolving and using new techniques derived from the basic sciences are intrinsically outside the scope of the British Association but their importance perhaps justifies a bare mention. Among them are open-heart surgery, including the fitting of synthetic valves (Mr. Wooler), the artificial kidney, and the successful grafting of kidneys from the cadaver (Professor Pyrah, the late Mr. Raper, Dr. Parsons).

Food technology no less than medicine is profoundly affected by increasing knowledge at the molecular level. As an example may be mentioned the work of Drs. Stainsby and McKay (Department of Food and Leather Industries) on pectic substances. The technically useful properties of pectic substances in foods depend largely on molecular size and degree of esterification. By isolating (from orange peel) a pectic methylesterase with negligible action in reducing the length of molecular chains, a method for modifying at will the gel-forming action of the pectin in fruit juices has been obtained.

Finally the applications of food technology to problems of hospital feeding is a matter of great practical importance which is at present the subject of a pilot experiment in the Leeds General Infirmary in collaboration with the relevant University department. The usual techniques of handling food in large hospitals (heated trolleys) have been shown to be wasteful, to cause deterioration in eating qualities and to be harmful nutritionally. Preliminary work on the use of quick freezing of cooked meal components, with reheating near the point of service, suggests that this technique can potentially prevent all these adverse effects.

POSTSCRIPT

This enumeration has included only some of the more obvious ways in which work in Leeds has extended and is extending frontiers in the pure and applied biological sciences. A selection has, however, necessarily been made on a somewhat *ad hoc* basis. A visitor to the British Association meeting, with special interests in topics not so far mentioned, may nevertheless find, by enquiry at the secretariat of an appropriate section, that work of exactly the kind to interest him or her is in fact going on in one or even in several local laboratories. Please make this enquiry. Please also use the names which have been inserted beside items in the above account for the purpose of asking questions if you have any, since the names have been included for precisely this reason. Finally, for those who prefer to make their enquiries by reading, a selected list of a few of the more general publications dealing with some of the topics mentioned is appended below.

REFERENCES AND SUGGESTIONS FOR FURTHER READING

W. T. Astbury, *Fundamentals of Fibre Structure*, (1933).

P. R. J. Burch and R. G. Burwell, 'Self and Not-Self. A Clonal Induction Approach to Immunology'. *Quarterly Review of Biology*, xl (1965), 252–279.

J. M. Dodd, 'Gonadal and Gonadotrophic Hormones in Lower Vertebrates', in Marshall's *Physiology of Reproduction*, ed. A. S. Parkes, i (1960).

P. Fourman, *Calcium Metabolism and the Bone*, (1960).

C. Heymans and E. Neil, *Reflexogenic Areas of the Cardiovascular System*, (1958).

R. L. Homes, *Living Tissues*, (1965).

D. G. Jennings, *The Absorption of Solutes by Plant Cells*, (1963).

J. B. Jennings, *Feeding, Digestion and Assimilation in Animals*, (1966).

G. F. Leedale, *The Euglenoid Flagellates*, (1967).

J. R. Lewis, *The Ecology of Rocky Shores*, (1964).

I. Manton, *Problems of Cytology and Evolution in the Pteridophyta*, (1950).

B. E. C. Nordin and D. A. Smith, *Diagnostic Procedures in Disorders of Calcium Metabolism*, (1965).

G. A. Nelson, (ed.), 'A Flora of Leeds and District', *Proceedings of the Leeds Philosophical and Literary Society*, ix (1963), 113–170.

J. J. Post, C. C. Allison, H. Burckhardt, and T. F. Preece, 'The Influence of Weather Conditions on the Occurrence of Apple Scab', World Meteorological Organisation, (1963), Geneva.

R. D. Preston, *Molecular Architecture of Plant Cell Walls*, (1952).

XXI

THE EARTH SCIENCES

Researches which may be included under the general term of earth sciences may be grouped into those which are concerned with the examination of the materials of the earth *in situ* and those which deal with the experimental study of these materials. The methods of study in the former group are mainly observational and are those of classical geology as carried out by the Institute of Geological Sciences (formerly the Geological Survey), which has its northern headquarters in Leeds, and by much of the work of the Department of Earth Sciences in the University. It is now realised that there are limits to this method which can be partly overcome by experimental study of minerals and rocks at high temperatures and pressures, by study of the isotopic composition of the rocks and by geophysical exploration of those parts of the earth below the surface. All these methods of study are now carried out in the Department of Earth Sciences.

The physical properties of rocks and their chemical character have a significant bearing on the role they play as foundations for heavy structures and as raw materials in the fuel and metallurgical industries. These problems are studied in the University Departments of Civil Engineering, Applied Mineral Sciences and Fuel Science as well as in certain Research bodies such as the former Coal Survey Laboratory.

Reference must also be made to important local amateur work in earth sciences carried out by members of local societies such as the Yorkshire Geological Society, the Proceedings of which are widely known.

African Geology

The sponsoring by the Anglo-American Corporation of the Research Institute of African Geology in Leeds in 1956 has made it possible to develop long-term fundamental researches on the geology of Africa. The work was to be directed especially towards an understanding of 'the reasons for the emplacement of metal ores, their conditions of emplacement and a search for these conditions in Africa'. The direction of this research was enthusiastically carried out by Professor W. Q. Kennedy until his retirement in 1965 when he was succeeded by Professor R. M. Shackleton.

Three main lines of inquiry are being followed. The first is to make a structural analysis of the Pre-Cambrian rocks of Africa. These rocks contain most of the important ore deposits and the distribution of these ores is controlled both on a regional and local scale by structure. Some of the structural domains being studied, for example the Rhodesian nucleus, have remained essentially undisturbed for more than 2,000 million years. Others, for example in south-west Africa, in eastern Africa, and in Sierra Leone, form part of a much younger system of folds and thermal activity. This is so widespread that it has been named by Professor Kennedy the Pan-African orogeny. Within this domain the activity which 'set back the radioactive clocks' occurred only about 500 million years ago, at about the time of the Caledonian orogeny in Britain. One result of structural analysis has been to show that huge areas of strongly metamorphosed rocks are geologically unexpectedly young: these regions are unlikely to contain important deposits of those minerals that are known to be preferentially concentrated in the older parts of the crust. It is, for example, unlikely that diamondiferous pipes will be found in the Pan-African domain.

Professor Kennedy has further demonstrated that the Pre-Cambrian structures controlled later events, including the development of a remarkable series of offshore basins containing salt deposits which have been found around the African continent.

A second line of inquiry has been directed towards the character and mode of emplacement of some of the younger igneous rocks of Africa. Notable in this field has been the investigation of the Nuanetsi Igneous Complex of Southern Rhodesia by a team of six members of the Institute. Although this work has perhaps thrown little light on the primary objects of the Institute, it contributed a valuable concept of the Karroo volcanic cycle with an early phase of increasing geotemperatures and a later phase of temperature normality. Variations in composition of the igneous rocks were determined by the processes of melting in the early phase, but by separation of crystals in the later phases.

A third line of enquiry, geochemical in scope, has been directed towards the distribution, age and mineral chemistry of certain unusual rocks such as pegmatites and carbonatites in which there are exceptional concentrations of many rarer elements. For example, Dr. von Knorring has studied the chemistry of niobium–tantalum minerals from pegmatites.

Regional variations in the chemistry of the African crust are being studied through spectrographic measurements of rare element concentrations, especially in granites, by Dr. Rooke. In view of the fact that normal stratigraphical methods do not permit accurate dating of the highly disturbed rocks of Africa, a laboratory has been established, under the direction of Dr. Dodson, to provide geochronological data by the use of long-lived radioisotopes found in the rocks. Such methods depend on the measurement of the ratio of a stable daughter isotope to its radioactive parent in a mineral or rock sample. Knowing the rate of decay of the parent, it is possible to calculate the time when the material examined began to accumulate. In Leeds it is the rubidium–strontium method which is mainly used because of its suitability for the Pre-Cambrian rocks of Africa. Strontium–87 is most easily measured in micas and in many granites. Further, the study of the abundance of Sr-87 in so-called normal strontium gives clues to the origin of rocks—whether they are derived from old crustal material or from sub-crustal material. Such methods are being applied to a study of the Limpopo Belt, to the dating of sediments and also to certain British granites.

Volcanology and Mantle Problems

The ultimate aim of this research is to define the influence of the physical and chemical environment in controlling the formation and composition of volcanic rocks. The inquiry has involved field study in many parts of the world and experimental study of magma formation.

Since 1960, various volcanic areas have been studied. In 1962 Drs. Gass and Harris were members of the Royal Society Expedition to Tristan de Cunha which investigated in detail the volcanic history of the island group. The high potassium content of the basalts, possibly related to relative distance from the mid-Atlantic ridge, was attributed by Dr. Harris to a process of zone refining.

Volcanoes are commonly associated with major rift systems and their genetic relationship is one of the major problems of earth science. Drs. Cox, Gass and Mallick visited the volcanic centres in the southern Red Sea and the Gulf of Aden and showed the control of the Red Sea structure lines on the volcanic loci. Dr. von Knorring and Dr. Hornung have studied similar relations between the volcanoes of East Africa and the structures of the Great Rift Valley.

Experimental studies of magma formation require first a knowledge of the geological conditions under which magmas are formed. Geophysical research indicates that beneath some volcanoes, basalt magma is formed at depths of 50 km. or more. This depth is well below the boundary of the lower crust (the Mohorovicic discontinuity) in the earth layer known as the mantle. Though the nature of the mantle is in dispute, work in the Department, under the direction of Dr. Harris, has provided a quantitative estimate of the composition of average mantle material that is a reasonable basis for experimental studies. This composition is based partly on theoretical considerations and partly on the compilation of geochemical data for crystalline ultrabasic nodules or inclusions from the mantle caught up in erupting volcanic rocks. Experimental studies on the partial fusion of this material have produced liquids comparable to one variety of basalt (tholeiite) and shown how the nature of the liquid changes with the degree of melting. So far it has been possible to do this work only at atmospheric pressure. Equipment is now being developed to permit melting experiments at pressures of several thousand atmospheres. Work is already in progress on the solubility of carbon dioxide and water in magmas at high temperatures and pressures. This is of importance to the origin of special groups of igneous rocks, particularly carbonatites.

The trace elements present in rocks should give some indication of the concentration processes which have occurred in the original magmas. A study of the geochemistry of highly alkaline volcanic rocks from East Africa shows that some groups of basalts are unlikely to be due to simple melting processes in the mantle but that in addition, concentration processes have occurred.

The inclusions of mantle material mentioned above are brought to the surface in the pipes of kimberlite, the home of the diamond. Several new areas of such pipes have been studied, notably in Basutoland.

Caledonian Structures in North Wales, Scotland and Ireland

In North Wales, interest is centred on the Cambrian roofing slates. These were originally muds, which have been intensely compressed. The distortion which has resulted from this compression has been measured and related to folds and other structures by Mr. D. S. Wood. This work is leading to a more accurate knowledge of the deformation of rocks in the earth's crust.

In Scotland and Ireland, structures of the Pre-Cambrian (Caledonian) metamorphic rocks are being mapped and studied by Professor Shackleton and Dr. Tanner. The aim here is to understand the structure of the metamorphic belt of the Caledonian chain, which is still not well enough known for a section to be drawn across it with any confidence either in Scotland or Ireland.

Leeds Geology

The extensive development of new building sites and of the new roads in Leeds during the last two decades has provided innumerable temporary exposures, evidence from which has necessitated many corrections of the existing geological maps. Notable among these has been the shifting to the north of the two faults of the Infirmary Trough. Many sharp local disturbances were noticed in the Coal Measures of Hunslet and Meanwood, and a number of occurrences of reddened Carboniferous rocks at intervals from Seacroft to Horsforth have been observed. These possibly represent oxidation in the Carboniferous–Permian interval.

Geophysical Studies

Professor Irving and his group are working especially on palaeomagnetic problems. Many rocks acquire their magnetisation at the time they are formed and so can be used as fossil compasses for studying the variation of the geomagnetic field in the past, its reversal and gross changes of direction and intensity. The results can also be used for studying such problems as continental drift, the changes in size of the earth, and the variations in past latitudes and climatic zones. One item of much current interest is the correlation of oil and gas with low latitude determined palaeomagnetically, and its use in predicting the location of deposits in the North Sea.

INSTITUTE OF GEOLOGICAL SCIENCES

Following the Government's re-organisation of civil science in 1965 the Geological Survey of Great Britain, established in 1835, was placed in the newly created Natural Environment Research Council. At the same time the Survey, together with its Museum of Practical Geology, was amalgamated with the Overseas Geological Surveys in accordance with the report of the Committee on Technical Assistance for Overseas Geology and Mining (the Brundrett Report), and the combined organisation now constitutes the Institute of Geological Sciences.

The original six-inch geological survey of the North of England counties was commenced under Sir Roderick Murchison's directorship about 1860 and was completed in little more than twenty years. Just after the First World War district offices were set up in Whitehaven, Newcastle, Manchester and York to carry out detailed revisions of the Cumberland, Northumberland and Durham, Lancashire, North Wales and Yorkshire coalfields. The Whitehaven and York offices were closed in 1927 and 1938 respectively and their staff transferred to London, but the Manchester and Newcastle offices, serving the north-western and north-eastern districts of England, remained fully operational until the present office in Leeds was opened in 1959.

The establishment of an office at Leeds, covering Geological Survey activity in the whole of northern England, was only partly a response to increasing pressure on accommodation at the London headquarters. Long experience of the operational and psychological difficulties of small district offices had already led to the conclusion that a larger regional amalgamation of field units working in close association with its own specialists in palaeontology and petrology was far more viable, providing not only increased flexibility of organisation but greater cross-fertilisation of scientific ideas. In 1959 the Yorkshire and East Midlands Unit was transferred from London to join the North-Western and North-Eastern units from Manchester and Newcastle at Leeds, and in 1963 a new unit to work in North Wales was set up. In 1966 the scientific staff comprised 31 officers responsible for field survey and 9 officers working in the Palaeontological and Petrographical Departments. The following brief account covers activities since 1959, and is set out under the district units which form the basis of the current organisation.

North Western District

This extends from Shropshire and Staffordshire northwards to the Solway Firth. In the south the re-survey of the Cheshire Basin and its margins has been completed in the Macclesfield (110) and Stoke on Trent (123) districts. In the Namurian rocks south of Macclesfield a transition has been observed between the typical Pennine Gritstone facies, in which the sediments are of northerly derivation, and the quartzitic 'crowstone' facies whose provenance lay to the south. The re-survey of the Potteries Coalfield has shown that the Etruria Marls and at least part of the Keele Beds were laid down as a red facies of measures whose equivalents elsewhere are normal grey coal-bearing strata.

The rock salt beds in the Keuper, upon which important chemical industries are based, have been proved to have an aggregate thickness of some 2,000 feet and to lie in two main groups. Their formation is now seen not as the result of drying-out of salt lakes but rather as a precipitation from concentrated brine solutions trapped in a localised and progressively developing sag in the floor of an epeiric sea. In the salt-fields the mechanism of present-day salt solution subsidence and the movement of wild brine has been studied, and the knowledge thus gained has been applied in the planning stages of new towns, motorways and building generally where there has been a risk from such subsidence.

In the north of the district the re-survey of the Penrith (24) sheet is well advanced. Mapping of the Lower Palaeozoic Cross Fell Inlier is complete and a special 2½ in. map of this area has been put in hand.

In both the north and the south of the district detailed mapping of the thick glacial deposits, themselves of considerable economic importance, has given rise to much new thinking concerning the history of these deposits and of the Quaternary era during which they were laid down.

North Eastern District

Re-survey of the Durham Coalfield, started in the old Newcastle office, has been completed from Leeds, and maps and memoirs dealing with the Tynemouth (15), Newcastle (20), Sunderland (21), Wolsingham (26) and Durham (27) districts are now published or in course of preparation. The decline of mining over much of the exposed coalfield has coincided with a rise in the relative importance of the Permian rocks, both directly as a source of raw materials, and indirectly because of their bearing on the stratigraphy of corresponding strata beneath the North Sea. Re-survey of these rocks in Eastern Durham has enabled many of the outstanding problems of this formation to be solved, and in the area around Sunderland has led to a radical revision of the previously accepted stratigraphy of these rocks.

As re-survey of the coalfield has drawn to a close, so field work in districts to the west—in the Newcastle (12), Brough under Stainmore (31) and Barnard Castle (32) districts—has gathered pace, and maps and memoirs are advancing towards publication. Evidence from the Brough under Stainmore and Barnard Castle districts has established the limits of the Namurian sub-division and has led, for the first time, to an accurate determination of the Namurian–Westphalian boundary in North–Eastern England. In the east of the district, field activity centres around the brine field and rapidly expanding industrial areas of Tees-side where complex and thick drift deposits are ubiquitous.

Yorkshire and the East Midlands District

Mapping of the classic Carboniferous Limestone (Dinantian) outcrops of Derbyshire has been completed in the Buxton, Castleton, Eyam and Matlock areas, and survey of the central part of the Dome is now in progress. The details of the Visean reefs and associated unconformities have been elucidated and will be published in forthcoming memoirs for the Chapel

en le Frith (99) and Chesterfield (112) districts. The Millstone Grit rocks of Edale and the
Derwent valley have revealed details of the gradual submergence of the headland and embay-
ment topography of Lower Carboniferous times beneath Namurian seas.

Re-survey of the exposed East Pennine Coalfield, begun about 1920, was completed in
1966 with the mapping of the Derby (125) Sheet. Active coal mining has moved eastwards
into areas where the coals are concealed beneath Permo-Triassic rocks, and re-survey of this
belt has progressed northwards from the Ollerton (113) district though the East Retford
(101), Doncaster (88) and Goole (79) districts.

Six-inch maps are now available for the Permo-Triassic outcrops from Wetherby to
Nottingham and illustrate the history of sedimentation in an off-shore belt east of the Pennine
Armorican uplift. The late R. L. Sherlock's interpretation of the lateral passage of 'Permian'
marine limestones and marls with interbedded evaporites in the north into 'Triassic' sandy
rocks in the south has been confirmed.

Detailed examination of the 'Drift' deposits of the Vale of York complex, already in
progress in the Doncaster and Goole districts, will in future years reveal much new informa-
tion concerning the Pleistocene history of eastern England. Apart from sporadic patches of
'Older-Drift' most of the deposits are of Inter-Glacial, late-Glacial or Recent age. A probable
ice margin to the south of the Escrick Moraine has been traced east of Doncaster, the deposits
of which overlie gravels from which entombed wood has yielded a radiocarbon age of 41,200
years B.P.

In the coming years it is planned to move the surface survey eastwards into Lincolnshire where
only little systematic six-inch mapping has been carried out. Here, as in the Durham district
to the north, geological survey will assist in the interpretation of the results of the current
exploration for natural gas in the North Sea.

North Wales District

After a century's absence the Geological Survey returned in 1963 to the investigation of the
Lower Palaeozoic rocks of North Wales. Work started on the Silurian and Lower Carboni-
ferous rocks of Denbighshire, and by the spring of 1967 field work on the first two sheets—
Rhyl (95) and Denbigh (107)—had been completed. New light has been shed on the slump
sedimentation of the Wenlock and Ludlow rocks, and details of the structure have been
worked out. Drumlin-formation has been recognised as an important feature in the glacial
history of these areas.

Attention has now been turned to the Ordovician and volcanic rocks in the rugged ground
to the west, and the Silurian outcrops are being followed south across the Corwen (120) Sheet
towards the classic areas of the Welsh Borderland.

Palaeontology

The Palaeontological Department is primarily concerned with the determination of fossils
arising from the current field investigations and from borings. Extensive collections are made

from areas under survey and the palaeontological data obtained are used in refining correlations. The value of such studies has recently been demonstrated by the elucidation of the stratigraphical position of the Durham 'Millstone Grit', and in the determination of the sequence in the Silurian rocks of North Wales by means of graptolites. Special studies are in progress into the palaeoecological and geographical variation of the Namurian and Coal Measure faunas, and microfaunal analysis of Carboniferous conodonts and foraminifera is also being undertaken. Palynological studies are at present directed towards establishing reference sequences of spore assemblages from the Upper Palaeozoic rocks of Northern England.

The Reference Collection of fossils housed at Leeds now exceeds 500,000 specimens, and is constantly being augmented.

Petrography

The Petrographical Department is similarly concerned with rock and mineral determinations in support of the field programme and in answer to enquiries stemming from many sources. Research in the sedimentary field has included lithofacies variations within the Millstone Grit Series of the southern Pennines. Here, the alternating influences exerted upon sedimentation by the Wales–Brabant massif and 'North Atlantis' have been studied. In the Permo-Triassic of the Midlands, lithological variations have been determined with particular emphasis on arenites, though their relations to time-planes are still to be worked out in detail. Of tonsteins in the Coal Measures, that in the Rowhurst Coal of North Staffordshire has revealed the relatively rare mineral crandallite $[(Ca, Ba, Sn) Al_3 (PO_4)_2(OH)_8 nH_2O]$. Research on igneous rocks has been primarily focussed on the Carboniferous and Tertiary basic petrographical provinces of northern England.

Curation of rock and mineral specimens for reference purposes is rapidly advancing, together with the preparation of thin and polished microscopical sections. Improvements in instrumentation have led to the development of an 'autopanner' for rapid heavy-mineral concentration.

APPLIED MINERAL SCIENCES

The Department of Applied Mineral Sciences at the University of Leeds is comparatively new. It is a member of the Houldsworth School of Applied Sciences and also shares common facilities and buildings with the Mining Department. In this sense, its role is defined as dealing mainly with those aspects of minerals which follow their extraction but prior to their use by the major consumer industries.

There has always been a strong tradition in the Mining Department at Leeds of energetic participation and leadership in the fields of study known loosely as Mineral Processing. These same activities have been widened and extended to constitute the broad teaching horizons of the new Department. In much the same way the research activities have advanced and developed, keeping pace with a rapidly expanding industry which covers the whole range of economic minerals—metallic, non-metallic and fuel.

Recent radical changes in the coal industry involving greater concentration on production levels and on automatic methods of winning coal have increased considerably the problems in cleaning and preparing the mineral for industrial consumption. The problem of disposal of unwanted material which is a by-product of new, large coal preparation plants is of national importance and one which is increasing in magnitude at an alarming rate. Fundamental research into the nature of sedimentation and thickening has been one of the Department's main activities for many years. The mechanism whereby water is transported through particulate systems and the nature of flocculated suspensions are being actively pursued at the present time with especial reference to the industrial applications.

The separation of minerals by froth flotation techniques has been extended in recent years to include a wide range of materials which were hitherto considered unsuitable for such processes. New techniques introduce new problems and the Department's research effort is being mainly directed towards interpreting the highly complex kinetical mechanism of continuous flotation processes and the influence of gangue material on such reactions.

Chemical separation processes in commercial mineral undertakings are assuming great importance particularly in the field of rare elements. Ion exchange reactions which involve the separation of a cationic or anionic component in solution by absorption on a resin or receptive mineral are established commercial techniques but the fundamental mechanism of such reactions and the influence of other components present as impurities are far from understood. Research work in the Department along these lines is directed towards establishing such a mechanism and to the evaluation of parameters which would enable the behaviour of a natural mineral source to be predicted with some certainty.

The behaviour of minerals after heat treatment is also being studied with particular reference to changes which influence their resistance to chemical attack. Hydrated minerals, in particular, show marked changes in chemical reactivity when prior heated to temperatures in the region of their decomposition point. In some cases the individual oxide components can be removed quantitatively by simple acid or alkali reagents after heat treatment, whereas the natural mineral is unreactive. The industrial implications of this research are obvious especially as the thermal changes in many minerals occur at comparatively low temperatures. Heat treatment in so far as it effects the physical nature of rocks by thermally shocking them is being investigated as an aid to comminution.

In close collaboration with the Asbestos Research Council, the nature of chemical reactions between asbestos minerals and lung fluids is being investigated. That asbestos breaks down in the body is reasonably well established, but the exact mode of the attack and the subsequent behaviour of the components in the onset and progression of the disease is still the subject of much active research.

One of the most difficult aspects of mineral processing under industrial and laboratory conditions is the number of interdependent variables which are involved. The enrichment of copper ores provides an excellent example and such a system is being analysed in the Department. The effect of changes in treatment conditions of such ores is being studied as a function of increased efficiency. The results will then be fed to a computer which should forecast the ideal conditions of the individual variables for an optimum yield.

Within the framework of the Department of Applied Mineral Sciences there is a research group of applied geophysicists whose interests lie mainly in the fields of rock mechanics. An ambitious research programme has been formulated in which collaboration between this group and one in mineral processing will lead to an extensive study of the basic principles underlying comminution processes and rock-breakdown. Part of this programme is already under way in a study of the rock-cutting techniques involving high-speed directed water jets. Co-operative research of a similar nature is being directed towards the fundamental problems in powder compaction and aggregation. An attempt is being made to link the pressure and time-dependent coefficients of compaction with the elastic and plastic properties of the actual minerals involved.

The geophysics research group is active in its own right. A new appraisal of the feasibility of electrical methods of prospecting is in hand which is investigating, amongst other things, the interpretation of results under conditions of steeply-dipping strata and in areas of geological irregularities and discontinuities. Likewise, gravimetric methods are being utilised to study density variation in rock masses and to locate and define precisely the fault structure and unconformities which lie well below the surface strata layers.

Areas investigated in Yorkshire include the southern part of the Askrigg Block, where the pre-Carboniferous rocks were shown to be more magnetic than those at the surface, and the northern boundary of the Coalfield, where it is buried under Permo-Triassic strata.

CIVIL ENGINEERING

It is not possible here to give a comprehensive review of all the research work being carried on within this Department, but some indication of the work recently completed or currently being carried out in those areas of engineering which relate most closely to earth sciences in the more particular sense is outlined.

Quite commonly in research, one of the greatest problems encountered is that of making a measurement by introducing some measuring device into the system without interfering with the system being considered and without causing alterations in the quantitative value of the parameter being measured. New methods of overcoming this problem are being sought constantly and in recent years the Soil Mechanics section has developed a number of small pressure cells which can be introduced into the boundaries and even into the general mass of a soil system. These cells, in their most sophisticated form, have as their active element silicon semi-conductor strain gauges. The gauges work on the well known principle of a changing electrical resistance with change of applied stress. Because of the high sensitivity of these gauges the cells can be made small enough to overcome the normal 'averaging' effect of larger cells, and also rigid enough so that the effect of arching in the soil across the deflecting surface of the cell is virtually eliminated while the small deflexion of the surface is still large enough to produce a measurable change in resistance of the gauge.

The development of this tool has permitted a new approach to some of the problems of soil mechanics, among them the involved one of investigating the inter-relationship of the end-beaming and skin-frictional components of the bearing capacity of a pile. In this problem it was known that the loads taken by friction on the sides of the pile were transferred down through the soil and thus caused an increase of stress on the horizontal plane through the toe of the pile. This has a somewhat similar effect to increasing the depth at which the toe load of the pile is taken. Currently the quantitative effects of this inter-relationship are being investigated by means of relatively large and highly instrumental model piles.

Other research work in this field which has been completed or which is current is an investigation into earth pressures, active, at rest, and passive, on retaining walls; measurement of the *in situ* strength of granular soils and projects involving the measurement of local arching of granular soils over deflecting structural members.

In conjunction with the Transportation Engineering group in the Civil Engineering Department a series of studies are being made into the stabilising effects of lime, fly-ash, chemical and other additives of soils. The primary purpose of this study is to establish satisfactory methods of improving and stabilising native soils for use in road construction by making use of additives which are readily and cheaply available in the locality of the proposed road.

COAL RESEARCH

The varying behaviour of coal at all stages from initial mining to final utilisation depends on the variation in its composition, organic and mineral, from seam to seam and from place to place, and the basic objective of coal research is to rationalise these differences.

Several aspects of this work have been pursued in Leeds in the last thirty years and possibly the most important came from the former Coal Survey Laboratory whose task was to evaluate the properties of the various seams in the coalfield. The work of Messrs. Wanless and Macrae culminated in the production of maps and data summarising the information gained. For each seam, the significant variation, both horizontal and vertical, was shown of the chemical composition and proportions of bright and dull coal. More modern research, as in the Department of Fuel Science, has adopted more sophisticated physical techniques which lead to the concept of coal as a porous colloidal polymer.

XXII

THE MATHEMATICAL AND PHYSICAL SCIENCES

The period now under survey has been one of explosive growth over the whole area of the mathematical and physical sciences, and the way in which Leeds and its region have entered into this process reflects, on a limited scale, the wide complexity of the overall situation. For the purpose of the present review, and the strictly limited space afforded it, some very selective choice has been essential, and what follows restricts attention to two areas of physical science and technology for which Leeds has a long and notable history and in which current developments here offer typical examples of the developments and the inter-relations which are characteristic of the technological revolution of our time.

THE SOLID STATE OF MATTER

When the British Association last met in Leeds, the University had already the closest connections with two pioneering contributions which stand at the very foundation of one of the most striking and significant developments of physics over the middle years of the present century. In no other field has physical science had so unmistakable an impact upon the detailed mode of life of our people and upon the direction and growth of our technology than in our understanding, our mastery and finally our exploitation of the solid state of matter in its infinite variety of form and property.

The Foundations

It was in 1912 that W. H. Bragg, then Cavendish Professor at Leeds, carried out, with his son W. L. Bragg, work for which they were jointly awarded the Nobel Prize for Physics in 1915 on the diffraction of X-rays by crystals. This may justly be regarded as the starting point of all that work over the later years in which the disposition of atoms, first in regular structures of simple crystals, later in materials of far more complex architecture, has been studied.

Twelve years later, in 1924, E. C. Stoner came to Leeds having worked as a research student for three years in Cambridge, and there having published one of a series of penetrating papers which were to lead up within the year to the formulation of the Pauli Exclusion Principle, which offered, as it were, the key to the understanding of electron assemblies such as those which form the second characteristic component of solid matter. In Leeds, Stoner embarked upon studies of various aspects of the electron population in solids, studies which were to engage his attention for many years to come. The general field of his early work here was on magnetic properties, but as this has developed it has proved a relevant foundation to wide-ranging features of the properties of electrons in solids, their detailed motion and their interactions with the lattice of atoms which we had come to know from the work of Bragg.

The studies of the solid state which have stemmed from these two-fold foundations are world-wide, and on a scale beyond anything known in physical science in the past, and it is both appropriate and instructive on this occasion to follow some of the ramifications as they have developed in Leeds from the beginnings in which the contributions of Bragg and of Stoner were so significant. It will be manifest that even within this limited compass the diversity and the power of our modern attacks on the properties and the applications of solids are strikingly demonstrated.

Structure of Biological Forms

As is well known, the X-ray crystallographic attack on lattice structures has proved of the widest application. In the Physics Department at Leeds, G. W. Brindley developed a school of international repute in which the complex and very characteristic structures of clay minerals and associated materials were worked out and classified. In 1928, W. T. Astbury came to Leeds and began work which pioneered a succession of difficult but revealing analyses of the structure of biological materials, of which a great deal linked directly to the historic connection of the University with the wool-textile industry. Ewles and Speakman had shown by the X-ray method that wool fibres could be considered as exhibiting a crystalline structure, and, in a notable series of studies, Astbury interpreted the change in this structure when the fibre was stretched in terms of long peptide chains in keratin, which are folded in unstretched fibre but tend to unfold as the fibre is elongated. Both in the Department of Textile Industries in the University and in the Wool Industries Research Association Laboratories at Torridon, work has continued and developed on a large scale for studying the properties and constitution of fibres both natural and artificial. Now, as will be apparent elsewhere in this survey, powerful and sophisticated methods, among which may be noted that of the scanning electron-microscope applied to the study of the topography of fibres, supplement the still important X-ray investigations.

Astbury's studies of biological structures were to spread far beyond his work on the chains in keratin. He studied other structures including muscle tissue, nucleic acids and nucleo-proteins, and although some of his interpretations were incorrect in detail, the stimulation of his work and personality was enormous. In the school he developed, the main protein chain conformations were discovered and related: 'Astbury discovered the land, and every valley is being explored by numerous workers in all countries'. In the University his name is commemorated in the title of the Astbury Department of Biophysics: here under his successor, R. D. Preston, the techniques of X-ray diffraction join with more recent technical developments in polarisation microscopy and electron microscopy. The detailed structure of a number of plant cell walls, and the recognition of the crossed fibrillar structure now known to be of wide occurrence among these, was one of the early and important applications of the parallel techniques of X-ray diffraction and polarisation microscopy. Substantial further developments with these techniques laid the foundation for the application of electron microscopy leading to the discovery of the micro-fibrillar structure of cell walls which is almost ubiquitous in plants. The shape and internal structure of cellulose microfibrils was worked out, together with the relation of these crystalline bodies with the matrix in which they lie, leading to the demonstration that cell shape and cell growth are completely dependent on the anisotropic visco-elastic properties of the wall.

More recently X-ray diffraction methods have continued to be the chief guide in all studies of relatively insoluble materials where 'dissection' into component molecules and fragments by chemical means is so likely to yield by-products which cannot be related to the intact structure. This is the molecular and macromolecular level of structure where X-ray and electron diffraction, spectroscopic methods and to a lesser extent polarisation and other specialised methods of optical microscopy are supreme. At a more complex organisational level, electron microscope images and their accurate measurement take over as the most important guide: in the Astbury Department all these available techniques in exploring the nature and functioning of macromolecular structures in biological systems are exploited, while direct physical studies are related throughout to chemical extraction and chemical characterisation and, inevitably, to relevant studies on living organisms both in the laboratory and in the field.

Fibrous protein production is a characteristic property of animal organisms. Recently many new structure types have been found in insect and other animal 'silks' and in particular a relation has been found between the fibrous protein collagen, so important in many biological fields, and the insect silks. As protein fibres the silks are extraordinary, for as compared with internal fibrous proteins there are fewer restrictions as to environment while the functional requirements are simpler. Hence in silks a far wider range of protein chain conformations occurs since selection against certain possibilities is not present.

Clay Minerals and Ceramics

Current developments deriving from Brindley's work on clay mineral structure are to be found in the Department of Ceramics in the Houldsworth School of Applied Science. The general features of the structure of the clay minerals, which are the raw materials of ceramics and which were interpreted by Brindley and his colleagues, form a starting point from which the complex structures involved in the reaction mechanisms and the products formed during the firing of ceramics may be understood. Modern work on the mechanical properties of crystalline materials is very much dependent on the ease with which X-ray diffraction studies enable principal stresses to be applied along selected crystallographic directions. The thorough understanding of the dominant components in ceramic structures, combined with the development of our views about magnetic properties following Stoner's definitive work, have led to important areas of development in piezo-electric and non-metallic magnetic materials. In a great deal of this work X-ray crystallography has in recent times been reinforced by additional techniques of X-ray fluorescence.

Yet another development in recent years at Leeds derives directly from Bragg and his work. Once a student of Bragg in London, E. G. Cox came to Leeds in 1945 and developed a school of X-ray crystal structure analysis in the Department of Inorganic and Structural Chemistry. The aim of the work developed here included the establishment of reliable values of bond lengths and angles in various simple molecules and ions, and the study of inorganic compounds, particularly those likely to be of stereochemical interest and those in which the dimensions might provide an understanding of binding forces. In this work notable technical advances were brought into service: this school was a noteworthy pioneer in the application of numerical methods and fast computing systems to X-ray analysis. At a later stage the advantages of studying the relatively quiescent lattice structure at liquid nitrogen, and later at liquid hydrogen, temperatures was also exploited on a large scale.

Magnetism and Electron Structure

We have already seen that, in his work at Leeds, E. C. Stoner came to concentrate very largely upon the problems of magnetism. The power and the success of the analytical treatments which he was able to develop for this property at one time considered quite separate, must have contributed greatly to the confidence with which studies of the whole area of the phenomena related with the electron configuration in solids and its interaction with the skeletal lattice have been undertaken. As time went on, Stoner's interests concentrated on the properties of metals and alloys, and particularly the paramagnetic and ferromagnetic transition metals. In 1930 he developed a quantised version of the Weiss molecular field treatment of ferromagnetism, and he went on to consider the application of thermodynamic statistics to the magnetic properties of metals and alloys. Later he developed relations for the electron spin susceptibilities and electronic specific heats of electrons in the characteristic defined ranges of energy which they occupy in solid matter (the 'energy bands'), showed how the effect of a molecular-field type interaction on the susceptibilities could be brought into the treatment, and so was able to demonstrate the relations between paramagnetism and ferromagnetism in metals and alloys. His two classic papers published just before the second world war, on the collective electron treatment of ferromagnetism, mark a stage when the complexities of the electron system within metals lost many of their terrors. After the war, working from this foundation, it became clear that it was important to co-ordinate a wide variety of measurements bearing on properties of the electron system, and a great deal of work in the Physics Department is now directed to this end. The main materials are the transition metals and their alloys, and measurements of magnetic and thermal properties have provided a great deal of information in detail about the ranges of electron energy states which occur, and about the so-called 'exchange' interactions between electrons which play a crucial part in determining magnetic properties. The area of correlation with other properties tends always to become wider.

It is an important feature of bulk ferromagnetic materials that their properties in low and moderate fields are not described in terms of a continuous uniform behaviour, but rather in terms of a system of small volumes of common order or 'domains', the relationships between which lead to many of the characteristic properties of bulk ferromagnetic material. Together with E. P. Wohlfarth, Stoner published in 1948 a most important paper in which were introduced the concepts of 'single domain particles' and of 'shape anisotropy'; developments based on these concepts led to a much better understanding of the properties of a wide range of magnetic materials, some of great commercial importance, including Alnico-type high coercivity alloys, magnetic recording tapes and thin magnetic films. They have also led to the development, mainly in the United States, of a new type of high-coercivity magnetic material —the so-called 'elongated single domain' magnets, consisting of assemblies of small particles, with dimensions typically less than 10^{-5} cm., of iron or cobalt dispersed in a non-magnetic matrix.

Important technical magnetic properties are now a subject of work in the Department of Electrical and Electronic Engineering, where, in particular, the non-linear behaviour of magnetisation in ferromagnetic materials is under investigation. Subjected to high incident microwave power, such materials may exhibit abrupt power thresholds beyond which strong losses occur. The theory of this behaviour is complex, involving the separation of a spectrum of purely magnetic spin-waves from the electro-magnetic field. It has important potential applications in microwave power limiting.

We have already mentioned that the electron population in solids falls into defined ranges of energy, the so-called 'energy bands', which are characteristic of specific materials and which determine many properties. An important series of materials, the semi-conductors, are recognised by rather sensitive relationships between bands. Further interesting work in Electronic Engineering is being carried out on the 'Gunn effect', discovered experimentally in 1964, in which a high electric field applied to a slice of semi-conducting material of appropriate band structure leads to a direct conversion of the static input to high-frequency oscillations.

Developments in Metallurgy

It is perhaps in the progression from the study of fundamental situations on an atomic scale, or in an essentially uniform regime of atoms, to the occurrence and significance of macroscopic structures that the transition from the stage of understanding to one of control in the area of solid-state technology has developed. It is inevitable that the fundamental tools of the earlier work should be supplemented, if not superseded, by a further range of technological devices. In physical metallurgy, which is the characteristic area of the Metallurgy Department in Leeds at the present time, the centre of interest is in the structure-sensitive properties of metals and alloys, and during the past ten years this interest has developed greatly as a result of two major advances: in the first place the improvement in design of electron micro-scopes, which came in the immediate post-war years, and secondly in the development of thin-foil techniques which have allowed metals to be examined by transmission in the electron microscope. These advances also owe much to the pioneering work of Bragg, for although the classical experiments on diffraction were conceived with X-rays, the principles have im-mediate application to the diffraction of electrons, and the diffraction of electrons by periodic atomic arrays provides one of the chief sources of contrast in the images observed in electron microscope structure. The structure-sensitive properties of metals and alloys are controlled by the imperfections in the periodic lattice, and with the electron microscope it is possible to determine the morphology of these imperfections, largely as a result of the effects they have upon the diffraction of the transmitted electron beam. Deriving from the electron microscope, a whole new group of instruments has come into use for studying metals and the results from these instruments have given rise to the whole subject of electron-metallography.

Concrete Technology

It is probably not possible to trace in any convincing way the direct influences of the whole area of solid state technology, as we have outlined it, upon problems of decidedly less uniform materials. But it is difficult not to avoid the conclusion that notable work in concrete tech-nology carried out in Leeds, over the period since last the British Association came to the city, has derived inspiration from the parallel studies of simpler solid systems. Over this time R. H. Evans and his co-workers have studied in extensive detail the properties of concrete, reinforced and pre-stressed, in compression and in tension. Particularly noteworthy has been the work on concrete in tension and on the early occurrence of cracks of micro-scopic width. In 1938 the first laboratory tests on pre-stressed concrete members were made at Leeds, and research continues to contribute impressively to the development of this important building material. Thin shell structures, the use of lightweight aggregates, methods of achieving high early strength, are other topics where the detailed properties of the material interact intimately with application and the broad lines of practical requirement.

COMBUSTION, FLAMES AND GAS KINETICS

Research into the phenomena of combustion can be traced back in Leeds for 80 years, to the days when theories of the chemistry and structure of flames were dominated by the views of that notable experimental chemist Robert Wilhelm Bunsen, for many years professor at Heidelberg. His extensive researches into combustion had led him to interpretations which suggested that the law of mass action was not valid for these reactions, and that combustion proceeded in stages, hydrogen being burned preferentially in hydrocarbon flames. In 1884

Arthur Smithells was appointed to the Chair of Chemistry in Leeds; he had studied in Heidelberg under Bunsen and it was not surprising that combustion became one of his main interests. He embarked with H. Ingle on an extensive series of investigations of the chemistry and structure of open flames, using pure hydrocarbons instead of the uncertain mixtures which had chiefly been used in earlier work. They observed that the inner and outer cones of a Bunsen flame were separable, and developed a device, the 'flame separator', with which they were able to analyse the interconal gases and show that oxides of carbon, hydrogen and steam were present without carbon separation. This result was at that time of quite outstanding interest, since it disproved the prevailing ideas of the preferential combustion of hydrogen, and justified the application of the law of mass action.

In 1905 a Chair of Fuel and Metallurgy was instituted at Leeds and the first occupant was William Arthur Bone who had himself also studied in Heidelberg. His researches in the field of combustion, at Leeds and later at Imperial College, are monumental, while his book in collaboration with D. T. A. Townend and entitled 'Flame and Combustion in Gases' is a classic. It was during his tenure of the Chair at Leeds that the Gas Heating Research Committee, under Smithells' chairmanship, developed in Bone's laboratory the much-used 'Leeds method' of testing the radiant efficiency of gas fires. The establishment of this method, extended under his successor to embrace the testing of coal and coke fires, offers early evidence of the twofold aim, on the one hand towards fundamental studies of detailed mechanisms and on the other towards the practical problems of the community at large, which has characterised activity over the years in the departments of Applied Science at Leeds.

With the development of the internal combustion engine, combustion efficiency, particularly in gaseous explosions, became a matter of great importance to engineers, and a wide variety of theories were advanced to explain the considerable discrepancy which was found between observed and calculated explosion pressures.

Sixty years ago, in 1907, the British Association formed a Gaseous Explosion Committee, and William Thomas David, who came to the Chair of Engineering at Leeds in 1921, was one of those who had been involved in these studies. Most valuable work was carried out in his laboratory on accurate energy balances for flames and explosions. His views on the abnormality of flame gases frequently ran counter to current ideas, but he steadfastly maintained that flame gases were not normal hot gases in thermal and chemical equilibrium.

In 1938 Townend was appointed to the Livesey Chair of Coal Gas and Fuel Industries, and his work on cool flames revealed many new features in the understanding of hydrocarbon combustion and had particular importance with regard to the phenomenon of 'knock' in engines. Perhaps most importantly, Townend introduced researches into the phenomena exhibited by burner flames and in so doing established investigations which have continued unbroken until the present time. He was responsible for the concept of burning velocity as a physical constant.

The strands of work which we have now briefly traced are significant both for their fundamental importance and for the elegance and simplicity with which they were achieved. They led forward in our own time, as is to be seen in so many areas of technology, to

S

investigations of far wider variety and greater sophistication. The range of these now to be found in Leeds can offer a significant insight into the development of areas of work critical in times when power generation is so clear an indicator of industrial development.

Combustion Gases and Power Generation

In the Department of Mechanical Engineering, studies of combustion in processes relevant to the generation of mechanical and electrical power continue; not only is explosive combustion investigated both in explosion vessels and in variable compression-ratio engines and other special research engines, but also continuous combustion in low pressure burners and in gas turbine and ram jet combustion chamber test rigs. Work goes forward on problems associated with the rate of chemical heat release in reciprocating internal combustion engines, particularly with regard to the heat released in shock waves causing 'knock', while studies are being carried out on problems of convective heat transfer from the hot gases to the cylinder walls.

Currently there is a great deal of interest in the magnetohydrodynamic generation of electricity from combustion gases passing through a magnetic field. An essential requirement in this process is that there are enough free electrons to maintain adequate electrical conductivity of the gases, and work has been undertaken, both experimentally and theoretically, on the conditions which give rise to the presence of free electrons in flame gases. The optimisation of these effects is being sought in its relation to practical magnetohydrodynamic generation.

The Fundamentals of Flame Combustion

Over recent years the Department of Fuel Science has derived strong encouragement from its close relationship with the Gas Council, which has not only supported research on a substantial scale but also by means of joint consultation linked this work in a very profitable way with the work in other establishments, and particularly those of the gas industry itself. Work in the Department has come to cover a large range of investigations on the problems of gaseous combustion, including work on burning velocity and flame stability, heat transfer from flames and noise generation and control in high intensity combustion systems.

Burning velocity measures the rate of advance of a flame front into unburned gas ahead of the flame and is thus the practical overall measure of flame reaction rates. Flame shape in premixed gas is self-adjusting, so that the gas velocity normal to the flame front is equal to the burning velocity, but flame stability, both for premixed and diffusion flames, is a more complex function of the aerodynamics of flow from the burner, involving conditions at the boundaries of the flow system. At the present time special interest attaches to problems of diffusion flame stability because of the difference of stability of diffusion flames of natural gas, notably that likely to be obtained from the North Sea wells, in air as compared with that for the conventional town's gas supply containing a considerable amount of hydrogen.

The precise mechanisms of heat transfer from flames are highly relevant to the design of combustion systems for maximum efficiency, and investigations at Leeds have shown that heat transfer to surfaces exposed to the burned gases of hotter flames (2000°K upwards) is a composite process, involving not only thermal conduction but also diffusion of free radicals through the boundary layer and their subsequent exothermic combination on the surface. If the free radicals are of low molecular weight, for example hydrogen atoms, heat transfer by the second mechanism may prove to be more rapid than that by thermal conduction.

The scope of the investigations which have been referred to in the last two paragraphs stresses the importance of elucidating the fundamental processes, both physical and chemical, that are involved in flame propagation, and an extensive programme of work on such problems represents the third major field of interest in the Department at the present time. This work has involved measurements of temperature and of composition profiles in flames, the latter profiles being necessary both for stable reactants and products and also (where it proves possible) for unstable free radical intermediates. In order to obtain sufficient spatial resolution at atmospheric pressure, slow burning flames near the flammability limits have to be stabilised on suitable burners. The profiles which have been derived demonstrate quantitatively the processes of gaseous diffusion and thermal conduction in flame zones and they have become an important source of information on flame chemistry and rate constants at high temperature for a number of important combustion reactions, for example those of hydrogen atoms with O_2, CO_2, N_2O and CH_4.

Combustion of Coal

In recent years developments in this country and elsewhere have been concerned with the large scale combustion of progressively inferior coals, that is to say coals of increasing mineral matter content, and the trend has been towards the high intensity combustion of pulverised coal. A recent development has been the commercial possibility of generating electricity directly from combustion products maintained at temperatures in the region of 2,400°; the passage of these products, suitably seeded with alkali metal salts to produce a stream of partially ionised and conducting gases, through an appropriate magnetic field, results in the generation of current of the required magnitude for commercial exploitation. Coal is of special importance in this work in so far as it already contains seed material in the form of its intrinsic mineral content. The generation of the combustion products of coal at higher temperatures than have been usual also gives a number of other attractive features, for example increased heat transfer rates and intensities of combustion. These factors together have led to the initiation of a major programme of research in the Department of Fuel Science on the products of combustion of coal at temperatures in the range 2,000°–3,000°K, and a high intensity coal–oxygen burner has been developed which is used to provide combustion products of the desired characteristics. The rates of heat transfer from the products, the extent of ionisation of the species present, and the mechanisms by which coal particles burn at these temperatures are the main interests at the present time. Already this work has involved the development of special methods of temperature measurement for gases at high temperatures and seeded with particulate material, together with the computation of equilibrium compositions, theoretical flame temperatures and the extent of ionisation.

Chemical Studies

Over the last fifteen years the interest which characterised the early period of the School of Chemistry in the University has reappeared with renewed impetus in work on flames and free radical chemistry. A. D. Walsh initiated work on cool and blue flames, especially in ether combustion and carbon disulphide oxidation, and brought original methods to bear on problems connected with the spontaneous ignition of carbon monoxide and methane. His notable contributions to the spectroscopy of simple molecules involved in oxidation also bore significantly upon this work. F. S. Dainton worked on the spontaneous ignition of hydrogen–oxygen mixtures and, although very actively concerned in other fields, carried out numerous researches into the reactivity of free radicals. These interests and others in the area of explosions and explosive compounds have continued under the present head of the Department of Physical Chemistry, P. Gray. As a result, the field of combustion in its widest sense is represented at the present time by a number of main themes. Work has been undertaken on spontaneous ignition and thermal explosions in both gaseous and condensed phases, with particular reference to organic peroxides, nitrate explosives and hydrazine derivatives, alongside theoretical studies of the theory of explosions, using methods of high speed computation to predict the behaviour of complex systems on the verge of explosion. Laminar flame propagation in systems of fuels (such as ammonia and hydrazine) and oxidants (such as nitric oxide) is the subject of extensive investigation. Emphasis here has centred on flame chemistry and on the interaction of simultaneous processes in the combustion of multicomponent systems.

A wide range of studies has also been made on the gas phase reactions of simple radicals and atoms. Recent examples in this area are the study of hydrogen abstraction from the hydrazine family of fuels, and of the reactivity of atomic oxygen, including the enhanced reactivity conferred by exciting its electrons to higher states. Finally, thermophysical aspects of combustion are studied. These cover measurements of combustion heats, thermal conductivities, diffusion constants and other transport properties of compounds of importance in the field, examples which illustrate well the interrelation of the problems of flames and combustion with the more general scope of chemical kinetics.

In this chapter, an attempt has been made to relate the pioneer situation of Leeds in two particular areas of physical science to the wide ranging and rewarding activity in them here at the present time. The links with the earlier days are direct and personal, and have been successful in maintaining an enthusiastic tradition. But it is also a characteristic of the physical sciences and technologies at the present time that fruitful development is largely dependent on the interaction between a variety of advanced techniques, modes of thought and broad lines of approach. In these examples this feature should also be apparent. The revolution in our understanding in these two areas between successive meetings of the British Association in this city serves to emphasise the reality of the technological revolution in which we take part.

Professor Wilson is grateful to the many people who have advised him about the material of this section, and particularly to Dr. N. L. Allen and Dr. J. E. Garside, who helped greatly in co-ordinating the material.

XXIII

SCIENCE IN INDUSTRIES OF
SPECIAL LOCAL INTEREST

Leeds is essentially an industrial city and scientific activity in the area owes much to far-seeing and enterprising industrialists. Although Leeds is now regarded as one of the major centres of teaching and research in a wide range of pure and applied sciences, particular applied sciences have a special association with the area. This is due partly to historical accident and partly to the enthusiasm of local men. The Yorkshire College of Science—out of which the University grew—owed its origin to industrial competition from the Continent. The Paris exhibition of 1872 aroused in Yorkshire businessmen a keen interest in technical education, for it was believed that the French, Belgian and Prussian workers owed their undoubted skill to superior technical instruction. As a consequence a scheme was put forward by James Kitson, a Leeds engineer, for setting up a central college for the West Riding 'to provide technical education and training for young manufacturers and science teachers'. A public appeal was launched in 1872 but by 1874 only £20,000 of the £60,000 required had been subscribed. The scheme was in danger of being abandoned when the Worshipful Company of Clothworkers of the City of London became interested in the project and offered to maintain a Department of Textile Industries, a Department not hitherto included in the scheme. This enabled true progress to be made and the College was opened in 1874. Buildings to house the Department of Textile Industries and the sister Department of Colour Chemistry were among the first to be erected on the University Road site. They were integral parts of the College and later of the University and over the years have played important roles in the advancement of science as applied to the textile and colouring industries.

As would be expected in a city in which leather manufacture has been so important, a Department of Leather Industries was established early in the history of the University and soon became one of the most renowned centres for leather research in the world.

Departments of Textile Industries, Colour Chemistry and Leather Science are not often found in British or other universities, but the far-reaching achievements of scientists working in these departments in Leeds and in organisations closely associated with them, illustrate clearly the value of applied science to local industries and of the contributions that applied scientists can make to the field of learning.

RESEARCH FOR THE TEXTILE INDUSTRY

Until the end of the first world war the activities of the University Department of Textile Industries had been largely technological, being concerned with teaching students the craft of wool textile processing. The war convinced scientists and politicians of the need for science in industry, and the Research Association movement was initiated. It is a matter of some pride that one of the oldest Research Associations is that which serves the wool industry.

The University Department also realised the need for a scientific approach to textile processing and scientists were appointed to the staff. In the early days funds were extremely limited but with the help of the Clothworkers' Company, a viable research school was set up: J. B. Speakman being responsible for the chemical investigations while W. T. Astbury and H. J. Woods were in charge of the more physical aspects. From these small beginnnings an enthusiastic and renowned school has been built up.

Astbury's fundamental work on the structure of keratin proved to be of great significance not only to the wool industry, but also in a wider context, for it formed the basis of research on other proteins such as mysosin and collagen. After working for several years on the properties of wool and other textile fibres, Astbury devoted an increasing amount of his time to other biological proteins and eventually, with the assistance of funds from the Rockefeller Foundation, established a separate Department when he was appointed to the first chair of Biomolecular Structure in the country.

Speakman's investigations on wool were concerned with such topics as the reactivity of the disulphide bond in wool, permanent set, and combination of acids and bases with keratins, in addition to many investigations of a more technological character. His work laid a firm foundation on which wool research has been based for many years. During his tenure as Professor and Head of the Department of Textile Industries, the Department grew in numbers and reputation. Two more chairs (Textile Technology and Textile Engineering) were established and a new building (the Man-Made Fibres Division of the Department) was erected to house equipment complementary to that in the older Wool Division.

The Department now has a staff of 45 including three Professors, an undergraduate population of some 300 and a graduate school of 90. It is well supported by producers of both natural and man-made fibres as well as by those concerned with processing textiles. The Clothworkers' Company is still its most generous benefactor, having contributed some £700,000 over the years. The structure of wool keratin continues to be the most important topic for research and a large number of techniques have been developed to deal with this problem, including X-ray diffraction and infra-red spectroscopy (Mr. H. J. Woods), electron microscopy (Dr. J. Sikorski and Dr. D. J. Johnson), electron spin resonance (Dr. J. Keighley) amino acid analysis and electrophoresis (Professor Robson and Dr. Woodhouse), thin-layer chromatography (Dr. E. V. Truter) and assessment of chemical reactivity (Professor Whewell and Dr. L. Peters). In electron microscopy interest has been focused on the interpretation of high-resolution photographs and more recently on the use of a scanning electron micro- scope. Thin-layer chromatography has also proved to be of value in studies on the composition of wool wax, plant lipids, and certain synthetic polymers as well as in studies on the oxidation of drying oils. Dr. P. T. Speakman is concerned with the biosynthesis of keratins and has used the ultra centrifuge and tissue culture techniques for his work. Parallel with these investigations have been others on textile processing and textile engineering. These have included fundamental studies on the extrusion of man-made fibres (Dr. N. H. Chamberlain), yarn manufacture (Dr. P. P. Townend and Dr. G. Brook), weaving (Mr. D. C. Snowden and Dr. K. Hepworth), knitting (Mr. D. L. Munden), and finishing (Professor Whewell, Dr. J. W. Bell and Dr. L. Peters). An extremely productive textile engineering unit concerned with both fabric engineering and the design of new machines has been built up by Professor P. Grosberg, who holds the Research Chair in Textile Engineering, endowed by the Wool Surplus Organisation after the Second World War. Dr. N. H. Chamberlain is responsible for a team of research workers dealing with problems for the clothing industry.

The Department has extremely close relations with industry, particularly with the wool industry, and it derives much of its financial support from the International Wool Secretariat and the Wool Textile Research Council. Over the years it has played an important part in encouraging research in fibre industries, and has housed no less than five research associations in the early years of their existence. These are the Wool Industries Research Association, the Dry Cleaners' Research Organisation, the Hat and Allied Feltmakers' Research Association and the Silk Research Association. The British Brush Makers' Research Association still have their laboratories in the Department. The Department is fortunate in having as honorary mem- bers of its staff, eminent scientists employed in industry or in Research Associations and this is mutually advantageous both to industry and to the University.

Research for the wool textile industry is also carried out in the well-equipped laboratories of the Wool Industries Research Association, a large organisation with a staff of some 200 working under the direction of Dr. A. B. D. Cassie. The Association was one of the first to be established in this country and is financed partly by the Ministry of Technology and partly by the Industry.

The Association was formed in 1918 with an office in Bond Place Chambers, Leeds, as its headquarters. Research was begun without delay, projects being sponsored by member firms and undertaken by the Departments of Textile Industries in the University of Leeds and in the Bradford Technical College. In 1920 a house in Headingley Lane called 'Torridon' was bought (the industry still commonly refers to the Association by this name) and adapted for use as laboratories. A small staff was thus able to conduct research in physics and chemistry, but applied work was severely restricted until more money and accommodation gradually became available.

Very little was known then of the physical and chemical constitution and properties of wool. Early research, however, soon provided valuable information on the measurement and control of humidity in processing and testing rooms, and on the moisture content of wool.

Other studies were on the drying of wool, the effects of static electricity during processing, and the physical properties of wool as a clothing fibre. The industry has benefited much from these and more recent researches in physics, both as regards processing procedure and methods of testing.

The first chemists at Torridon began to learn something of the complex molecular make-up of wool. This knowledge led to methods of assessing changes in wool during chemical processing, thus enabling damage to be prevented. The development of shrink-resist and other 'easy-care' treatments owes much to these studies. The invention of a method of chemical analysis at Torridon in 1944, known as partition chromatography, earned Dr. A. J. P. Martin and Dr. R. L. M. Synge a Nobel Prize in 1952.

Today, Torridon consists of several large buildings containing modern machinery as well as normal laboratory facilities. Emphasis is placed on applied research and a consulting service, and the work of the staff is controlled by the industry, which makes good use of its well-equipped research centre at every stage of processing, testing and quality control.

A primary aim of research in carding is to avoid fibre breakage and the formation of neps (small knots of entangled fibres). The preparation of fibres for the card, notably wool washing, also has a great influence on these factors, and research has facilitated progress in all such operations.

The longer fibres, combed from the worsted sliver and sold in sliver form as 'tops', had traditionally been attenuated to 'roving' suitable for spinning into worsted yarn by means of eight to ten stages of drawing. During the war, shortage of mill staff prompted research on methods of reducing the number of stages of drawing. Subsequently, a member of the industry conceived an ingenious device for doing this, and brought his idea to Torridon for development. The new method, known after the inventor as Raper Autolevelling, has revolutionised worsted drawing.

The uniformity of thickness of the slubbing from the woollen card is of prime importance, and after many years of research a completely automatic method of control, known as the WIRA Autocount, was provided for this section of the industry. Current research, in co-operation with machinery makers, is pointing the way to increased production in woollen carding.

Fundamental studies of yarn tension during weaving suggested a practical application in the form of a device, the WIRA Full-Width Temple, for eliminating sudden increases in warp tension, thus reducing yarn breaks and other faults. The mending of cloth after weaving, which tends to be an industrial bottle-neck, has been considerably reduced by the use of this new loom attachment, and also by a method for joining yarns with an adhesive instead of knots. Many other recent inventions in weaving and its preparatory processes have improved efficiency and productivity. As a result of an industrial survey and subsequent laboratory investigations, methods of scouring cloth have been recommended which offer considerable savings in both time and material.

Surveys of processing methods in the mills of member firms are a fruitful form of industrial research. A detailed study of the mending of worsted cloth provided the industry with valuable information, as also did a recent survey of the comparative costs of making twofold from single yarn.

Amongst the outstanding examples of testing devices developed by the Association are the WIRA Fibre Fineness Meter for measuring in a few minutes by an air-flow method the average diameter of a sample of fibres, and the WIRA Fibre-diagram Machine for measuring and presenting graphically the distribution of fibre length in a sample. Three WIRA devices accepted for the Instrument, Electronics and Automation International Exhibition at Olympia in May 1966 were a Rapid Drying Oven for bringing a 1 lb. sample of fibres from normal moisture content to dry weight in about five minutes, an Automatic Recording Balance for weighing and recording a series of samples, and an instrument for measuring the extension and tensile breaking load of single fibres.

COLOUR CHEMISTRY AND DYEING

The main centres in this country for the manufacture of dyestuffs are Manchester and Huddersfield, which are conveniently situated for the Lancashire and Yorkshire textile areas, where much of their output is used. However, one important dyestuffs firm is located in Leeds, namely, the Yorkshire Dyeware & Chemical Co. Ltd. This firm, which has expanded rapidly in recent years, was formed in 1900 by the amalgamation of several small firms originally engaged in marketing natural dyewoods and extracts. It has two factories in Leeds and now manufactures a wide range of synthetic dyes, but it is best known for the extensive range of disperse dyes which it has developed during the past thirty years. Dyes of this type are essential for colouring many of the man-made fibres, especially cellulose acetate and polyester fibres. It is of interest to note, however, that one natural dye, namely, logwood, is still of importance.

Recently, Sandoz Products Ltd. have opened fine new laboratories at Horsforth, on the outskirts of Leeds. This firm is a subsidiary of the Swiss firm, Sandoz AG of Basle, and the laboratories at Horsforth are concerned with problems of dyeing, printing and finishing, rather than with dye manufacture, but a variety of auxiliary products are made at Horsforth. Also in the neighbourhood of Leeds is the firm of Hickson & Welsh Ltd., of Castleford. This firm specialises in the manufacture of intermediates for dyes, fluorescent brightening agents, and organic chemicals for rotproofing timber.

At Harrogate are to be found the headquarters and laboratories of I.C.I. Fibres Ltd., who have carried out a great deal of research in connection with the dyeing of Terylene and poly-propylene fibre. In the case of wool, research on theoretical and practical aspects of dyeing has been carried out by the Wool Industries Research Association at Leeds, and at Ilkley the International Wool Secretariat are to build new laboratories where wool dyeing and finishing will be studied.

One of the principal industries in Leeds is engineering, so it is not surprising that the Longclose Engineering Co. Ltd., one of the largest manufacturers of dyeing machinery in this country, is located in Leeds.

As far as colour chemistry and dyeing are concerned, however, Leeds is most widely known on account of the University's Department of Colour Chemistry and Dyeing. Historically, the existence of a school of dyeing in Leeds is due to the establishment, by the

Worshipful Company of Clothworkers, in 1875, of a Department of Textile Industries. The Dyeing Department commenced, in 1880, as an experiment in a single-story annexe to the Textile Department, but in 1885 a separate department, under the late Professor J. J. Hummel, was established by the Clothworkers' Company. Since then, the two Clothworkers' departments, situated in adjacent buildings, have always been closely connected in teaching and research. At about the same time as the Yorkshire College became the University of Leeds, in 1904, the whole emphasis of the Department changed. From being a school of dyeing it became primarily a school of colour chemistry, under the direction of an outstanding dyestuffs chemist, the late Professor A. G. Green, F.R.S. His successor in the chair was A. G. Perkin, son of Sir William Perkin, founder of the synthetic dyestuffs industry. A. G. Perkin had already spent twenty-four years in the Department as lecturer and research chemist when he succeeded A. G. Green, and he had long been famous for his pioneer work on natural colouring matters, for which he was awarded the Davy Medal of the Royal Society. When Perkin retired, in 1926, he was succeeded by F. M. Rowe, a former student of the department and widely known as the editor of the *Colour Index*, a monumental dictionary of dyes, publication of which was sponsored by the Society of Dyers and Colourists. Since the last meeting of the British Association in Leeds, the Department has been under the direction of the late Professor F. M. Rowe, F.R.S., Professor W. Bradley and, since 1962, Professor I. D. Rattee.

The Department of Colour Chemistry and Dyeing admits most of its students to a four-year course leading to the degree of B.Sc. with Honours in colour chemistry. The first three years of this course are based on pure chemistry studied up to at least Pass B.Sc. level, and at the same time polymer chemistry, colour physics, dyeing, and textile chemistry are studied. The final Honours year is devoted to the study of the chemistry of dyes and pigments and the physical chemistry of dyeing. Apart from a very small entry before 1914 and a flood of ex-service students immediately after the first world war, the number of students admitted to the Department has been of the order of ten to fifteen, although there has been a small increase in recent years. Owing to generous help, in particular from the Clothworkers' Company, industrial firms, and the International Wool Secretariat, up to 30 per cent of the Department's total student population have been able to undertake research for a higher degree. An advanced course leading to the degree of M.Sc. by examination has been instituted recently.

Graduates from the Department, although not restricted to any particular branch of chemistry, are especially well qualified for posts connected with the application and manufacture of colouring matters. Over the years they have been prominent in the application laboratories of dyestuff manufacturers. Others have been employed by manufacturers of man-made and synthetic-polymer fibres in connection with dyeing problems associated with these fibres. Others again have entered the laboratories of firms engaged in dyeing, printing and finishing. In particular in the case of graduates who have proceeded to the degree of Ph.D., employment has extended to other branches of the organic chemicals industry, especially in research. An appreciable percentage of graduates from the Department has entered the teaching profession at different levels.

Since the end of the second world war, research in the Department has covered an increasingly wide field. Under Professor Bradley, the most important topic was the chemistry of anthraquinonoid vat dyes, leading to a notable series of papers in the *Journal of the Chemical Society*. Other fields explored by Professor Bradley and his students included the chemistry of heterocyclic bases and their metal derivatives, the oxidation of leuco esters of vat dyes, and azo coupling in non-aqueous media. Dr. F. K. Sutcliffe has developed and extended Professor Bradley's original studies through a number of benzo-derivatives of benzanthrone. In a neighbouring branch of organic chemistry, Dr. A. T. Peters has studied the chemistry of acenaphthene, in particular its nuclear-substituted t-butyl derivatives, and in a second series of investigations he has studied 4-t-butylphthalic anhydride, thionaphthen-2, 3-di-carboxylic anhydride, 2-n-butylanthraquinone, 1-amino-2-methylanthraquinone, and 2-alkyl-quinizarins.

Until fairly recently, research in the Department relating to the structure of dyes was mainly concerned with organic syntheses, but a considerable amount of physicochemical research is now being undertaken. Thus, Dr. D. Patterson has studied the physical properties of pigments, the diffusion of dyes in single filaments, photoconductivity of dyes, and the mechanism of fading. Dr. F. Jones has determined the vapour pressure of a number of disperse dyes and has studied their application to synthetic-polymer fibres from the vapour.

Theoretical and practical aspects of the colouring of textile fibres have been studied in the Department since its inception. In recent years Dr. C. B. Stevens, in collaboration with members of the Department of Textile Industries, has examined the dyeing behaviour of wool and nylon 6·6 in the presence of organic solvents, and the effect of a wide variety of chemical treatments on the dyeing behaviour of wool. Mr. C. L. Bird has published a series of papers on theoretical aspects of the dyeing of cellulose acetate fibres.

It is with the field of dye application that Professor Rattee is mainly concerned. Since his appointment to the chair in 1962, he has continued to work on reactive dyes for which he is so widely known. The application of these dyes to wool, as well as to cellulosic fibres, has been studied, especially from the point of view of the nature of the dye-fibre bond and the reaction-kinetics of the process. Other studies have included liquor flow in a model of a hank-dyeing machine, and the self-diffusion process in equilibrium dyebaths using isotopically labelled dyes.

Thus, the Department is pursuing a vigorous policy of teaching and research. It is nowadays well equipped with modern apparatus, but its efforts are limited owing to lack of space in its present building.

LEATHER

One of the most ancient crafts known to man is the conversion of natural putrescible animal skins into leather, by the process of tanning. It was originally based on the use of oils and fats, wood smoke and decoctions from certain kinds of barks, fruits and wood. It is also probable that use of alum has been known for many centuries. The past century has witnessed advances on a wide front primarily in the use of basic chromium salts and aldehydes and numerous 'synthetic tanning agents' which simulate the action of tanning materials obtained from vegetable sources. The standard of leather made today, judged by its fitness for use, is very high and is constantly being improved to meet manufacturing conditions in highly automated footwear factories. The unique properties of leather have stimulated efforts to produce substitutes, and though these have had some acceptance, the basic superiority of leather remains unchallenged in many fields.

With the upsurge of technical education and research towards the end of the last century a Leather Industries Department was formed in the old Yorkshire College with the backing of local tanners and financial assistance from the Worshipful Company of Skinners. This is now the Procter Department of the University of Leeds, and is the only university school in the country which offers a degree in the applied science of leather manufacture. Under the direction of H. R. Procter, the first Professor, the Department rapidly acquired a much envied international reputation and its graduates are to be found in tanneries and research laboratories all over the world. Whilst the initial policy was to train works chemists for analytical and control work in leather manufacture and in the corresponding supply industries, Procter adopted a more fundamental approach. His work on gelatine equilibrium begun in 1897 resulted in a number of papers, some in conjunction with his pupil J. A. Wilson, published between 1911–16, and the Procter–Wilson Theory of Vegetable Tanning, based on Donnan's theory of membrane potential. In 1903 he published his classical 'Principles of Leather Manufacture' (revised in 1922 by his pupil F. C. Thompson) and though he did not live to fulfil his intention of writing the projected book on 'Methods of Leather Manufacture', his collaborator, J. A. Wilson, published a volume on this subject in America in 1941. On his retirement, Procter was succeeded by E. Stiasny, followed by D. McCandlish, W. R. Atkin and D. Burton, all of whom had worked under his direction and were able to further many of the lines of investigation he had commenced, especially with regard to tannage with chromium salts which was then the major developing technique. Thus the period of 60 years showed a change of emphasis from the devising of analytical and control methods of existing processes to the application of science to new and improved methods of leather making.

It was not only Leeds that provided educational and research facilities for the industry. The Worshipful Company of Leathersellers inaugurated a technical college (now the National Leathersellers' College) in Bermondsey in the 1890's and shortly after the 1914–18 war the British Leather Manufacturers' Research Association commenced its work and now occupies extensive laboratories at Egham. The policy of the Ministry of Education and Science requiring independent colleges to be incorporated in Polytechnics and the growing desire to exploit research on the pilot plant scale has recently resulted in a decision to explore the possibility of transferring these two institutions to adjacent sites on the Leeds Polytechnic and University sites, so that probably, in the near future, the main centre of education and research will be in Leeds with the shared use of a modern pilot plant. This concentration of effort should ensure the technological development of the British leather industry and maintain its position both in the home and the export markets.

On the retirement of Professor Burton in 1959, A. G. Ward, then Director of the Glue and Gelatine Research Association, was appointed to the chair. Though continuing the basic research on collagen, Professor Ward is, by training, a physicist and his advent has given fresh impetus to the elucidation of the physical properties of leather in relation to its ultimate use and its performance as compared with alternative materials. The Department, however, continues a wide spectrum of investigations, of which the following may be mentioned.

Ancient Leathers and Parchments.

The manufacture of leather and parchment from animal skin was one of the earliest arts practised by mankind and of the many uses to which these commodities were put, that of a durable writing surface for the preparation of documents is well known. Even today, historically important manuscripts of parchment or of leather are still being discovered and most of the Dead Sea scrolls (100 B.C. to A.D. 200) or the Aramaic documents (400 B.C.) from Upper Egypt spring readily to mind. For many years the Procter Department has been concerned with methods for the examination and classification of such ancient materials. Not only is this work of value to the historian and the archaeologist but it also throws light on some of the subtle processes involved in converting animal skin into useful commodities.

Physical methods have been developed to distinguish between parchment, which is merely unhaired skin dried under tension, and leather which is skin treated chemically with tanning agents. In favourable cases the age of the manuscript can also be established. Methods of detecting small amounts of vegetable tanning agents (derived from trees, shrubs and other plants) have also been studied and often these are useful in determining the mode of manufacture of the writing surface and its country of origin.

Archivists, librarians and museum authorities often need tests which are both rapid and non-destructive, to establish the authenticity of a manuscript and to guard against the work of modern forgers. In this connection, studies have been made of the appearance of ancient manuscripts in ultra-violet light and these enable materials of unknown or doubtful origin to be classified rapidly.

Connective Tissue Research

The protein, collagen, which forms the main constituent of animal hides and skins, is also the main protein component of all connective tissues, including tendons, sinews and the living part of bones. In recent years methods for making these collagens soluble by chemical, enzymatic and mechanical means have been studied in the Procter Department using a very wide range of chemical and physical techniques. Under suitable conditions, the collagen particles in the solution may be induced to link together to reform to some degree the original structure and become insoluble again. The solubilising experiments, and the properties of the solution, aid the understanding of the native structure, both in the normal healthy state and when the so-called 'collagen diseases' (such as rheumatism, arthritis and osteoporosis) are present. The partial reformation of the structure has yielded materials of interest to the surgeon (sutures), the brewer, and the butcher (artificial sausage casings). There has also been some interest in the possibility of making a leather-like material by dissolving the poorest quality parts of the hides and subsequently tanning the reconstituted collagenous structure. So far only inferior products have been obtained.

Manufacturing Methods

Investigations of the basic principles of certain operations in making leather have been examined as well as practical applications of developing techniques. These have covered the reaction of collagen, in the form of hide powder, with hydrochloric acid and synthetic tanning materials and, on a more practical basis, the improvement of leather dyeing by the use of certain solvents and the application of modified zirconium and chromium salts in tannage.

Apart from properties such as tensile strength, leather is mainly assessed by subjective judgement. The physical characteristics of the hide or skin show wide variations. It is therefore desirable to have an exact measure of this variation and to find out how this can be minimised by alterations in methods of manufacture.

Professor Whewell wishes to acknowledge the assistance given by Mr. H. Lemon, formerly of the Wool Industries Research Association, Professor I. D. Rattee of the University Department of Colour Chemistry and Dyeing, and Mr. P. S. Briggs of the Procter Department of Food and Leather Science.

XXIV

EDUCATION IN LEEDS

A review of the development and present state of education in a large industrial city prompts a number of questions of both general and local interest.

Has education in Leeds evolved as a microcosm of education in England and Wales? If not, how far has it been influenced by features unique to the City?

Why did secondary education take the course it did at the beginning of this century? For what reason were higher grade schools, ripe for conversion into institutions akin to the German 'Realschule' pressed into the mould of public and ancient grammar schools?

Has the fact that Yorkshire possesses no obvious single regional centre, unlike Manchester and the Midlands, led to a dissipation of higher educational energies? Is this why none of the Yorkshire towns has produced a College of Technology comparable with that of Manchester?

Why did Leeds, in company with Sheffield, Manchester and Liverpool, in drawing up its post-war development plan, reject comprehensive schools while London planned them from the inception of post-war development?

To attempt to answer these questions would require a larger canvas than is here provided.

SCHOOLS

Supply of Elementary Schools

The first Leeds School Board, elected in 1871, was charged with the responsibility of reporting on the existing school provision together with the manner in which the deficiency should be met, in a city which only a few years previously had been described as 'one of the most benighted towns, educationally, in the country' (Fitch, 1870).

Twenty thousand places existed in the forty-nine schools which were in receipt of Government grants. Some of these schools established by churches served the out-townships which were a feature of Leeds, such as Meanwood (1836) and Headingley (1837); others, such as Marshall's Factory School and the School of the Farnley Iron Company, were provided by industrialists for the children of their workers. In addition there were 177 private schools ranging in size from six to a hundred pupils, accommodated for the most part in private houses.

The School Board discovered that there was a deficiency of 22,000 places, not a surprising figure because the population had doubled between 1830–70. During the thirty-year life of the Board, the population doubled again; consequently the initial problem of providing more schools which it met, was a continuing one. Although the successor to the Board, the Leeds Education Committee, has not encountered a comparable increase in population, it has had to cope with constant migration of population outwards into areas with little or no educational provision.

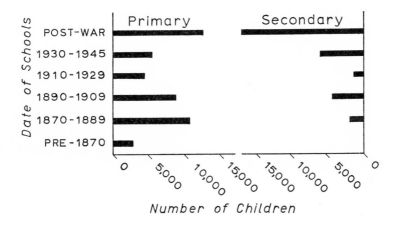

Fig. 46.   Distribution of children by age and type of school, 1966

Shortage of buildings and use of buildings unsuitable for their purpose are recurring features in the City's educational history. The Board was compelled to build fast; between 1872–76, twenty-four schools were constructed to provide 14,517 places. Thirty-five of the original Board schools together with nineteen church schools built in the last century still remain in use, since at no time has the City been in a position to undertake a complete programme of replacement (Fig. 46). The dispersal of the population has reduced the need for replacing some of these old schools but, at the same time, it has dictated the building programme of the last fifty years. The extent of the dispersal is remarkable; in 1905, 30,000 children (38 per cent of the total) were concentrated in 47 schools within a mile of Leeds Bridge, while only 6,700 (8 per cent) attended schools more than 2½ miles from the centre (Fig. 47). Today, 2,400 primary children (4 per cent) attend the eleven schools which remain in the central area, but 65 schools, 2½ miles or more distant from the centre, provide places for 30,000 primary children (44 per cent).

In school buildings, Leeds is a city of contrasts, containing small village schools as well as large, purpose-built comprehensive schools: well-housed children in post-war schools and ill-housed children in obsolete schools.

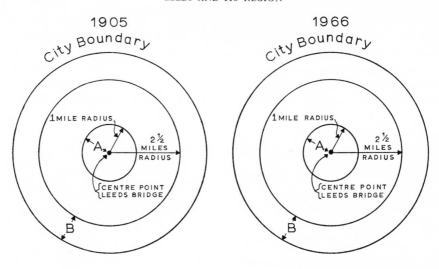

A=30,000 Children — 47 Schools   A=2,400 Children —11 Schools
B= 6,700 Children —26 Schools   B=30,000 Children — 65 Schools

Fig. 47.   Schools and school populations in central and suburban Leeds in 1905 and 1966

Secondary Education

Having reduced the shortage of elementary school places, the School Board quickly appreciated that a demand existed for more advanced work. The first higher grade school was opened in 1885 in temporary premises until a purpose-built school was available four years later: this was the Central Higher Grade School, built within a stone's throw of the Board's office.

The first headmaster, Dr. Forsyth, a man of drive and personality, established the school's reputation as one of the liveliest of its kind in the country; scientists and educationists attending the British Association meeting in Leeds in 1890 were impressed when they visited the school, and the U.S.A. Commission of Education adopted it as a model (Connell, 1960). By 1894 it had a roll of 2,200 drawn not only from Leeds, but also from surrounding areas.

One of the reasons for the popularity of the Board's first venture into advanced education was the shortage of schools offering a secondary curriculum. Unlike many cities, Leeds has no long history of generous benefactors for the foundation of grammar schools. It is true that Leeds Grammar School, described in 1906 as one of the most richly endowed schools of its class in England, dates back to 1552, but the school had a chequered career, and by 1905 provided education for only 250 boys, of whom a fifth lived outside the City.

When, in the early years of the century, the Education Committee became the authority for secondary education, there were, in addition to the 1,480 children in the three schools maintained by them, 1,560 other children, of whom a quarter lived outside Leeds, attending schools established by trusts and religious orders in the middle of the nineteenth century. Four of these schools, faced with the need to obtain more financial support, opted for transfer to the control of the Committee, which by 1910 was responsible for all secondary education other than that at Leeds Grammar School, Leeds Girls' High School and two Roman Catholic Schools.

With one exception, all the secondary schools were concentrated in the centre of the city until West Leeds High School was built in 1907. Since it proved difficult to find pupils to fill this school, proposals for further schools received little support, and collaboration with the West Riding for building schools on the outskirts proved impossible.

This delay had its advantages. By the time that further provision could no longer be delayed, the pattern of population distribution had become clear; the building of grammar schools in the 1920's and 1930's preceded, rather than followed, migration. At that time, sites with adequate playing fields were acquired easily, and the City has now a well-planned network of large grammar schools on its periphery. Owing to their situation, they became essentially extended neighbourhood schools taking children from the centre as well as from their immediate localities. When, after 1944, the schools became fully selective, the tradition of recruitment from the extended neighbourhood was maintained; parental choice of school is met where possible but no account is taken of a child's examination performance in the allocation of a place, whether at a maintained or a direct grant school. This unusual system has avoided any suggestion of a 'pecking-order' in the City's seventeen grammar and technical high schools; all contain an even distribution of ability and all have developed large sixth forms with traditions of high academic performance.

The development of effective secondary education for non-selective children was delayed by the Education Committee's early lack of enthusiasm for the Hadow concept of 'senior' schools; consequently, when the 1944 Act introduced secondary education for all, there were few senior schools to be converted into secondary schools, and 60 per cent of children over eleven continued to receive their education in all-age schools. Not surprisingly, therefore, secondary schools received priority in post-war building programmes but not until 1965 was reorganisation on Hadow lines completed.

The first comprehensive school (Foxwood) was opened at Seacroft in 1956 and has been succeeded by three others, all purpose-built. Interim plans for reorganisation on comprehensive lines, which are likely to be in operation in 1969, are based on the provision of all-through schools for nearly half of the population, together with a two-tier system for the rest.

Length of School Life

As a result of the demand for female labour in the clothing industry, Leeds has a tradition of early entry to school; even as recently as 1939, 20,000 children attended school under the age of five, and of these 5,700 were under three. Early admissions continued until 1950. A promising beginning in nursery education began in the 1930's with the inclusion of nursery wings in new infant schools. Post-war shortages of places and teachers halted this development; few children under the age of five are now admitted to school.

The same industrial conditions which created the demand for early entry also led to early leaving; Leeds was one of the last authorities to retain a bye-law allowing children to leave school at the age of thirteen, even, exceptionally, at the age of twelve. Not until 1919, when the leaving age was fixed nationally at fourteen, did all children in Leeds remain at school until that age.

With the introduction in the early 1950's of courses in secondary modern schools leading to the G.C.E. at 'O' level and following the provision of other extended courses, the proportion of children remaining at school for a five-year course has increased steadily (38 per cent in 1965 compared with 28 per cent five years earlier).

THE NUFFIELD FOUNDATION AND DEVELOPMENT IN MODERN LANGUAGE TEACHING

The need for more effective communication between peoples of different countries has been a matter for widespread concern in all advanced nations during the last decade. In the development of a new approach to modern language teaching, considerable importance is to be attached to the close co-operation between the Leeds Education Committee and the Nuffield Foundation, a Trust which has played a vital role in curricular reform in several fields.

In 1961 the interest of linguists was aroused by an experiment sponsored by the Foundation in a Leeds primary school. The extension of the experiment to a group of schools in less good conditions revealed the need for special training of teachers and for the provision of audio-visual teaching materials. To assist in meeting the first, the Foundation made a grant which enabled the Education Committee to purchase a modern language laboratory. This was installed in a disused school at Chapeltown and became a focal point for the meeting of Leeds teachers interested in modern language teaching. Meanwhile, the Foundation entered into a partnership with the Ministry's Curriculum Study Group (later the Schools Council) for a nation-wide pilot scheme in the teaching of French in primary schools. For its part, the Foundation undertook responsibility for the production of appropriate materials and set up its Modern Languages Teaching Materials Project in accommodation provided by the University and the Leeds Education Committee, under the leadership of Mr. A. Spicer, seconded from the University of Leeds.

The Project has recently produced *En Avant*, the first part of a French course for the age-group 8–13 years; courses in German, Spanish and Russian for older children are well advanced. Work on the last two courses is based on the Chapeltown Laboratory, where another joint City of Leeds-Nuffield enterprise, the Modern Language Teaching Information Centre, is also housed. The first of its kind in the country, this Centre, with its comprehensive collection of audio-visual materials, books and technical aids, receives many visitors from far afield.

TEACHER TRAINING

In the early years of the School Board, 18 per cent of its teachers were certificated; within thirty years the proportion had become 78 per cent. The probable reason for this improvement is that, like other large boards, Leeds was able to attract teachers by paying higher salaries than could be afforded by small boards and by the managers of Church schools. It was certainly not due to an early concern with the provision of education for pupil teachers. The two Roman Catholic Schools, St. Mary's and Notre Dame, organised pupil teacher centres some time before the Board, whose centre was later established on the top floor of their Office. This was transferred in 1901 to a specially built Pupil Teachers' College (now Thoresby High School).

In 1891, a Day Training College was established within the Yorkshire College (later the University); five years later, women were admitted to a non-degree course of two years' duration. The Day Training College provided, at that time, the only alternative to training at a denominational college; not until 1903 were local authorities empowered to establish colleges of their own.

Concerned about the number of pupil teachers unable to obtain places in college, the Education Committee in 1907 set up a temporary college for men and women. Its success was immediate, 1,000 applications being received for 141 places. The need for a larger and permanent college having been revealed, the Committee bought the Beckett Park estate of 90 acres for a college site.

The College was designed for 480 students (180 men and 300 women) with an educational block, eight halls of residence and a swimming bath. The students had study bedrooms with dual purpose furniture in the modern style; each hall was equipped with a kitchen, dining room and common rooms. As a result of the imagination of its founders, the City has a college which has been able to expand to take over a thousand students.

With the establishment at Beckett Park of the Carnegie College of Physical Education, generously presented in 1934 by the Trustees of the Carnegie Foundation, a new chapter in teacher training began. Although specialist colleges for women teachers of physical education had long existed, until Carnegie College opened, there were no comparable courses for men.

The Yorkshire College of Housecraft (now the Yorkshire College of Education and Home Economics) founded in 1874, one of the earliest colleges of its kind, has a dual function; in addition to training specialist teachers, it provides courses for institutional management.

During the post-war years, Leeds, like most industrial cities, suffered from a shortage of teachers. The Authority took the view that this shortage could be partially alleviated by a system of training older men and women. Some years before, Manchester had established a day training college—the only one in the country—with the aim of attracting local women students of the normal entry age who were reluctant to leave home. The Leeds Authority, appreciating that college residence is difficult for mature men and women, who generally have domestic commitments, established the James Graham College. In the seven years since its opening, this day college has attracted an equal number of men and women, mainly in the 25–45 age group, from a wide variety of occupations; the staff find such students are highly motivated yet critical, and the College is intellectually a lively place. The College has offered a notable example of the 'second chance' and of 're-training' in middle life. The success of this college encouraged other authorities to set up similar training schemes, and there are now few large centres of population without a day college of education.

HIGHER EDUCATION AND THE BEGINNING OF THE UNIVERSITY

Technical Education

Writing at the beginning of the century, an historian of Leeds commented that 'it is as a centre of industry, rather than literature, that Leeds has always been famous', In view of its industrial tradition, it is, therefore, all the more surprising that, until recently, the technical education needed to support the city's industry has been slow to develop.

The reasons are far from obvious. Among them may be a local belief that further education was appropriate only for the don and doctor. For the potential engineer and manager, apprenticeship and 'starting at the bottom', combined with assiduous attendance at 'night school', were regarded as the best form of training. It would follow, therefore, that expenditure on institutions such as the London polytechnics seemed unnecessary to those responsible for education in Leeds.

Another, and possibly more important, reason was the general assumption continuing over a long period that the Yorkshire College (later the University) was an integral part of the Leeds educational system. Indeed, if the City had adopted a different view, it is possible that the University would not have survived. The fees of students from local industry were its mainstay and, even as late as 1921, Sir Michael Sadler asserted that he would not lay heavy odds on the survival of the universities of Sheffield and Leeds, adding 'I do not see at present in Yorkshire anything like a clear conviction as to the importance of universities among the rank and file of the business men of the population that I see in other parts of the empire' (Shimmin, 1954).

The Yorkshire College of Science was established in 1874 with funds provided by public donation; the purpose of the College was ' to supply instruction in the sciences which are applicable to the manufactures, engineering, mining and agriculture of the County of York; also in such arts and languages as are cognate to the foregoing purposes'. As the latter side began to develop, it changed its name to the Yorkshire College and in due course became one of the constituent colleges of the federal Victoria University until, in 1904, it received its own charter.

From its inception, the College took a leading part in mining education. The Clothworkers' Company was interested in the College and through its generosity the Department of Textile Industries was built and opened in 1880. Among the earliest departments were those of Geology and Mining, Mathematics and Experimental Physics, and Chemistry; they were quickly followed by the departments of Colour Chemistry and Dyeing, Biology and Leather;

this early association with Leather Technology is to be re-inforced in the near future by the transfer from London to Leeds of the Leathersellers' College.

A Department of Agriculture, established in 1890, was unique in that it was responsible for agricultural education in all the three Ridings of Yorkshire; the staff promoted day and evening classes throughout the county and their advisory service to farmers preceded the similar service organised by the Ministry of Agriculture after the first war. This aspect of the Department's work was financed by the County Councils until it was discontinued in 1946.

The College, and later the University, was thus closely connected with the industries of Leeds and surrounding areas. Since not all the courses were of graduate standard (the age of entry to the College was not raised from fifteen to sixteen until 1896), they were open to many working in those industries. It is recorded that 'it was the duty of the L.E.A. on its formation in 1903 to co-ordinate the educational work of the City, and, with the goodwill of all concerned, the spheres of the University and City Council were mutually defined. Over-lapping of effort and consequent waste were avoided, and a steady flow of well-prepared students from the lower institutions to the University was promoted' (Leeds, 1919).

The University did not, however, meet all the needs of technical education, and by 1909 the Education Committee was under pressure to increase the provision of classes for young employees in the printing, baking and boot trades. Separate premises were used for the growing number of technical classes which by 1919 were widely dispersed in fourteen separate buildings. In a review of the City's education in that year it was stated that 'ample facilities for advanced technical education are essential if Leeds is to hold its own with other great centres of trade. It must be recognised that Leeds is still without provision for courses of a Day Technical Institution type, which places a serious disability upon Leeds parents compared with those of Bradford, Halifax, Huddersfield and many other centres. . . . It is evident, therefore, that the provision of a Central Technical Institution . . . is an urgent necessity' (Leeds, 1919). Because of the difficulty of forecasting how local industries would develop, the ingenious suggestion was made that a series of mono-technics on a large central site should be built with social and administrative facilities common to all departments. But no action was taken and, until the last decade, technical education continued to labour under great difficulties.

Commercial Education

Evening classes for commercial subjects were instituted at the beginning of the century and subsequently grouped into a Central School of Commerce and Languages which also provided day courses for secondary school pupils; in the 1920's the School was recognised as a College. Courses were available in commerce, banking, accountancy and modern languages, including lunch hour and early evening classes in French and Russian for business men. The College had outgrown its accommodation; the need for a larger, better equipped college was recognised in 1919 and re-stated in 1926 (Leeds, 1926), when six separate and inadequate buildings were in use. In 1945 courses for secondary school children were discontinued and the College, despite the dispersal of classes over an even greater number of buildings, has become one of the leading colleges of commerce.

Art

The Leeds College of Art dates back to 1846 and its increasing success persuaded the Governors to provide in 1903 a new building which is still in use. When the College was taken over four years later by the Education Committee, it was widely known outside the city. It had then, and still has, close connections with industry—especially printing, furniture and dress design—and its schools of painting and sculpture have a national reputation. It was one of the first colleges in England to be recognised for the training of art teachers and of architects.

The Central Colleges

The last twenty years have been a period of planning and building to overcome the in-adequacy of provision for further education at all levels. Three colleges are being built in stages on a ten-acre site adjacent to the Civic Hall (Fig. 38). The Colleges of Technology and Commerce have already occupied their new premises and the College of Art will follow as soon as its building is complete. The Colleges are separate entities but share a central library, social and administrative facilities (thus carrying out a suggestion first made in 1919). They have been designated as one of the four polytechnics in Yorkshire—the only one to include all three aspects of higher education, technology, art and commerce. The three colleges, concerned only with high level work, cover a wide field including at the College of Commerce, management studies, librarianship and social studies; at the College of Art, architecture, town planning and various aspects of design: at the College of Technology, clothing and food technologies, printing and photography as well as most branches of engineering.

Planning for the Central Colleges has been accompanied by similar planning for less advanced work at a craftsman and technician level. Five colleges have been established: a mono-technic for building; branch colleges of commerce and art; Thomas Danby College, providing courses in nursing, housecraft and catering; and Kitson College of Engineering and Science. Only Kitson College is housed in a new building but the Education Committee hopes to provide purpose-built accommodation for the other colleges in the near future. Such, however, is the demand for education and training at this level that additional colleges as well as replacements will be required.

THE UNIVERSITY

In its application for a charter, the Council of the Yorkshire College sought to promote a University of Yorkshire, thereby continuing its links with adjacent areas. The Council envisaged a federal university because 'no one could conceive it possible that there should be universities for Leeds, for Sheffield, for Bradford, for Hull and other places' (Shimmin, 1954). The Privy Council, having recently granted charters to Birmingham, Liverpool and Man-chester, and taking into account the objections of University College, Sheffield, was unable to agree to the proposal; the charter granted on the 25th April, 1904, was specifically to the University of Leeds.

In contrast to the climate in which new universities are founded to-day, the history of the early years of the University was one of perpetual struggle against meagre resources and inadequate buildings. In its first year, the University had an income of only £34,000 of which £3,400 came from the Treasury; the balance had to be found from fees, a grant of £5,550 from Leeds Education Committee, and gifts. All capital for building had to be raised by appeals, for no Government grants were available for this purpose. Within three years, £100,000, the sum stipulated by the Privy Council, had been received. In addition, the Clothworkers' Company conveyed to the Textile Department the buildings and equipment which had cost £70,000; in the following twenty years the Company donated £250,000. But for a long time, distinguished scientific work was carried out in improvised laboratories with little equipment, and there was no centralised library.

Capital became available only slowly and forward planning of the University was impossible; nevertheless as student numbers grew, further building was essential. After a competition for architectural plans had been held in 1926, the successful design was carried out in stages and was finally completed in 1959. These developments were made possible by the munificence of many benefactors from industry, in particular Mr. Frank Parkinson, Lord Brotherton and Mr. Riley Smith, commemorated in the buildings named after them.

In 1960, the University published its consultant architect's plans for further comprehensive development. This 'Chamberlin Plan' suggested a scheme embracing both the University and the Infirmary, and is now the University's master plan for building. Based on a planned student body of 7,000 (enlarged in 1965 to 9,000), it has two distinctive features. Firstly, a traffic-free pedestrian precinct achieved by sinking the new Inner Ring Road under the University and Infirmary buildings; secondly, provision of a variety of residential accommodation for 3,000 students within the precinct. The first two instalments of the latter—the Henry Price Building and the Charles Morris Hall—are now complete, and house 500 and 300 students respectively.

For architects and structural engineers, the master plan contains a number of interesting features relating to car parking, ducting of services, maximum use of rooms, inter-departmental relationships, etc., but for the educationist concerned with educational technology, the early appreciation by the University of the possibilities of television is of outstanding interest. The Television Centre (now in an improvised building but ultimately to be included in the main buildings) serves the University in a variety of ways as well as encouraging a creative use of the medium. The Centre's major task is, however, research and development in the use of television for teaching at all stages of the educational process.

It is impossible to give a complete picture of a University expanding to cater for up to 9,000 students by the end of the next decade; but a few characteristics peculiar to the University may be mentioned. It has a wider variety of technical departments than any other English university: it is the only university with a Department of Leather Industries: the Department of Coal, Gas and Fuel Industries was the first of its kind, and it is still the only university with a degree in Gas Engineering. One of the first departments, that of Textile Industries, has 'played a prominent part in converting textile technology from a craft into an applied science' (Brown, 1957). The technological distinction of the University is founded on the close relationship between pure and applied science; the schools of physics and chemistry have, from the beginning, attracted eminent scientists, and other scientific departments have an equally distinguished record of eminence in their own right as well as of fruitful co-operation with technology.

Outstanding though its achievements in scientific and technological research and teaching have been, the University has no less shown its 'awareness of the need to make its studies fully representative of the range of human thought'. This can be illustrated by post-war developments which have included the establishment of Gregory Fellowships bringing poets, musicians and artists into academic life, and of the departments of Social Studies, Psychology and Fine Art. More recently, the University has become a centre of linguistic research, and it is one of the four English universities with a Chair in Chinese; this Department, in addition to teaching the language, is now developing a wide range of studies related to China.

If the University is dedicated to the quest for truth, realising, to quote the present Pro-Vice Chancellor (Professor William Walsh), 'that this quest must be related to the whole of truth', it is largely attributable to the inspiration of Sir Michael Sadler, Vice Chancellor in the formative period of 1911–1923, an influence powerfully reinforced by Sir Charles (now Lord) Morris in the period 1948–1963. The appointment in 1963 of Sir Roger Stevens, with his experience of international affairs, and his leadership of the Yorkshire and Humberside Regional Council, indicates the outward-looking vision of the University—the principal agency in transforming what was described by Matthew Arnold (1868) as 'a mere provincial town' into a great European city.

REFERENCES

M. Arnold, *Schools and Universities on the Continent*, (1868).
E. J. Brown, 'An Outline History of the University of Leeds', *Society of the Chemical Industry, Annual Meeting*, (1957).
L. Connell, 'A study of the Development of Secondary Education in Leeds, 1895–1921.' Ph.D. Thesis, University of Leeds, (1960).
J. G. Fitch, *Return on Schools for Poorer Children in Birmingham, Leeds, Liverpool and Manchester*, (1870).
Leeds Education Committee, *Leeds School Board Reports*, (1873–1903).
Leeds Education Committee, *The Education Problem in Leeds*, (1919).
Leeds Education Committee, *Education in Leeds*, (1926).
A. N. Shimmin, *The University of Leeds: The First Half Century, 1904–54*, (1954).